天地正氣

左宗棠

王品端 编著

岳麓書社·长沙

图书在版编目(CIP)数据

天地正气左宗棠/王品端编著. --长沙:岳麓书社,2025.7. --ISBN 978-7-5538-1993-8

Ⅰ.K827=52

中国国家版本馆CIP数据核字第20256S9G58号

TIANDI ZHENGQI ZUO ZONGTANG

天地正气左宗棠

编　　著:王品端
出 版 人:崔　灿
责任编辑:彭卫才
责任校对:舒　舍
配　　图:杨　佳
封面设计:山和水设计工作室

岳麓书社出版发行
地址:湖南省长沙市爱民路47号
直销电话:0731-88804152　0731-88885616
邮编:410006

版次:2025年7月第1版
印次:2025年7月第1次印刷
开本:710mm×1000mm　1/16
印张:30.5
字数:400千字
书号:ISBN 978-7-5538-1993-8
定价:168.00元

承印:长沙超峰印刷有限公司

如有印装质量问题,请与本社印务部联系
电话:0731-88884129

作者简介

王品端，湖南湘阴人。在部队服役20年。转业后，任中共湘阴县委组织部副部长、常务副部长10年。任县政协副主席期间，主持重建复原左宗棠故居柳庄。担任左宗棠文化研究会会长多年，以此为平台，集聚全国左宗棠研究专家、学者等多方人士研究和宣传左宗棠。

在《前卫报》《前线报》《解放军报》《解放军文艺》《湖南日报》《人民网》及人民日报客户端等报刊、媒体发表文章近100篇。20世纪80年代初开始关注、收集并研究左宗棠史料。主编出版《走进湘阴》《历史伟人左宗棠》，任副主编参与编辑出版《左宗棠研究文选》，并应邀在全国多地讲课或接受电视专访。

左文襄公像

左宗棠，字季高，一字朴存，自称“湘上农人”。1812年11月10日出生于湖南省湘阴县文家局左家塅（今金龙镇新光村）一个世代书香而渐趋衰落的贫寒耕读之家。40岁前，在湘阴耕读、教书。40岁出山，两次任湖南两任巡抚幕僚7年多。50岁起，历任浙江巡抚、闽浙总督、陕甘总督、协办大学士（俗称副宰相）、东阁大学士（俗称宰相）、两江总督兼南洋通商大臣。其中，三次任钦差大臣，两次任军机大臣，封二等恪靖侯。1885年9月5日病逝于福州行辕皇华馆（今福州市第三中学）。清政府追赠“太傅”，谥号“文襄”。

左宗棠是中国历史上众多中央重臣、封疆大吏、军事统帅中，少有的一位集政治远见、军事智谋和治国才干于一身的人。他，是晚清廉吏，“中兴名臣”；是中国近代杰出的政治家、军事家、思想家、爱国者；是近代中国统一、领土主权完整的坚决捍卫者；是中国历史上常胜军事统帅；他奠定了中国近代海军的根基，被称为“中国近代海军之父”；他是中国近代民族工业的开拓者之一；是开发大西北，促进西北民族团结和经济、社会发展的先驱；他实行的恤民善政，深得民心；他是中国传统文化与西方近代科技相结合的教育、实践者。他力排众议，统军西征，携棺进疆，收复了占全国陆地面积六分之一（166万平方公里）的新疆后，不顾73岁高龄，抱病请缨临危赴闽抗法保台，粉碎了法军占领台湾的企图。并督促他亲自组建的、派往广西镇南关的“恪靖定边军”将领王德榜与冯子材部共同抗击法国入侵军，取得了震惊中外的镇南关—谅山大捷。他先后五次上奏清政府，促成新疆建省，在临危受命赴闽督办福建军务之时，又上奏促成台湾建省，以确保新疆、台湾不再沦陷、分裂。他是汉、唐以后，对祖国疆土贡献巨大的民族英雄、脊梁人物。

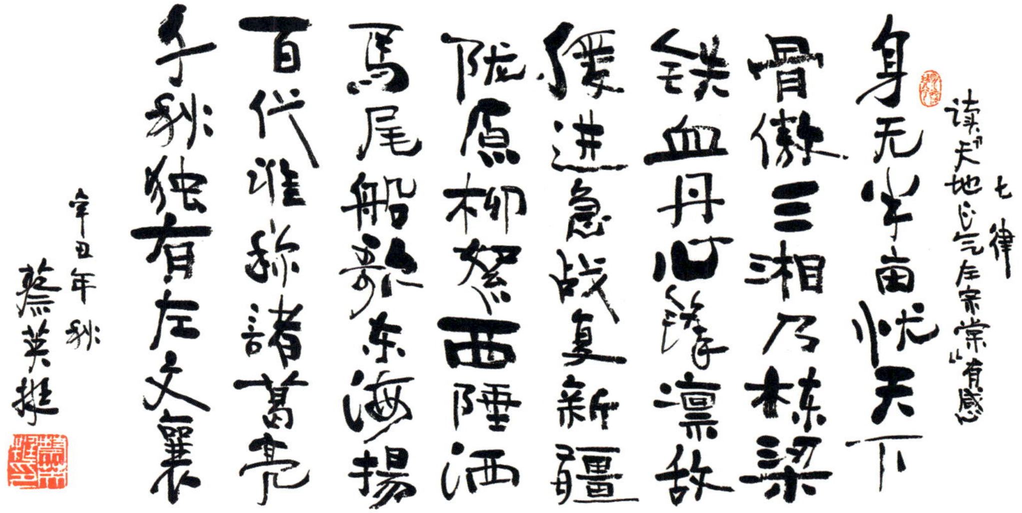

读《天地正气左宗棠》有感

七律

身无半亩忧天下，
骨傲三湘乃栋梁。
铁血丹心锋凛敌，
缓进急战复新疆。
陇原柳絮西陲洒，
马尾船歌东海扬。
百代谁称诸葛亮？
千秋独有左文襄。

蔡英挺

蔡英挺，上将军衔，中国人民解放军原副总参谋长、原南京军区司令员、军事科学院原院长。此系他审阅《天地正气左宗棠》样书后，于 2021 年 10 月 11 日即兴挥毫，为本书题的诗。

塞海并重，
底定新疆；
伟哉左公，
青史永存！

馬大正

2021年10月12日
于北京

马大正，中国社会科学院中国历史研究院学术咨询委员会委员，中国边疆研究所研究员，国家清史编纂委员会常务副主任。

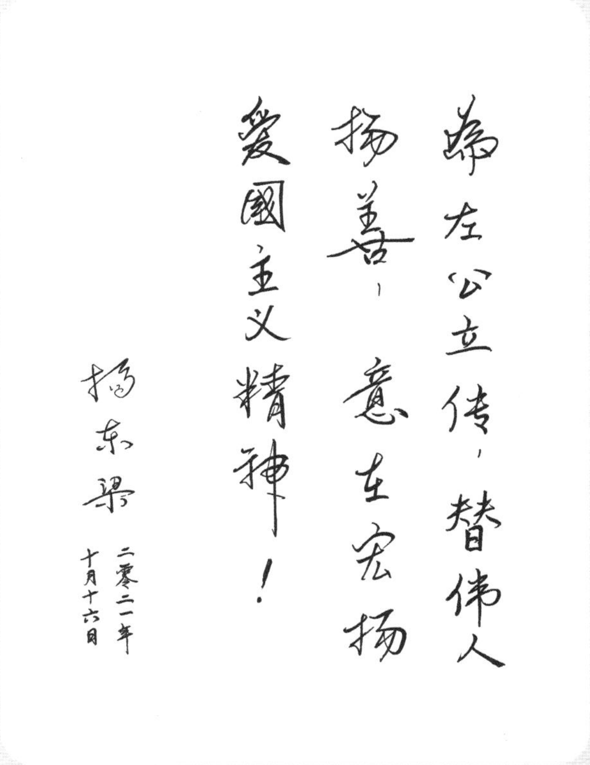

杨东梁，中国人民大学教授，博士生导师，中国人民大学图书馆原馆长。出版有《左宗棠评传》《左宗棠》《中国近代思想文库 左宗棠卷》等，在全国报刊发表了有关左宗棠研究论文数十篇，被应邀在全国多所著名大学讲课，或接受多家电视媒体专访。

左宗棠贊

一介书生，"心忧天下"，树"天地正气"。

面对列强入侵，"锋颖凛凛向敌"，庄严宣示："我之疆索，尺寸不可让人！"

花甲之年，统军西征，收复失地新疆，开发广袤西北。

年逾古稀，犹抱病请缨赴闽，抗法保台。

生平志节事迹，感召后人，功在国家民族，彪炳千秋史册。

刘泱泱 2021年10月20日

刘泱泱，湖南省社会科学院历史研究所研究员、省历史学会顾问、黄兴研究会副会长、辛亥革命研究会常务理事。曾参与国家重点科研项目《辞海》修订。著有《湖南近百年大事记述》《辛亥风云人物钩奇》《湖南历代名人辞典》《湖南通史·近代卷》《近代湖南社会变迁》《左宗棠传论》等。主编的《左宗棠全集》为国家古籍整理重点项目。湖南省人民政府特聘其为省文史研究馆馆员。

天地正气之民族英雄

刘继贤

王品端同志编著了《天地正气左宗棠》一书，盛情邀我写一篇序言。研究和宣传左宗棠是一件非常有意义的大事，为此乐于执笔作序。

左宗棠是我国近代一位举足轻重的历史人物，对晚清时期的政治、军事、经济、外交、文化、教育和科技发展均有过重大影响。1983年8月，时任中共中央政治局委员王震同志发表关于左宗棠的谈话时指出："我们是历史唯物主义者，要尊重历史，实事求是，对历史人物要恢复其本来面目。凡是对国家民族有功的人，都应该给予他以应有的历史地位。"王老的讲话产生了重要影响，引起社会各界的共鸣。目前对左宗棠的评价主要是："中国近代杰出的政治家、军事家、思想家""中国近代史上继林则徐之后的又一位伟大的爱国主义者""近代中国国家统一、主权完整的捍卫者""对祖国疆土贡献最大的民族英雄""中国近代化的先驱者之一""中国优秀传统文化的继

刘继贤：第十二届全国政协常委，军事科学院原副院长、首席专家，中将军衔；博士生导师，博士后合作导师，军队高层次科技创新人才带教导师。

承者、发展者和践行者”，等等。这些评价是客观公正的，是符合历史事实的。

习近平同志指出：“1840 年鸦片战争以来的中国近现代历史，是一部中国人民为实现中华民族独立、解放和伟大复兴而不懈奋斗的历史。”这一精辟论断高屋建瓴，既为学习和把握中国近现代史提供了基本线索，也为研究与评价左宗棠等这一时期的历史人物提供了遵循的标准。应当看到，左宗棠的历史功绩是非常突出的，是值得珍视和发扬的。

第一，坚持“我之疆索，尺寸不可让人”的爱国立场，捍卫了国家领土主权的完整。纵观左宗棠一生，每当国家处于被西方列强欺凌和侵略的危急时刻，他总是以无畏不屈的骨气和勇气，“锋颖凛凛向敌”，坚决反击外国入侵。早在 1840 年第一次鸦片战争时期，时年 28 岁的左宗棠就推崇林则徐的抵抗举措，曾作《料敌》《定策》《海屯》《器械》《用间》《善后》等多篇论敌制敌之文。同时，他愤感“以一二庸臣一念比党阿顺之私，令天下事败坏至此”，抒发了“书生岂有封侯想，为播天威佐太平”的远大抱负。1856 年，第二次鸦片战争爆发，身为湖南巡抚幕僚的左宗棠就积极建议：“夷务屈辱至极，恐将更有不堪者。然窃意华夷杂处，衅端之开必速。彼时以一支劲旅护天津，而后与之决死战，尚可得志。”尽管他的建议和主张因清政府与英法侵略者签订了屈辱条约而未果，但充分反映了他的爱国态度和立场，同时也反映了他在抵御外侮重大时刻和关键问题上的见事之明、料事之神。

左宗棠为捍卫祖国领土主权完整而作出的最大贡献，当数他率师西征，驱逐了得到英帝、沙俄扶持的阿古柏侵略军，一举收复了新疆。1875 年，他力排众议，据理力辩，说服清政府采纳了他的意见，任命他为钦差大臣，督办新疆军务，委以筹兵、筹饷、筹粮和指挥西征军的全权。他一方面运筹帷幄，制定了“缓进急战”“先北后南”的战略；一方面不畏艰难，为西征军筹饷、筹兵、筹粮、筹转运。在克服了常人无法想象的困难之后，西征军历时一年半，收复了除伊犁地区外的全部失地。随后，为了收回被沙俄侵占的伊犁地区，他坚决反对赴俄使臣崇厚草签的丧权辱国的《里瓦几亚条约》，提出了“先之以议论，委婉而用机，次决之以战阵，坚忍而求胜”的对敌方针，认真进行军事部署，准备武力收复伊犁。1880 年 5 月，已近古稀之年的左宗棠，率亲兵千余人“舆榇出关”，把大营从肃州（今甘肃酒泉）前移哈密，以示抗俄决心。正是由于左宗棠的积极备战，使清政府代表曾纪泽有了军事力量为后盾，中俄新签了改订的《伊犁条约》，伊犁地区的绝大部分领土回归祖国怀抱。在收复新疆前后，他为国家谋划“长治久安之策，纾朝廷西顾之忧”，先后五次奏请新疆建省以巩固国家统一，此议最终得以实现。总之，在这场维护祖国统一和领土完整的正义战争中，左宗棠率领的西征军取得了重大胜利。这次胜利的取得，不仅为祖国保全了新疆这块 166 万平方公里的疆土，而且成为近代抵御外侮史上维护中华民族尊严的重要行动，为充满灾难和屈辱的中国近代史写下了光辉的一页。

对于祖国神圣领土台湾的安危，左宗棠同样关注。早在 1866 年，左宗棠任闽浙总督时，就高度重视台湾，提出了经略台湾的设想。1883 年中法战争爆发，他不仅积极请战，“广筹军火”，及时派遣得力部下王德榜赴越作战，配合老将冯子材取得了威震中外的镇南关大捷，而且不顾已是 73 岁的垂暮之年，亲赴福建海疆，英勇抗法。他先后派遣王诗正与杨岳斌，用声东击西的战术，突破封锁，冒险偷渡，有力支援了孤岛血战的台湾军民。他在去世前的一个月，还上奏朝廷：“台湾孤注大洋，为七省门户，关系全局，请移福建巡抚驻台湾，以资镇摄。”正是在左宗棠等人的大力提倡与推动下，促使清政府在这年10月将台湾设为行省。

台湾和新疆设立行省，确保了这两片国土的主权，永固版图，加强了祖国的统一和各民族的团结，维护了祖国领土主权的完整。这是左宗棠为国家和民族建立的最重要的历史功勋，值得充分肯定和永远赞颂。

第二，着眼“师远人之长，还以治之”的战略目标，促进了军事力量和民族工业近代化。洋务运动是中国近代史上的重要事件，左宗棠是推动这个运动发展的代表性人物之一。他着力开展以军事工业为重点的洋务运动等一系列富有政治远见的主张和活动，有力推动了中国军事近代化进程，成效极为卓越，影响极其深远。

左宗棠早年深受林则徐、魏源“师夷长技以制夷”思想的影响，成为手握重兵的封疆大吏后，他继承和发展了“师夷长技以制夷”的思想，并具备了将其付诸实践的机遇和条件。在思想上，他更加深刻地认识到：取胜之道，自强之策，不仅在有赳赳之勇，而且要引进西方的先进科学技术，兴办近代军事工业。他说：“自海上用兵以来，泰西诸邦以机器轮船横行海上，英、法、俄、德又各以船炮互相矜耀，日竞其鲸吞蚕食之谋，乘虚蹈瑕，无所不至。此时而言自强之策，又非师远人之长还以治之不可。”那么，如何实现“师远人之长还以治之”这一战略目标呢？左宗棠把首选定位在要加紧制造轮船上。他明确提出：“欲防海之害而收其利，非整理水师不可。欲整理水师，非设局监造轮船不可。”他强调：“制造轮船，实中国自强要着。”

依照“自强”的目标和要求，左宗棠亲自主办了三项军事工业。1866年，左宗棠在闽浙总督任内，于福建省闽江口岸开设了当时最大的船舶修造厂，即福州船政局，这是“中国海军萌芽之始”，后来孙中山说它是“船政足为海军根基”。1869年创办西安机器局，仿造新式武器弹药。1873 年，将西安机器局搬至兰州，命名为兰州机器局，该局翌年就能仿造西洋军器，修理改造枪、炮器械。上述三项军事工业，在当时的战争中，特别是在抗击外来入侵、保卫祖国领土主权方面，发挥了重要作用。如在讨伐阿古柏侵略军、收复新疆之战中，由兰州机器局制造和修理的军火不断送至前线，1876 年，一次便供应清军子弹 2 万发，使已经装备了相当数量西式枪炮的清军，在攻城夺地中“深得其力”。

左宗棠对中国军事近代化的另一重大贡献，是他开创了我国近代第一所海军军官学堂，即福州船政学堂。他认为：“兹局之设，所重在学造西洋机器以成轮船，俾中国得转相授受，为永远之利也”“将来讲习益精，水师人才固不可胜用矣”。事实果然如左宗棠所预见，该学堂先后培养了大批造船、修理、航海、驾驶、海军指挥和工程技术人才。具有爱国主义思想的晚清一代精英多出其门，如邓世昌、林永升、严复、萨镇冰、刘步蟾、林泰曾、詹天佑、魏翰、郑清濂等，学堂因此被誉为“中国海军的摇篮”。清政府为此曾嘉谕“左宗棠大臣谋国，所见远大”。

为促进军事近代化和民族科技工业的发展，左宗棠还主张以机器制造为轴心，同时注重与外国列强展开“商战”。他于 1878 年设立兰州织呢局，并“分行陕甘各属设局教习纺织”，发展我国的纺织事业。1883 年奏请架设陆路电线，发展邮电事业。他还多次派人去外国聘请“开河、凿井、织呢师匠，带购机器，来兰州入制造局教习西法”。这一系列的重要举措，为我国引进了急需的工业生产和科学技术，促进了军事力量和社会生产力的发展。

第三，力主“东则海防，西则塞防，二者并重”的国防理念，维护了国家总体安全。左宗棠认为，治国“不独在猛战，而在方略处置，为远大之谋”。在强敌环伺、忧患丛生的晚清时代，左宗棠多次在事关国家前途命运的重大关头，总是积极地建言献出“远大之谋”。其中，最典型的事例就是著名的“塞防”与“海防”之争。

鸦片战争以前，中国历代王朝从来没有遇到过外敌同时从海上、陆上入侵的情况，也缺乏对“海防”和“塞防”的深刻认识。19世纪六七十年代后，西方列强掀起了夺取殖民地、分割世界领土的狂潮，中国边疆地区普遍发生了严峻挑战和深重危机，尤以新疆地区和东南海疆的形势最为严峻。东南、西北同时告急，清王朝内部意见不一致，难以作出决策，于是引起了一场“塞防”与“海防”的大争论。

直隶总督兼北洋大臣李鸿章主张放弃塞防，即放弃新疆而专重海防。他的理由是“新疆不复，于肢体之元气无伤；海疆不防，则腹心之大患愈棘”。他要求“停兵撤饷”，移“西饷作海防之饷”。时任陕甘总督的左宗棠则认为“东则海防，西则塞防，二者并重”，强调先要进兵新疆。他指出：“重新疆者，所以保蒙古。保蒙古者，所以卫京师。西北臂指相联，形势完整，自无隙可乘。若新疆不固，则蒙部不安，匪特陕、甘、山西各边，时虞侵轶，防不胜防，即直北关山，亦将无晏眠之日。”他反驳李鸿章：“若此时即拟停兵节饷，自撤藩篱，则我退寸而寇进尺……是停兵节饷，于海防未必有益，于边塞则大有所妨。利害攸分，亟宜熟思审处者也……宜以全力注重西征，俄人不能逞志于西北，各国必不致构衅于东南。”在辩论中，左宗棠深刻地阐明了全国一盘棋的战略思想，指出西北、东南都很重要，“利害攸分”，任何一方失利都足以牵动战略全局。如果一味妥协退让，示人以弱，列强认为有机可乘，将更加激起贪婪吞并的欲望。只要坚决收复新疆，振我国威，使“俄人不能逞志于西北”，就能有效达到使“各国必不致构衅于东南”的战略目的。左宗棠还从中国历代兴衰的史实来论证西北塞防的重要性，深刻地指出：“周秦汉唐之盛，奄有西北，及其衰也，先捐西北，以保东南，国势浸弱，以底灭亡。”

所幸清政府最终摒弃了李鸿章的意见，采纳了左宗棠的意见，遂使左宗棠的战略主张得以付诸实施。从这场争论的内容及其结果来看，左宗棠坚持的海防与塞防并重、先收复新疆的国家安全理念，无疑是符合中华民族长远利益的，从战略上维护了国家的总体安全。时至今日来看，左宗棠的重要观点，对于稳西北谋东南仍然具有重要的价值和作用。

第四，践行“官必爱民，乃为尽职”的为官原则，推动了所在地方各项事业的发展。史载：左宗棠“善于治民，每克一地，招徕抚绥，众至如归”。可以这样说，善于治民、着力为民是左宗棠为官尽职的重要特点，特别是在连年征战、杀伐四起的动荡岁月，能够做到这一点，实属难能可贵。

左宗棠出身于贫寒的“耕读世家”，自幼便接受和继承了中国传统的“民本”思想。出仕以后，他始终坚持“恤民善政”，经常训导下属：“为政先求利民，民既利矣，国必与焉！”“官无论大小，总要有爱民之心，总要以民事为急。”“官必爱民，乃为尽职。”左宗棠在陕甘主政十几年，坚持整顿吏治，严惩贪污，禁种罂粟，举办赈务，振兴农牧，筑路植树，开矿设厂，兴办教育。收复新疆后，他提出了治理新疆的一整套施政举措：修浚河渠，建筑城堡，广兴屯垦，清丈地亩，厘正赋税，分设义塾，更定货币。这些重要举措，极大地改善了各地人民群众的生产与生活。他一贯重视文化教育的重要作用，主张“敬教劝学，卫国以中兴”。为了消除新疆各少数民族的民族隔阂，促进民族融合，他大力提倡发展文化教育事业，认为这是实现长治久安的战略举措：“广置义学，先教以汉文，俾其略识字义……长治久安之效，实基于此。”他特别重视儿童的教育，并刊发《千字文》《三字经》《百家姓》《四字韵语》及《杂字》各本，“以训蒙童”。这些教育措施，增进了新疆各族人民对中华民族的向心力，增强了民族团结。

左宗棠为官，安贫乐道，尽心任事，不为物欲所累，不作身家之计，尽力为民做事。他常说：“凡人须从吃苦中来。收积银钱货物，固无益于子孙，即收集书籍字画，亦未必不为子孙所累。”他拒收任何不正当的收入，俸金多用于捐款赈灾、兴教办学和资助廉吏。虽贵为总督，仍只以吃家乡腌菜为乐事。他的人品官德，当时就为官民所敬仰，时至今日也是值得称道的，仍具有积极的作用和实践的意义。

《天地正气左宗棠》一书是作者深入研究的结晶，浓缩了左宗棠浩瀚史料，采用了图文并茂的表现形式，具有较强的史料性和可读性，是人们了解研究左宗棠业绩、传承弘扬左宗棠精神的一部重要著作。在此，我向为编著本书付出了辛勤劳动的王品端同志表示诚挚的敬意，祝愿《天地正气左宗棠》这部重要著作能给广大读者以启示和帮助。

2022 年 9 月

前　言

晚清重臣湖南湘阴人左宗棠，对于中国近代史，是举足轻重的人物；对于我们国家，他是立有不世之功的人物；对于中华民族，他留下了巨额精神财富，是影响绵远流长的人物。

然而，就是这样一位重磅历史人物，辛亥革命后，很少有学者对其进行研究。直到抗战期间，山河破碎，中华民族处于危亡之际，国人在“但使龙城飞将在，不教胡马度阴山”，闻鼙鼓而思良将的家国情怀激荡下，开始怀念尊崇他，历史学界才自觉掀起了研究左宗棠的热潮。新中国成立后，左宗棠因镇压农民起义，受到严厉谴责，乃至很长一段时间把他当成反派人物，人们“谈左色变”。因此，学术界很少有人研究他，人们对他基本不真正了解。

二十世纪七十年代后期开始，学术思想逐渐活跃，对左宗棠的研究也出现了新局面。开始有专家学者公开肯定左宗棠是“杰出的爱国者”，“具有战略眼光的封建政治家”。1978年12月19日，《光明日报》发表了杜经国的《试论左宗棠的爱国主义精神》。1981年2月10日《光明日报》又发表了杨东梁的《“海防与塞防之争”的浅析》，指出左宗棠收复新疆，保住了祖国西北一片大好河山，这个历史功绩，人民是不会忘记的。

1982年，王震将军在《红旗》杂志第二期发表了《学习历史，发扬爱国主义精神》一文，文章对左宗棠捍卫国家主权和领土，维护国家统一，抵抗英帝和沙俄对我国扩张的巨大功绩，给予了高度评价。1983 年 8 月，时任政治局委员的王震将军又发表了关于左宗棠的谈话："左宗棠在帝国主义瓜分中国的历史情况下，力排投降派的非议，毅然率部西征收复新疆，符合中华民族的长远利益，是爱国主义的表现。左公的爱国主义精神，是值得我们后人发扬的。"他又说："左宗棠西征是有功的，否则，祖国西北大好河山很难设想。"他还说："林则徐和左宗棠都是爱国者，对中华民族都有贡献。"《光明日报》1983 年 10 月 16 日以《左宗棠的爱国主义精神在历史上闪光》为题，全文登载了王震的这篇谈话。

1984 年 11 月在苏州大学召开了"全国首届左宗棠历史评价学术讨论会"。会议对左宗棠给予了很高的评价。《人民日报》于 1984 年 12 月 10 日在报道这次会议时说："在中国人民反对侵略，保卫祖国的丰碑上理应镌刻上左宗棠的名字。"1985 年 11 月在长沙召开了"全国左宗棠研究学术讨论会"。这次研讨会，比在苏州大学召开的第一次研讨会，探讨的内容更宽，研究的问题更深，认识更统一，对左宗棠的评价更高。

这两次全国规模的左宗棠专题学术研讨会，掀起了全国历史学界研究左宗棠的高潮，研究工作很快向广度和深度发展。发表的学术论文，出版的学术专著，如雨后春笋，收获了许多新的研究成果。特别是 1983 年国务院古籍整理出版规划小组确定《左宗棠全集》为第一批规划出版项目，并指定由湖南省社科院组织编纂出版。该院副院长刘晴波、研究员刘泱泱担纲整理编辑工作。不久，刘晴波副院长病故。刘泱泱研究员等继续整理、编辑，历时 13 年终于完成了 15 册、770 万字的《左宗棠全集》的整理工作。后经多次重印与再版。现国家清史编纂委员会专家、中国人民大学图书馆原馆长杨东梁教授，1985 年写出了《左宗棠评传》，王震将军阅后写信给他，给予高度评价和鼓励。

随着研究的深入细化，人们才看到左宗棠对于我们国家和民族，在诸多方面都厥功甚伟。

他以“我之疆索，尺寸不可让人”的报国精神，坚决捍卫了国家领土主权的完整。在晚清国家处于被西方列强侵占瓜分的危急之时，他以无畏不屈的骨气和勇气，“锋颖凛凛向敌”，视死如归反击外国入侵。他主张“东则海防，西则塞防，二者并重”。克服常人无法想象的困难，率军西征，“携棺入疆”，收复了沦陷13年之久的占国土陆地面积六分之一的新疆。成为自汉、唐以后对祖国疆土贡献巨大的民族英雄。他在收复、治理包括伊犁在内的整个新疆的近5年时间内，不仅成功治理了新疆，而且为新疆建省作了全面的规划，从政治、军事、经济、行政区划、人事安排、财政经费等方面作了充分准备，打下了坚实的基础。

风烛残年之时，他又抱病请缨，临危赴闽督师抗法保台。他两次派援台军登台，击溃攻台法军，粉碎了法军占领台湾的企图。海战连捷，他又指挥一年多前被他派往广西中越边境的“恪靖定边军”首领、爱将王德榜，率部与冯子材部前后合击法军，取得震惊中外的镇南关—谅山大捷，法国茹费理内阁因此被迫下台。收复新疆和中法战争、抗法保台之战，是晚清抗击外敌入侵多次大的战役中，取得全胜的两场战役，其中收复新疆之战的主帅是左宗棠，中法战争、抗法保台之战的主帅是分别张之洞和左宗棠两人。在这两场战役进行中，左宗棠先后五上奏折促成了新疆建省，在临危受命赴闽督办福建军务时，又上奏折促成台湾建省，从根本上确保了这两片国土不再沦陷、分裂，永固中华版图。

但始料未及的是，慈禧太后和李鸿章等主和派，把这次中法战争、抗法保台战役的胜利看成是求和的最好机会，不顾左宗棠、张之洞等主战派的反对，与法国签订了屈辱的《中法会订越南条约十款》。左宗棠闻信气绝昏死，生命处于垂危，仍关注海防安全。他回顾抗法保台海战中，海防、水师各行其是，互不伸援手的弊端，在临终前一个多月，他还从全局筹划海防建设，奏请专设海防全政大臣，促使清政府设立了总理海军事务衙门，统一了海军指挥权。

为国家的富强和进步，他一边抵御列强的军事、经济侵略，一边本着“师夷长技以制夷”的目的，积极倡导、开启了富国强兵的自主洋务运动，学习、引进西方发达国家的科学技术和机器设备。从创办后来被孙中山称为“船政足为海军根基”的福州船政局和马尾造船厂开始，他从西北到东南两江，先后创办了一系列近代军事与民用企业，并主张“利商”“护商”，扶持民间资本，开拓和发展了中国近代民族工业。

他出身于湖南湘阴农村贫寒的耕读世家，艰辛的生活，使他从小备尝民间疾苦，了解社会弊端，形成了牢固的民本理念。任封疆大吏后，这种理念使他始终坚持实行“恤民善政”。他经常严格训导下属：“为政先求利民，民既利矣，国必与焉”“官无论大小，总要有爱民之心，总要以民事为急”“官必爱民，乃为尽职”。他不是只说在嘴上，而是身体力行。他为改善民生，“不夺民间固有之利，收回洋人夺去之利，更尽民间未尽之利”。他从南到北，兴修水利，以发展农、牧业。他在西北组织筑路造林，军民垦荒屯田，引种南方水稻，传授南方植桑、养蚕、缫丝、织布技艺等，有效促进了西北近代经济、社会的发展。

他继承、践行和发展了中华优秀传统文化。他敦教劝学，用儒家文化培养人才，教化人文，纯化民风，以此促成各民族之间的思想文化认同，“一从儒教，思想攸同，畛域自泯”，从而增强了中华民族的凝聚力。西北 100 多年的长治久安，与他推行的人文教化分不开。

据史料记载，左宗棠反对清政府对少数民族的歧视、抑制政策，在他管辖的西北地区，他及时调整了民族政策，实行“‘不论汉、回，只辨良、匪’，以期解纷释怨，共乐升平”（《左宗棠全集·奏稿三》，第371页）和“无论汉、回、番民，均是朝廷赤子，一本天地父母之心待之，俾各得其所，各遂其业”（《左宗棠全集·札件》，第299页）的民族政策。他命令楚军前路统领刘端冕“申明纪律，除临阵外不准滥杀，不准奸淫妇女，搜抢财物，烧毁粮食”。由于他实行了公正平等、一视同仁的民族政策，致使西北各民族重新安定团结。

左宗棠不但为我们国家立下了不世之功，而且给我们中华民族留下巨额的精神遗产。如：心忧天下的报国精神；挺身任事的担当精神；崇俭广惠的仁爱精神；清正勤廉的奉献精神；善政恤民的实干精神；改革图强的开放精神；家教修身的示范精神等等。这些精神，主要的可以简括为“清正廉洁，心系百姓，精忠报国，担当任事”。这份精神遗产将影响、激励、教育中华民族子孙后代成为志士仁人。以左宗棠“心忧天下的报国精神”为例，当年的他，64岁，体弱多病，受命于危难之中，毅然挑起收复新疆重担，也是衰年报国。但由于国库空虚，缺粮少钱，更无能打仗的军队，军队装备极其落后，清政府只好授予他筹兵、筹饷、筹粮和指挥军队的全权。而交战对手，是阿古柏及其背后全力支持他的英帝、沙俄，敌强我弱显而易见。积贫积弱的晚清能够收回新疆，主要是因为左宗棠的核心主导作用。如果收复新疆之战失败，反对西征的左宗棠的政敌会群起攻之，落井下石；清政府不会替他承担责任，因为上谕早就说得清清楚楚：“如果各军逗留不前，则罪在主将。倘因粮饷不继，致误戎机，惟左宗棠是问。”左宗棠将成清政府替罪羊，祸及身家，死无葬身之地。这个风险，左宗棠不会不知道。他是如何考虑的呢？他在给老部下的信中写道：“失此不图，恐此后求如目前局势，不可得也。”如果失去现在收回新疆的机会，恐怕今后再想现在这样的机会，是不可能有了。他在家书中写道："危疆重寄，义无可诿，惟有尽瘁图之，以求无负。其济，则国家之幸，苍生之福；不济，则一身当之而也。"家人阅后担忧，他又回信说："西事无可恃之人，我断无推卸之理，不得不一力承当。"这就是左宗棠心忧天下、精忠报国的情怀。这种情怀，在抗日战争中，感动和激励了多少抗日志士共赴国难。

左宗棠不仅是中国的著名人物，而且在世界上也有相当大的影响。20世纪三四十年代，美国人贝尔斯、日本人西田保都先后曾为左宗棠著书立传。1944年，时任美国副总统华莱士访华路过兰州时说："左宗棠是近百年来世界伟大人物之一，他将中国人的视野扩展到俄罗斯，到整个世界……""我对他抱有崇高敬意。"美国《新闻周刊》，1999年12月31日（周五），刊登了标题为《胡桃壳里看千年》的文章，介绍了"千年来最让人记得的40位世界人物"。其中，中国有3位：毛泽东、成吉思汗、左宗棠。

当然，我们必须清醒地认识到，左宗棠由于受当时历史时代影响和本人思想认识种种局限，存有不少过错，即始终摆脱不了封建思想的束缚，一味"愚忠"。他为报所谓皇帝重用之恩，甘愿为晚清统治阶级效"犬马之劳"，极力维护腐朽没落的晚清王朝的统治，力图延缓晚清王朝的灭亡。我们用历史唯物主义的观点透视左宗棠的一生，审视他的历史贡献，即使把他定位为民族英雄、民族脊梁式人物，也不能否认他的历史局限与过错。

郁达夫有句名言："一个没有英雄的民族是不幸的；一个有英雄却不知敬重、爱惜的民族是不可救药的。"中华民族，是一个英雄辈出的民族，是一个崇尚英雄的民族。习近平同志在2015年9月2日颁发"中国人民抗日战争胜利70周年纪念章"仪式上发表重要讲话时，明确要求："我们要铭记一切为中华民族和中国人民作出贡献的英雄们，崇尚英雄，捍卫英雄，学习英雄，关爱英雄……”左宗棠无疑是中国历史上对中华民族和中国人民贡献极大的英雄人物。我耗费10年的时间，投入这么大精力编著这本浓缩左宗棠浩瀚真实史料，展示左宗棠的历史事迹、功绩贡献和思想精神的通俗史话，为的是使读者通过阅读本书，能认识到：敬重、崇仰、爱戴、学习历史上对祖国、对中华民族作出过贡献的英雄人物，是我们中华民族不断走向复兴、永远强盛的历史动力。这对国家的富强、民族的兴旺、社会的和谐、人民的幸福，是很有意义的。这本书的出版，可能起到鉴古观今的作用。为今人和后人修身齐家、治国理政，以及如何捍卫我们国家和中华民族的利益，或许能提供有益的历史借鉴。

不少景仰左宗棠的人士，常常问到一些大同小异的问题：出身于耕读世家的普通乡村教师左宗棠，为什么能成为功高盖世、拜相封侯的人物？答案是“天地正气”。即除了客观条件和他本人的雄才大略外，最内核的原因，是他顶天立地、一身正气、两袖清风的人格魅力。左宗棠为激励自己和部属，亲笔题写了“天地正气”四字。左宗棠去世后，著名理学家贺瑞麟为纪念左宗棠，将左宗棠题写的“天地正气”手迹和他的题跋专门刻于石上，现收存于西安碑林。正是左宗棠的这种人格魅力，在收复新疆期间，各方投奔他的人才和他的部下，不顾安危，不计利禄，与他和衷共济，在无粮草、无精兵、无先进武器，军费支出缺口极大的极度困难中，不但收复了新疆，而且在战斗中还造就了一大批顶天立地、一身正气、两袖清风的将士。

中央纪委、国家监察委2017年直接指导拍摄播出的左宗棠专题片《天地正气　家国情怀》，给我以启示：“天地正气”，既是对左宗棠人品的经典概括，又是中华民族的群体形象，更是当今中国人绝不可缺失的人品德行。故本书付梓，定名《天地正气左宗棠》。

本书与100多年来面世的关于左宗棠的370多种图书相比，有以下五个特点：其一，在编著之前，我到全国主要的左宗棠遗迹地进行考察，挖掘、收集了大量的文字与图片，甚至遗物复制品等资料，其中不少是第一次被发现。因此，本书收录了不少新发现的资料。其二，我作为左宗棠文化研究会会长，与全国不少研究中国近代史和研究左宗棠的专家、学者经常保持联系、交流，能及时了解关于左宗棠学术研究的新成果，所以，本书吸纳了学术界研究左宗棠及其文化的最新成果。其三，凭借研究中国近代史及左宗棠的全国权威专家学者们担纲本书的学术顾问，并共同审阅把关，为本书编著时少出错误，提供了有效保障。其四，本书是100多年来关于左宗棠的各类图书中，刊印各种史料图、照片最多的一本真正图文并茂的书；也是浓缩左宗棠浩瀚史料，展示左宗棠各方面成就较全的书。其五，编著本书时参考的史书，是史学界公认的这方面的权威史书和权威专家、学者编辑的史书。这使本书具有较强可读性的同时，具有较严谨的史料性。

王品端

2023年10月

上篇

第一章 湘上农人 心忧天下

第二章 寒儒举子 运筹湘幕

第三章
组建楚军 独当一面

第四章
经略陕甘 威惠并举

第五章
收复新疆 促成建省

第六章
抗法保台 鞠躬尽瘁

下篇

第一章
自主洋务 富国强兵

第二章
治水重农 发展经济

第三章
兴教劝学 经世致用

第四章
家风端肃 家教严明

第五章
崇俭广惠 廉洁奉公

第六章
历史伟人 名垂青史

附录

上篇

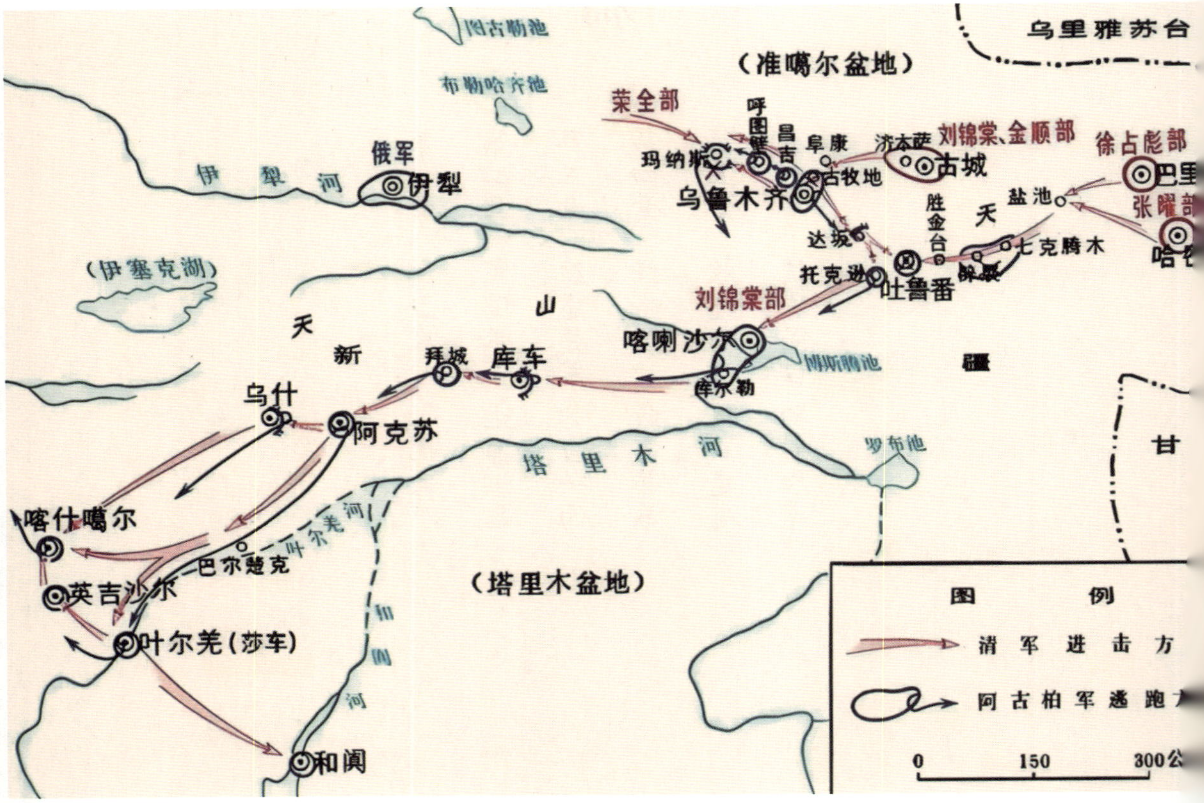

图古勒池
乌里雅苏台
(准噶尔盆地)
布勒哈齐池
荣全部
呼图壁
昌吉
阜康
济木萨
刘锦棠、金顺部
徐占彪部
俄军
伊犁
玛纳斯
古城
巴里
伊犁河
乌鲁木齐
古牧地
盐池
张曜部
胜金台
天
达坂
七克腾木
(伊塞克湖)
托克逊
吐鲁番
辟展
哈
刘锦棠部
天
山
喀喇沙尔
新
拜城
库车
博斯腾池
疆
库尔勒
乌什
阿克苏
塔里木河
罗布池
甘
喀什噶尔
叶尔羌河
巴尔楚克
英吉沙尔
(塔里木盆地)
图例
和阗河
叶尔羌(莎车)
清军进击方
阿古柏军逃跑方
0
150
300公
和阗

西征战争路线图

第一章

湘上农人 心忧天下

自幼笃实聪颖

清嘉庆十七年十月初七日（1812 年 11 月 10 日），左宗棠出生于湖南省长沙府湘阴县文家局左家塅（今金龙镇新光村）一个世代书香而渐趋衰落的耕读之家。

曾祖左逢圣（字孔时，一字仁乡，县邑庠生），祖父左人锦（字斐中，一字松野，国子监生），父亲左观澜（字晏臣，一字春航，县学廪生），均以设学馆授徒为业。

左宗棠 4 岁开始，就随八旬祖父左人锦读书识字。左家书屋前有一

左宗棠出生地湘阴县文家局（今金龙镇）左家塅今貌

口池塘，塘边种有几株高高的梧桐树，名为“梧塘书屋”。屋后一座小山，山上长满灌木和野花，左宗棠常爬上山去玩。祖父发现这个小孙子特别颖悟，十分疼爱。有一次，他带着小宗棠上山采到一些毛栗子，吩咐小宗棠拿着回家，分给哥哥姐姐们吃。小宗棠将栗子平分成五份，送给三位姐姐和两位哥哥，爷爷问他为什么不给自己留下一份，他说，自己在山上采摘时已经尝过了。这件小事引发爷爷感叹：“此子幼时分物能均，又知礼让而忘其私，异日必昌吾门。”

嘉庆二十一年（1816），父亲左观澜在湖南贡院东街北侧长沙左氏宗祠设馆授徒，时年，左宗棠大哥宗棫（字伯敏）17岁，二哥宗植（字景乔）12岁，他自己才4岁。兄弟三人都跟着父亲读书，左观澜另外还收了一些亲友介绍来的大龄学生，除了教他们读书，还教他们如何做人的道理。左观澜教书非常严厉，学生们都养成了勤奋的习惯，不敢偷懒。

左宗棠6岁开始读《论语》和《孟子》。他的接受能力很强，读过的文章常能记住。有一次，父亲教两个哥哥读一篇文章，其中有一句是：“昔之勇士亡于二桃，今之廉士生于二李。”父亲问他们兄弟：“‘二桃’的典故出自什么地方？”两个哥哥还没来得及回答，小宗棠就在旁应声说：“古诗《梁父吟》有这一句：‘一朝被谗言，二桃杀三士。’”父亲很是惊讶，因为一般情况下，五六岁的小孩子不会读到该类书籍，也回答不出这样的问题的。原来，二位哥哥平日朗读诗文时，小宗棠在一旁听着听着，就记住了。父亲发现，这个儿子颖悟过人。母亲余氏也发觉这个小儿子与众不同。

父亲对左宗棠兄弟的督责很严，他们读书都很勤奋，尤其是二哥左宗植学习优异，12岁就中了秀才。隔了3年后，大哥左宗棫也考中秀才。左宗棠9岁开始“学作制艺（八股文）”，也读些历史书。通过阅读历史书籍，了解古今历史人物，他从小就自视甚高，仰慕古代的英雄人物，喜欢说一些口气很大的话，自认为凡天下事只要自己用心没有什么不可以办到的。

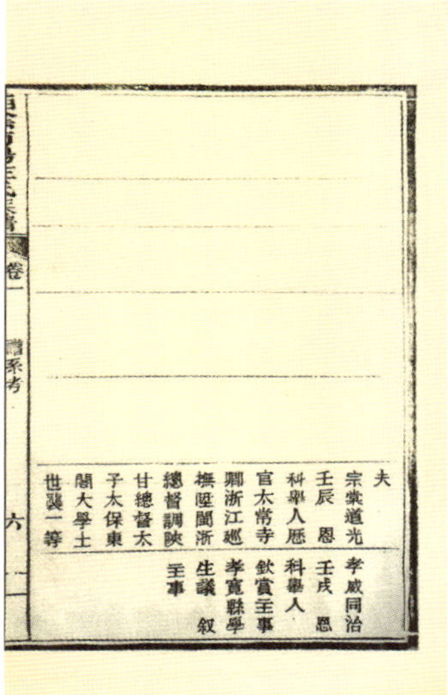

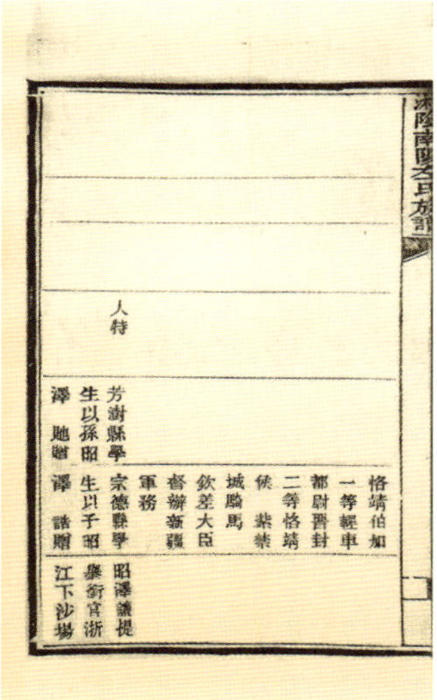

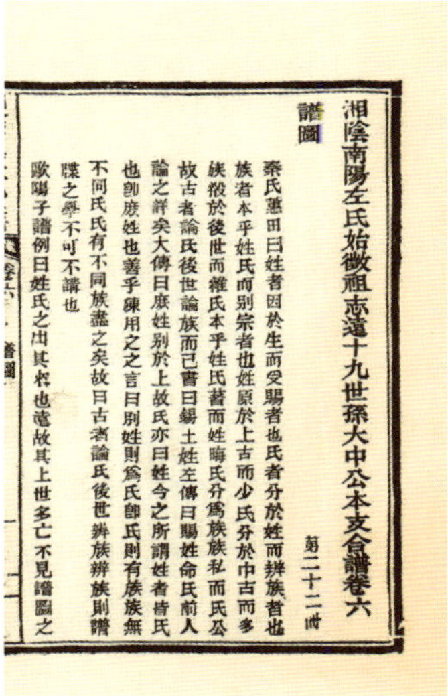

湘陰南陽左氏始徵祖志遠十九世孫大中公本支合譜卷六

譜圖　第二十一世

秦氏蕙田曰姓者因於生而受賜者也氏者分於姓而辨族者也族者本乎姓氏而別宗者也姓原於上古而少氏分於中古而多族殺於後世而雜氏本乎姓氏著而姓晦氏分爲族族私而氏公故古者論氏後世論族而已書曰錫土姓左傳曰賜姓命氏前人論之詳矣大傳曰庶姓別於上故氏亦曰姓今之所謂姓者皆氏也即庶姓也善乎陳用之之言曰別姓則爲氏卽氏則有族族無不同氏氏有不同族盡之矣故曰古者論氏後世辨族辨族則譜牒之學不可不講也

歐陽子譜例曰姓氏之出其來也遠故其上世多亡不見譜圖之

《左氏族谱》

左宗棠十四五岁时，文思敏锐，下笔快捷，自以为八股文写得很好。每当完成一篇文章，就自己夸耀一番，还拿给同学看。同学们看到他的稚态，也不和他争论，只是微笑不语。

少年家境贫困

虽然家境寒素，但左宗棠那一段少年时期的读书生活还是很愉快的。只是不久，家中发生了一连串的不幸。自祖父、祖母相继去世后，道光三年（1823）大哥宗棫也因病去世，年仅 25 岁。大哥的死，对父母是沉重的打击。父亲从此对宗植和宗棠的管教就不那么严格了。母亲余氏多年来一直生活清苦，含辛茹苦养育了 3 个女儿和 3 个儿子。余氏身体本来孱弱，宗棫的死使她伤心万分，不久恹恹成病。郎中诊断她身子太虚，要用上好的人参滋补，但家中哪里有钱买人参？左观澜四处借贷，好不容易买了不到一两的人参，但是于事无补，余氏于道光七年（1827）十月去世。

左观澜为余氏生前治病、死后埋葬欠下了几百两银子。靠他那坐馆教书的微薄收入，如何还得起？每到年关将近，更是窘迫万分。左观澜辛苦一生，还欠了一身债，加之丧子、丧妻的打击，在夫人去世后两年多的道光十年（1830）也在长沙病逝。他和余夫人都只活了53岁。左宗棠和二哥将父母合葬在长沙城北的史家坡。这时3个姐姐都已出嫁，一个美满的十口之家，只剩兄弟二人、寡嫂、孤侄。嫂子的生活最困难，兄弟俩一商量，就将祖上遗留的48石谷田全部给了嫂、侄。宗植、宗棠兄弟不仅无田无产，而且还继承了一大笔债务，直到好几年之后才还清。

左宗棠后来在给儿子孝威的家书中回忆："吾家积代寒素，先世苦况百纸不能详。尔母归我时，我已举于乡，境遇较前稍异，然吾与尔母言及先世艰窘之状，未尝不泣下沾襟也。"他在回忆年少读书艰难生活时说过："日有粗粝两盂，夜有灯油半盏，即思无负此光景。而无奇书可得，惟就《四书》《五经》，讽诵咀嚼，自谓'一生受用不尽'。四十年以后，抱负措施，都从此时蕴蓄。"

研读有用之书

左宗棠15岁参加童子试，得县试第一名；16岁参加长沙府试的时候，知府张锡谦很欣赏他的文章，准备取为第一名，后来因照顾一位老年考生，就将左宗棠取为第二名，知府还当面奖励他一番。这两次都是考秀才的甄别试。接着还有最后一次院试，由学政亲临主持，考取了就为秀才。恰在这个时候左宗棠的母亲去世，他回家奔丧，没能参加院试，因而失去了考秀才的机会。

道光九年（1829）左宗棠居丧期间，借到两套书：顾炎武的《天下郡国利病书》和顾祖禹的《读史方舆纪要》。顾炎武是清初著名学者，他首倡经世致用之学。《读史方舆纪要》是一部地理书，除记载山川形势外，也叙述一些古今战史和战守机宜。左宗棠以前接触的不过是四书五经和八

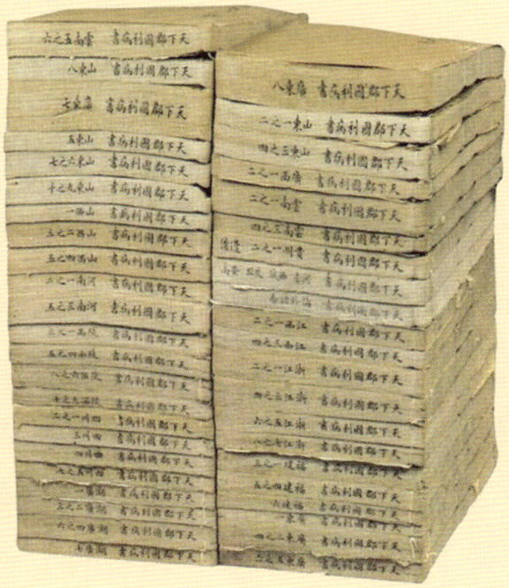

顾炎武《天下郡国利病书》

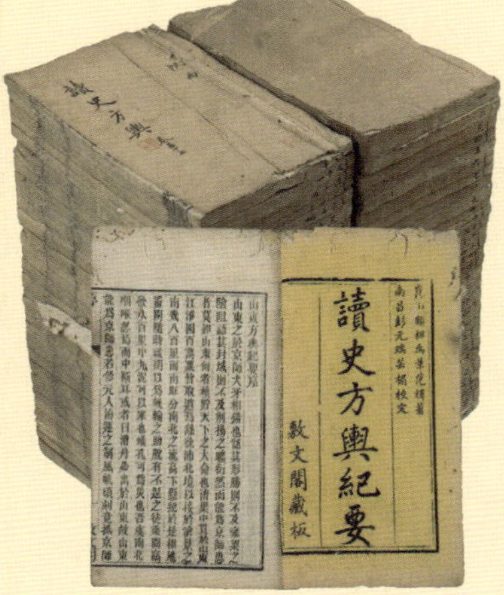

顾祖禹《读史方舆纪要》

股文等，得到这两套书，如获至宝，早晚研读，还加以评论。他读过《读史方舆纪要》后，既首肯顾氏书“所载山川险要，战守机宜，了如指掌”，又批评“考据颇多疏略，议论也有欠妥之处”。此外，他还借到了齐召南（字次风，乾隆时人，地理学家）的《水道提纲》等书，边读边将重要内容抄录。他还藏有一部《皇朝经世文编》，这部书名义上是贺长龄主编，实际上是魏源（字默深）代他编辑的。左宗棠认真研读全书，密密麻麻写上了批注。左宗棠的一些同学和亲友只知读八股文可以做官，见他读这种“无用”的书，都暗暗笑他。他有他自己的主张，人家越笑他，他读得越加勤奋。两年后，他遇到贺长龄、贺熙龄兄弟，两位前辈也教导他研求有用之学，不要专重八股文。他对经世致用之学越来越感兴趣，越来越觉得八股文空洞无物脱离实际。

幸得贺氏兄弟教诲

道光十年（1830）正月十八日，江苏布政使贺长龄（字耦庚，嘉庆、道光时期名臣）因母亲去世丁忧回籍。依大清律例，逢有父、母亲去世，官员必须回原籍居丧守制，以尽孝道。以闻丧月日为始，不计闰27个月为期，名为“丁忧”。左宗棠对贺长龄仰慕已久，于是向他求教。贺长龄也很喜欢这个年轻人，无论什么书都愿借给左宗棠，还常常亲自上藏书楼替左宗棠取书，爬上爬下，不辞劳苦。左宗棠每次还书给贺长龄时，贺长龄还问左宗棠有些什么收获，认真地和他讨论一番。贺长龄对左宗棠频频来借书丝毫也不厌烦。左宗棠喜欢读书，却没有钱买书，于是向贺长龄家借阅了不少书，而且还向他学到许多从书本上学不到的知识。贺长龄道德学问为世人钦佩，却器重一个十几岁的少年，推崇他为“国士”。原来，贺长龄和左宗棠交谈过几次之后，发现他年纪虽轻，见识却极不平凡。

贺长龄离开长沙后，他的弟弟贺熙龄（字光甫，号蔗农）仍留在长沙主持城南书院。贺熙龄为嘉庆十九年（1814）进士，曾任湖北学政，在湖南颇有声望。他倡导义理、经世之学，认为读书是为了“经世”，许多读书人“学不知要”，陷于词章训诂、寻章摘句不能自拔。城南书院位于长沙城南妙高峰下，历史悠久，南宋时，理学大师朱熹曾在此讲学，是长沙三大书院之一，很有些名气。也是后来毛泽东主席就读过的“湖南一师”的前身。道

长沙定王台附近的贺长龄、贺熙龄住所

光十一年（1831），经贺长龄引荐，左宗棠到城南书院读书，二哥左宗植客游武昌。在生活无着时，左宗棠只能靠书院发给的“膏火费”（生活费）度日。该书院的正课生员，除年假外，每月发膏火

长沙城南书院的“左宗棠城南立志”壁刻

银八钱；另外，每月初三日和十八日有“会课”，考试成绩优异者给予奖励：一等首名银五钱，其余三钱，二等每名二钱。喜好经世致用之学的左宗棠自然得到贺熙龄的青睐，被赞为品行“卓然能自立”，学问“确然有所得”。贺熙龄在长沙住了9年，左宗棠因家里交不起学费，后转入贫民子弟学校“公资书院”，实际上只跟他读了1年书。但二人感情深厚，左宗棠常和贺熙龄通信，既讨论学问，也谈论国家大事，有什么学习上的感受，必向贺熙龄汇报。遇有牢骚苦闷，也向他宣泄。二人既是师生，又如朋友。贺熙龄写过一首《舟中怀左季高》：

九月湖湘水倍清，卷云亭上故交行。
六朝花月毫端扫，万里江山眼底横。
开口能谈天下事，读书深抱古人情。
而今迈步从头越，莫叹前程未可寻。

贺熙龄和哥哥贺长龄一样，注重经世致用的实学。可以说，贺长龄、贺熙龄兄弟成了左宗棠走上经世致用之道的引路人。

道光二十六年（1846）十月，贺熙龄逝世，享年58岁。去世之前还

有一段佳话。那年八月，左宗棠的长子孝威出生。贺熙龄知道了，高兴地说：“这孩子该做我的女婿。”他去世后，同学罗研生等告知左宗棠：“老师遗命不可却。”从此，贺熙龄和左宗棠由师生变为儿女亲家。

当时贺长龄、贺熙龄兄弟身份显贵，却对一个穷书生如此知遇，令左宗棠感动万分。贺熙龄死后，左宗棠写了一副挽联：

宋儒学，汉人文，落落几知心，公自有书贻后世；
定王台，贾傅井，行行重回首，我从何处哭先生。

定王台在长沙城东，贺长龄的住宅即在附近。左宗棠常和友人刘蓉（字霞仙）、李续宜（字希庵）等在定王台拜会贺长龄、贺熙龄兄弟，就学请业。左宗棠就读城南书院时还结识了一些朋友和同学，如罗泽南（字仲岳）、丁叙忠（字秩臣）、邓显鹤（字湘皋）、邹叔绩（字汉勋）等，都是志同道合之士。他们都不注重八股文和词章利禄，而专讲求实用之学。如罗泽南，当时就很有些名气，以后又成为湘军著名将领。

遗卷头名中举

湖南巡抚吴荣光（字伯荣）为培养人才，在长沙岳麓书院办了一个“湘水校经堂”（在今湖南大学内），招收一些学生，教以经史和致用之学，还给学生生活补贴。道光十一年（1831），左宗棠在“湘水校经堂”参加考试，一年内七次名列第一，引起了巡抚吴荣光的注意。

第二年服丧期满，正逢全省乡试。左宗棠还不是秀才，无资格参加乡试，于是借钱捐了一个与秀才相当的监生，才取得乡试资格。清代晚期，监生可以用钱买，但是举人、进士则不能买，必须通过考试。考试很严格，试卷都密封；考官如收受贿赂，可能处以死刑。那年的湖南乡试，正考官是徐法绩（号熙庵），副考官胡鉴（号藕湾），还有几位阅卷考官，称为同考官。

位于岳麓书院的湘水校经堂（牌匾为时任湖南巡抚吴荣光亲手所书）

左宗植、左宗棠兄弟均参加了这次乡试，左宗棠答完题后，抄了一份答卷底稿，出考场后送给老师贺熙龄看。贺熙龄看后说："文虽好，却不合程式，恐无考官赏识。"果然，同考官在左宗棠考卷上批了"欠通顺"三个字，左宗棠因而落选。

说来幸运，这一年恰逢道光皇帝五十大寿，这年的科举考试为"万寿恩科"，皇帝下诏各省考官在落选的"遗卷"中，再择优录取一些，以示恩典。那时副考官胡鉴在试院中病逝，徐法绩一人批阅了 5000 多份遗卷，选录 6 人，左宗棠居首位，取中第 18 名举人，但年纪最轻。当密封打开，依例监临的湖南巡抚吴荣光一看是曾经在"湘水校经堂" 7 次考试第一的左宗棠，赶忙向徐法绩道贺，说他取得了真正的人才。其他同考官有些也听说过左宗棠其人，于是群疑释然。

左宗棠的二哥左宗植高中湖南解元（乡试第一名举人），兄弟二人同时中举，这是左家从未有过的光彩。

道光十二年壬辰科的湖南乡试，左宗植、左宗棠兄弟同榜中举。左宗植中试第一名“解元”，左宗棠中试第十八名举人。图为“举人”匾额

另类“答卷”

左宗棠除了研读经世致用之书，仍然读些八股文，以应科举。由于他花了很大的精力钻研实学，八股文就不会作得那么入格。正是由于致力经世致用之学，每次会试，他不愿在四平八稳的考题上高谈，偏在朝廷讳议的大事上阔论，一般考官岂敢录用他。

道光十三年（1833）正月，左宗植、左宗棠兄弟首次赴京师会试（考进士），不料二人均落第。在京师时左宗棠写了有名的《燕台杂感》诗八首，其中一首是：

西域环兵不计年，当时立国重开边。
橐驼万里输官稻，沙碛千秋此石田。
置省尚烦它日策，兴屯宁费度支钱？
将军莫更纾愁眼，生计中原亦可怜。

在诗中，他已看到西域问题的重要性，提出了新疆置省和屯垦举措，还注意到西北给养和运输的困难。在嘉庆、道光年间，已有一批学者注意研究新疆，如龚自珍（号定庵）、魏源、徐松（字星伯）等人。左宗棠曾

研究过他们的著作。他认为："道光朝讲经世之学者，推默深与定庵。实则龚博而不精，不若魏之切实而有条理。"龚自珍写了一篇《西域置行省议》，左宗棠不赞同他所拟郡县建制，但钦佩他的建省原则。左宗棠在京师还会见了徐松，徐松将自己有关新疆的著作如《西域水道记》等，赠给他。左宗棠那时只是一个不满 21 岁的青年，已经在筹划治理新疆，这表明他从少年起就对新疆有一番抱负。

在京师，左宗棠还拜会了老师的老师阮元（字伯元，号云台）。那一年阮元已 70 岁，左宗棠聆听其教诲，且对其钦仰不已，印象深刻。左宗棠还结识了一些朋友，很多后来成了莫逆之交。春榜放榜后，他"点检南归"，行前给原湖南乡试正考官徐法绩写了一封信，说今后将要"讲求时务之所急"，主要研究"荒政及盐漕河诸务"。

道光十五年（1835）左宗棠第二次参加会试。阅卷的翰林温葆深很欣赏左宗棠的文章，极力推荐。主考官也很欣赏，说"立言有体"，将其录为乙未科进士第十五名。当时进士录取名额各省都有限额，后来发现，湖南录取十五名，超过一名，湖北仅录十三名，少录一名，因此就从进士录取名额中减除一名湖南考生，补上一名湖北考生。左宗棠虽已经考中，但最终还是被刷下来，功名改取为"誊录"（史馆抄录员），以后资历久了可望补个知县。左宗棠素来自视甚高，没有屈就"誊录"之职，悻悻而归。

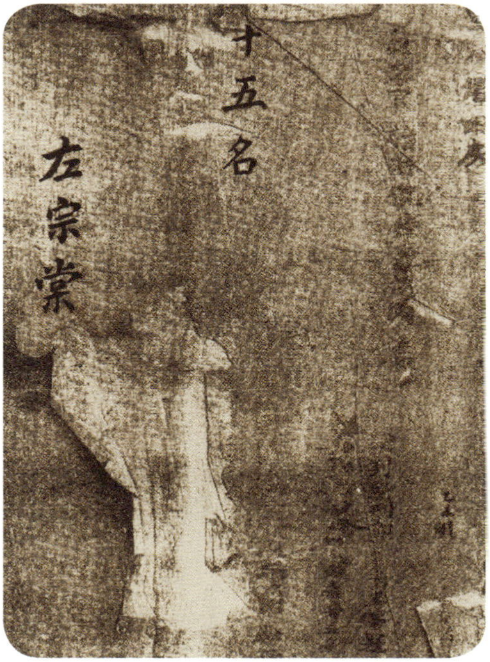

左宗棠的会试试卷封面：录取"第十五名"

左宗棠1838年会试卷的评语："首艺文成法，立语亦沉挚，次顺；三饯有笔致，诗妥。"

道光十八年（1838）左宗棠第三次参加会试，也是他最后一次参加会试。他北上过洞庭湖时，在洞庭庙作联一副：

迢遥旅路三千，我原过客；
管领重湖八百，君亦书生。

到汉口后，遇见同往京城赶考的同乡欧阳兆熊（字晓岑）。欧阳兆熊比他大5岁，中举却比他晚4年。左宗棠拿出此联给欧阳兆熊看，欧阳兆熊大为惊讶，觉得左宗棠"意态雄杰"，将来定是一位了不起的人物。

造化弄人，第三次会试偏又落第。左宗棠下定决心，以后不再参加科考。他转而潜心研究农事，准备一辈子"长为农夫以没世"。

桂在堂隐忍储能

桂在堂，俗称贵子堂，又叫亭子屋场，位于湘潭县排头乡紫山居村（今辰山村），距隐山东麓3公里。据光绪《湘潭县志》记载为 周方沂初建，后陆续扩建，至周昭俊（字千岩）时定型，为周氏世居，曾因家境衰落一度变卖给王姓，后重新购回，并易名"桂在堂"。

早年的桂在堂占地万余平方米，设计精巧，规模宏大。背靠凤凰山，前傍护庄河，过护庄河吊桥有一开阔地坪，入坪有墙，墙开三槽门。中槽门入正厅，左右槽门入左右横屋。整座庭院曲折逶迤，纵横交错，难辨方向，生人入内，如闯迷宫。宅院整体呈八卦图状，五栋房屋，三进五开。房屋多为两层，青砖小瓦，结构奇特，在南方民宅中实属罕见。居中三栋，坐北朝南，呈乾卦形状。前栋大门居厅中，厅屋两边为门房，左门房旁边为厢房，右门房旁边为厨房。前栋后有一甬墀，甬墀内两棵桂花树东西相映，每逢八月，香飘全院。有甬道入中栋，“桂在堂”三个镏金的大字横匾高悬于大门之上。中栋鼓壁大门前后对开，厅两边分别为放置器物的八方屋，开的八角门，再两边为厢房。中栋栋梁下藏有历书。后栋的正中为厅屋，厅屋两边各有厢房两间。宅院东、西两侧各有一栋横屋相抱，结构与中间屋宇相似。五栋房屋分合自然，浑然一体。全院建筑结构均按八卦图形排列，两边横屋亦有甬墀、甬道和天井。

岳家桂在堂壁画和左宗棠在岳家旧居一角犹存

道光十二年（1832），家贫的举人左宗棠与和他同岁且才貌双全的周诒端（字筠心）结为夫妻，寄住周家。当时左宗棠的岳父周衡在（字系舆）已经去世，岳母王慈云是一位精诗文、通八卦、娴于相术的才女。她第一次见到左宗棠，观其面相断定他前途无量，因此，左宗棠虽是寄住岳家，却得到岳母的诸多慈爱。王慈云将自己的居室取名为“慈云阁”，后来她的诗作遗稿由左宗棠汇集成册，书名为《慈云阁诗钞》。

周诒端的妹妹名诒蘩（字茹馨），也会作诗。姐妹二人自幼都由母亲王慈云教读。周诒端不仅能诗善文，而且性情温顺为人贤淑，与左宗棠伉俪情深。左宗棠因为贫穷寄住岳家，几年后当地就传出顺口溜：“桂在堂，招个郎，呷掉一仓谷，睏烂一张床。”作为一个男人，他感到羞耻，但岳母王慈云和妻子周诒端、妻妹周诒蘩及周府全家丝毫不轻视这位女婿。

尽管周家不嫌穷女婿，但长期依靠岳家总不是件体面的事。何况左宗棠刚直高傲，后来向周家租了桂在堂西院几间房子独立门户。连襟张声玠（字玉夫）及其夫人周诒蘩也住西院。张声玠也是举人，未考中进士，和左宗棠一般潦倒。他们二人为衣食所迫，终年谋生在外，到年底才得以回家度岁，在一起喝酒谈心。他们将一年来所作的诗文拿出来互相评论，谈时事，发牢骚，每次都尽欢而散。

左宗棠本来对八股文没有多大兴趣，更讲求实用的学问。道光十六年（1836）开始，他专心研究地理，与夫人周诒端一道花了 1 年多时间，校正、补充、绘制了全国分省、分府的地图。

左宗棠在书房内读书，夫人周诒端点一炉香，煮一壶茶，也在一旁正襟危坐，拿一册史书默读。因为周诒端饱读诗词史书，左宗棠经常和她讨论历史，遇到有些不清楚的地方需要查阅书籍图册之时，周诒端竟能随手从书架之上拣出来第几函第几卷或哪本图册，十之八九，都是左宗棠所要找的。

这几年间，左宗棠曾 3 次赴京参加会试。当时交通不方便，一次往返得几个月。

左宗棠和夫人周诒端因此聚少离多，彼此思念。夫人周诒端在左宗棠

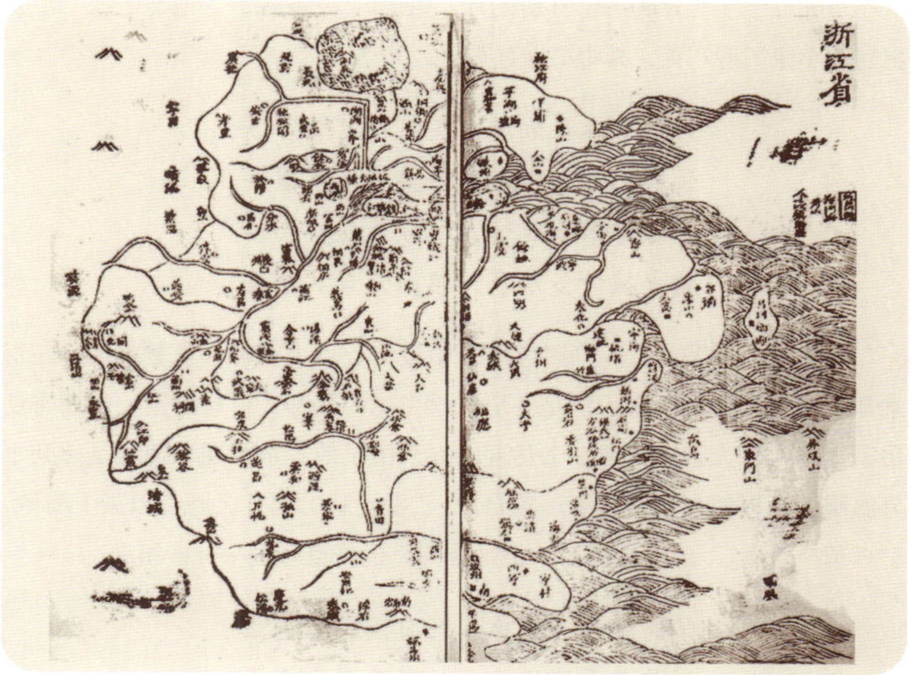

左宗棠与夫人周诒端所绘地图

的枕头上亲手绣了一幅“渔村夕照图”，一叶轻舟系在绿杨树下，远山笼翠，碧水含烟。还绣上一首诗：

小网轻舠系绿烟，潇湘暮景个中传。
君如乡梦依稀候，应喜家山在眼前。

左宗棠常年作客他乡，每当孤枕寒衾难眠之际，乡愁缭绕，枕在夫人亲绣的图画上，默念着夫人的诗作，心中宽慰了许多。

左宗棠一贫如洗，会试又连连失意，仍不丧志，于道光十六年（1836）写了一副对联挂在书房内激励自己：

身无半亩，心忧天下；
读破万卷，神交古人。

道光二十年（1840）十月初七日，是他的29岁生日，他写了《二十九岁自题小像》诗八首，其中第六首写道：

九年寄眷住湘潭，庑下栖迟赘客惭。
娇女七龄初学字，稚桑千本乍堪蚕。
不嫌薄笨妻能逸，随分齑盐婢尚谙。
赌史敲诗多乐事，昭山何日共茅庵？

跟左宗棠同辈的人，当时有的考中进士、点了翰林，飞黄腾达。左宗棠却三次参加会试不第，仍是一个讲学乡间的塾师，穷愁潦倒，长期寄住岳家也确实令人羞惭，但知书达理的妻子给了他恩情雅趣，他还是感到十分温馨。所以他在诗末写下一段自注："素爱昭山烟月之胜，拟买十笏地，它日挈孥老焉。"周诒端读后，很是赞同，于是也写了一首诗相和：

清时贤俊无遗逸，此日溪山好退藏。
树艺养蚕皆远略，从来王道重农桑。

她见他牢骚太盛，安慰他暂时退藏。农桑之事自有乐趣，也是远略，人才总会有出头之日的。周夫人不仅会作抒情小诗，因熟读历史，还写了几十篇咏史诗，评论古今，留下诗文130多首，收在诗集《饰性斋遗稿》内。

桂在堂地处隐山地脉，南宋时，理学大师胡安国就在此创建碧泉书院，并传子胡宏及其弟子，宣讲儒家"经世致用""内圣外王"的思想，培养了以张栻为首的一大批济世之才，形成了隐山之学，孕育了湖湘学派。隐山的文脉和风气浸染着左宗棠。他和夫人周诒端情投意合，共剪西窗，研读了舆地、农学、兵书等经世致用之学。在这里，左宗棠勤学不倦，摘录了《畿辅通志》《西域图志》以及各省通志，还著有《广区田图说》。

从道光十二年（1832）到二十四年（1844），自称"今亮"的左宗棠，蛰居桂在堂居家治学，由研究地理学进而研究兵学，并和夫人养育了4个女儿，桂在堂成了他的第二故乡。左宗棠后来能够威震华夏，在桂在堂的勤奋学习奠定了坚实的基础。

三位贤淑夫人

左宗棠的原配夫人周诒端体弱多病，婚后一年生了长女孝瑜（字慎娟），感到十分劳累。她结婚时带来了一个陪嫁侍女张氏，张氏因家中贫困，自幼典卖给周家，一直陪伴着周诒端。周诒端仁慈宽厚，从不以婢仆待她，二人情同姊妹。周夫人第二年又生了次女孝琪（字静斋）。周夫人以为自己不会再生男孩，就劝左宗棠续房张氏，左宗棠并未同意。岳母王慈云认为女儿将来可能子息艰难，这个侍女体格健壮，倒可能多生儿子，也极力劝说左宗棠续房张氏。在妻子和岳母几年的力劝之下，左宗棠这才同意。30余年后周夫人去世，张氏扶正为夫人。

张氏嫁给左宗棠后，将家中柴米油盐、浣洗、缝补等家务都一手承揽，让周夫人多休息。在张夫人嫁给左宗棠的第二年，周夫人又生了第三个女儿孝瑸（字少华），张夫人也生了一个女儿孝琳（字湘娵）。到全家迁居柳庄两年后的道光二十六年（1846）周夫人才生下男孩孝威（字子重），这也是她生下的最后一个孩子。次年，张夫人也生了一个男孩孝宽（字子厚）。周夫人体弱没有奶水，两个孩子都由张夫人哺乳。每次她都先将孝威喂饱，再喂孝宽。张夫人后来又生下了孝勋（字子建）、孝同（字子异）两个儿子。张夫人始终敬重、侍奉周夫人，周夫人也始终爱护这位老实贤惠的妹妹。

左宗棠还有一位夫人章氏，其来历有两种说法。

一说，光绪六年（1880），左宗棠收复新疆归来任职军机大臣时，已经年近七旬。身体不好。两位夫人一位去世，一位年老多病，左宗棠在外单身一人，多有不便，慈禧太后可怜他无人侍候，特赐身边侍女章才人给左宗棠作为侍妾，以照顾其生活起居。当时的章才人年仅17岁，西安人，其父亲是西安知府。另有一说，光绪十年（1884）十月，左宗棠赴闽抗法保台抵福州，儿女们只有儿子孝同陪侍在身边。大女儿左孝瑜心疼父亲年老多病，身边没有女人照顾，于是在民间买下一名章姓女子，左孝瑜亲自送她到福州钦差大臣行辕，交代她照顾其父左宗棠的衣食起居等。

光绪十一年（1885）左宗棠去世时，章氏年仅21岁，扶柩归乡，一直居住在长沙司马桥左宗棠寓所“湘山旧望”院内，吃斋念佛，以度余生。章氏还领养了一个女孩子带在身边，取名“带带”。

章氏来到左家生活的时间长达66年，她为左家的付出使左氏后人对她十分敬重，都按左公夫人的名分、辈分称呼她。

据左孝勋的孙子左景伊回忆：1937年他在北平清华大学读书，长沙司马桥家中来信告知他，那年是左宗棠夫人章氏七十寿辰，全家庆贺了一番，还请了戏班到家中唱戏，很是热闹。那次是司马桥旧宅，最后的一

葬于老家左家塅左太傅祠后山的左宗棠三夫人章氏墓

上图碑文为：左：孝曾孙左景鸿泣立
中：故曾祖妣左母章氏夫人之墓
右：中华民国三十六年九月刊

次盛大庆典。这年7月7日，日寇攻占卢沟桥，全面侵华战争开始。1938年，第一次长沙会战前，国民政府实施所谓的“焦土抗战”，司马桥旧宅在“文夕”大火中难以幸免被烧毁了。那时，左宗棠夫人章氏的养女带带已成家，离开了她，柳庄又被外姓人居住了数十年已难以收回，章氏只好避难到了湘阴左家塅左宗棠的老家，居住在左宗棠第四子左孝同在太傅祠后建的左氏家族学堂里，直到1947年去世，享年83岁，安葬在左太傅祠后山上。在修墓之时，左宗棠曾孙左景鸿刊立墓碑，仍旧尊称她为“故曾祖妣”，证明左公后裔一直尊重她作为左宗棠夫人的名分，后人据此称其为“三夫人”。

才倾两江总督

道光十六年（1836）春，左宗棠应湖南巡抚吴荣光邀请，受聘担任醴陵渌江书院山长。书院很穷，经常请不到教师，左宗棠不在乎书院生活清苦，教导学生，极其负责。每晚认真备课，细心批阅作业，奖勤罚懒，对不用功和说假话的学生就停发膏火费奖给潜心苦读的学生。在左宗棠悉心督导之下，多数学生学业进步很快。

左宗棠在渌江书院时，遇见了两江总督陶澍（号云汀，湖南安化人，嘉庆、道光两朝名臣）。陶澍在两江任上办理盐务、漕运、水利等，为地方做过许多好事。陶澍后来被誉为“道光以来全国人才的源头”，他赏识并提携了许多能人，如林则徐、贺长龄、贺熙龄、胡林翼等。林则徐在江苏任职时，屡受陶的提拔，升任巡抚，后任两江总督。道光十六年（1836）十月陶澍在江西阅兵后，顺道回湖南原籍扫墓，途经醴陵。知县盛情接待。在陶澍来前，知县请左宗棠为他下榻的馆舍写楹联，其中一副用了道光皇帝为陶澍题写“印心石屋”的典故：

春殿语从容，廿载家山，印心石在；
大江流日夜，八州子弟，翘首公归。

渌江书院

印心石屋，是陶澍幼时读书的地方，在家乡安化县小淹石门潭边。因潭中有一块石头矗立江流中，形状像一颗印章，陶家书屋就取名为“印心石屋”。道光十五年（1835）冬，道光皇帝第十四次召见陶澍时听他谈起幼年读书的事，亲笔为他题写“印心石屋”的匾额，这是陶澍很引以为荣的事。陶澍看了这副对联后，就问是何人所撰。

知县告诉他是渌江书院山长左宗棠所写。陶澍向来爱才，就命请来见见。知县赶紧找到左宗棠，告知陶宫保要会见他。左宗棠素性戆直、倨傲，从来不阿附权贵。他回答说：“他做他的总督，我做我的山长，他想见我，他来好了。我又无求于他，为何要去见他？”知县怎么劝也无用，知道他的犟脾气，只得回去禀报陶澍。陶澍即亲往书院去见左宗棠，“一见目为奇才，纵论古今，为留一宿”。次日，陶澍邀左宗棠同游醴陵，成忘年之交。他得知左宗棠次年将赴京会试，临别时再三嘱咐：“会试毕，

道光帝御书的“印心石屋”

不论中与不中，务必绕道江宁，来督署衙门盘桓几天。”

左宗棠第三次也是最后一次参加会试是在道光十八年（1838）春，还是落第，归途中绕道江宁拜会陶澍。陶澍留他在总督衙署中住了几天。虽然公务很忙，但陶澍有暇就来看望左宗棠，两人无所不谈。临别时，陶澍提出要和左宗棠结为儿女亲家。他的幼子陶桄（字少云）6岁，左宗棠长女孝瑜5岁，二人年龄相当。当时陶澍是名倾天下的总督，又比左宗棠年长33岁，而左宗棠是落第举子、普通塾师，两人无论在年龄、资望、门第等方面都相差悬殊。左宗棠不肯高攀再三推辞，陶澍只好暂时作罢。直到陶澍逝世后，经左宗棠的老师贺熙龄出面说合，他才同意将孝瑜许配给陶桄。

陶公馆家塾八年

道光十九年（1839）六月初二日，陶澍病逝于江宁总督任所。遗嘱请左宗棠来陶家教育幼子陶桄。陶澍的家眷回到湖南安化后，贺熙龄写信给左宗棠，请他去安化陶家教孤子陶桄读书。贺熙龄是陶澍亲戚，又是左宗棠的老师，左宗棠于是遵命到安化小淹陶家坐馆，家教8年。这8年中，贵州巡抚贺长龄和云贵总督林则徐（字元抚，又字少穆），先后请他帮办公务，都承诺给予优厚待遇。左宗棠虽然生活拮据，但不为利而动心，受人之托，忠人之事，辞谢聘请，一直在陶家教育陶桄。陶家藏书很多，还有清朝宪章和陶澍的奏疏、书信等。左宗棠授课之余，遍览图书文献，收获颇多。

陶澍

左宗棠找到陶府《古今图书集成》中的《康熙舆图》和《乾隆内府舆图》，又继续钻研地理，将以前校正、补充后绘制的地图又加以考订修改。贺熙龄和胡林翼也常常来小淹看他，拉家常、论国事。左宗棠不仅是陶家的塾师，而且兼管陶家事务，包括监修陶澍墓。陶澍墓当时系由朝廷拨银兴建，左宗棠亲自选址、设计和监建。陶澍墓地位于今安化县小淹镇沙湾村，占地五十亩，环筑围墙，右侧处有御碑亭，亭内两只巨大的石鳌背负一块道光皇帝御赐的、由著名书法家何绍基书写的碑文。进门左侧为陶澍墓，墓前有墓表、石俑、石马、石虎、石兔，显得庄严肃穆。陶澍墓两旁是其妻妾墓。1996 年，经湖南省人民政府批准为省级文物保护单位。

道光二十年（1840）鸦片战争爆发，身居僻壤、居馆陶家的左宗棠震惊了。当得知朝廷将坚决主张抗英的林则徐、邓廷桢撤职查办，派妥协求和的琦善赴广东办理交涉，签订了丧权辱国的中英《南京条约》，左宗棠忧愤万分。他在写给老师贺熙龄的信中一再表示了“愁愤何言”“令人愤懑”“不胜愁愤”的心情。他痛斥琦善“以奸谋误国，贻祸边疆”，应当“斩首军前”。他抱定“天下兴亡，匹夫有责”的志向，提出了“练渔屯，设碉堡，简水卒，练亲兵，设水寨，省调发，编泊埠之船，设造船之厂，讲求大筏、软帐之利，更造炮船、火船之式”等一系列具体的抗敌措施。此虽系书生纸上谈兵，但爱国之志与报国之情跃然纸上。左宗棠虽然有满

第一次中英鸦片战争海战图片

1842 年，清政府派大臣耆英和伊里布代表清政府在英国军舰上被迫签订中英《南京条约》

腔爱国热情和报国举措，但身为普通百姓，其建议无人理睬，他只能无可奈何地作诗言志：“欲效边筹裨庙略，一尊山馆共谁论？”深憾自己报国无门而仰天长叹。

道光二十七年（1847），左宗棠在陶家教课已是第8个年头。那年他的第二个儿子孝宽出生了，长女孝瑜年已15岁，陶桄已16岁，可以婚配。陶夫人此前早就托人做媒与左宗棠商量儿女婚事，那时陶澍已经去世多年，门第悬殊的问题不存在了，贺熙龄也曾劝左宗棠不要再推辞。左宗棠感念陶公的知遇之恩，加之老师敦促，也就答应了这门婚事。这年八月，陶桄和孝瑜完婚，左宗棠结束了在陶家8年的塾师生涯。为养家糊口，左宗棠于道光二十九年（1849）在长沙朱熹祠设馆授徒，陶桄仍跟随他读书。学生之中还有后来成为制炮专家的黄冕的3个儿子黄瑜、黄上达、黄济，还有益阳的周振之（字仲甫）的儿子周开锡（字绶珊）等。周振之是位“名宦”，道光十八年左宗棠在京会试时，曾住在他家。周开锡后来跟随左宗棠西征。

柳庄“今亮”

道光二十三年（1843），32岁的左宗棠用教书薪水积蓄的约900两白银，在湖南湘阴东乡柳家冲（今樟树镇柳庄村）置田地70亩、山地80亩，自己设计监建了一座有48间房屋的砖木结构住宅，因挚爱柳树坚韧不折的顽强生命力而起名“柳庄”。柳庄背靠着绵延丘陵，前方以及两侧都有开阔的大片稻田。门前有一口池塘，约两亩见方，他戏称为“天砚”，池边绿柳成荫，池塘南北岸分别有一株三人才能合抱的枫树和柞树，人称“神树”，冠盖招摇，远近可见。门楣悬挂的“柳庄”二字，为左宗棠亲笔所书；院坪上有12株梅花，为左公当年亲手所种。院内有晒谷场，经晒谷场向南经一道间墙圆门即到住宅庭院。最南端有当年左宗棠藏书、读书的两层小阁楼，名曰“朴存阁”。紧挨阁楼的是私塾的教室。宅屋分前后两进：前进的北边由谷仓、杂屋组成，前进的南边由前堂屋及两边的正房组成；后进的南边由后堂屋及两边的正房组成；后进的北边由两个半四合院组成。围墙灰白，青砖燕瓦，具有典型的晚清民居建筑风格。从道光

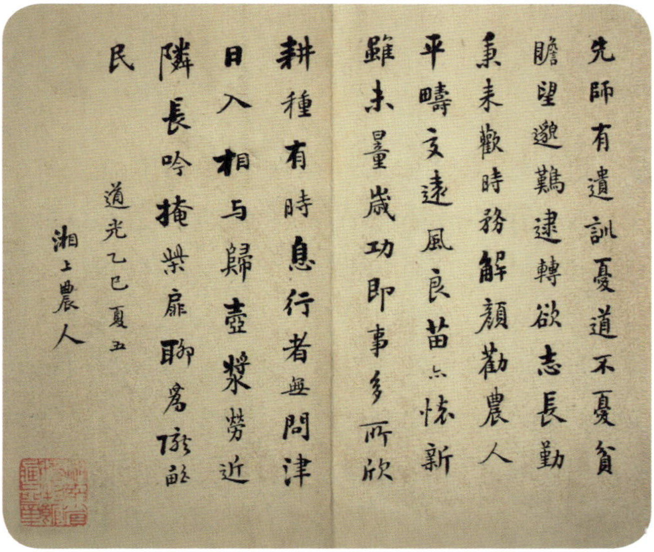

道光乙巳年(1845)左宗棠自号“湘上农人”

二十四年（1844）入住，到咸丰七年（1857）迁居长沙司马桥，左宗棠及其家人在柳庄居住了 14 年之久。迁居长沙后，因养家糊口的田亩在柳庄，

左宗棠故居湘阴柳庄

也时断时续地回来居住。

道光二十四年（1844）九月，左宗棠全家从湘潭迁居柳庄新居，他才结束了12年的寄居生活。在柳庄，他仍按约执教陶府，柳庄、陶府两边住。他自称“湘上农人”，督耕研习农事，他在种稻、种茶、种柳、种竹等实践中写成《朴存阁农书》。在柳庄，左宗棠继续研究舆地、兵书、荒政，通观国事，关注边陲，蓄势待发，并自诩“今亮”“小亮”，以诸葛孔明为自己的人生偶像。

左宗棠虽身居柳庄，但他的报国大志决定了他也不可能真当隐士。从他写下的“欲效边筹裨庙略，一尊山馆共谁论”和“文章西汉两司马，经济南阳一卧龙”的一些诗联便可佐证。蛰居柳庄的十多年，左宗棠的生活看似平静，但他是在养精蓄锐。在柳庄，他形成了“置省开屯”“万里输官稻”的筹边韬略。只要有机会，这条“卧龙”就会腾空而起。正是由于他在柳庄的勤奋努力，注重厚积，才成就了他在历史上的丰功伟绩。

自发赈灾

左宗棠迁回湘阴柳庄后，先后遭遇3年水旱天灾。柳家冲距湘江不远，成百上千的灾民经过柳庄向外逃荒。左宗棠吩咐家人“罄仓谷煮粥俵食，病者药之”。将家中积蓄的谷米全部拿出来，煮粥施舍灾民，对有病的就施舍丸药予以治疗。这些事都由周、张两位夫人亲自办理。灾民来得多了，钱米不够时，夫人典当首饰并减少家人晚餐，省下钱粮多救灾民，灾民无不感激。

灾年，他尽力救济灾民；丰年，他带头捐款，说服乡绅富户组织建起了“仁风团”救灾义仓，推举办事公正的族人出来管理，订出规章制度，向官府备案，作为永久救灾之计。为了赈救灾民，他还出面组织发起向有钱人募捐的活动。当时长沙、善化、湘阴、湘潭、宁乡等地士绅积极响应，所捐谷米值白银5000余两。

柳庄内院

他虽不惜慷慨解囊，但毕竟囊中并不富裕，每遇天灾，他既为一家的生计担忧，又为地方上的赈灾操劳。他在给二哥左宗植的信中谈到，对自家的艰难倒不在乎，所关切和焦虑的是乡邻受苦和天下将乱：

> 弟一家不足忧，惟如此奇荒，邻里之颠连者必多。倘不急筹赈济，则大乱即在目前，其可忧又不但贫也，其受害又不止一家也。

湘江夜话

道光二十九年十一月二十一日（1850 年 1 月 3 日）岳麓山下，林则徐从云贵总督任上告病回乡，道经长沙，舟泊湘江，在舟中约见了左宗棠。

据史料记载，林则徐“一见倾倒，诧为绝世奇才”。两人畅所欲言，“舟次宴谈达曙，无所不及”，重点“谈及西域时务”。是夜“江风吹浪，柁楼竟夕有声，与船窗人语，互相响答，曙鼓欲严，始各别去”。这一次

位于长沙湘江边牌楼口的“湘江夜话”雕塑

谈话，对20多年后左宗棠率军收复新疆、治理西北产生了重要影响。

左宗棠告别之际，林则徐将他在新疆收集整理的地理观察数据、中国战守计划，俄国对新疆的政治、军事动态等宝贵资料全部交给左宗棠，并深情嘱咐他：当今之世，海疆有英夷为患，西北有俄罗斯虎视眈眈。俄罗斯贪得无厌，已吞并若干小国，终究会成为大清的边患。

林则徐将国事郑重相托：

吾老矣，空有御俄之志，终无成就之日。老夫数年来留心人才，欲将此重任托付。将来东南洋夷能御之者或有人，而西定新疆，舍君莫属。今以我数年心血，献与足下，或许将来治疆用得着。

临别，林则徐还特意将自己被发配到伊犁，途经西安时所作的七律诗《赴戍登程口占示家人》中的两句联语诗抄录给左宗棠：

苟利国家生死以，岂因祸福避趋之。

左宗棠将这副诗联当作自己的座右铭，时时激励自己。他说：

每遇艰危困难之日，时或一萌退意，实在愧对知己。

后来林则徐身染重病，知道来日不多，命次子林聪彝代写遗书，向咸丰皇帝一再推荐左宗棠，称他为“绝世奇才”“非凡之才”。

林则徐比左宗棠大 27 岁，两人只有一面之缘，但左宗棠对林的人品、政绩却由衷钦佩，曾说：

> 自十数年来，闻诸师友所称述，暨观宫保（指林则徐）与陶文毅（指陶澍）往复书疏，与文毅私所记载数事，仆则实有以知公之深。海上用兵以后，行河、出关、入关诸役，仆之心如日在公左右也。忽而悲，忽而愤，忽而喜，尝自笑耳！尔来公行踪所至，而东南，而西北，而西南，计程且数万里。海波沙碛，旌节弓刀，客之能从公游者，知复几人？乌知心神依倚，惘惘相随者，尚有山林枯槁，未著客籍之一士哉？

道光三十年（1850）十一月，左宗棠在黄冕的家里惊闻林公已经逝世的噩耗，伤心至极，痛哭着写下挽联：

附公者不皆君子，间公者必是小人，忧国如家，二百余年遗直在；
庙堂倚之为长城，草野望之若时雨，出师未捷，八千里路大星颓。

林则徐的爱国思想及务实精神对左宗棠的启迪是不言而喻的。20 多年前，林则徐将西陲的危患看了个明明白白，并准确地预测左宗棠必然是挽救西北边陲局势的关键人物。20 多年之后，左宗棠经营西北，用兵新疆，五奏建省，屯田垦荒，兴修水利，直至携棺出关，誓死驱除强敌，创下了安定与巩固西陲的大业，实与林则徐的影响分不开。

第二章
寒儒举子 运筹湘幕

隐居梓木洞

道光三十年十二月初十日（1851 年 1 月 11 日），太平天国运动爆发，如火燎原，发展迅猛，咸丰二年（1852）太平军攻入湖南。

早在鸦片战争后不久，左宗棠预测“天下将乱”，就有了隐居的想法。他曾写信告诉贺熙龄，准备“买山而隐，为苟全之计”。后来因连年水、旱灾害，他的隐居计划未能实现。随着太平军节节胜利，眼看战火即将烧到

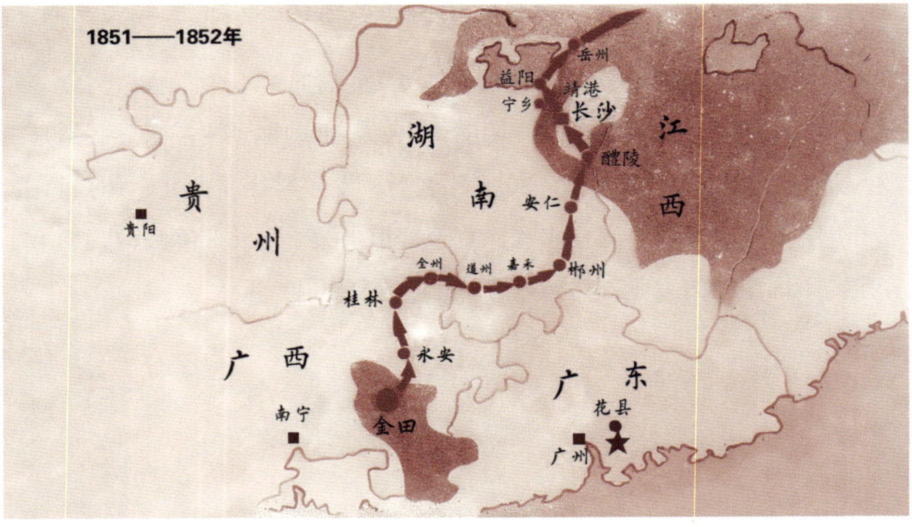

太平军从广西进入湖南作战示意图（1851—1852 年）

家门口，情况危急，他于是决定举家迁往深山隐居避乱。他在湘阴县还有几个志同道合的亲友，如郭嵩焘（号筠仙，进士出身，翰林院庶吉士），当时正丁忧在湘阴县城家里。其弟弟郭崑焘（号意城）、郭崙焘（字志城），左宗棠的二哥左宗植等也都同意躲避战火。

左宗棠避居玉池山的饮水井今貌

道光三十年（1850）秋，左宗棠和郭嵩焘二人到湘阴东边与长沙交界，距左家塅20余公里的玉池山考察。玉池山群峰错互，山谷深邃，他们看中山里的梓木洞是避乱的好地方，准备在紧急关头来此避难。梓木洞后来叫关山村、梓洞村，现在是川山坪镇达摩岭村（村内历史上还有一个叫白水洞的地方，就是现在该村的白水洞组）。梓木洞居五座马蹄形山头之中，有“五魁捧圣”之说。山下为一开阔坳地，左宗棠认为此处“身坐玉池高峰，脚踏紫金、锦羊二山，汲纳窑头山之圣水”，是避乱消暑的好地方，遂在此建了两进三间简易砖木房。

1850年，道光皇帝辞世。咸丰皇帝即位，第二年改年号为咸丰元年（1851）。新帝即位，特颁恩诏开孝廉方正科，以搜集乡野遗才。郭嵩焘和湘阴县士绅们都推荐左宗棠赴京应考。左宗棠早已打算做一辈子“农夫”，现又准备隐居深山逃避战乱，并不愿进入仕途，因此谢绝了乡里友人的推荐。这一年春天，左宗棠在长沙遇见了在城南书院结识的老友罗泽南。罗泽南是湘乡人，虽然只是一位秀才，但学问优长，著作丰富，著有《小学韵语》《周易附说》《方舆要览》等，在家乡讲学，慕名来学的很多，很有名望。他来长沙住在贺长龄公馆里，又在城东定王台开馆讲学。左宗棠和友人刘蓉去定王台拜会了罗泽南，还会见了罗泽南的几位学生：李续宜、王鑫（号璞山）和李杏春（字石仙）等。罗泽南这次对应举孝廉方正科倒很积极，并获选中。这几位湖南学人后来都成了湘军中的主力将领，而且

长沙城东南角地势最高处的天心阁旧貌，太平天国西王萧朝贵率部攻长沙南门时，被清军架设在天心阁的大炮击中身亡

大多早逝。

咸丰二年（1852）太平军攻陷全州后，夺取了几百艘船只，准备由湘江顺流而下，直取长沙。左宗棠友人江忠源（号岷樵）率领楚勇在新宁予以阻击，太平军转而向东，连克江华、蓝山、桂阳州、郴州等地。此前湖南巡抚是广东花县人骆秉章，朝廷命他“回京另候简用”，另调云南巡抚张亮基（字采臣，江苏铜山人）接任。正在等待新任巡抚张亮基到任交接的骆秉章看到长沙城多处坍塌，估计太平军随时会攻击长沙，形势危险，便带头捐款300两，募集资金昼夜督工修城。城修好时，张亮基还未到达，太平军西王萧朝贵已于七月二十七日率大军直抵长沙城下。骆秉章仓皇布置防守。二十九日，萧朝贵亲自在阵前指挥，中炮受伤，不久身亡。太平军攻势稍缓。

此时左宗棠正在柳庄，他按照原定计划，于农历八月十八日，率领全家老小（包括岳母王夫人，二哥左宗植一家，妻妹周茹馨及其两个儿子等）来到梓木洞临时住所。郭嵩焘和弟弟郭崑焘、郭崙焘三家也来了，郭家距左家约3里。左家住所在今达摩岭村十组，房屋今虽无存，但当年修建的水井至今水仍清冽。

首次出山辅佐张巡抚

张亮基

张亮基和胡林翼原来都是林则徐的部下，交情甚好。湖南危急，张亮基受命于危难之际，急需人才之时，胡林翼就向张亮基极力推荐左宗棠，一连写了几封信。张亮基收到胡林翼的信，非常高兴。当他抵达常德后，即派人带礼物到梓木洞延请左宗棠，却被辞谢。那时，太平军几乎已将长沙城包围。

咸丰二年（1852）八月十九日张亮基到达长沙城外后，直到廿四日傍晚才在未及合围的北门城下一角登梯进城。他又立刻派人去请左宗棠。同在山中避难的左宗植和郭嵩焘、郭崑焘兄弟劝左宗棠："以堂堂巡抚之尊，备此厚礼请一寒士，古之罕有，今已少见，应该成全他礼贤下士的美名。"同时，左宗棠又收到胡林翼和江忠源的敦请信，最终触动他的是胡林翼的信：

> 张中丞两次专人备礼走请先生，一阻于兵，一计已登览。昨得中丞八月廿三日乔口舟次信，言思君如饥渴。中丞肝胆血性，一时无两，林文忠荐于宣宗皇帝，以是大用。先生最敬服林文忠，中丞固文忠一流人物也。去年冬，曾以大名荐于程制军，而不能告之先生，固知志有不屑也。林翼非欲溷公于非地，惟桑梓之祸，见之甚明，忍而不言，非林翼所以居心。设先生屈己以救楚人，所补尤大，所失尤小，区区愚诚，未蒙深察，且加诮让，且入山从此日深，异哉！先生之自为计则得矣，现代积累二百年，

虚生此独善之身，谅亦心所不忍出也。张中丞不世奇人，虚心延访，处宾师之位，运帷幄之谋，又何嫌焉。设楚地尽沦于贼，柳家庄梓木洞其独免乎？

在他们的敦劝之下，左宗棠改变了主意，应邀到长沙加入张亮基的幕府。这是他第一次出山。

河西合围之策

张亮基和左宗棠一见如故。左宗棠提出几条策略，张亮基都接受了。不久，张亮基将军事权都交与他。那时太平军领袖天王洪秀全从郴州率大军已到长沙，围攻很急，左宗棠日夜筹划防守，太平军硬攻不下，就挖地道用地雷攻城，也被守城清兵击退。左宗棠向张亮基建议说："贼背水面城，援师既扼其东北，已自趋绝地。惟西路之要在土墙头、龙回潭。贼时过江掠食，先以一军西渡，扼其他窜，可一鼓歼也。"

张亮基虽然采纳了这一"合围"之策，但长沙城内外的清兵并不完全听从他的指挥。当时骆秉章尚未赴他任，城内有二巡抚（张亮基、骆秉章）、一帮办（罗尧典）、二提督（湖南提督鲍起豹、广西提督向荣），城外还有十总兵，兵力虽逾五六万，却莫相统摄。或迁延不进，或不听调度，终不能形成合围之势。不过太平军聚兵坚城之下，进展也不顺利，他们挖地道，施地雷攻城，南城炸开缺口八丈宽，又被清兵堵住。围城两个多月而不能破，遂从龙回潭西经宁乡，北上益阳，乘船攻占岳州。左宗棠布防湘水之西，合围太平军的计划终成泡影。

平定"忠义堂"

长沙解围后，左宗棠把主要精力集中于协助张亮基整顿吏治、镇压会党上。首先是镇压浏阳的"忠义堂"（清朝官方称"征义堂"）起事。"忠义堂”首领周国虞（官方称“周国愚”）早年倡立团练，后聚众4000余人，以“劫富济贫”为号召。太平军逼近长沙时，与之有书信往来，被团总王应苹截获，周国虞杀王应苹，毁狮山书院。浏阳在籍士绅邹焌杰（曾任翰林院编修）密疏上报，朝廷遂谕张亮基出兵征讨。

咸丰二年（1852）十二月十二日，张亮基派驻守岳州的候补知府江忠源南下，经平江直扑浏阳，对外声称要开赴江西，实则是准备镇压“忠义堂”。而实际筹划此役的正是左宗棠。他首先要求江忠源采取分化瓦解的攻心政策，嘱其“到时即宜大张告示，谕以此来奉抚部院札谕，不问征义堂非征义堂，但问为匪与不为匪”；在具体用兵上，则强调一个“快”字：“进兵宜神速，令其不测也”。果然，江忠源只用了12天就“斩首七百，解散万人”，把“忠义堂”镇压下去。

对此次用兵，左宗棠颇为得意，他在家信中说：“我与中丞密谋办之，通省司、道以下无一知者。”

激战团风镇

太平军退出湖南、挺进湖北后，于咸丰二年（1852）冬力克汉阳，围攻武昌，旋即占领汉口，次年初又攻克武昌。这是太平军攻占的第一座省

集合清军赶赴团风镇抵御太平军

城，朝野大震。张亮基擢署湖广总督后，左宗棠随他到湖北，抵武昌。这时，太平军已主动撤离武昌，大军顺江东下，攻克九江、安庆，接着兵临江宁城下。湖北所面临的形势与任务，一是武汉等地的修复抚恤，二是防范、镇压各地的会党起事，三是东下尾随追击、抵御再次入境的太平军。在这些方面，左宗棠竭诚辅佐张亮基，出谋划策，不遗余力。而张亮基也对左宗棠予以高度信任，放手使用。

中年时的左宗棠

咸丰三年（1853）六月，左宗棠与张亮基赴黄州，设防田家镇，建议制备战船，武装水师，控御长江。八月，太平天国北伐军进击河南新郑、许州，左宗棠派按察使唐树义率军赴应山、孝感防御，太平军改由罗山攻黄安。左宗棠料其必由麻城、黄冈内河出长江，进攻武汉，即遣唐树义所部许连城等由河口赴黄安，将省城兵勇3000人派出，由都司董玉龙、同知张曜孙等率领，星夜驰赴团风镇，扼其入江之路。许连城军行抵麻城，太平军数千人刚刚到达，许军分两路出击。激战八日，太平军战死和溺死者近2000人。

九月，太平军再次逼近团风镇，欲掠船出江。左宗棠命董玉龙、张曜孙各军先至，兵勇乘船四面击之，斩其首领数人，太平军大败，半夜再次出击，太平军溺水而毙者不计其数。随后，太平军分水陆两路撤退，左宗棠命水军穷追至新洲，许连城等军则扼制马鞍山，太平军水陆两路均被重挫，仅有数百人逃走。

再次出山辅佐骆巡抚

因张亮基的信任与倚重，本不愿去湖北的左宗棠勉强随同到了武昌。那时，骆秉章署湖北巡抚，江忠源任湖北按察使。咸丰三年（1853）九月初四日，张亮基调任山东巡抚，左宗棠不愿再远离家乡，加上对新任湖广总督吴文镕又不熟识，遂与同在幕府的王柏心（字子寿，湖北监利人）一起辞归。途中在王柏心家稍作停留。王柏心是左宗棠的知己，深知左宗棠胸罗万卷兵书，非等闲之人。他希望左宗棠能早日出山建功立业。廿二日左宗棠回到湘阴县家中，从而结束了他辅佐张亮基的幕僚生涯。

骆秉章

咸丰三年（1853）四月，骆秉章又回调再任湖南巡抚，江忠源也调去江南大营。骆秉章听说左宗棠已回湘阴县，立即派人带着书信、礼物来请，左宗棠不肯再出山，他写信告诉内弟周诒晟（字汝充）说：我已耗尽心血，决心不再参与戎幕事。

左宗棠这次在湘阴玉池山梓木洞临时住所居住半年之久。在此期间，江忠源和曾国藩都邀他出山共事，但他拒绝了。直到咸丰四年（1854）太平军又打回湖南经过湘阴，扬言到梓木洞抓左宗棠时，骆秉章又派人数次来请，左宗棠于是再到长沙，加入骆秉章幕府。这次他还是说“不得已”。骆秉章《自订年谱》中也记载：“上年冬，左季高先生已自武昌回湘阴，屡次函请到省帮办军务，不就。咸丰四年三月同伊婿陶桄到省捐输，极力挽留，始允入署襄办，仍不受关聘。”左宗棠不接受正式聘约，将来说走就可走。《清史稿》记载，骆秉章是用计将左宗棠赚入的。他派人将左宗棠爱婿陶桄抓起来，扬言陶桄抗捐，左宗棠很生气，急忙赶到抚署。骆秉章迎出来，拍手大笑说：哪有陶文毅公的儿子、左季高的女婿可以被抓的道理？这样左宗棠就被赚入了抚署。

从咸丰二年（1852）初入幕府，到咸丰十年（1860）被朝廷授以四品京堂候补，左宗棠担任张亮基、骆秉章幕僚实达 7 年时间（学界一般都说 8 年）。

靖港之战与湘潭大捷

咸丰四年（1854）三月，左宗棠再度进入湘幕，正值长沙危急，太平军石祥祯、林绍璋部队于年初由湖北攻入湖南。二月攻占岳州和湘阴，后又一度退出，为王鑫部队收复。三月初十日太平军再度攻占岳州，乘胜南下，进逼长沙以北的靖港。另一支部队由林绍璋率领，取道宁乡，直趋长沙南面的湘潭。太平军攻湘潭时，其另一支部队又经过湘阴。

左宗棠闻讯，即亲自带领100名楚勇回到湘阴，将家人护送出山，太平军派了30余人到梓木洞搜寻，但是左宗棠和家人已先走一步。他自己回长沙，家眷由勇丁送到湘潭县城，廿七日晨到达县城，因太平军已逼近湘潭，他们立即转到辰山村周夫人家中暂住。他们离开湘潭县城不到一个时辰，太平军就蜂拥而至，攻占了县城。

那时长沙周围数十里都是太平军，长沙处于被包围之中。清军守城部队主力是新建的湘军，统帅是在籍礼部侍郎曾国藩。曾国藩于咸丰二年（1852）因母去世丁忧回家，恰逢太平军从广西进入湖南，旋又攻占武昌。朝廷派去镇压的满人将领、钦差大臣赛尚阿和副都统乌兰泰等屡战屡败，于是想起了起用汉人。他们选择了在籍侍郎曾国藩，因为正规军八旗兵和绿营军养尊处优已失去战斗力，湖南兵单势危，咸丰二年底，朝廷下旨命曾国藩帮办团防。曾国藩欣然接旨，他认为现任营官不可用，起用了一批书生，大多是秀才、童生、同乡、亲友，如罗泽南、罗信南、王鑫、彭玉麟、杨载福等。最初，他从农民和市井中招募了500名勇丁，经

曾国藩

过一年多的训练和实战，再加上人员不断补充，他办的团练已逐渐壮大，成为一支能与太平军抗衡的力量。这就是近代史上著名的湘军。

咸丰四年（1854）初，湘军总兵力已达万余人：陆军十三营，约5000余人；水师十营，约5000人；战船240艘，坐船230艘。曾国藩原在衡州练兵，长沙危急，他率领水陆各军万余人驰援长沙。陆军由塔齐布、罗泽南率领；水军由彭玉麟、杨载福等率领。

彭玉麟像，清人绘，故宫博物院藏

长沙北面的靖港、西面的宁乡、南面的湘潭，都为太平军占领。曾国藩到长沙后，会同骆秉章召集文武各官研究对策。多数人认为首先应攻打进入靖港的太平军，只有左宗棠主张应先支援湘潭。骆秉章和曾国藩采纳了左宗棠的意见。先前塔齐布的军队奉命支援宁乡，现改令他去攻打已进入湘潭的太平军。曾国藩又命彭玉麟和杨载福率水师五营支援，自己也准备次日亲率五营前往督战。当日半夜，长沙民团前来紧急请师，说：“靖港敌人不过数百，他们以为我军去攻湘潭了，不防备我们，可趁此机会将他们赶走。团丁已架好浮桥，机不可失。”大家听了跃跃欲试。曾国藩也改变主意，认为攻打靖港可以牵制湘潭太平军，于是第二天改率水师前往靖港。

四月初一日，塔齐布军直抵湘潭城外，当时还不知道县城已被太平军占领，准备开进城里。城中太平军也没料到清军突然到来，毫无准备。两兵相接，湘军事到临头不能退后，只能前进；太平军仓皇应战，又以为官军将至，军心大乱，于是往后撤，这一撤就溃败了。湘军乘胜追击，此时水师也赶到助战，湘潭城于是被湘军夺回。湘潭这一仗，太平军死亡万余，几乎失去全部战船。

四月初二日，曾国藩率领留守长沙的水陆各军攻打靖港，不料扼守靖港的太平军，众炮齐发，迫使曾国藩的船队不能逼近。

曾国藩命令团丁牵缆领船前进，突遇太平军小队人马将牵缆者歼灭，致使船队不能前进，水师大乱。陆军和团丁与太平军激战，团丁没有经过严格的战阵训练，看到太平军就仓皇逃跑，湘军大败。曾国藩又气又急，投水自杀。他的随员章寿麟从舱后钻出，将他从水中救起。

湘军统帅曾国藩虽然在靖港战败，但湘潭一战却树立了湘军的威名，太平军从此遇到了一支劲敌。

深得信任，幕府专权

左宗棠看到家乡已趋平静，就向骆秉章提出辞职，仍要回乡隐居。经骆秉章和曾国藩再三挽留，实在推却不过，只得又留了下来，继续担任幕僚。

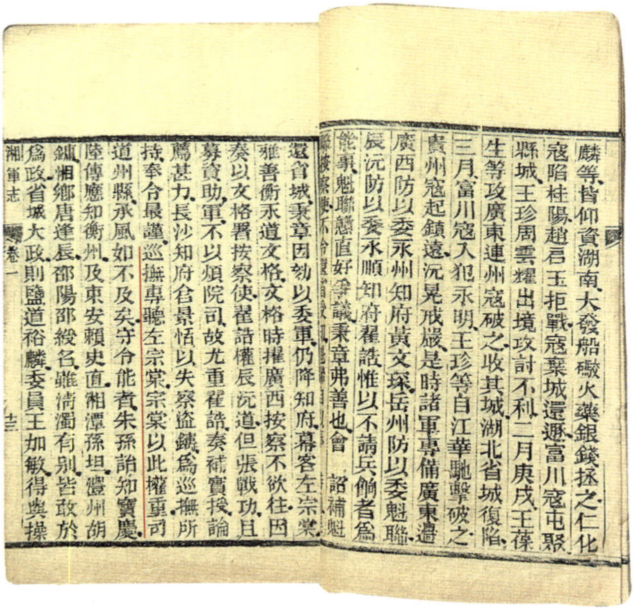
麟等皆仰資湖南大發船礮火藥銀錢拯之仁化
寇陷桂陽趙君玉拒戰寇棄城還遯富川寇屯聚
縣城王珍周雲耀出境攻討不利二月庚戌王葆
生等攻廣東連州寇破之收其城湖北省城復陷
三月富川寇入犯永明王珍等自江華馳擊破之
貴州寇起鎮遠沅晃戒嚴是時諸軍專備廣東邊
廣西防以委永州知府黃文琛岳州防以委魁聯
辰沅防以委永順知府翟誥惟以不請兵餉者爲
能事魁聯戇直好爭議秉章弗善也會　詔補魁
還省城秉章因劾以委軍仍降知府幕客左宗棠
雅善衡永道文格文格時攝廣西按察不欲往因
奏以文格署按察使翟誥權辰沅道但張戰功且
募資助軍不以煩院司故尤重翟誥奏補寶授論
薦甚力長沙知府倉景恬以失察盜鑄爲巡撫所
持奉令最謹巡撫專聽左宗棠宗棠以此權重司
道州縣承風如不及矣守令能者朱孫詒知寶慶
陸傳應知衡州及東安賴史直湘潭孫坦澧州胡
鑌湘鄉唐逢長邵陽邵綬名雖清濁有別皆致於
爲政省城大政則鹽道裕麟委員王加敏得與操
湘軍志　卷一

《湘军志》上有“巡抚专听左宗棠，宗棠以此权重”的记载

骆秉章和前任巡抚张亮基一样，对左宗棠言听计从。对其军事谋略无不赞同，对其所行文书也概不检校。因此，外间传说，左师爷的权力超过了骆巡抚。有人戏称，左宗棠为湖南的“二巡抚”，甚至是权力在巡抚之上的“左都御史”。

王闿运在《湘军志》一书中描述道："巡抚专听左宗棠，宗棠以此权重，司道、州县承风如不及矣。"

有一次，骆秉章一行从外面迎接宾客回来，刚进巡抚衙门，辕门外就接连炮响，宾客忙问何事。骆秉章不动声色，笑着告诉他："是左师爷在拜折呢。"按例，奏折由专人快马送往朝廷，出发之前举行仪式鸣炮拜折，是件很隆重的事，一般得巡抚大人亲自主持。可湖南巡抚骆秉章竟然连奏折都没有看，就由左宗棠鸣炮发出了，可见左宗棠专权之甚，也可见骆秉章对他信任之深。

直言涤帅慎战勿骄

咸丰四年（1854）闰七月，曾国藩由岳州前线回到长沙，准备率大军出湘东征。在出征前的一段日子里，他与左宗棠密商对付太平军的策略以及讨论天下大势。他们几乎天天相见，事事相商，可谓亲密无间。不久，曾国藩率大军北上，八月攻克武昌和汉阳，连下黄州、兴国、蕲州各城，又在田家镇打了一次胜仗；十一月，水陆各师进击九江。曾国藩十分得意，湘军军威大振，却露出了骄气。左宗棠觉察到湘军虽然节节得胜，但"将士之气渐骄，主帅之谋渐乱"，败象已露。便连写数信给曾国藩，劝他主持军务必须慎重，不宜轻进。但曾国藩正在兴头之上，没有听他的劝告。曾国藩于十二月率兵进攻湖口。太平军翼王石达开、春官正丞相胡以晃、冬官正丞相罗大纲都已率援兵赶到。

石达开已看出湘军"将士皆骄，兵分势单"的致命弱点，用了一个"诱敌深入、分割围歼"之计，先将湖口守兵撤离，诱使湘军水师的主力部分进入鄱阳湖，然后迅速派兵重新封锁隘口，将湘军水师分成两截。二十五日，太平军派出几十艘小舟，纵火焚烧湘军战船，曾国藩座船也被烧，他再次投江自杀，但被左右救起。湘军的骄傲导致了这次惨重的失败。

湘军水师与太平军在鄱阳湖激战图

三路援赣

咸丰五年（1855）正月，太平军乘胜反攻湖北，但一时不能取胜，便突然改变主攻方向，于十月转攻江西，连克瑞州（今高安市）、临江（今樟树市）、新昌（今宜丰县）、袁州等，进攻吉安。江西形势紧急，曾国藩困守南昌。

左宗棠向骆秉章建议说：江西是军事要地，如果被太平军占领，那么不仅江、浙、闽、广四省都易遭到攻击，湖南也更危险，为保卫湖南计，必须出兵支援江西。骆秉章听从了他的意见。左宗棠定下三路援赣之策：南路由酃县、茶陵攻吉安；中路由浏阳、醴陵攻袁州；北路由平江攻义宁（今修水），直取瑞州。曾国藩有4个兄弟：曾国潢（字澄侯）、曾国华（字温甫）、曾国荃（字沅甫）、曾国葆（字季洪）。曾国华和曾国葆已随他出征，曾国荃还在家中，他自请募集勇丁2000人，加上周凤山新募2000人，从南路攻取吉安，北、中二路则由刘长佑、萧启江于咸丰六年（1856）二月分别率军由长沙、浏阳出发。三支军队到江西后，迅速稳定了局面。

宝庆解围

咸丰六年（1856），太平天国在天京发生内讧。洪秀全先指使北王韦昌辉杀死了东王杨秀清及其部属2万余人，后又杀死韦昌辉。石达开赶回天京护驾，却遭到洪秀全的猜忌，被迫于咸丰七年（1857）五月率部离开天京，由安庆转入江西，后来又进入浙江、福建，旋又退回赣南。

咸丰九年（1859）二月，石达开的大部队进入湖南，声势浩大，接连攻占了宜章、兴宁、郴州、桂阳等地，湖南大为震动。

五六月间，湖南重镇宝庆（今邵阳市）被石达开10万大军重重包围。湘军刘长佑、刘坤一、田兴恕等在外围堵击，胡林翼又调李续宜军5000人由湖北来援。将领们商讨作战方案时，多数人认为重兵应配备在东面，以保护省会，进攻方向应从东向西。左宗棠得到一份“敌我兵势地图”，详细研究，认为东面敌人兵力雄厚，北面薄弱，应从北面进攻。争论了两天，最后骆秉章采纳了左宗棠的意见，由宝庆北面的新化进兵，获得大胜，宝庆解围。石达开军败退东安，进入广西。

“内清四境，外援五省”

当时湖南境内会党起事此起彼伏，有些还准备出省与太平军会合。另外还有盐枭、烟枭与广东、贵州各枭相互联系，也时常闹事。左宗棠协助骆秉章“内清四境”，平息了各种内乱。除了对付本省境内的太平军外，湖南的湘军还多次援助鄂、赣、粤、桂、黔五省。

依靠湖南的支援，在省外作战的湘军虽然也时有失利，但终将太平军

太平军士兵

的活动限制在江淮一带。湖南支援外省，不仅是派兵出去，而且还要供应军饷和军械、船炮等。咸丰四年（1854），左宗棠在湖南设立了火炮局，由丁善庆、黄冕、李概等负责。黄冕是位制炮专家，以前在甘肃，后在长沙用熟铁造炮；左宗棠自己也改进了一种劈山炮，用铸铁制成，炮身五尺，外形如大抬炮，能装半斤铁弹，射程约四五里。湖南所造战船，每艘甲板左上右各列炮一门，可俯可仰，可前可后，在当时是一种利器了。一部分船炮运到湘军前线，曾国藩很欣赏左宗棠设计的劈山炮，认为是水、陆两用的利器。

湖南自己的财政本来就拮据，哪来的钱供应邻省军饷？左宗棠协助骆秉章采取开源节流的办法。主要途径是收取厘金。厘金是一种货物税，值百抽一，实际上厘税往往超过百分之一。厘税于咸丰三年（1853）在扬州首创，后来曾国藩在汉口也曾抽厘。左宗棠极力赞成黄冕首先在常德设厘局，建议骆秉章在全省推广，由丁忧在籍的郭嵩焘会同知府裕麟总理厘金总局。这样每年可收得厘金100万两银左右。后来又设立盐茶局，抽取盐税和茶税，每年也可收得三四十万两，源源不断地供应出省作战的湘军军饷，这对军饷奇缺的省外湘军来说无疑是雪中送炭。

罢大钱，剔漕弊

左宗棠还协助骆秉章办了两件大事：罢大钱和剔漕弊。咸丰四年（1854），朝廷因财政困难付不出军饷，就由户部通知各省自行铸造当十、当五十、当百的大钱。六月湖南开铸，但是新钱与流通多年的旧制钱相比，含铜量远远不够，是一种劣币。不法官商争相私铸大钱，甚至将私铸大钱面值减半抛售也有利可图。结果市场混乱，老百姓拒收大钱，民情汹汹。骆秉章和左宗棠商量，决定停用大钱，用制钱八成收缴。几天后收回大钱16万贯，而由官局铸造的仅有9万余贯，其余都是私铸。他们又严查舞弊官员，查出管事官员和长沙府家人、炉头等参与私铸，绞决二人，

实值旧制钱

清政府国库亏空，铸虚值大钱

左宗棠将咸丰六年朝廷户部发行的钞纸当“废纸”库存

革职数人，风潮才平息下来。不久，户部又发下纸币8万两，搭放军饷。骆秉章认为当百大钱有铜一两五钱，尚且不能用，一张钞纸当银3两，百姓更不肯用了。就以湖南无官钱铺，不能用钞，上报户部，拒不在湘发钞。这两起金融风暴算是平安度过，人心大快。

清代的“漕粮”其实是一种粮食税。由于北方缺粮，要从南方征粮经大运河北运，政府就借口在地丁（土地、人口）税之外，再征收一些粮食。原来为数也不多，但湖南漕粮积弊很深，浮收滥取，名目繁多，贪官劣绅又从中挟持勒索，农民苦不堪言。佃户除纳租外，所得租谷不够一家食用，因而纷纷退佃，另谋生路，既苦了老百姓，政府也收不上钱粮。咸丰五年（1855），已到七月，还没人纳粮。骆秉章和左宗棠很着急，下令各州县裁汰陋规，鼓励地方人士提出革除积弊的方案。不久，湘潭举人周焕南到省城藩司建议，地丁和漕粮可照原来规定略为增加，但浮收滥取部分则应全部取消。这个建议本来很好，但却遭到藩、臬、粮道和府、县等层层反对，而且反将周焕南押回原籍。左宗棠知道后建议骆秉章采纳周焕南的意见，骆秉章同意了，就先从湘潭做起，随后各州县纷纷仿效。免去浮折漕粮后，每年减少赋税数百万两，老百姓负担减轻，而纳粮却较以前踊跃，政府每年的收入也增加数十万两。

察人甚严，用人所长

左宗棠十分重视整饬吏治。他说自己用人的方法是：

> 吾察人颇严，用人颇缓，信人颇笃，此中自谓稍有分寸也。
>
> 凡用人，用其朝气，用其所长，常令其喜悦，忠告善道，使知意向所在。勿穷以所短，迫以所不能，则得才之用矣。

可见他是善于用人才、培养人才和发掘人才的。有些人才可能是有些本领，敢说真话，自己有一定主张，又不肯附和、阿谀，因此上级不喜欢，同僚也嫉妒，成了孤立、不受欢迎的人，成了众人诽谤的目标。如黄冕、王鑫、裕麟、萧启江等，当时口碑都不好。经左宗棠仔细考察，那些不满意他们的人却又说不出他们究竟有什么错误。因此左宗棠决定照样信任、重用他们。对于犯有错误的人，也不是一笔抹杀，而是全面考察，用其所长。

咸丰四年（1854），王鑫在岳州战败，最终导致曾国藩败退靖港，曾国藩很为不满。但左宗棠认为王鑫是少有的大将之才，不能以一时一事而作定论，将其收为部将，对他慰勉有加。王鑫因此终身感激。后来左宗棠西征军中有许多王鑫旧部，为收复新疆立下大功。

左宗棠还举荐了一批“勤干廉明”“守洁才长”的州县官员，也罢免了一些“才质昏庸”“庸懦无能”和“年力衰迈”者。咸丰五年（1855）参劾提督多顺庸劣、候补臬司魁联擅离防地，二人都被罢免。这些当然都是通过骆秉章来实现的。他这种赏罚分明、敢作敢为的作风，博得了时人的好评，自然也遭到了许多人的嫉恨。

建言抗击英法

左宗棠第二次在湘幕的6年中，还协助骆秉章办理了一件重大外事。他提出了抵抗西方列强侵略的方案。虽然没有得到朝廷的采纳，但充分显示了他对付列强侵略的勇气和才干。

咸丰六年（1856），即中英《江宁条约》签订后的第十四年，在广东发生了所谓的“亚罗号事件”。英国借口这一件小事，联手法国，对广州突然发动攻击，第二次鸦片战争爆发。湖南毗邻广东，两省的商旅往来频繁。广东发生的事情，很快就传到湖南。英、法侵略战争爆发后，左宗棠十分关心，也很焦急。

左宗棠从广东来到湖南的商人中了解了详细情况，又对广东过境的官方文件仔细查核，将真实情况报告骆秉章，代骆秉章拟了奏疏，报告广州已失守的实情。他还通过骆秉章的奏折，揭露了两广总督叶名琛平日不能团结民众，临战又不能预为戒备，只知道扶乩，祈求神佛保佑。广东的失败，是叶名琛等地方官员愚昧无知、一味求和乞降所造成的，并不是“夷人狡悍难防所致”。他在奏折中指出：“只要经理得宜，民心团结，士气宏扬，敌人亦何能为患？”

左宗棠判断英法舰队可能北上攻击京、津，他提出了两条很好的策

第二次鸦片战争期间，英法联军于1857年攻陷广州情景图

略。但是他也认识到，王公大臣中有很多妥协、主和派，可能会加以阻挠。在当时妥协、主和的议论甚嚣尘上之时，他却坚决抗敌，毅然以抗击英法侵略为自己的责任。

咸丰八年（1858）正月，他通过为骆秉章草拟的奏折，提出了抗击英法侵略的两条计策。一是兵法上所说："出其不意，攻其无备。"派奇兵直捣英军老巢香港，准备北上攻击京津的英军必将不得不后撤回援，这也是围魏救赵之计。另一计是重兵驻守天津，引敌从海上登陆。他一向认为西方列强海军强大，在海上颇厉害，清军非其敌手。陆上作战，彼则不过尔尔。己方兵力兵源胜过敌人，围而聚歼，消灭敌人于内河内陆。左宗棠这两条建议如能被朝廷采纳，也许英法联军打不到北京，圆明园也不会被烧毁。

横遭构陷，因祸得福

左宗棠恃才傲物，嫉恶如仇，身处官场，渐入险境。他自诩"今亮"（当今诸葛亮），他倔强如"犟牛"。因为倔强耿直，头角峥嵘，容易伤人；因为得罪了满族贪官樊燮，惹出了一个"劣幕案"，差点人头落地。

樊燮是湖南永州镇总兵，在当地有权有势，劣迹不少，曾挪用军中巨额银钱开销，随意处罚部下，作为武官逾制，私自役使兵弁为他抬轿等。永州知府黄文琛因公去岳州，恰逢骆秉章在那里巡视，就拜见了骆秉章汇报了樊燮的劣迹。樊燮知道黄文琛在巡抚面前告了他的状，就去请"二巡抚"左宗棠帮忙说话。左宗棠嫉恶如仇，根本不买账，当着他的面大骂："王八蛋，滚出去！"樊燮遭到辱骂且被参革职后，对左宗棠怀恨于心，千方百计进行报复。

当时湖广总督官文有一门丁叫李锦棠，樊燮通过这门丁向官文打点，向总督衙门进禀帖，控告左宗棠为劣幕。同时，樊又在都察院告了永州知府黄文琛会同左宗棠一起陷害他，恶人先告状。"樊燮事件"越闹越大。

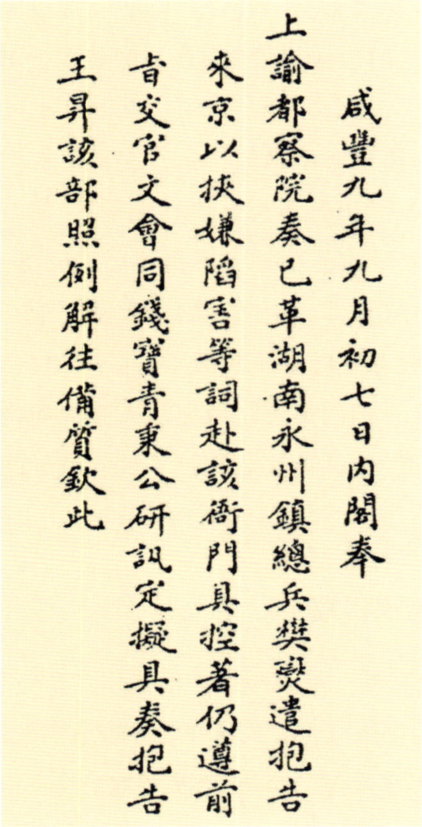
咸豐九年九月初七日內閣奉
上諭都察院奏已革湖南永州鎮總兵樊爕遣抱告來京以挾嫌陷害等詞赴該衙門具控著仍遵前
旨交官文會同錢寶青秉公研訊定擬具奏抱告王昇該部照例解往備質欽此

咸丰九年（1859）令官文领衔查办左宗棠的密旨之一

官文一直对汉人官员抱有成见，借此机会实施打压。官文对左宗棠提出弹劾，说他：“一官两印，嚣张跋扈。”咸丰皇帝已下旨湖广总督官文密查：“果有不法情事，即可就地正法。”

得到这个消息后，骆秉章立即给在京翰林郭嵩焘去信，郭闻讯后立即通过王闿运向肃顺求援，并请咸丰皇帝之师侍读学士潘祖荫出面营救。

潘入奏曰：

> 国家不可一日无湖南，湖南不可一日无宗棠也……不得不为国家惜此才。

同时，骆秉章也一再上奏，澄明樊燮纯属诬陷，并将所查明账簿和樊亲供文件送缴军机处进行辩驳。曾国藩、胡林翼也在皇帝面前极力说情。军机大臣肃顺深知大局危殆，不重用汉人不能纾难。又见多人奏保，就顺势对咸丰帝说：“人才难得，自当爱惜。”

不久，左宗棠因祸得福，被授予四品卿衔、襄办署两江总督曾国藩军务。

胡林翼

郭嵩焘

肃 顺

潘祖荫

曾国藩

王闿运

当时出面营救左宗棠的部分官员和社会名流

第三章

组建楚军　独当一面

组建楚军

左宗棠在宿松大营见曾国藩时，曾国藩已收到咸丰帝有意起用左宗棠的“寄谕”。咸丰十年（1860）四月十三日曾国藩复奏：

> 查左宗棠刚明耐苦，晓畅兵机。当此需才孔亟之际，或饬令办理湖南团防，或简用藩、臬等官，予以地方，俾得安心任事，必能感激图报，有裨时局。

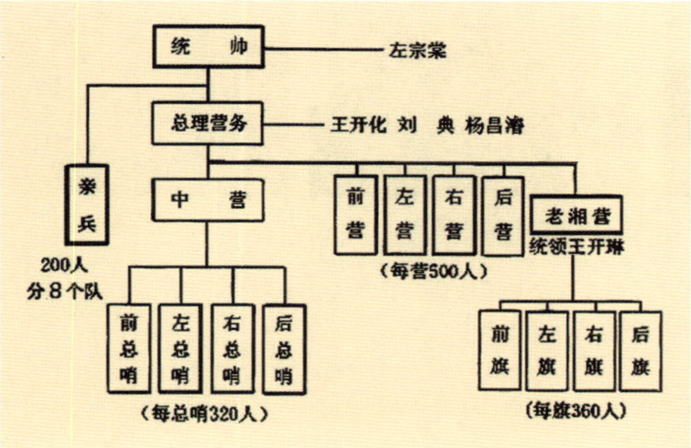

楚军编制表

适在此时，左宗棠却收到了一封告知儿子病重的家信，只得于当月十八日启程回湘。五月初五日左宗棠抵长沙。初八日即接到朝廷给予四品卿衔，襄办曾国藩军务的谕旨。

当时曾国藩驻军安徽祁门，准备用湘、鄂、赣三省之兵决战太平军，要左宗棠回湖南招募5000兵勇支援安徽。这让左宗棠既兴奋、又担心，此时的心情正如他自己所描述的：“今选募五千，自为统带，譬如乡居富人弃农学贾，起手即开大店，生意虽是好做，恐不免折阅之虞。”他决定先网罗一批人才，以资倚靠。除礼聘王鑫的弟弟道员王开化（字梅村，时在湖南养病）外，又延揽了湘楚旧将弁崔大光、李世颜、罗近秋、黄有功、戴国泰、黄少春、张志超、朱明亮、张声恒等9人，然后四处招募。应募之兵有所谓湘勇、郴勇、桂勇，共建四营（每营500人）、四总哨（每总哨320人），又以精壮200人为亲兵，分为8队。还收集王鑫“老湘营”旧部1400人，加上火勇（炊事兵）、长夫（运输兵）总计十一营5400人，称为“楚军”。

左宗棠以王开化总理全军营务，刘典（字克庵，湖南宁乡人）、杨昌濬（字石泉，湖南湘乡人，曾随罗泽南办团练）副之。老湘营一部由王鑫的另一个弟弟王开琳（字毅卿）统领。按《楚军营制》规定：每五百人设一营官，“坐粮”（驻扎时粮饷）每月二千五百余两，“行粮”（行军时的粮饷）每月二千八百两，散勇每名每月四两二钱，火勇一钱，长夫一钱。招募成军后，每日口食钱（伙食费）每名一百文。招募经费、军装费以及一个月坐粮、一个月行粮总计需银六七万两，均由湖南巡抚骆秉章饬局给领。六月初二日，新建的楚军已经集中了2300余人，左宗棠即亲自在长沙城外校场每日训练，“昼夜少暇”，二十四日，所募兵员陆续到齐，全

左宗棠组建的楚军

军遂由校场移驻城南金盆岭，晨夕训练。

咸丰十年（1860）春，石达开部太平军进入广西，石达开驻军庆远（今河池市宜州区）。五月，连克永宁州、广顺州、归化厅。消息传到北京，朝廷认为石达开可能假道进军四川，拟派左宗棠率部入川阻击。但左宗棠认为四川烽烟四起并不足虑，江浙的局势才是艰险万分的。他对胡林翼明确表示："我志在平吴，不在入蜀矣！"当时，曾国藩已实授两江总督，并任钦差大臣、督办江南军务，也急需左宗棠相助，自然不同意派左军入川。胡林翼认为他们的"事业"在下游，所以也来信相劝："公入蜀则恐气类孤而功不成。"并给在北京的郭嵩焘写信说："季公（指左宗棠）得林翼与涤丈左右辅翼，必成大功，独入蜀中非所宜也。"在这些地方实力派的反对下，朝廷才改变主意，另派湖南巡抚骆秉章督办四川军务。

咸丰十年（1860）八月初八日，在英法联军于京郊八里桥大败清军后，咸丰帝携后妃、皇子仓皇北逃。也正是在这一天，左宗棠从长沙率楚军东向，由醴陵取道江西，出祁门。对于这次出征，左宗棠极为重视，把它看成是独自创业的开端。两个多月后，他在家书中说："我此去要尽平生之心，轰烈做一场。"

祁门解围

太平天国自咸丰六年（1856）内讧，石达开出走，形势一度陷入危急。后来由李秀成、陈玉成等重组核心，于咸丰八年（1858）八月在浦口击破江北大营，歼清军万余人；咸丰十年（1860）三月又击破江南大营，歼清军数万人，清军主帅和春自杀。太平军重振了威势，连克苏州、常州，进入浙江，攻陷嘉兴。朝廷看到形势不妙，只有倚靠湘军，于是实授曾国藩为两江总督，并任钦差大臣，掌握江南江北军政大权。

曾国藩的大本营在安徽祁门，他的第一个目标是夺取安庆。安庆是天京（今南京市）西南的重要门户，据长江中游，扼鄂、豫、苏、浙、赣五省咽喉。他和曾国荃、胡林翼的部队包围了安庆。太平军为了解安庆之围，派出南北二路军再次西征，以转移清军兵力，目标是会师武昌。北路由英王陈玉成，南路由侍王李世贤分别率领。十一月，各路太平军包围了祁门。十一月初一日，左宗棠率领的楚军攻占德兴，初三日又克婺源（属安徽）。这时，西征太平军中路杨辅清、黄文金等部正分别自宁国、芜湖西进，十一月初九日，黄文金、李远继一军进克彭泽，十一日又占景德镇东北的浮梁，切断了曾国藩祁门大营的粮道。与此同时，李世贤于十一月十七日自休宁由东面逼近祁门；右军主将刘官方及古隆贤、赖文鸿等于十五日自黟县从东北方向向前挺进；南面的李秀成大军则于二十一日进抵婺源。湘军祁门大营处在三面包围之中，只有西南方向还保存了一条运输补给线。景德镇、浮梁被称为“江西前门，祁门后户”，楚军成了屏蔽祁门西南门户的重要军事力量。

十一月十二日，杨载福率湘军水师复夺彭泽。十四日，太平军黄文金

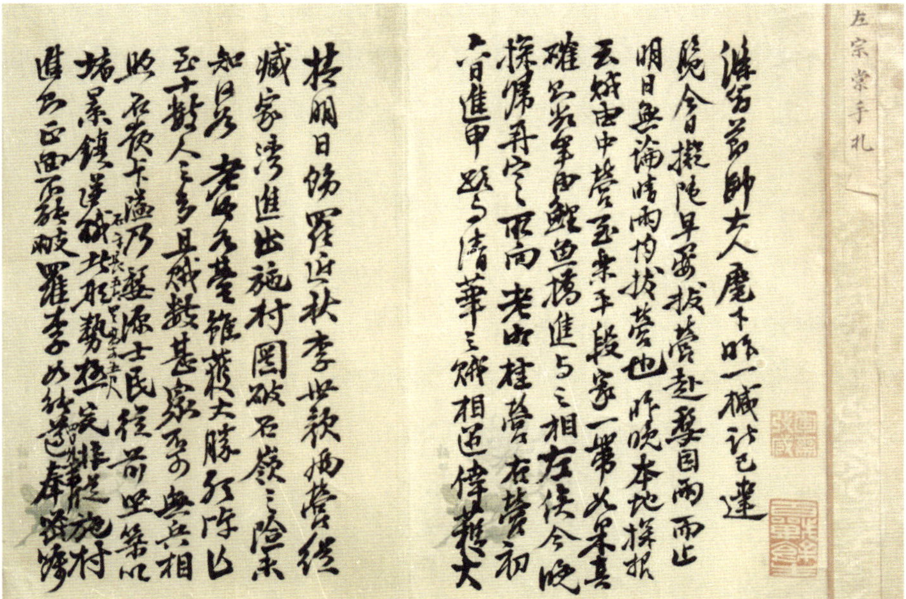

1861 年，左宗棠至景德镇解祁门之围后致在祁门绝处逢生的曾国藩的军情禀报书信

部攻湖口不克，南下都昌。李远继部在楚军压迫下从浮梁西行，攻克饶州府城（今鄱阳）。二十五日，黄文金、李远继从饶州分兵五路直捣景德镇，并分兵攻浮梁。左宗棠命收兵回守景德镇、婺源、浮梁。黄文金率5万人来攻，左宗棠守军只有5000人，他定了一个小小的计策，命黄少春部从后面绕击，以少胜多，将黄文金击退。太平军准备再度大举进攻，曾国藩急忙调鲍超部从皖南增援景德镇。鲍超是有名的勇将，左宗棠则有谋略，二人定下一条计策，由鲍超的“霆军”正面出击，楚军守屯，另外派一支军队埋伏在后路。黄文金中了圈套，大败而走。咸丰十一年（1861）正月初十，左、鲍两军会合进击，太平军败走彭泽、青阳，随之又会合安徽建德太平军回攻。左宗棠派四营前往援助鲍超，二十六日收复建德。太平军此次在赣东北最终未能站稳脚跟。祁门于是解围。

曾国藩对左宗棠首战告捷，十分欢喜。他在楚军收复德兴、婺源二城后，上奏为左宗棠请赏，得旨由四品京堂候补升为三品京堂候补。祁门解围后，他又上奏为左、鲍表功：“臣在祁门，三面皆贼，仅留景德镇一线之路以通接济。该逆尽锐攻扑，欲得甘心。赖左宗棠之谋、鲍超之勇，以守则固，以战则胜，用能大挫凶锋，化险为夷。”朝廷下诏嘉勉。

乐平大捷

咸丰十一年（1861）三月，太平军和楚军在江西乐平进行了一场大战。太平军侍王李世贤的前队被击退后，派出三路大军进攻。楚军兵少，左宗棠命令坚壁不出，太平军没有攻下，等到日中，太平军松懈下来了，楚军看到时机已至，突出反击，太平军被击退20里。

几天以后，李世贤将大军都调到乐平，决心要把它攻下。乐平是个小城，城墙已坍坏，左宗棠下令沿城墙筑一道壕堑，从城东南的小河里引水注入城外堰内，使敌骑难以前进。三月十三日，李世贤大军兵临城下，号称10余万，将乐平重重围困。楚军困守在壕内，只有5000人。太平军几次扑壕，楚军寂然不动，等到太平军临近时再予还击，太平军没有得手，一直相持到深夜。第二天中午，李世贤决定将主攻方向由东北转到城西，加紧进攻。守壕楚军死伤很大，眼看就要支持不住，左宗棠于是果断地下令反击，由王开化率队出西路，王开琳出东路，他自己与刘典出中路，听鼓声起，三路出其不意同时跳出壕堑，与太平军短兵相接。在楚军横冲直撞之下，太平军纷纷败退。那天正值大风大雨，河水骤涨，人马溺死的很多。这次战役，李世贤军损失 5000 余人，他自己也只身逃走。与此同时，曾国藩军在徽州却打了败仗，溃退到休宁。楚军胜利，祁门后路肃清，曾国藩才得以后顾无忧，于是移驻东流。楚军出师不及一年，又取得这次大捷，更加巩固了在江西的作战地位，也加强了清军在赣、皖的作战力量。

李世贤在乐平兵败后，率大队进入浙江，接连攻下龙游、汤溪、金华、遂昌、义乌、处州等城。朝廷看到浙江地方军不中用，就命左宗棠率楚军入浙支援，诏授他太常寺卿。但是曾国藩因为皖南还不巩固，奏请暂时仍留左宗棠守婺源，以保住赣、皖不稳定的形势。楚军因此仍留驻在景德镇一带。

左宗棠到婺源后，国内发生了几件大事。七月十七日咸丰帝驾崩。他死后由年仅 6 岁的载淳即位，改元同治，慈安、慈禧两宫太后垂帘听政，实际则由同治帝生母慈禧掌权。不久，又发生了一次宫廷政变：由于以肃顺为首的八大臣反对太后听政，分别被处死、流放、免职，而由道光帝第六子恭亲王奕䜣当政。

旋任浙江巡抚

咸丰十一年（1861）底，江西太平军被鲍超军多次击败，但李世贤大军则在浙江继续保持攻势，八月攻占严州、绍兴，十月攻占宁波、台州。浙江只剩衢州、温州、湖州还在清军手中，杭州也岌岌可危。朝廷看到江西局势已缓和，浙江却形势紧急，就诏命左宗棠赴浙督办军务。左宗棠奉

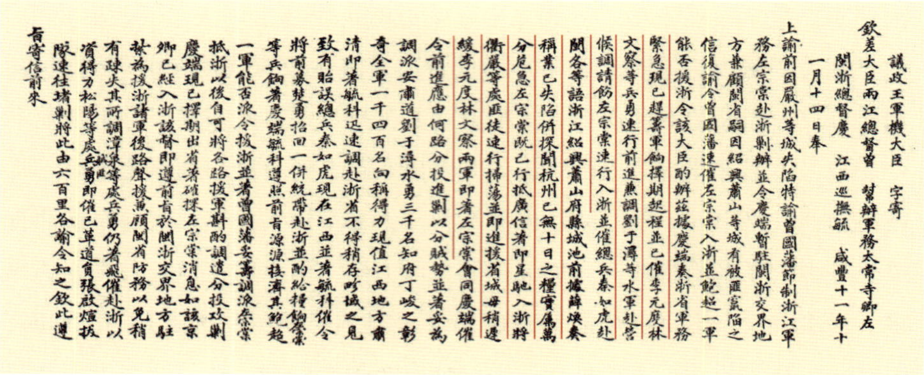

議政王軍機大臣　字寄
欽差大臣兩江總督曾　幫辦軍務太常寺卿左
閩浙總督慶　江西巡撫毓　咸豐十一年十
一月十四日奉
上諭前因嚴州等城失陷特諭曾國藩節制浙江軍
務左宗棠赴浙勦辦並令慶端暫駐閩浙交界地
方兼顧閩省嗣因紹興蕭山等城有被匪竄陷之
信復諭令曾國藩速催左宗棠入浙並飭趕一軍
能否援浙令該大臣酌辦茲據慶端奏浙省軍務
緊急現已趕籌軍餉擇期起程並已催李元度林
文察等兵勇速行前進兼調劉于潯等水軍赴營
候調請飭左宗棠速行入浙並催總兵秦如虎赴
閩各等語浙江紹興蕭山府縣城池前據薛煥奏
稱業已失陷併探聞杭州已無十日之糧實屬萬
分危急左宗棠既已行抵廣信着即星馳入浙將
衢嚴等處匪徒速行掃蕩並即進援省城毋稍遲
緩李元度林文察兩軍即着左宗棠會同慶端催
令前進應由何路分投進勦以分賊勢並着妥為
調派安肅道劉于潯水勇三千名知府丁峻之彰
奇全軍一千四百名向稱得力現值江西地方肅
清即着毓科迅速調赴浙省不得稍存畛域之見
致有貽誤總兵秦如虎現在江西並着毓科催令
將前募楚勇拾回一併統帶赴浙並酌給糧餉榮
等兵餉着慶端毓科遵照前旨源源接濟其鮑超
一軍能否派令援浙並着曾國藩妥籌調派左宗棠
抵浙以後自可將各路援軍斟酌調遣分投攻勦
慶端現已擇期出省着確探左宗棠消息如該京
卿已經入浙該督即遵前旨於閩浙交界地方駐
紮為援浙諸軍後路聲援兼顧閩省防務以免稍
有疎失其所調漳泉等處兵勇仍着飛催赴浙以
資得力松陽等處兵勇即催已革道員張啟煊拔
隊速往堵勦將此由六百里各諭令知之欽此遵
旨寄信前來

敦促左宗棠率军入浙江的谕旨

旨后二日，即十一月廿八日，太平军攻陷杭州城，浙江巡抚王有龄自缢身亡。曾国藩这时也认为浙江亟待救援，密疏荐左宗棠为浙江巡抚，并写信给左宗棠说："目下经营浙事，全仗大力，责无旁贷。"十二月，朝廷下旨任命左宗棠为浙江巡抚。左宗棠于咸丰十年（1860）八月领兵出征，不过一年余，就由四品京堂候补升为地方大员。

楚军初出湘时只有 5000 多人，后来陆续增加到 8000 余人。但是兵力和将领仍远远不够。左宗棠奏请调广西臬司蒋益澧（字芗泉）任浙江布政使，并募兵 3000 人随来；又调湖南总兵刘培元任衢州镇总兵，也募兵 3000 人。刘培元熟悉水战，衢州是水陆通途，左宗棠命他组建水师，帮助陆军作战。这样楚军达到 1 万余人。

同治元年（1862）正月，楚军进入浙江，收复了浙西的开化，太平军退到遂安、常山一带。楚军乘胜追击，二月又收复遂安，太平军损失惨重。左宗棠命令王开来和王文瑞分守开化和遂安，亲自率大军向衢州进发，三月抵达江山，在清湖击败李世贤军。六月，楚军进抵衢州城外，刘典、杨昌濬率部攻城北，刘培元、王德榜率部攻城东南，太平军败退，衢州解围。李世贤败退金华。

这一战后的一两年间，清军和太平军形成了拉锯战。太平军人数众多，勇武善战，势力仍然强大。左宗棠采取的对策是：步步为营，每得一地，决不轻易放弃。这样，太平军占领的地盘越来越小，日蹙一日，同时在江苏的形势也越来越不利。李鸿章军于同治元年（1862）三月从安庆增援苏州、上海；曾国荃军于五月进攻金陵，先头部队已进驻雨花台；彭玉麟的水师也已到达护城河口。天京危急，李世贤奉洪秀全命，率一部分部队回援天京，在浙西的太平军群龙无首，陷于被动局面。

反对“借师助剿”

早于咸丰三年（1853）太平军进逼江宁时，就有人（如苏松太道吴健彰等）提出请美、英、法派海军入长江，帮助阻止太平军前进。美国驻华公使麦莲也主动表示，愿意帮助对付太平军，但是遭到咸丰帝的拒绝。直到咸丰四年（1854），清军邀请法国海军陆战队协同作战，攻陷由小刀会占领的上海县城，这是第一次“洋人助剿”。但在随后的谈判中，咸丰帝拒绝了英国提出的“助剿”建议。

慈禧太后掌权后，与奕䜣都赞成与洋兵合作“同心灭贼”。赞成借洋兵助剿太平军的，还有一个主要人物是李鸿章（字少荃，安徽合肥人）。太平军占据金陵后，他曾在家乡协助办理团练，后来加入曾国藩幕府，很受曾国藩的器重。同治元年（1862），曾国藩命他回家乡招募淮勇7000人，又配备一部分湘军，成立了独当一面的淮军。曾国藩又奏荐李鸿章任江苏巡抚，进攻苏、常一带。后曾国藩也主张“借师助剿”。

左宗棠却认为，利用洋兵，从长远来看有很多害处。耗费国家巨饷来供养洋兵，将来洋兵日强、华兵日弱，养虎遗患，后患无穷。他对列强侵略本性的认识还是十分清醒，始终对侵略者怀有戒心和敌意。反对“借师助剿”，主张遣散已组建的洋军。但对于上谕不能采取对抗态度，他于是上折提出予以限制的建议。朝廷看到他的奏折后，说他所提出的流弊“朝廷早已虑及”，命令左宗棠与洋兵配合。左宗棠不能不遵从谕旨，也不能不任用几名已为朝廷认可的洋将，但严格予以限制，不许其胡作非为，损害民族利益。

在后来与洋人的交涉中，左宗棠始终坚持不卑不亢的态度，在恶劣的环境中“与此虏周旋”。

连克浙江重镇

太平军在绍兴失守后，退守杭州、余杭一带，侍王李世贤已于上年回援天京，留下部将听王陈炳文和归王邓光明踞守杭州，康王汪海洋守余杭。

同治二年（1863）四月，朝廷任命左宗棠为闽浙总督，仍兼浙江巡抚，他的权力又扩大了，这时楚军已有 3 万余人。虽然人数不多，但主将有谋略，士兵有锐气，团结一致。他们的主要目标是攻取杭州重镇。为了防止皖南太平军南下抄袭后路，左宗棠派刘典、王文瑞两军共 1 万余人进入安徽防堵；蒋益澧 1 万余人进攻富阳，直逼杭城；其余各军则分布在下游新城、桐庐、绍兴和上游淳安、遂安，以及衢州、金华等地。左宗棠的大本营驻扎严州，各军逐步向杭州进逼。

八月初，楚军大举进攻富阳，初七日深夜攻破富阳城。徐文秀、高连

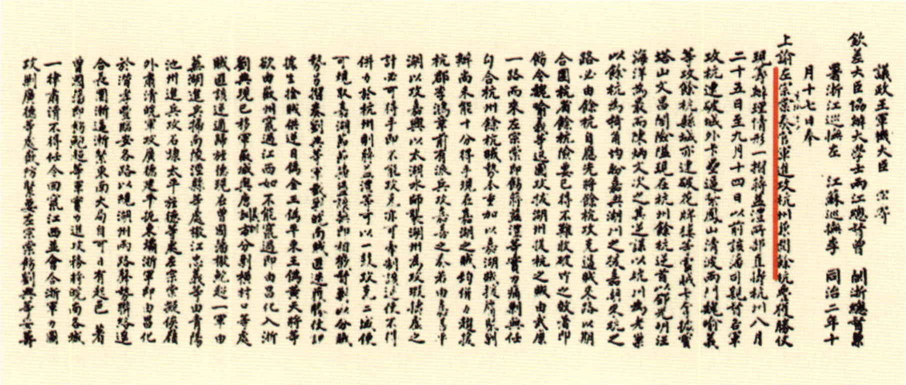

拟攻杭州、余杭的上谕

升等部水陆会师向杭州进发。十二日，魏喻义、康国器两军由新城趋余杭，廿五日，高连升部攻破杭州清波门太平军堡垒，进驻万松岭。蒋益澧军也已抵达，清军已兵临杭州城下。因为杭州的得失，影响全局形势，太平军决心死守，在城四周增筑堡垒，挖掘长壕，准备长期抵抗。

杭州城西门旧貌

左宗棠于十一月由严州进驻富阳，并到余杭前线视察。十二月，高连升军攻杭州凤山门，连破 9 个堡垒，水师也攻破了江边石垒。十二月初二日，大军逼城，将四门困住。余杭城北、东、西北三面已被黄少春、杨昌

左宗棠率部攻克余杭图

潴等包围。太平军不仅在杭、余一线危急，整个形势也很险恶。同治二年（1863）十月，李鸿章借戈登“常胜军”洋兵力量攻克苏州，十二月又攻克无锡；同治三年（1864）正月连克宜兴、溧阳，同时派一军攻常州，另一军进入浙江，会合楚军进攻嘉兴。在浙江的太平军看到形势不妙，邻近嘉兴的平湖、乍浦、海盐、嘉善等地的守将纷纷投降清军。

太平军陈炳文部困守杭州，一部分将领产生了动摇，左宗棠已得密信，下令加紧攻城。二月廿一日，攻破城外四垒，廿四日凌晨分兵攻五门，另派一支队伍攻击驻守城外的太平军，战到中午，天下起大雨，双方暂时休战。雨止后又大战，太平军支持不住，收兵入城。蒋益澧估计太平军困守孤城，无力反攻，败局已定，有可能突围逃走。于是收兵回屯，沿城边设下埋伏，静静等待。到半夜时分，听到城中人声鼎沸，知道有变，就急命各军准备截击。杭州城只剩下北门没有合围，太平军纷纷从北门逃走，清军立即从东、南、西三门争先恐后地涌进，双方冲杀，伤亡都很大。廿五日，楚军攻占杭州。据守余杭的汪海洋听到杭州失守，也于当天弃城而出，败退德清、武康一带。

朝廷对收复杭州十分欣慰，论功行赏，诏加左宗棠太子少保衔，赏穿黄马褂，将士也分别得以晋升。

赈抚恤民，办理善后

作为总督兼巡抚，左宗棠是首次进驻省城杭州。杭州为七大古都之一，江南重镇。历来文化兴盛，商业繁荣，又有西湖风景胜地，烟雨画桥，山光塔影，为天下人所向往。可是左宗棠入城来，看到的是一片凄惨景象。十余年来，人民饱受战祸的蹂躏，城中原有人口 81 万，现在只剩下七八万，死的死，逃的逃，逃不了的也多数衣食无着，流浪街头。一路上还看到许多倒毙的尸体，无人掩埋。

设局赈抚。这是左宗棠进城后办的第一件事。他设置专门机构收养难民，对孤寡妇女和儿童都妥善安置。他还颁布禁令：严禁军士擅入民居；凡兵勇扰害闯门者斩；拐掠贩卖人口者斩；扰索诈胁绅民者判罪；禁止屠杀耕牛，以保护农业生产。他带兵作战所过之地，虽然饷粮缺乏，仍命官兵散发钱米或煮粥分给饥饿百姓。到杭州后继续散发钱米。浙江富绅杨坊、毛象贤、俞斌等过去愿出巨资供养“常胜军”洋人兵将，但对老百姓却为富不仁。左宗棠上奏弹劾他们，责令他们筹集巨资，去各地购粮，运回浙江赈济饥民。他还采取“以工代赈”的办法，修理城墙、衙署等，并教妇女纺织。左宗棠看到浙江蚕桑之利，就教农民种桑、养蚕，还教种棉花。他说：

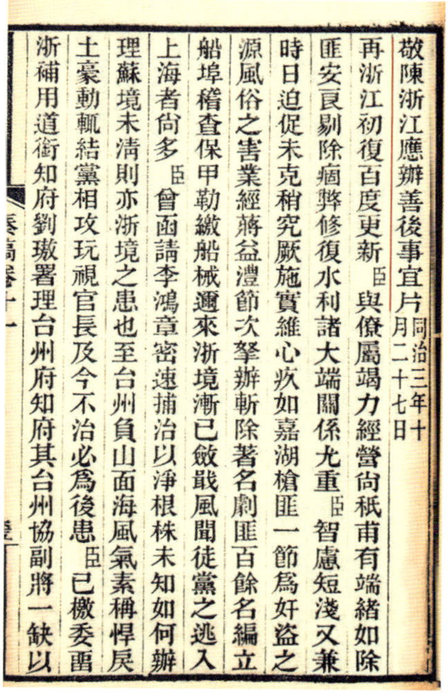
敬陳浙江應辦善後事宜片同治三年十月二十七日
再浙江初復百度更新臣與僚屬竭力經營尚秖甫有端緒如除匪安良剔除痼弊修復水利諸大端關係尤重臣智慮短淺又兼時日迫促未克稍究厥施實維心疚如嘉湖槍匪一節爲奸盜之源風俗之害業經蔣益澧節次拏辦斬除著名劇匪百餘名編立船埠稽查保甲勒繳船械邇來浙境漸已斂戢風聞徒黨之逃入上海者尚多臣曾函請李鴻章密速捕治以淨根株未知如何辦理蘇境未清則亦浙境之患也至台州負山面海風氣素稱悍戾土豪動輒結黨相攻玩視官長及今不治必爲後患臣已檄委晉浙補用道銜知府劉璈署理台州府知府其台州協副將一缺以
奏稿卷十一

左宗棠奏请在浙江办理善后事宜的记载

> 教种桑棉，为养民务本之要。
>
> 为政先求利民，民既利矣，国必与焉。

减漕粮浮收。左宗棠在湖南幕府时，办理过漕粮，深知此中积弊。浙江浮收漕粮也与湖南一样，超出原规定的税则很多。漕赋一石如直接纳米（所谓“收本色”），须纳二石五六斗至三四石，如折色纳钱，米价每石两千文，却要折价七八千以上。左宗棠认为“减征一事最为当今急务”，他奏准减征浙东地丁和南米浮收，缓征本年全省额赋，革除一切摊捐及陋规。攻占湖州后，他裁汰所有浮收陋规，原定额也减少三成。同治四年（1865），又减收杭、嘉、湖三属米廿六万余石。

停征关税。当时货物税既有厘金，又有关税。浙江关税向由杭州织造管辖，织造隶属内务府，南北新关税收是供清皇室挥霍享用的。左宗棠上奏说：“兵燹凋敝，若更关厘并举，竭泽而渔，遗孑之民必益形穷蹙，请暂缓开关，于厘捐岁输银十万两供织造。”织造是满人恒延，他虽然反对，认为这违反旧制，但左宗棠掌握地方大权，朝廷还要依赖他，对此也无可奈何。

改行票盐。陶澍虽早在道光二年（1822）于淮北实行票盐，左宗棠在湘幕也推行过，但是浙江仍是旧制，盐商与官府勾结，高价售盐，老百姓吃苦。于是左宗棠也改行票盐，民贩凭当地州县执照，就可去盐场买盐，到指定地区销售。同时裁汰了一些陋规。盐的成本低、售价低，百姓普遍得到好处。

招商开市。通过减少厘税，使市场逐渐繁荣起来。由于战乱，农民逃亡的很多，就广招邻省农民来浙，贷给耕牛和种子。种地的人仍然不够，就命军士就地开垦。荒废多年的田地，经军士耕种好，或到了收获季节，原主来认领了，命军士一律归还。劫后余生的民众对这些措施十分感激。每次左宗棠率军驻扎下来时，当地老百姓都欢呼雀跃；每次拔营之时，百姓们都“环拜泣谢”。

整饬吏治。左宗棠一向重视吏治，楚军所到之处，严禁地方供养。对于贪官污吏，毫不容情地予以惩处。他坚持认为：“察吏必先惩贪。”对贪官，对该惩办的人，决不能心慈手软。惩办少数坏人，正是为了挽救绝大多数的人，也是为了民众和国家的利益，是不得不为、不得已而为之的。

经过左宗棠一番整顿，民生凋敝的浙江出现了复苏迹象。《清史稿》记载：“百废俱兴，东南诸省善后之政，以浙江为最。”

左宗棠在杭州的时间不长，不久就奉命去福建。他在离杭以前，还办了一件事，自己花钱替魏源修墓。魏源的《海国图志》，左宗棠年轻时就读过，对魏氏倡导的“师夷长技以制夷”的思想深为佩服。魏源是道光二十五年（1845）进士，咸丰初，他在江苏任地方官，曾和太平军作战。咸丰七年（1857）歿于杭州。左宗棠到墓前凭吊了一番。12年后，他又为《海国图志》重刊本一百卷写了序。后来魏源的族孙魏光焘（字午庄）跟随他西征，成了他的得力助手之一。

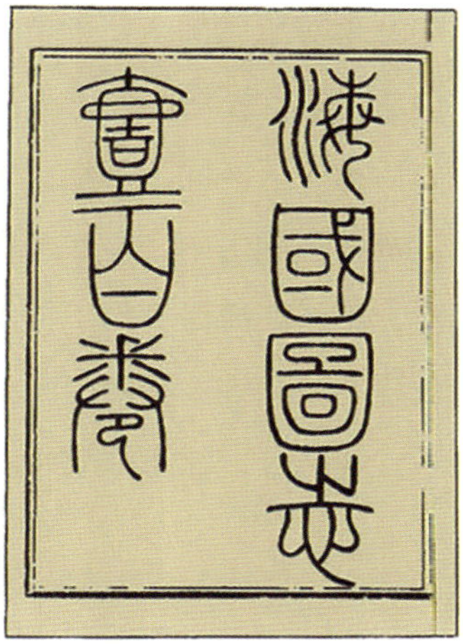

魏源与《海国图志》

歼灭太平军余部

同治三年（1864）六月十六日，天京为曾国荃军攻破。此前洪秀全自杀身亡（亦说病逝）。天京陷落后，忠王李秀成虽逃出城，其后却被俘，不久即被曾国藩处决。幼主洪天贵福逃出天京。三个月后，在江西广昌为清将席宝田抓获处死。太平军仍有余部数十万人，鄂豫皖边主要有两支：一支由扶王陈得才率领，他因看到天京沦陷，自己部队又屡屡战败，内部还出现叛变、瓦解的现象，于是在绝望之下自杀了。另一支由遵王赖文光率领，他与皖北兴起的捻军头领梁王张宗禹合作，放弃太平天国旗号，与捻军合兵一处。

长江以南保存了侍王李世贤和康王汪海洋的部队。他们从杭州、余杭突围后进入江西，然后又南下到达福建西南部汀州（今长汀）、龙岩、漳州一带，仍拥有10余万之众，势力相当强大。一路攻城陷地。

因为福建军情紧急，朝廷命左宗棠速去福州履总督任。他奏请以蒋益澧护理浙江巡抚，杨昌濬署布政使，然后于同治三年（1864）十月廿八日由杭州起行，途经金华、衢州赴闽。左宗棠率领刘典、黄少春、王德榜、王开琳等所属部队，于十一月进入福建，收拾残局。经过一年的战斗，分别由李世贤、汪海洋、丁太阳、林正扬率领的4支太平军有的投降清军，有的先后被歼灭。同治四年（1865）五月，丁太阳在漳州附近向刘典军投降。李世贤败逃到山中，躲藏了两个月，于七月出山，昼伏夜行，到镇平投奔汪海洋，不料汪海洋不仅不接纳他，反而吞并该部，将他杀死。八月，林正扬在长乐向广东守军投降。十二月，汪海洋率领的最后一支太平军在广东嘉应州黄沙嶂被歼，汪海洋战死。至此，湘军与太平军的战事基本结束。

鼎革时弊，整军节饷

同治五年（1866）二月，左宗棠回到福州。当时百废待兴，他在福建办了以下几件大事。

改革盐政。福建盐政弊端极大。左宗棠到闽后，委任吴大廷（字桐云）为盐法道，奏请仿效湖南、浙江等省试行票运。朝廷交部议，部议

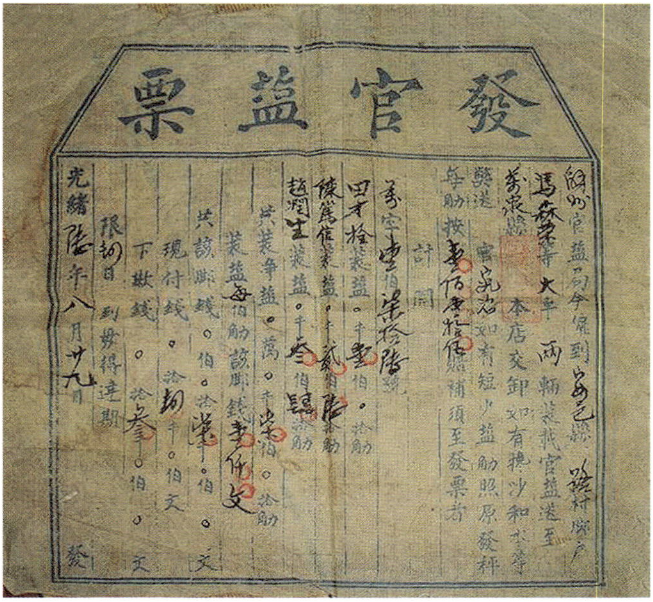
發官盐票

左宗棠改革盐政的举措后来一直被沿用。这是光绪年间福建发行的盐票

提出诘难，因为福建过去已积欠课银400万两，恐怕改票盐后，亏损会更多。朝廷批示说：“务期毫无窒碍，确有把握，再议试办……将来如课额亏短……臣部惟有从严参办，责成分赔。”左宗棠又上疏力争，指出：“兴利不如除弊，弊尽而利自生。盐务为腥膻之场，为奸弊之薮。”他毅然表示愿与巡抚和盐道承担责任。说：“虽部臣责臣与抚臣、盐道以参赔……臣与吴大廷无所愧，亦无所怯也。”朝廷降特旨，同意他试行票盐，一年之后，不仅没有赔，反而收入增加三倍。

裁革陋规。清代吏治腐败，左宗棠在湘幕和浙江巡抚任内，都注重整饬二省吏治。到闽后，又感叹“闽省吏治废弛已久”。福建因连年兵祸，征收钱粮的簿籍毁失，地方官责成书吏收粮税，书吏又无凭据，就在民间浮收乱取。遇到强者，抗拒不交，弱者则受其鱼肉。官吏如收不足额，又将受上级斥责，因而官民交困，为害无穷。左宗棠认为恤民必先恤吏，恤吏必先裁革陋规。他命清理全省赋额，定出收税多寡的章程，刻石公布于众，禁止借端浮收。这样，解除了困扰民众和官吏多年的一大积弊。

州、县官吏受累更重的还有各项陋规摊捐。所谓“摊捐”，就是各项临时、额外的用费，无处报账，就摊派给地方州、县。例如官员过境招待费、门包过山礼费、官员到任、铺垫执事费、平时用费、生辰节日送礼费等等。对下级来讲，是摊派，对上司来讲，是陋规。这类陋规相沿已久，上司认为是本分应得的钱，下级也认为是本分应出之项。下级拿不出钱，有时把养廉银全部扣除也不够，于是只好巧取豪夺。上司收受了摊派所得之款，遇到下级有过失，则必然为之包庇，下级也以缴纳摊捐来挟持上级。左宗棠感叹说：

> 上官之取于州县也一，州县之取于民也十。何怪民生之日蹙，仕风之日下乎？此察吏之必先恤吏，恤吏之必先裁革陋规也。

经过一番整顿，陋规概行裁革，摊捐各项酌给公费银两，由关税、茶税等余款贴补。对于地方小官吏，查实如养廉金太少、不够养家者，酌给津贴。这样使吏治有了一番革新，百姓的负担也减轻了。他又命开设蚕棉馆，推广养蚕和植棉，并命令各州县广积粮食备荒。民众普遍感到满意。

整饬兵治。清代正规的“制兵”，即绿营兵号称60余万，但素质低下，不能作战。太平军兴起后，各省都另募勇丁（团练）以备战守。但制兵名额却不减少，兵额越来越多，难以筹饷，于是克扣军饷，士兵只发半饷，哪能吃饱。因此年轻人不愿入伍，入伍的多是老弱和穷无所归的人。有些只挂个名，而以小商贩、佣工等为本业，有暇时才应付一下差操。甚至还有人以当兵支门户，抗官府，窝藏盗匪。名为兵，而从不上操当差。饷是如此之薄，如果不准许当兵的找个“第二职业”，实在说不过去，事实上也难办到。既然士兵别营生机，就不能集中住在兵营，而是散居各处，不能一呼即到，军纪也无从施行，实为一大怪事。左宗棠形容当时福建的军队说：“陆军不知击刺，不能乘骑。水师不习驾驶，不熟炮舰。将领只知趋奉应付，办名册，听差使，操练就像演戏。这样有何实用？水师的战船长期失修，全都腐朽了，遇到有巡逻任务时，只好雇民船代用。勇丁没有船炮，无从操练，名为水师，实际则住在陆上。一登上海船，就头晕呕吐不堪，站也站不稳。”

左宗棠认为各省绿营通病，是因军饷太低。

> 饷薄不能练兵，而饷之薄亦实由于兵之多。与其欠饷曷若减兵；与其欠饷而仍养此无用之兵，曷若练兵而并节此可惜之饷。

他奏请朝廷大量裁兵，有四种兵应淘汰：老弱疲乏之兵，吸鸦片烟之兵，挂虚名之兵，分散各地零星之兵。大概选留可练之兵五成余，裁去四成余之饷加给留下的兵，士兵每月可得三两银或稍多一点，可够日用了。这样只减少无用不可练之兵，于兵制无所损害，于饷事则有所增加。兵精粮足，以后海上多事，可以一战了。

着手经营台湾

清朝时期，台湾是福建省的一个道。过去朝廷忙于内战，对台湾无暇顾及。左宗棠到闽后，看到台湾身系全省以及东南沿海各省的安危，不仅战略地位重要，而且资源也极丰富，实是一块宝地。因此他在闽时间虽短暂，却立即着手对台湾的经营。他首先对台湾的军事、民政、物资和少数民族情况进行了调查。

左宗棠调查发现在军事方面，台湾几乎无防务可言。原来台湾开始设郡时，是由大陆标营调兵去防守，三年轮换一次，兵额为 14000 余，设道标，由台湾道节制。同治初年（1862），因为大陆战事紧张，自身应付还不够，没有力量调兵来台，台所剩兵员不到原来的三分之一，道标也已撤除。有事时就临时招募勇丁，所募的勇丁多是游手好闲的无业之徒，聚集起来就是兵，分散开来则为匪。兵匪不分，老百姓受害最大，苦不堪言。至于台湾水师，也是一样腐败。过去有战船十五艘，现在一艘不存。虽然没有船，仍照样领取修船费。武营虚冒侵占公款，文员不敢究诘。这样的海陆军，只要列强派几艘炮舰来，就能轻易占领台湾。

为了加强台湾的防务，左宗棠采取了一些整顿措施。首先奏准恢复班兵轮换制，重新设立道标，由道台节制。修船费严禁中饱私囊，一概用于造新船，在海岸巡逻。并募练新兵，增强海防。

台湾物产富饶，官员趁机收取钱财，中饱私囊。左宗棠经奏请撤了不称职的官员，调补刘明镫为台湾总兵，吴大廷为台湾道员。吴大廷表示，将道署违规所得全部归公；刘明镫也表示要裁革陋规以及节寿钱礼等，于是台湾官场耳目一新。左宗棠仍按照省内办法，陋规革掉了，有些文武官员养廉金不够用，则另筹津贴，以贴补他们。

台湾民众有挟仇械斗的习俗，斗胜者就霸占败者家产，称曰“扎厝”。

清末台湾古建筑

清末台湾台北城乡风貌

官员下乡办案时，先要索取一笔费用，又不认真办理，往往置真凶不问，抓一两个不相干的人敷衍塞责。老百姓气恨官吏贪污昏庸，结会私斗的风气更盛。当地谚云："十年大反，五年小反。"其实都是官逼民反。左宗棠认为选任廉正明干的官员十分重要，必须严操守、勤访治，孜孜奉公，体贴民众，然后人心才能团结，也才能收到长治久安之效。新调派的道员吴大廷，是"操守廉洁，有才干，兼通方略"之人；新调派的总兵刘明镫同样是"功勋卓著，谋勇兼备"之人；台湾事交给他们二人，可以放心。刘明镫还带领了一部分楚军去台加强防务。

当地少数民族为高山族，清代称为"生蕃"，大陆人认为"生蕃"野蛮。左宗棠经考查之后，认为他们虽然各方面条件落后些，但主要问题是满汉官员不能平等对待他们，而且还敲诈剥削，致使他们不满。上奏说："台湾生蕃，性虽蛮野，却极驯顺。地方官如清悫自持，以简佚之道处之，最易见德。"以前高山族献了一些地给政府，要求剃发，并取得和大陆民众同等的待遇。疆臣上报朝廷，朝廷交部议，却莫名其妙地不准，以致民族不和，对社会秩序造成不利影响。左宗棠认为应该听任高山族同胞剃发，但又不要强迫，对待高山族同胞要与大陆民众一样，不应歧视，这样对国家只有益处。

左宗棠原准备待省内各事料理得差不多后，亲自渡海到台湾视察，不料得到去西北的急诏，未能成行。离闽前，他特别将台湾军政各事详细奏陈朝廷。他认识到台湾地位十分重要，但因为在闽时间太短，没有来得及料理妥当，是来福建后最遗憾的一件事。离闽后，他仍然念念不忘台湾。

直到近20年之后，中法战争爆发，左宗棠这才又奉命回到福州，为保卫台湾尽他最后的一点力量。

第四章

经略陕甘　威惠并举

临危受命，移督陕甘

同治五年（1866）八月十七日，朝廷发布上谕："陕甘为边陲重镇，现当回氛甚炽"，"眷顾西陲，实深廑系。左宗棠威望素著，熟娴韬略，于军务、地方俱能措置裕如。因特授为陕甘总督，以期迅扫回氛，绥靖边圉。"左宗棠船政初兴，朝廷催促他赴任陕甘的上谕急如星火，只得选定沈葆桢任船政大臣，交接船政事宜，卸任闽浙篆务，移督陕甘。

沈葆桢

左宗棠赴任陕甘总督，可以说是奉命于危难之中。当时，陕甘政局危急，主要原因是清政府对回民推行欺压的歧视政策，激起了陕西、甘肃回民于同治元年（1862）五月起事，相继爆发了声势浩大的"反清起事"。时任陕甘总督杨岳斌（即杨载福）被搅得焦头烂额，连呼"剿不胜剿，防不胜防"，劳师日久而无功。同治五年（1866）九月二十五日，朝廷调左宗棠替代他任陕甘总督。岂料两个月后，陕甘形势更加复杂，由张宗禹、张禹爵率领的“西捻军”绕道潼关以南的商州，赴秦岭，直扑华阴，逼近西安。心急火燎的清政府又于同治六年（1867）正月初一日谕令左宗棠为钦差大臣督办陕甘军务，令其带兵迅即入陕西。

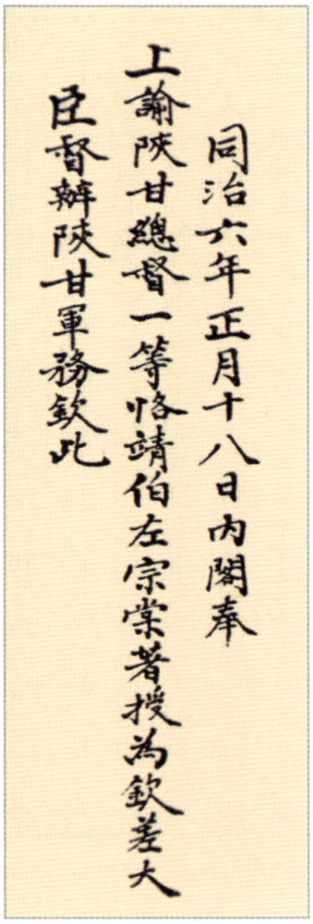
同治六年正月十八日內閣奉
上諭陝甘總督一等恪靖伯左宗棠著授為欽差大
臣督辦陝甘軍務欽此

左宗棠以钦差大臣督办陕甘军务的上谕

提及捻军，先得从捻党说起。捻党的产生最早可追溯到清康熙年间，即 17 世纪中叶。到嘉庆十三年（1808）时，官书上才有了正式记载，当时被称为“红胡子”。之所以称“红胡子”，是因为他们曾“涂面执械”，打劫富豪，其活动地区主要在江苏、安徽、河南、山东一带。对于捻党，官方称之为“捻匪”，民间则称呼为“捻”或“捻子”。道光二年（1822），捻党曾与白莲教在河南新蔡组织了一次反清武装斗争，并突入安徽颍州境。咸丰五年（1855）七月，各路捻军齐集安徽亳州雉河集，举行会议，公推张洛行（亦称乐行）为大汉盟主，称“大汉明命王”，并建立“五旗军制”。

咸丰七年（1857）二月，经过协商，捻军与太平军开始联合作战，后张洛行曾先后接受太平天国鼎天福、沃王等封号。同治二年（1863）二月，张洛行率捻军 20 余万人与清军僧格林沁部大战于雉河集近郊，张洛行被捕杀。五月，张宗禹由豫西回到皖北，重占雉河集，继续抗清。同治三年（1864）十一月，太平军遵王赖文光与捻军首领梁王张宗禹、鲁王任化邦、荆王牛宏升、魏王李蕴泰重新整编，共御强敌。他们“誓同生死，万苦不辞”，以复兴太平天国为己任，组成了一支新捻军。新捻军易步为骑，大大提高了作战的机动性，他们驰骋于豫、鲁、鄂、苏之间，使清军疲于奔命，屡遭败绩，威胁大清统治。同治五年（1866）九月十五日，新

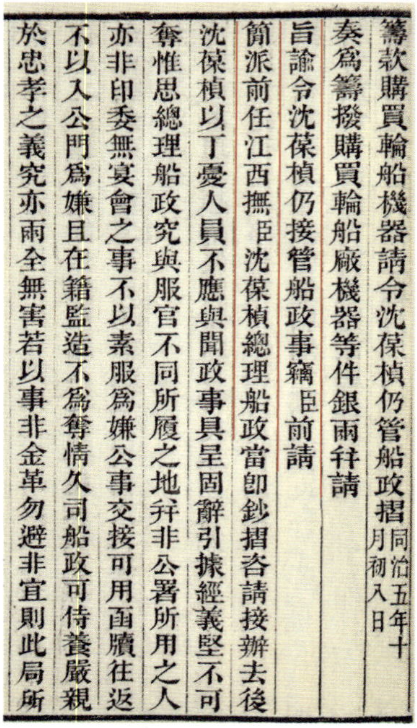

籌款購買輪船機器請令沈葆楨仍管船政摺同治五年十月初八日

奏爲籌撥購買輪船廠機器等件銀兩幷請

旨諭令沈葆楨仍接管船政事竊臣前請

簡派前任江西撫臣沈葆楨總理船政當卽鈔摺咨請接辦去後

沈葆楨以丁憂人員不應與聞政事具呈固辭引據經義堅不可

奪惟思總理船政究與服官不同所履之地幷非公署所用之人

亦非印委無宴會之事不以素服爲嫌公事交接可用函牘往返

不以入公門爲嫌且在籍監造不爲奪情久司船政可侍養嚴親

於忠孝之義究亦兩全無害若以事非金革勿避非宜則此局所

左宗棠筹款购买轮船机器请令沈葆桢管船政的奏折

捻军在河南许州（今许昌）分兵两支：遵王赖文光、鲁王任化邦率部转战中原地区，是为“东捻”；梁王张宗禹、幼沃王张禹爵“前进甘、陕，往连回众，以为掎角之势”，是为“西捻”。左宗棠在此时奉旨接手西北乱局，移督陕甘，迫不得已找人接替自己一手创办的船政事务。

在接到调任陕甘的谕令后，左宗棠一方面尽快安排了福州船政局事务；另一方面安排他的老部下刘典（当时正回湖南宁乡省亲）为帮办军务大臣，并极力开掘饷源、筹集军粮，调集随征部队。他在同治五年（1866）十月二十九日的奏折中着重强调两件事：一是兴屯以解决军粮，“屯政果兴，军无悬釜之忧，民有重苏之望，以逸待劳，以饱制饥，其于兵事尤为利便”；一是要求切实保障军饷来源，认为“若不吁恳天恩，准拨的饷（实在的军饷），则入关而西，饥溃哗噪，实在意中”。

十一月初十日，左宗棠离开福州，准备由江西、湖北，取道河南，先去北京陛见皇帝。但陕西的形势使朝廷心急如焚。迅速入秦的西捻军于十月十九日在华州城东击败陕西巡抚刘蓉，于是朝廷命左宗棠直接赶往陕西，“暂时毋庸来京”。十二月下旬，左宗棠在湖北黄州接到第二道廷寄诏谕，催促他迅赴陕西，督饬诸军。几天之后，左宗棠在武昌再次接到了令其“迅即入陕”的诏谕，可见朝廷的惊恐惶急之状。

考虑到粮饷筹集、转运困难，左宗棠本想只带领6000名精兵入陕（从福建挑选3000人，再命刘典从湖南招募3000人），到陕甘后再就地扩充。但战局的变化使他不得不改变计划以适应形势需要，决定在原拟 6000 人的基础上再加募 6000 人，合成 12000 人，都限令于一个月内到湖北聚集。此外，又调原不准备动用的广东提督高连升一军从广东北上。

“先捻后回，先秦后陇”

行军途中，左宗棠的心情是很不平静的，他冥思苦想，希望能够找到一套行之有效的办法来解决陕、甘问题。经过黄州时，他特地致函住在湖北监利的老朋友王柏心，邀其于汉口会晤。王柏心曾做过林则徐和陕甘学政罗文俊的幕客，熟悉陕甘情况，当时虽蛰居家中，却密切关注时局变化。针对捻军、太平军余部和陕甘回军异常活跃的情况，他向左宗棠建议：分别轻重缓急，集中使用兵力。认为捻军“飘忽驰突，兼善用骑”，“最为难制”，因而应以先灭捻军为急务。左宗棠与王柏心曾在湖北张亮基幕府共事，深知他老谋深算，故“询以关陇山川形势，用兵次第及时务所宜先者，王柏心罄所知以告”。

王柏心

左宗棠接受王柏心的建议，进一步制订了自己在西北的战略方针，即：“以用兵次第论，非先捻后回不可，非先秦后陇不可”；在战术上，左宗棠为对付捻军的剽悍骑兵，提出要“讲求阵法，先制其冲突，而后放枪炮，先立定脚跟，而后讲击刺”。还提出要“以车营、步队当贼马，而以马队抄其步”。训练车营的计划，后因经实战无效而放弃；建立骑兵一事，他虽十分重视，但短时间内难有成效。经“极力搜索”，也只能搞到 460 匹马。这样一支弱小的骑兵远不能与捻军铁骑争锋（东捻军在全盛时兵力达 10 余万人，骑兵过半数；西捻军约 3 万人，骑兵也有 1 万多）。在这种情况下，左宗棠坚定认为“惟多用火器，庶几制胜。每营除改用短劈山炮 38 尊，安放战车，其洋枪则加至六成”，寄希望于武器装备的改善。他又函商时任浙江布政使的老部下杨昌濬，从浙江调拨 5 万斤进口火药至鄂。为了解决军费难题，他通过胡光墉（字雪岩，出生于安徽徽州，年幼时随家迁居浙江杭州，红顶商人，多次为左宗棠办军需）向上海洋商借银 120 万两。

三路入陕

同治五年（1866）十二月，西捻军以灵活机动的战术在陕西连战告捷打开新局面。十二月十八日，西捻军在西安灞桥十里坡设伏，阵斩刘蓉部湘军大将萧德扬、杨德胜等，陕西清军溃不成军。西捻军乘势包围西安，四面环攻，西安“文报不通，粮路断绝”，危如累卵。陕西士绅提心吊胆，惶惶不可终日。朝廷闻讯，急命两江总督曾国藩火速增援。曾国藩急派大将刘松山（字寿卿，湖南湘乡人，原为王鑫旧部）率步兵十七营及部分骑兵从江宁西上。刘松山率军于十二月二十三、二十四日到达潼关，除夕，至西安。这时，西安城内惴惴不安的官绅们才算抓住了一根救命稻草，长吁了一口气。

此时，左宗棠在汉口集结了一支约两万人的队伍。直辖楚军：亲兵营十哨，先锋、后劲、新前、新后四营旗，马队五起（马队一营为二百五十骑，一起即半个营系一百二十五骑）。又恪靖三路十五营——前路五营，统领刘端冕（字元鳟，湖南宁乡人）；中路五营，统领周绍濂（字莲池，湖南宁乡人）；后路五营，统领杨和贵。以上共计 11375 名。刘典部楚军：亲军左、右二营，后营一营，合计 1500 名。高连升部“果勇”步队八营，马队一营，4250 名。“宗岳军”二营，1000 名，统领吴士迈（号退庵，湖南岳阳人）。张岳龄（字子衡，湖南平江人）部“平江营”三营，1500 人。

同治六年（1867）二月二十日，左宗棠的楚军前队从汉口出发，4天后，左宗棠亲率各营前进。但由于东捻军已突入湖北，使他不敢即刻入秦。据薛福成说，东捻军“众逾十万”，盘旋德安、安陆之间，“谋以一枝越襄河（指汉水）躏蜀疆，一枝屯湖北为声援，一枝闯武关联西捻张总愚（对张宗禹的蔑称）”。正月十五日，东捻军于汉水东岸尹隆河地区击溃淮军刘铭传部，但由于湘系“霆军”（鲍超部）从背后袭击，使之损失2万人，遂被迫突围北上。但仍不放弃其联合西捻军以建立川陕根据地的战略意图，在兜了一个圈子后，复折向鄂东，于二月十八日在蕲水六神港击毙鄂军记名布政使彭毓橘。东捻军驰骋江汉，既使湖北巡抚曾国荃的新军屡遭挫败，又使剿捻主将李鸿章的淮军接连失利，所以左宗棠在写给骆秉章的信中说：“敝军在此，人心恃以为固，一旦远出，大局难以复问。”三月十六日，楚军左军由孝感、云梦北上德安。东捻军也由鄂东西进至天门、钟祥一带，逼近汉水。为此，左军留驻德安、随州，加强戒备。东捻军进至汉水后，为清军水师所阻，不能渡河而西，遂北上进入随州以西的茅茨畈。二十九日，又过历山东进藁城。左军于四月初一日掩击塔尔湾。左宗棠本人也于两天后从随州西上，初五日抵枣阳，又3天至樊城，而东捻军已由枣阳北入河南。至此，左部楚军才实行三路入陕的计划：由刘典率本部，由刘瑞冕统带“恪靖军”前路五营合共5000人，从樊城进荆紫关，出商州龙驹寨以达蓝田；左宗棠亲率亲兵十哨、马队五起，另有先锋、后劲、新前、新后四营旗以及中路由周绍濂统带的五营、后路由杨和贵统带的五营共约7000人，从樊城沿大路进潼关；由高连升率“果勇”九营（步兵八营，骑兵一营）4000多人，从樊城溯汉水而上，出均州、郧阳、洵阳，抵蜀河口。

同治六年（1867）五月十三日，左宗棠自率主力由樊城出发，六月十四日过函谷关时，突遇山洪暴发，辎重漂失过半。十八日到潼关后，兵士又感染时疫，病死200余人，染病者以千计，不得不暂驻潼关休整。另一路刘典部于六月十六日到达陕西蓝田。而后路高连升部于四月底始到湖南长沙，五月初由长沙出发，经武昌，过樊城，溯汉水西入陕西。

辗转剿捻

抵达潼关后，左宗棠酝酿了一个对付西捻军流动战术的作战方案："以一军凭渭立营，将各处偷渡之路概与阻截，然后分兵两大支，一由临潼渡渭，一由咸阳渡渭，联络刘、郭、黄（指刘松山的'老湘军'马步十八营，郭宝昌的'卓胜军'马步十七营，黄鼎的蜀军约二十营）诸军，遮其窜北山之路，庶可渐合长围困之。"他准备卡住渡口，封锁渭河，把西捻军围困在渭水以北，泾、洛两河以东，北山以南，黄河以西的狭长区域内，加以歼灭。左宗棠在潼关还与担任河防的山西按察使陈湜（字舫

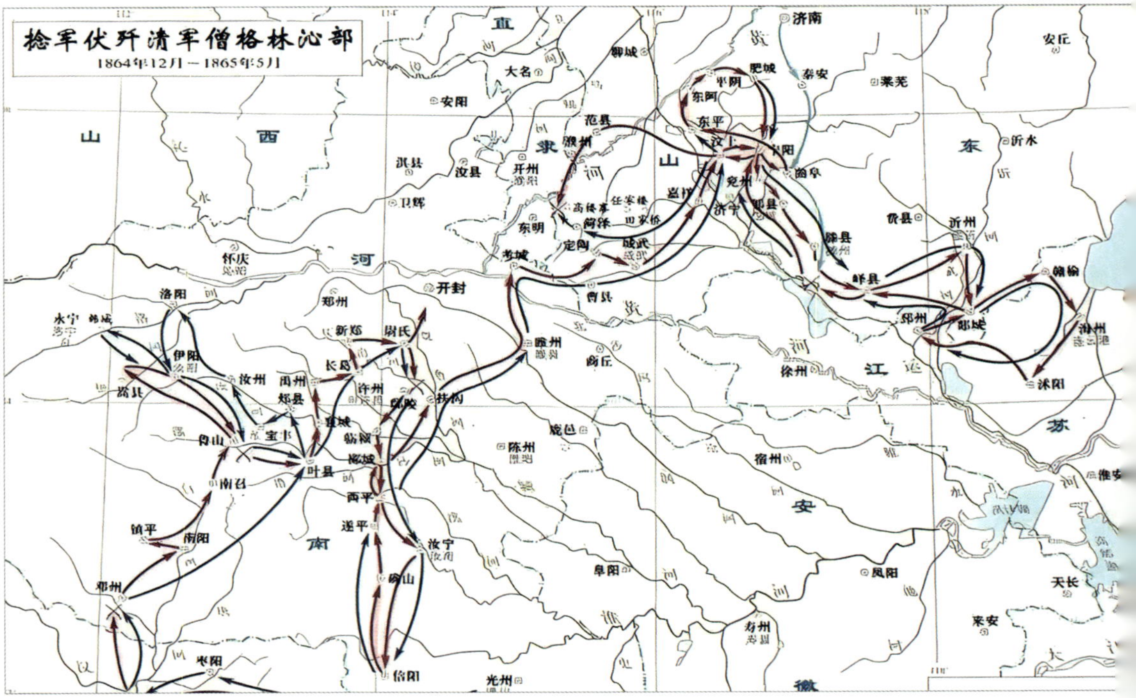

捻军伏歼清军僧格林沁部

仙，湖南湘乡人）商讨了河防部署，以防西捻军东渡黄河，具体计划是将秦、晋、豫三省交界的一段黄河划分为三个防区：从归绥辖境起南至保德州（今山西保德县），由大同镇总兵负责防务，受陈湜节制，为西北岸防区；从河曲、保德南至永济辖境为西岸防区；永济往下东至垣曲为南岸防区，陈湜驻山西汾州（今汾阳），居中指挥。

七月初三日，刘松山、郭宝昌、黄鼎三支清军联合在富平击败西捻军。此时，颇为活跃的陕西回军西攻陇州（今陕西陇县）及邠州（今陕西彬州市）的淳化、三水等县，北由洛川向东进击同州府属的澄城、韩城、郃阳（今合阳县），迫使左宗棠不得不派杨和贵、周绍濂等军渡渭水至朝邑防堵，回军遇阻，复入北山。

对于西捻军的动向，左宗棠的分析是：“东不能过潼关，北不肯窜北山，非从西路折向东南，别无去路。”他估计当时正值雨季，泾河水涨，西进的捻军在追兵紧逼下，“其势不能不折而东窜”，而东进至同州后，限于黄河，又必然由蒲城而西。因此，左宗棠命刘松山、郭宝昌由富平东北趋蒲城，以等待捻军，改尾追为迎头兜截；同时，派杨和贵扼华州，刘端冕会合刘典进临潼，刘效忠移驻泾水西岸，高连升从蓝田进屯咸阳南岸，“皆凭河结营，期蹙捻泾、洛间歼之”。

同治六年（1867）七月二十七日，西捻军从泾阳渡泾水西进，经咸阳、兴平再北上乾州、醴泉（今礼泉县）。八月，回师再渡泾水，止于泾阳。九月十一日，左宗棠渡渭河亲赴泾西，召集刘典、刘松山、郭宝昌、高连升、黄鼎等高级将领“商进止”，决议以黄鼎部蜀军十四营分布泾水西岸，“凭水扼原而守”；以刘效忠扼耀州山口，防捻军北上；刘典、高连升出高陵，刘松山、郭宝昌出富平，以便进击；左宗棠则驻临潼督战并指挥运粮。他决定缩小包围圈，“就地了之”。但这个计划却落空了。二十七日，西捻军突然从蒲城东南北趋白水，突破包围圈，进入北山。

十月初八日，西捻军一部北过鄜州（今陕西富县），复折东南，走宜川；另一部西趋，联合陇东宁州、正宁一带回军猛扑同官（今铜川市）、耀州。左宗棠立即调整部署，以高连升一军5000人西进醴泉、乾州，以刘典一军5000人分驻耀州、同官、三水，加上黄鼎一军，专防西线；另以刘松山、郭宝昌、刘厚基之军共16000余人深入陕北，为追击部队。十月十三日，派两军由富平、白水、洛川北上，离西捻军驻地尚有七八日路程；刘厚基部于十四日抵宜川。当刘、郭两军抵洛川时，刘松山部李祥和率千人继至中部县（今黄陵县）大贤村，遭回军掩击，李祥和战死。二十二日，捻军克延川，攻清涧、绥德。为防西捻军东渡黄河，左宗棠拟调高连升全军由宜君进鄜州、甘泉，径赴绥德，但高军被回军阻于中部，不能前进。二十七日，陇东庆阳回军攻占绥德。二十九日，汧阳（今陕西千阳县）回军进围凤翔。三十日，甘肃河、狄回军3万人攻汧阳、陇州，同时，正宁回军入邠州，北山回军则联合溃勇和当地反清武装，往来宜君一带，并东进韩城、郃阳。

这样，西捻军自南而北，回军从西而东，互相配合，纵横攻战，使左宗棠顾此失彼，疲于奔命。他在写给陈湜的信中，毫不掩饰自己无可奈何的颓丧情绪："弟昼夜筹调军食，须发为白，究于大局无能为力，愁恨何言！"

同治六年（1867）十一月上旬，控制绥德的回军迎接西捻军入城。此时，西捻军首领张宗禹接到东捻首领赖文光的求援信，遂决计以"围魏救赵"之策，渡河而东，出彰德、怀庆，逾大名，直捣京师，以解东捻之围。十一月初十日，回军、西捻军分别撤出绥德，回军北上米脂、葭州（今佳县）、榆林等地，西捻军则沿州城西北苗家坪东下，经瓦窑堡、延长，于二十二日到达宜川。二十三日凌晨，从龙王辿踏冰渡过黄河进入山西，清军刘松山、郭宝昌亦尾追过河。朝廷得知西捻军渡过黄河进入山西吉州（今吉县），下谕严厉申斥左宗棠及山西巡抚赵长龄、负责河防的山西按察使陈湜，并"著交部严加议处"。左宗棠很焦急，立即把陕西军务委托刘典、高连升办理，自己于十二月十八日从临潼亲率5000人入晋。二十一日，又命喜昌领新练马队1700百骑自河南孟津渡河，与刘、郭合力堵截。二十八日，左宗棠抵潼关。

西捻军东渡黄河后，以迅雷不及掩耳之势，攻克吉州，然后分兵三路：一路南下河津，一路由东北趋汾水，一路顺东南急进。然后经曲沃抵垣曲，顺王屋山进入豫北。十二月初九日，进攻卫辉府治（今河南汲县）。左宗棠命刘松山、郭宝昌由怀庆（府治在河内，今河南沁阳）东北趋彰德（府治在安阳）。同治七年（1868）正月，左宗棠进至山西介休，准备取道固关入直隶。西捻军此时已由临漳、内黄渡过漳河，刘、郭、喜（昌）等部尾追至磁州（今河北磁县），西捻军却已驰至平乡、巨鹿，并由邯郸、顺德直取定州，北逼保定。正月十三日，进入易州（今河北易县）境，前锋径抵卢沟桥，“京畿大骇”。朝廷切责左宗棠、李鸿章，并将河南巡抚李鹤年、直隶总督官文“夺职”。左宗棠到达山西寿阳后，才得知西捻军已经北上直隶，惊慌失措之余，连夜督军冒雪赶路。二十二日至获鹿（今河北鹿泉），刘松山一军也于二十五日赶到深州。

由于京师告急，华北各省的军政大员极度恐慌，纷纷举兵“勤王”。官文守保定，崇厚防天津，左宗棠指挥楚军、老湘军、皖军在西捻军后面紧追不舍。而刚刚镇压了东捻军的李鸿章，也带着疲惫不堪的淮军六十营（约3万人）从江淮北上。这时，从各地率军赶来的还有山东巡抚丁宝桢、河南巡抚李鹤年、嵩武军统领张曜。当时的形势对西捻军非常不利：由于东捻军在扬州附近覆灭，遵王赖文光战死，深入直隶的西捻军已成孤军，虽顽强作战，终众寡悬殊，难以抵敌，遂不得不折而南返，辗转活动于冀中地区。

同治七年（1868）正月二十九日，左宗棠到了保定，指挥各军从东北、西北两路向南进攻，但他对同捻军作战十分头痛，在二月初六日从定州发出的一份奏折中对捻军灵活机动、飘忽不定的战术曾这样表述：捻逆惯技在飙忽驰骋，避实乘虚……其乘官军也，每在出队、收队、行路未及成列之时。遇官军坚不可撼，则望风远引，瞬息数十里；俟官军追及，则又盘折回旋，亟肆以疲我。其欲东也，必先西趋，其欲北也，必先南下，多方以误我。贼马而我步，贼轻捷而我重赘；贼恣掠而驰，官军必待粮而走；贼专用长矛，官军则必兼用枪炮；贼之辎重少，官军之辎重多。故贼速而官军迟。尾追之战多，迎头之战少；盘绕之日多，相持之日少。

他陈述自己未能早日将西捻军平定，并非自己不努力，而是存在着实际困难。一是：捻军距京师不过三百余里，“官军南趋，贼必北向。迨官军折而北趋，虑将又落贼后”；二是：清军聚集于捻军之北，往往随捻军之移动而忽东忽西，不但“往返奔驰”，使兵力“渐形劳惫”，而且由于清军过分集中，防御不周，易使捻军乘虚北上。为此，左宗棠建议把聚集于直隶的清军分为“近防之军”（一驻涿州，一驻固安，以拱卫北京）、“且防且剿之军”（分驻保定、河间、天津，一方面互相援应，另一方面做北京的屏障）和“进剿之军”（即跟踪追击之军）。朝廷采纳了左宗棠的献策，命兵部左侍郎、三口通商大臣崇厚加强天津防务，以山东巡抚丁宝桢屯河间，左宗棠则至保定“督师”。

二月上旬，西捻军由深州北趋祁州（今安国市），十三日走博野。左宗棠南移至博野附近的蠡县，并令各部分道南下，西捻军失利于安平、深泽。十七日，李鸿章率淮军至景州（今景县）。二十三日，西捻军在饶阳县境被淮军、豫军击败，幼沃王张禹爵（即张五孩）、怀王邱德才阵亡。当左宗棠移驻正定府时，西捻军已冲破清军防线，越过滹沱河，于三月初一日渡漳河，入河南。左宗棠又追至河南彰德府（今安阳），李鸿章也赶到直隶南端的大名府。十三日，左宗棠移驻大名，李鸿章移驻开州（今河南濮阳县）。二十日，左宗棠至汤阴，扼滑县五龙渡。捻军弃渡，转向东北，由南乐直扑山东，经莘县、东昌等地再入直隶。朝廷命李鸿章统领各军，命左宗棠专防直隶和运河。

四月初四日，左宗棠赶到德州，而张宗禹已率捻军北上静海。初五日，捻军直逼天津外围。清政府闻讯，再次宣布北京戒严，并指示三口通商大臣崇厚“知会英国、法国炮船，将濠墙协同守御，以固津防”。西捻军见天津防守严密，遂沿海滨南下，重返山东。初六日，左宗棠赶到连镇，派刘松山、张曜、宋庆、喜昌、春寿等由东光、南皮沿运河西岸北进。十四日，左宗棠渡过运河，驻扎吴桥。当时，集中在山东、直隶、河南的清军达 10 万人之众，却对付不了没有后勤保障的西捻军，张宗禹竟能率部“奔突数千里，往来自如”。对此，朝廷非常恼怒，限期一个月要李鸿章、左宗棠把捻军“全数歼除”。

闰四月，限期已到，所谓“全数歼除”仍然是一句空话。朝廷又下旨将左宗棠、李鸿章“交部严加议处”，并派满员都兴阿为钦差大臣，指挥豫军张曜、宋庆部和陈国瑞等军。各路清军之间派系倾轧，事权不一，大大削弱了作战力量。左宗棠对这一局面甚为不满，他在给杨昌濬的信中大发牢骚：“捻事本可早蒇，而数百里之内，大臣三，总督一，巡抚三，侍郎二，将军一，而又以邸营加之，禀命专命，均有不可，束缚驰骤，奚以为功？”对朝廷削减他兵权一事，他在写给崇厚的信中也流露出不平之意：“现以逆捻急图窜越运西，遂由吴桥移驻连镇，然仅所部马步五千，其所带之秦军，如刘、郭、喜，皆视贼所向，昼夜追剿，未尝一日休息。前此总统之张、宋、程三提军，及春副都护之吉江马队，已遵旨交李少荃（李鸿章字少荃）宫保矣。计敝军人马合计不过一万九千余，仅足当一大统领之数。”尽管内心不满，但因自己“剿捻”不见成效，也只得忍气吞声，正如他在写给李鸿章的信中所说：“将帅太多，兵勇亦太冗杂，以理论之，实似欠妥。然我辈所事无成，何敢多腾口说。计惟有尽心干去，委曲求济而已。”

西捻军坚持采用运动战，使清军疲于奔命。对此，李鸿章哀叹：“近来军行日至百余里，为用兵十数年来之变格”，“穷年累月，饥走疲惫，徒劳我师。”为改变这一局面，他一再上疏朝廷，坚持重施其镇压东捻军的故伎，采用“设长围以困之”的“圈制”之策。在用“追剿”还是用“圈制”的战法问题上，左、李的意见是有分歧的：当西捻军于三月间由河南滑县、浚县进入山东时，李鸿章曾向左宗棠提出“运河长围”之议，但左认为地长兵分，不合时宜，未予接受。李鸿章在山东巡抚丁宝桢、闽浙总督英桂的支持下，不顾醇亲王奕譞和左宗棠的反对，决计“钞袭旧稿，急网圈筑”。他的“圈制”计划是：西以运河为防线，筑长墙于北岸，派清军和民团扼守，并引黄河之水入运河，调水师炮船巡逻，以防止西捻军渡运河而西；北以减河为防线，引运河之水入减河，并筑长墙于西岸，由崇厚率天津洋枪队及民团扼守，以防西捻军北上；南以黄河为屏障，封锁所有渡口，将船只一律调至南岸，由山东地方官吏带兵扼守，以防西捻军南下；东面为大海，禁止渔船下海，以防西捻军渡海而去。这个计划，得到朝廷的批准，使西捻军的活动范围越来越小，而直东各县的地主豪绅，又纷纷组织民团，修筑堡寨，更使西捻军的筹粮与住宿问题难以解决，加之“阴雨弥月，海、漳、运汇为泽国，马尺寸不能骋”，西捻军的机动性完全丧失，处境极其艰难。

五月上旬，西捻军进至山东海丰县。初十日，左宗棠督军赶到盐山（属直隶天津府）西南堵截。十一日，刘松山、郭宝昌两军追抵沧州，张曜、宋庆也蹑后赶至，西捻军南下宁津，经山东德平等地趋东北，忽又由乐陵转驰西南。二十七日，西捻军活动于陵县、德州间，左宗棠从连镇追至。六月上旬，西捻军在沙河受到淮军郭松林、潘鼎新部前后夹击，伤亡颇多，张宗禹负伤。六月十五日，张宗禹突至德州高家渡，准备抢渡运河，但前阻于清军水师，后有追兵逼近，只好东向德平。二十一日，由德平南下，经平原往高唐州。二十六日，向聊城南面的李海务、周家店等处河墙猛烈冲击，准备从此处打开缺口，抢渡运河，但因受到淮军大炮轰击，未果，被迫东撤至茌平县广平镇。六月二十八日，张宗禹在指挥西捻军向东北方向转移时，遇到淮军四面阻击，伤亡很大，张宗禹只率少数人突出重围，至徒骇河边，“穿秫凫水，不知所终”。至此，西捻军完全失败。

西捻军覆灭后，李鸿章、左宗棠均晋太子太保衔，李鸿章另以湖广总督授协办大学士。但左宗棠却以“追剿无功”，请求“收回成命”。七月十三日，朝廷谕令左宗棠统带原部由山西渡河入陕，“将鄜、延、绥、榆等处回氛节节扫荡”。

捻军平定以后，左宗棠奉诏进京接受召见，于同治七年（1868）八月初五日坐船到天津，初十日到京，十五日，慈安、慈禧两宫太后召见了他，垂询陕甘平回何时才可以解决，左宗棠谨慎地回答：“非五年不办。”左宗棠以钦差大臣督办陕甘军务，奉旨平回，接了一个“烫手的山芋”。

慈安太后（宫廷画像）

慈禧太后（照片）

汉回积怨，渐变酿成

清朝统治者长期实行民族不平等政策。甘肃布政使张集馨就承认：“向来地方官偏袒汉民，凡争讼斗殴，无论曲直，皆抑压回民。”另有记载：甘肃东北宁夏一路，其始回民懦而汉民强，遇事辄凌轹之；以闻于官，多置不问。地方官袒护汉民，汉民遇到纷争，又不愿忍让，恃官逞强，欺压回民。而回民因官员调处纷争偏袒汉民，处理不公，心存怨恨，本来和睦的回汉邻里关系，逐渐紧张。积怨成忿多了、深了，就频发冲突、斗殴，“互有死伤”。

清政府民族政策造成很深的汉、回隔阂，陕西汉、回械斗频繁，“几于无岁无处无之”。最后爆发了大规模的回民起事。同治元年（1862）春，太平军攻入陕南，在西安近郊尹家卫击溃清军，包围省城。四月，在渭南仓渡镇及大荔王阁村、羌白镇回民开始暴动，头目为伊斯兰教阿訇（经师）赫明堂、洪兴、任武等。反对民族压迫的风暴迅速自东向西蔓延：开始是渭南、同州（府治在大荔）、华州，继之为咸阳、长安、蓝田、鄠县（今鄠邑区），以后又北至高陵、富平、蒲城、泾阳、三原、耀州、同官（今铜川市北）；西至兴平、乾州（今吉首）、醴泉（今礼泉），各地回民纷纷响应，“村落既尽，遂攻城池”。回军先后攻破渭河南岸的华州、华阴和渭北的高陵、三原等县城。但破城后，往往弃而不守，只取财物归。清廷一时惊慌失措，赶紧将在皖北与捻军作战的胜保一军调至陕西。八月初十日，胜保由潼关西进，以解西安之围，授钦差大臣“督办陕甘军务”。又以新任陕西提督雷正绾（字纬堂，四川中江人）帮办军务。回军进攻同州、朝邑，清廷命胜保东守潼关。十月，胜保至同州，被困于城下，运输线也被切断，军粮将尽，形势十分危急。十一月，荆州将军多隆阿从安徽驰抵同州，接替胜保。同治二年（1863）正月，多隆阿率十二营进攻回军据点羌白镇、王阁村。在他一路攻战中，回民死伤较大。八月，多隆阿在泾、渭汇合点附近向北进攻回军渭城老营。九月，多隆阿派总兵陶茂林（湖南长沙人，后升任甘肃提督）力保凤翔。同治三年（1864）四月，多隆阿中炮身亡。清廷派江宁将军都兴阿为西安将军、钦差大臣，督办甘肃军务，并调四川布政使刘蓉为陕西巡抚，带所部入陕南。当陕西回民起事时，甘肃回民也起而响应，并很快控制了甘肃大部分地区。

当年陕甘回民起事，开始主要是对一些地方官员处理回、汉民纠纷不公不满，继而对清政府“以汉制回”的政策不满。而一些地方官员考虑的是如何执行清政府错误的民族政策，而没有考虑到回民的感受。在调处回、汉民纠纷时，往往不注重是非对错，而注重考虑的是清政府民族政策的贯彻，乃至失去公平、正义。由此引发回民对地方官员不满，继而对清政府的民族政策不满。由不满到怨恨，由怨恨到反抗，由分散反抗到集聚反抗。反抗初期以自发为主，久之，就有人出面为首，策划、组织、领导，进行暴动起事。很快形成了燎原之势。

最终酿成大规模的回民起事，除上述原因外，还有陕甘部分伊斯兰新教主，不遵清政府不准传播伊斯兰新教的规定，擅自传播伊斯兰新教造成的影响。也有当时太平天国运动，云南回民起事的影响和推动。大规模起事的领导权一开始就被回民上层宗教主和封建主掌控，使斗争的锋芒由开始对准清朝统治阶级和地方官员，很快演变成了针对汉民的仇杀，以致引发回、汉之间的仇视互杀。

为了平息这场仇杀，从同治元年（1862）至同治七年（1868）的 6 年中，朝廷先后派出了胜保、曾望颜、多隆阿、都兴阿、刘蓉、恩麟、杨岳斌等 13 位满汉大员，统率大军前往镇压。因他们沿袭了清政府原有的民族政策，结果均无功而返。

“不论汉回，只辨良匪”

与以前平回大员不同，左宗棠反对一味“剿洗”的做法，他提出解决问题的基本方针是：“剿抚兼施”，即军事镇压与政治安抚相结合。左宗棠的说法和做法是：

> 不论汉、回，只辨良、匪。
>
> 是“良”，虽回亦保护；是“匪”，虽汉亦镇压。“剿”为辅，

狄道（今临洮）城东门墙上左宗棠部属刷写的“不分回汉”，字样清晰可辨

“抚”为主。

通过“剿”最终实现“抚”。剿的对象是对抗到底的、诈降的、时降时叛的、有后患的骨干；除此之外的大多数都是“抚”的对象。左宗棠指令各地都张贴《谕汉回民示》：

大军西征，由秦趋陇，杀贼安民，良善无恐。
匪盗纵横，害吾赤子，剿绝其命，良非得已。
多杀非仁，轻怒伤勇，诛止元恶，锄必非种。
凡厥平民，被贼裹胁，归诚免死，禁止剽劫。
汉回仇杀，事起细微，汉既惨矣，回亦无归。
帝曰汉回，皆吾民也，匪人必诛，宥其良者。
使者用兵，仁义节制，用剿用抚，何威何惠。
告谕吾民，俾晓吾意，勿比匪人，以死为戏。
大军所至，如雷如霆，近扫郊甸，远征不庭！

对于汉、回之间仇杀的是非曲直，左宗棠没有采取偏袒的态度，而是冷静客观分析，他多次指出：

从前汉回仇杀，其曲不尽在回；
陕回之祸，由于汉、回构怨已久，起衅之故，实由汉民；
关陇肇衅，曲在汉民。

他对陕西士绅宣扬的“剿洗”言论是坚决反对的，并严厉警告地方官员不应听信这些“秦中士大夫”的一面之词，以免造成政治上的失策，他说：

惟秦人议论，往往不可尽据。即如汉、回争哄，致成浩劫，力主剿洗，万口一声，生心害政，实由吠影吠声致然，虽贤知之士，亦有不免。非兼听并观，折衷至是，不能平其政、祛其弊也。

对于“剿洗”之说，左宗棠批评其“生心害政”，盲目附和者“吠影吠声”，力主“平其政，祛其弊”。左宗棠也反对一味“主抚”，不愿敷衍了事，求得一个表面“抚局”，使回民军对中央政权保持一个半独立状态。他从国家长治久安这一根本目的出发，提出了“剿抚兼施”的基本方针。

同治六年（1867）五月十一日，他受命督办陕甘军务不久，即向朝廷上《预陈剿抚回匪事宜片》，阐述自己的意见：

汉回仇杀，事起细微，因平时积衅过深，成此浩劫。此时如专言“剿”，无论诛不胜诛，后患仍无了日。且回民自唐以来，杂处中国（指中原地区），蕃（繁）衍孳息千数百年，久已别成气类，岂有一旦诛夷，不留遗种之理？如专言“抚”，而概予曲赦，则良、匪全无区分，徒惠奸宄，而从前横被戕残之数百万汉民，冤痛未伸，何以服舆情而弭异日之患？窃惟办理之法，仍宜恪遵前奉上谕“不论汉、回，只辨良、匪”，以期解纷释怨，共乐升平。（《左宗棠全集·奏稿三》，第 371 页）

对于请求采取“剿抚兼施”的平乱办法，左宗棠在同治七年（1868）八月十六日的奏折中又进一步阐述：

臣之立意，仿汉赵充国，议开屯以省转馈，抚辑以业灾民，且防且剿，且战且耕，不专恃军威为戡定之计者。区区之愚，盖以办回逆与剿群寇不同，陕甘事势与各省情形各别，将欲奠此一方，永弭后患，则固不敢急旦夕之效，而忘远大之规也。

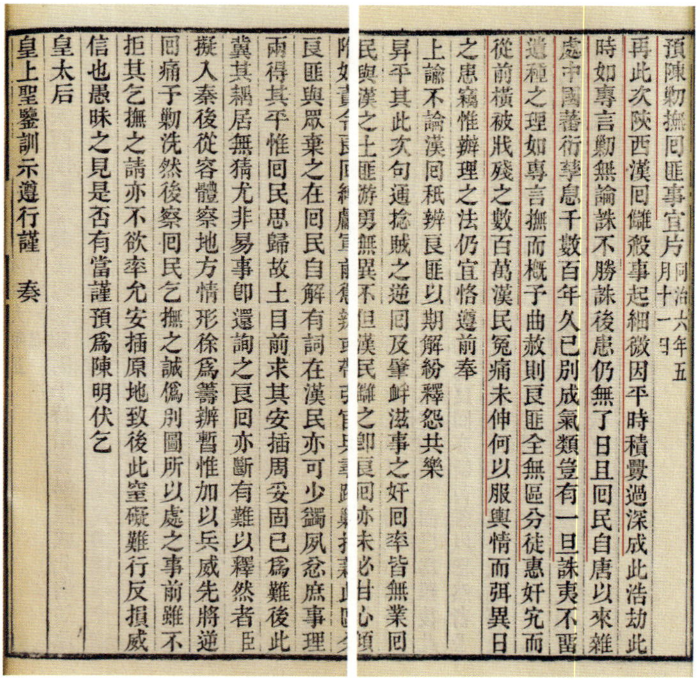
預陳剿撫回匪事宜片（同治六年五月十一日）
再此次陝西漢回讎殺事起細微因平時積釁過深成此浩劫此
時如專言剿無論誅不勝誅後患仍無了日且回民自唐以來雜
處中國蕃衍孳息千數百年久已別成氣類豈有一旦誅夷不留
遺種之理如專言撫而概予曲赦則良匪全無區分徒惠奸宄而
從前橫被戕殘之數百萬漢民冤痛未伸何以服輿情而弭異日
之患竊惟辦理之法仍宜恪遵前奉
上諭不論漢回秖辨良匪以期解紛釋怨共樂
昇平其此次句通捻賊之逆回及肇衅滋事之奸回率皆無業回
民與漢之土匪游勇無異不但漢民讎之即良回亦未必甘心頂
陷如[illegible]
良匪與眾棄之在回民自解有詞在漢民亦可少蠲夙忿庶事理
兩得其平惟回民思歸故土目前求其安插周妥固已為難後此
冀其耦居無猜尤非易事即還詢之良回亦斷有難以釋然者臣
擬入秦後從容體察地方情形徐為籌辦暫惟加以兵威先將逆
回痛予剿洗然後察回民乞撫之誠偽別圖所以處之事前雖不
拒其乞撫之請亦不欲率允安插原地致後此窒礙難行反損威
信也愚昧之見是否有當謹預為陳明伏乞
皇太后
皇上聖鑒訓示遵行謹奏

左宗棠预陈剿抚回军事宜的奏折

这里所言“远大之规”指在陕甘一带恢复农业生产，调整民族关系。左宗棠认为，只有这样，才能“奠此一方，永弭后患”，达到“长治久安”的目的。要实现所谓“远大之规”，自然不是“专恃军威”的肆意屠杀可以解决问题的。为此，左宗棠严令“老湘军”统领刘锦棠和前路统领刘端冕：

> 申明纪律，除临阵外不准滥杀，不准奸淫妇女、搜抢财物、烧毁粮食。（《左宗棠全集·批札》，第366页）

左宗棠还在另一份奏折中强调：

> 陕甘频年兵燹，孑遗仅存，往往数百、数十里人烟断绝。新复之地，非表给牛种、赈粮，则垂毙之民势将尽填沟壑。各省克复一郡县，收一处丁粮厘税；甘肃克复一郡县，即发一处牛种、赈粮，非是则有土无民，朝廷亦安用此疆土。

安定陕西，进军甘肃

同治七年（1868）八月十九日，左宗棠离京返回陕西。刘松山亦率老湘军步兵十八营、骑兵五营到洛阳整顿，准备西行。九月初八日，左宗棠率军取道景州（今河北景县）至彰德（今河南安阳）。十八日，抵孟县（今孟州市）。二十七日，由孟津渡黄河，于十月十三日到达西安。

当时，陕西回军势力很大，主要首领有马正和、白彦虎、余彦禄、崔伟、陈林、禹得彦、冯君福、马长顺、杨文治、马正刚、马生彦、毕大才等10余部，以甘肃宁州（今宁县）境内的董志原为基地，号称十八营，人数超过20万，其活动范围北接庆阳，南连邠（邠州）、凤（凤翔），东北直达鄜（鄜州）、延（延安府）。除回军外，陕西东北部还有董福祥、高万镒、张俊、李双良等以汉人为主的武装集团，共有 10 余万人，以靖边县的镇靖堡为基地，主要活动于延安、绥德、榆林一带，这也是一股反清力量。

左宗棠到西安后，即调署陕西巡抚刘典、甘肃提督高连升、署汉中镇总兵李辉武、道员黄鼎、魏光焘等到西安会商，研讨用兵计划。通过这次会议，左宗棠做了如下部署：北路以高连升一军进驻宜君以西的庙庄、杨家店一带，周绍濂一军由中部县（今黄陵）分营进扎双柳村，魏光焘一军由鄜州张家驿移驻王家角，进逼庆阳，刘端冕一军仍驻鄜州、甘泉，扼守东西关键；西南方面，以黄鼎部蜀军屯邠州，甘肃按察使张岳龄、知府俞步莲两军驻陇州、汧阳（今千阳），蜀军李辉武部屯宝鸡，同时调吴士迈部“宗岳军”两营及别部步队两营、马队八营赴凤翔；东北方面，则调郭运昌部“卓胜军”马步八营由同州、韩城北上宜川，以进延长。又调尚在洛阳整顿的刘松山部“老湘军”由山西平陆县境的茅津渡入晋，经汾州（今汾阳）趁黄河结冰趋陕北绥德；命张曜的“嵩武军”由山西河曲、保德渡河赴榆林。当时驻陕西的清军还有屯绥德的署延榆绥镇总兵刘厚基、绥德知州成定康部以及驻延安的厚填一支；又署宁夏将军金顺奉朝廷之命，也于六月下旬抵定边，七月中旬，东向驻扎榆林。

董福祥

十一月中旬，刘松山率军进至山西永宁州（今离石），分兵 3000 驻山西军渡，以护运道，然后自率大队前进。十二月初六日，“老湘军”至陕北绥德，并西向与成定康一军进攻大、小理川等反清武装据点，破垒一百多。十四日，刘松山屯军安定，因军粮不继，只得宰杀骡马充饥，然后向西北且战且进。十八日，“老湘军”进攻董福祥的基地镇靖堡。后来，董福祥、李双良等陕北反清武装头目，也归顺了刘松山。

收抚董福祥一部后，左宗棠的下一个目标是平定以董志原为基地的陕西回军。董志原位于陇东马莲河西岸，安化（今庆城）县城西南，属甘肃庆阳府管辖，地居秦陇要塞。这一片土地相当广阔，纵150里，横280里。当地民谚说："八百里的秦川，还不敌董志原的边边。"同治八年（1869）春，董志原回军十八营约三四万人分道出击，二月初六日，屯踞于庆阳府最南端正宁县的南、北两原以及永乐堡、白吉原、宫河原一带，准备进攻陕西邠州，然后直下秦川。清陕安道黄鼎部"蜀军"[黄鼎字彝封，四川崇庆（今崇州）人，其部称"彝字营"]除由徐占彪率五营埋伏于中家堡外，其余均由邠州迎击。初八日，败回军于白吉原，追至宫河。另外两支清军雷正绾、张岳龄部也分别出动。陕西回军迫于清军压力，将十八营并为四大营，以一半兵力保护眷属、辎重向西北方向预望城、半角城、金积堡（均属宁夏府）撤退，另以马正和等率万余人断后。左宗棠立命各军备足粮草，追击回军。二月二十三日，雷正绾、黄鼎、马德顺、李耀南等各军由邠州长武县分三路进攻宁州太昌镇，先后占领萧金镇、董志原等重要据点，并夺取了镇原城（属甘肃泾州）。二十五日，又攻占庆阳府城，陕西回军北上投奔马化龙。三月，左宗棠把大本营移至乾州，指挥清军追击陕回军进入甘肃。

甘肃回军共分四大支，即：以河州（今甘肃临夏）、狄道（今临洮）为中心的马彦龙、马占鳌一支；以灵州（今灵武）、金积堡为中心的马化龙一支；以肃州（今酒泉）为中心的马文禄一支；以西宁为中心的马桂源、马本源兄弟一支。

攻克金积堡

在甘肃四大支回军中，以马化龙一支实力最强，也最有影响力。马化龙与其父皆为西北地区回教白山派（即新教，清政府历来认定为回教异端，明令禁止）教主，他以金积堡为根据地，控制灵州及附近各州县，自称“两河大总戎”，雄长诸回，割据一方。同时，又接受朝廷“招抚”，改名“马朝清”，并获副将职衔。当马化龙收容了逃至宁夏的陕西回军后，左宗棠对马化龙则大不放心。左宗棠对马化龙集团在甘肃全局中的作用是十分清楚的，他认为平定关陇非先攻克金积堡不可，金积堡以金积山得名，隶属灵州，其地东至花马池，南达固原，北连中卫，襟带黄河，雄踞边要，为形胜之区。

左宗棠在给主力部队统领刘松山的密信中阐述了战略意图：

> 马化龙名虽受抚，而恃其富豪，恃其地险，阴与陕、甘各回相通。以大局言之，金积堡为陕、甘必讨之贼，失今不图，后将噬脐无及。从前雷、曹两提督攻金积堡，因粮运不继，后路被其截断，遂至一败不振。故欲攻金积堡，非宁夏、固原均有劲军不可。而从东路进兵，非熟审路径、屯积粮食、层逼渐进不可。麾下自绥德鼓行而西，名为剿花、定之贼，而实则注意于金积堡，俟逼近后，察其顺逆，慎密图之。此关一开，则威震全陇，乃收全功也。

同治八年（1869）五月，左宗棠兵分三路，开始向金积堡大举进攻：北路以刘松山部“老湘军”进定边、花马池，从东面逼近灵州；中路以魏光焘、周绍濂、刘端冕各军西出合水、宁州、正宁（均属庆阳府），直指庆阳、环县，这是主攻方向，另派雷正绾、黄鼎各部由董志原、泾州向镇原、崇信、华亭、固原移动，南下秦州（今甘肃天水）；南路则派吴士迈诸军由陇州、宝鸡趋秦州。再以马德顺、简敬临两军驻灵台（泾州东南）为预备队，策应南、北两面。

五月二十五日，左宗棠自邠州长武进驻泾州城。七月十二日，刘松山在镇压了内部兵变后，率军由陕北清涧西驻镇靖堡。下旬，进入花马池（甘肃宁夏府境）。八月初一日，“老湘军”进至灵州东面的磁窑堡，并转战而抵灵州城北二里。初三日，回军在郭家桥集中了七八千人与清军激战。刘松山将郭家桥一带21处堡寨“一律平毁”。清军一直迫近吴忠堡，才屯扎于下桥。马化龙一面上书左宗棠，代为逃至宁夏的陕西回军“乞抚”，一面“掘秦渠之水以自固”。同时，他又派兵攻占灵州，重新打出反清旗号。左宗棠也调整兵力部署，加强攻击力量。他檄调简敬临一军由威戎堡移至平凉府西的静宁，派黄鼎一军由瓦亭、平凉与之会师北进。而金顺、张曜两军也由北而南，径趋石嘴山，与刘松山形成合击之势。

马化龙于同治四年（1865）十二月曾经接受了陕甘总督穆图善（字春岩，满洲镶黄旗人）的招抚，穆图善为他改名“马朝清”，现在马化龙再次反清。

> 自灵、宁西达西宁，南通河、狄，各回民无不仰其鼻息……甘肃之民，汉、回杂处。昔本汉多于回，近则回多于汉。若宁、灵一带，周数百里，则汉民几无遗类……其产业、妇女均归金积堡，老弱死亡，壮丁为其佣工佃雇，汉民之痛心疾首，抑又何怪其然！（《左宗棠全集》第四卷《奏稿四》171—172页）

九月二十三日，刘松山攻破马家寨等堡，搜获马化龙于九月十三日给参领马重山、吴天德、杨长春等的信札，信中马化龙自称“统领宁郡两河等处地方军机事务大总戎”，其与中央政权分庭抗礼的意图非常明显。九月二十九日，刘松山率军攻占灵州城后，以黄万友守城，自己屯下桥。十月初六日，刘松山分军三路向板桥、蔡家桥推进，平毁庄寨30余处，并将回军逼至金积堡东北波浪湖边，用火器环击。十一月初三日，“老湘军”与刚刚赶到的“卓胜军”金运昌部又摧毁了金积堡正北、东北、西北等外围堡寨30余处。是时，雷正绾、周兰亭两军奉左宗棠之命，进入鸣沙洲，由峡口屯秦渠内外；黄鼎、马德顺两军则南下盐茶厅、打拉池、会宁，堵截西逃的陕西回军。十一月初一日，左宗棠由泾州进驻平凉，这才受陕甘总督印。此时，他的学生周开锡从福建解军饷至陕，便被任为南路军总统，同时又任刘松山为北路军总统。

金积堡回军顽强抗击，清军久攻不下。金积堡北各堡寨凭险固守，清军伤亡颇众。十一月上旬，简敬临一军在汉伯堡受回军重创，自己也被击毙。马化龙在坚守堡寨的同时，还主动出击。他派出两军：一军西攻定边、花马池，切断了“老湘军”的粮道；一军出庆阳、环县，袭击陕西。朝野为之大震，朝廷忙调李鸿章率领淮军入陕助攻，但李鸿章率军刚行至潼关，就因“天津教案”发生被召回。

同治九年（1870）元月，马化龙见清军攻势迅猛，回军难以支撑，再次求抚。

当刘松山在金积堡前中炮身亡时，马化龙乘势指挥回军攻夺金积堡险要之一的黄河青铜峡口，雷正绾、周兰亭、徐文秀（接统简敬临军）、张文齐 4 支清军同时溃退，形势急转直下。

左宗棠立即做出调整。他一面奏请以刘松山之侄刘锦棠（字毅斋）接统“老湘军”，给予三品卿衔，以黄万友为副；一面又指示刘锦棠收缩兵力，集中各营于吴忠堡，“先图自固”，并严扼下桥、永宁洞等要地。同时，还命刘端冕、李辉武两军回援陕西。面对紧急情势，左宗棠指示刘锦棠说：“如实不能支，不能不作退军之计，则须通盘筹划，分先后，分去留，不可一并行动。”

左宗棠很快稳住了局面。二月，回军反攻吴忠堡，袭击灵州，都未能得手，入陕回军也失败而归。三月，马化龙见形势不利，再次卑辞求抚。左宗棠却坚持必须悉数缴出马匹、枪械，才能受抚。“大约歼其渠恶，宥其胁从，事乃可定也。”马化龙没有答应。

四月，金积堡回军出击抢粮，被击溃。

六月，左宗棠派黄鼎统中路诸军会同雷正绾出何家堡，攻取峡口。马化龙立即派手下头目袁希义率军守住峡口南面屏障张恩堡，并从金积堡派出援军。黄鼎、雷正绾一面分兵在牛头山击溃金积堡援军，一面于七月初六日攻入张恩堡。下旬，清军占领峡口。八月，刘锦棠攻下东关，与金运昌直逼金积堡。九月初二日，黄鼎部蜀军占领离金积堡西门只有 10 余里的洪乐堡。

当时，刘锦棠一军驻扎金积堡的东面和南面，金运昌一军驻北面，西北有徐文秀军，正西为黄鼎军，西南为雷正绾军。形成对金积堡的包围圈。十月初五日，南路清军攻下汉伯堡，至此，金积堡外的 570 多座堡寨只有 5 座尚未攻破。十一月，马家滩、王洪寨回军归顺。

金积堡内粮草罄尽，陷入绝境。十一月十六日，马化龙、马耀邦父子交出军器，向刘锦棠求抚。至此，金积堡攻克。十二月十二日，金顺、张曜两军占领河西王家疃。二十八日，通昌堡、通贵堡回军向黄鼎军归顺。

在此之前，针对金积堡久攻不下，朝廷一度震怒，下旨严词申斥左宗棠：

> 致金积堡一隅之地，至今日久未下，逆首稽诛，军务安有了期？竭东南数省脂膏，以供西征军实。似此年复一年，费此巨帑，岂能日久支持？该大臣扪心自问，其何以对朝廷？

针对马化龙回军，朝廷上谕：

> 迅图扫荡，不得轻率收抚。

双方攻战已久，伤亡惨重，积仇很深。清军进入金积堡后，对回军的绝境求抚表示怀疑，在堡内搜获藏匿的洋枪 1200 多支、洋火药 20 余箱，认定已降的马化龙及其手下回军 1800 余人存有异心；同时认为马化龙曾于同治四年（1865）接受招抚，被清廷封为副将，仍反叛无常，今后必反。

此次为了攻破金积堡，左宗棠共调动军队七十一营，使用了包括从

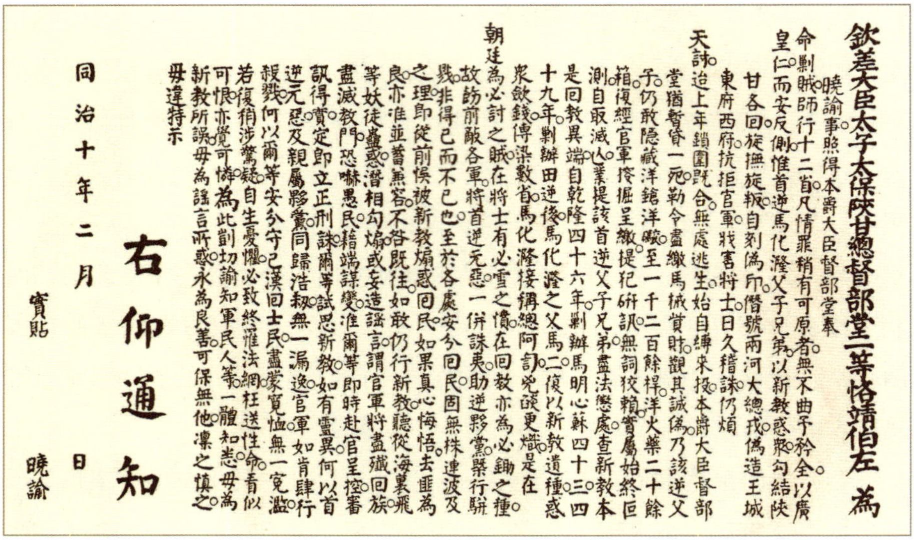
欽差大臣太子太保陜甘總督部堂一等恪靖伯左　為
曉諭事照得本爵大臣督部堂奉
命剿賊師行十二省凡情罪稍有可原者無不曲予矜全以廣
皇仁而安反側惟首逆馬化漋父子兄弟以新教惑衆勾結陜
甘各回旋撫旋叛自刻偽印僭號兩河大總戎偽造王城
東府西府抗拒官軍戕害將士日久稽誅仍煽
天誅迨上年鎖圍既合無處逃生始自縛來投本爵大臣督部
堂猶暫貸一死勒令盡繳馬械貲財觀其誠偽乃該逆父
子仍敢隱藏洋鎗洋礮至一千二百餘桿洋火藥二十餘
箱復經官軍挖掘呈繳提犯研訊無詞狡賴實屬始終叵
測自取滅亾業提該首逆父子兄弟盡法懲處查新教本
是回教異端自乾隆四十六年剿辦馬明心蘇四十三四
十九年剿辦田逆後馬化漋之父馬二復以新教遺種惑
衆斂錢傳染數省馬化漋接稱總阿訇兇燄更熾是在
朝廷為必討之賊在將士有必雪之憤在回教亦為必鋤之種
故飭前敵各軍將首逆元惡一併誅夷助逆夥黨槩行駢
戮非得已而不已也至於各處安分回民固無株連波及
之理即從前誤被新教煽惑回民如果真心悔悟去匪為
良亦准並蓄兼容不咎既往如敢仍行新教聽從海巢飛
等妖徒蠱惑潛相勾煽或妄造謠言謂官軍將盡殲回族
盡滅教門恐嚇愚民藉端謀變准爾等即時赴官呈控審
訊得實定即立正刑誅爾等試思新教如有靈異何以首
逆元惡及親屬夥黨同歸浩劫無一漏逸官軍如肯肆行
報戮何以爾等安分守己漢回士民盡蒙寬恤無一寃濫
若復稍涉驚疑自生憂懼必致終罹法網枉送性命青似
可恨亦覺可憐為此剴切諭知軍民人等一體知悉毋為
新教所誤毋為謠言所惑永為良善可保無他凜之慎之
毋違特示
右仰通知
同治十年二月　日
實貼
曉諭

左宗棠颁布的《谕民告示》

普鲁士进口的后膛螺丝大炮等新式武器，但仍费时一年半，伤亡 15000 余人，主将刘松山阵亡。左宗棠在给王柏心的信中说："仆十余年剿发平捻，所部伤亡之多，无逾此役者。"因此，攻击金积堡的左宗棠部属对马化龙及其手下仇恨极深，誓死不肯宽恕其及降军。特别是左宗棠所倚重的主将刘锦棠以解甲归田相逼，坚决要杀马化龙及其手下为恩重如父的叔父刘松山报仇。

同治十年（1871）正月十二日，刘锦棠所率清军以马化龙等藏匿洋枪、洋火药为理由，将已经投降的马化龙及其多名精悍部众全部处死。

招抚河州

金积堡之役结束后，左宗棠下一个进攻目标是河州（今甘肃临夏）回军。河州当时属兰州府，兰州是陕甘总督驻地，其东、西、南三面均与河州相连，因而河州回军对省城的威胁很大。左宗棠在进攻金积堡的同时，就派遣吴士迈、汤聘珍、李耀南各军由汧、陇趋秦州（今甘肃天水），与甘军配合作战。为加强南路的军事力量，左宗棠还特派周开锡为甘南诸军总统（即南线总指挥），并对战斗力弱的甘军加以裁并、整顿。

任陕甘总督时的左宗棠（1874年俄国总参谋部来华考察团随团摄影师鲍耶尔斯基摄）

同治九年（1870）五月，周开锡派凉州镇总兵傅先宗（字堃庭，湖北江夏人）一军进巩昌，提督杨世俊（字晓峰，湖南长沙人）率部由秦州出伏羌。清军在宁远、礼县击败回军后，乘胜攻占渭源县城，并夺得甘肃西南的战略要地一杆旗。六月初三日，又攻破狄道（今临洮）。但南路清军兵力不足，运粮困难，左宗棠决定先集中精力攻北路，在南路暂取守势，驻军洮河以东。他的策略仍然是集中优势兵力，各个击破。十月，河州回军渡过洮河，进攻平凉府静宁州，以牵制清军对宁夏的进攻。左宗棠则派从福建赶到的旧部刘明镫（字简青，湖南永定人）、杨芳桂（字琼丹，湖南宁乡人）两营出扼静宁。

同治十年（1871）六月，左宗棠在备足了三个月粮料后，即调集各军向河州发动总攻：中路命记名提督、凉州镇总兵傅先宗率鄂军（多隆阿旧部）由狄道进，一半渡洮河而西，一半驻洮河东岸；左路命记名提督杨世俊率所部“楚军”和由提督张仲春率领的“宗岳军”取道南关坪进峡城；右路命记名提督刘明镫从马盘监进红土窑，再入安定，以扼康家岩；又命记名提督徐文秀（字华亭，湖南湘乡人）率楚军一部从静宁州取道会宁。另檄黄鼎分蜀军步兵八营交记名提督徐占彪（字昆山，四川人）率领，配以副将桂锡桢率马队三营由中卫（属宁夏府）南下靖远，至会宁、安定，以防游动回军，护卫兰州东面。七月，各军分道而进。十二日，左宗棠亦由平凉向西，进驻静宁。

是时，阿古柏已攻占吐鲁番、乌鲁木齐，沙俄武装占领了伊犁地区，新疆局势趋于复杂化。朝廷以荣全署伊犁将军，命驻高台已7年之久的乌鲁木齐提督成禄率所部出关，会同留驻巴里坤的乌鲁木齐都统景廉（字秋平，满洲正黄旗人）规复乌鲁木齐，并命左宗棠分军进肃州，左即调徐占彪率蜀军马步十二营经凉州、甘州赶往肃州。

七月二十九日，左宗棠由静宁取道会宁西进，八月初二日至安定（今定西），与后路军统领徐文秀、左路军统领刘明镫商议，决定会攻河州回军出击的要津——位于洮河东岸的康家崖。清军至康家崖，击破回军大小各堡，回军坚守洮河西岸的三甲集、太子寺、大东乡，以屏障河州。八月二十二日，清军中路军傅先宗部、左路军杨世俊部按照左宗棠的指示，架浮桥渡过洮河。九月十八日，会攻高家集。翌日，占领各堡。为了渡过洮河，左宗棠先派总理营务处、前福建布政使王德榜（字朗青，湖南江华人）、道员朱明亮（字懋勋，湖南汝城人）率大营亲兵千余名至康家崖观察形势，接着又增拨步兵两营、骑兵一营，令其渡狄道浮桥，趋八羊沟；再派傅先宗一军攻黑山头，以图牵制。十月初，王德榜、朱明亮渡洮河，徐文秀、刘明镫等也移屯西岸。初七日，傅军击破黑山头20余座堡垒，初九日，各路清军会攻河州第一道门户三甲集，回军损失几千人，马占鳌夺门逃走。他为了阻遏清军攻势，派兵渡洮河至康家崖西北沙泥一带，阻扰清军粮道。左宗棠急调灵州防军董福祥部，庆阳屯军张福齐、徐万福部西进，驻扎洮河以东护粮，并派总理营务处陈湜（字舫仙，湖南湘乡人）赴前线督战。

同治十一年（1872）正月，清军粮道梗阻，大将傅先宗、徐文秀在太子寺前线阵亡。左宗棠闻讯，立即命王德榜接统傅军，沈玉遂（字翰青，湖南湘乡人）接统徐军，并檄调谭拔萃、张福齐、甘大有各营兼程赴安定听命。王德榜接统傅军后，分兵守高家集、太平山、虎牢关，严防回军偷袭狄道。

河州回军虽一度获胜，但回军首领马占鳌见自己伤亡亦很大，清军又不断在增援，很难从根本上扭转战局，于是派人到三甲集行营求降。

左宗棠指示前敌督战的陈湜：

> 抚事以尽缴马械为入手要着。

又进一步解释说：

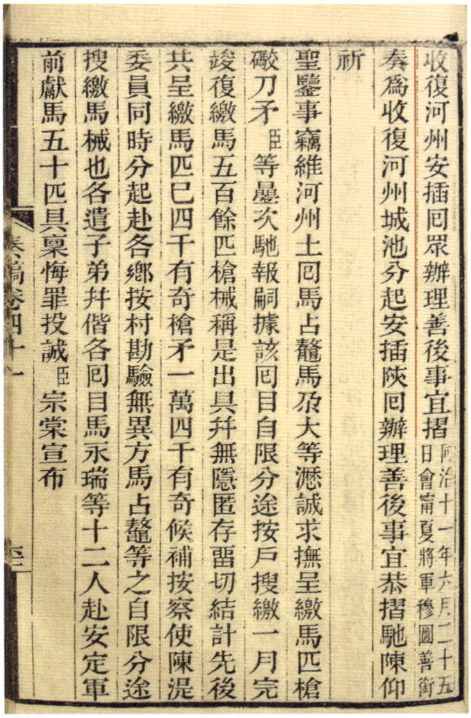
收復河州安插回衆辦理善後事宜摺 同治十一年六月二十五日會甯夏將軍穆圖善銜
奏爲收復河州城池分起安插陝回辦理善後事宜恭摺馳陳仰
祈
聖鑒事竊維河州土回馬占鼇馬尕大等懇誠求撫呈繳馬匹槍
礮刀矛臣等屢次馳報嗣據該回目自限分途按戶搜繳一月完
竣復繳馬五百餘匹槍械稱是出具並無隱匿存留切結計先後
共呈繳馬匹已四千有奇槍矛一萬四千有奇候補按察使陳湜
委員同時分起赴各鄉按村勘驗無異方馬占鼇等之自限分途
搜繳馬械也各遣子弟幷偕各回目馬永瑞等十二人赴安定軍
前獻馬五十四具稟悔罪投誠臣宗棠宣布

收复河州安置回民，办理善后事宜奏折

> 呈缴马械，不能即保其必不复反，然办抚不能不从此处下手。伊辈之就抚与不就抚，全在其心之诚伪，无从窥测，亦不能不就马械之悉数呈缴与否观之。弟之所以断断于此者，亦谓此着做得透彻，总可保数年无事。数年中得好官抚绥教诲，潜移默化，或能永远相安耳。

左宗棠之所以把收缴马匹、军械定为受降先决条件，是因为他深知只有让回军解除武装才能控制局面，然后再调整政策，以谋长治久安。陈湜在马占鳌、马尕大等先后缴出马 4000 余匹，军械 14000 余件后，才允许其投降。左宗棠奏请朝廷，任命马占鳌为统领，其所辖各军也按清军编制改编为三旗。后马占鳌部在随左宗棠西征收复新疆中立有功劳，受到朝廷奖赏。

河州回军归顺后，左宗棠命署河州知州潘效苏、河州镇总兵沈玉遂各赴本任，另派河州州判米联璧赴太子寺任所。七月十五日，左宗棠也由安定入驻兰州省城，这是他任陕甘总督6年来第一次进入总督驻地。

克复西宁

河州以西的另一支回军是以西宁为基地的马永福、马桂源、马本源集团。西宁回军首领原为马尕三（即马文义），马尕三死后，马永福接替。马永福的两个侄子马桂源、马本源接受了朝廷招抚。受抚后，马桂源被任命为西宁知府，马本源被任命为西宁镇标游击，并代行总兵职务。这样，清政府实际上已失去了对西宁地区的控制。此时，被清军追赶的禹得彦、白彦虎等部陕西回军，也逃到了西宁地区，散居在大、小南川一带，与西宁回军连成一片。

同治十一年（1872）六月，刘锦棠带新募湘军到甘肃，成为左宗棠进攻西宁时所依仗的主力。刘锦棠留谭拔萃率步兵三营、骑兵两起驻防金积堡，自带步兵四营、骑兵两起由平凉赶赴兰州。左宗棠的计划是先取西宁，再攻肃州。除了调刘锦棠部为进攻主力外，还派提督何作霖率步兵六营、骑兵两营由康家崖向碾伯（今青海乐都）推进，又调龙锡庆步兵两营，熊隆名、陶生林骑兵两营前往会师。这样，进攻西宁的清军总数达到步、骑兵十八营约7000人。

开始，马永福曾向左宗棠求抚，但以“防陕回”为借口，拒缴马、械，左宗棠也以“助剿陕回”为由，命刘锦棠进兵碾伯。马桂源兄弟立即联手陕西回军武力抗拒。八月初一日，刘锦棠进军碾伯，声言讨伐大、小南川陕回。碾伯与西宁同临湟水，二者之间有大、小峡口，两岸群山峻峭，横亘80余里，中有一径，为进兵必由之路。初七日，刘锦棠亲率步骑进驻大峡以西的平戎驿，逼近大、小南川，分兵屯扎，与小峡毗连。初十日，刘锦棠驰视峡口，分营驻扎马营湾三十里铺。马桂源与陕西回军首领禹得彦、白彦虎等商议合抗清军，并将西宁城内回军、回民尽数撤出。

西宁道郭襄之与西宁城内汉族士绅闭门困守。此后一个多月内，回军在峡口一带与清军不断交战。九月，左宗棠又奏请朝廷将宋庆（字祝三，山东蓬莱人）一军从陕北神木调至甘肃，派宁夏守军张曜部分驻灵州、花马池，调谭拔萃所统“老湘军”马步四营赴西宁。十月初，左宗棠再派刘明镫率马步六营增援。十月十八日，清军连夺峡口北山卡垒十余座，回军从湟水两岸溃退，马桂源、马本源等退向东川巴燕戎格（今青海化隆回族自治县），清军直抵西宁。

马桂源退到巴燕戎格后，联络多处回民首领马寿、马进禄、韩起寿等人，继续抗击清军。同治十二年（1873）正月初四日，刘锦棠进攻向阳堡，遭到回军拼死抵抗。清军不顾伤亡而苦战，才攻破该堡，马寿、马进禄、韩起寿等被杀。初八日，清兵进入大通县城。此时，败退到西宁地区的陕西回军崔伟、禹得彦、毕大才等部归顺清军，除部分精锐马队被清军收编外，其余陕回 2 万多人被迁徙到秦安、清水等县。只有白彦虎拒不降清，率所部回军 2000 余人由永安、南山、草滩一带向西逃走，投靠了入侵新疆的阿古柏。

当马本源兄弟逃到巴燕戎格后，左宗棠命陈湜、沈玉遂等率清军踏雪西进，继续追击。正月二十九日，清军逼近巴燕戎格，马永福等归顺。马桂源、马本源曾接受清政府招抚，并享受了官衔、俸禄等待遇，现又反叛，清政府决不姑息容忍。二月初四日，马本源、马桂源兄弟亦被俘处死。

打通进疆要道

平定陕甘回民起事，除稳定政局、巩固晚清统治外，还有一个重要目的是肃清腹地，保证出兵收复新疆的后方安全和补给道路畅通。现在其他起事回民军已经平定，还剩马文禄统领的回军占据肃州，堵住了收复新疆的出兵通道，非尽快平定不可。

马文禄，甘肃河州人，本名马四，又名马忠良。原为甘肃提督索文部下小军官。同治四年（1865）二月二十五日，他联合猎户攻占嘉峪关，翌日再占肃州，称兵马大元帅。并派人与割据乌鲁木齐一带的妥得璘政权相联系。妥得璘又名妥明，回族，原为河州阿訇。出关后，联合清军参将索焕章攻占乌鲁木齐汉城及附近城镇，自称“清真王”。马文禄曾多次打败清军，后与乌鲁木齐提督成禄、甘肃提督杨占鳌讲和。但当徐占彪部进军肃州时，马文禄即联络妥得璘及向西败走的白彦虎回军据城抵抗。

同治十年（1871）十月初九日至十一月初一日，徐占彪部蜀军分批抵达凉州（今武威），十一月十九日，又西进甘州（今张掖），二十七日，抵高台，与成禄会合。十二月上旬，败回军于清水堡。同治十一年（1872）四月，马文禄派人去新疆向妥得璘求援，时妥得璘退守绥来，踞守乌鲁木齐的马人得已投靠阿古柏。“五月，新疆回入肃州城，助马四守”。五月二十七日，徐占彪夜袭肃州西南30里的塔尔湾。六日，连下30余堡，先后平毁肃州西南墩堡百余座，并进至距肃州城只有3里的沙子坝，但仍不能攻入肃州。十一月，左宗棠派陶生林、金庆元、戴宏胜等马步五营前往助攻。十二月，朝廷再从宁夏调金顺一军西进增援。同治十二年（1873）正月，金顺、陶生林等军进抵肃州城外。与此同时，从关外红庙子（即乌鲁木齐汉城）赶来支援马文禄的回军4000人也到了肃州，加强了城内守军的力量。二月十八日，白彦虎率回军到达肃州东北的毛目城。三月初六日，至塔尔湾废堡，第二天，即猛攻围城清军，被击退。五月初十日，宋庆部前锋马步六营抵肃州城下，于城东筑垒。未几，其后续五营亦赶到。清军虽然云集肃州，但面对城防坚固一筹莫展。六月初一日，清军开始用大炮攻城。徐占彪率部越濠登城，攻占东关。闰六月二十五日，左宗棠派副将赖长携后膛大炮抵肃州城外。

清军对肃州围攻了一年半，却劳师无功。是时，关外新疆沦陷，局势日趋紧张，先期进疆的清军急需援军。于是朝廷发出上谕，限令左宗棠、金顺“克期攻拔，以安边圉”。同治十二年七月十九日（1873年9月

酒泉（肃州）古城门今貌

10日），左宗棠由兰州起行，亲往肃州督师。八月十二日，抵肃州城下。十三日，巡视城外各军，约期会攻。十四日，马文禄派人出城“乞降”，左宗棠拒绝答复，只是张贴告示，宣称“城中回民老幼妇女免死，诚心归顺者赴营听遣”。十九日，清军“奇捷营”统领杨世俊中炮而亡。

九月初十日，刘锦棠率“老湘军”五营及部分收编的回军从西宁赶至肃州来增援，军势越来越大，马文禄感到绝望，九月十五日亲自到左宗棠军中就抚。左宗棠命他缴出军马、枪械，并报上汉民及回民的户籍。左宗棠命将原籍关外沙州，以及从甘州、西宁、河州、陕西等地逃来的客回先送到城外废堡中安置，以后再安排到各地定居。二十三日，左宗棠下令处死了马文禄、马永福、马照、马金龙等回军主要头目。据《平定关陇纪略》记载：马文禄占据肃州时，城中汉民多遭其杀戮。而清军士兵因为围攻肃州日久，伤亡惨重，又知道城内汉民被马文禄杀害，故在攻克肃州后，报仇情绪强烈，以至于违背左宗棠“勿滥杀”的禁令，对肃州城的回

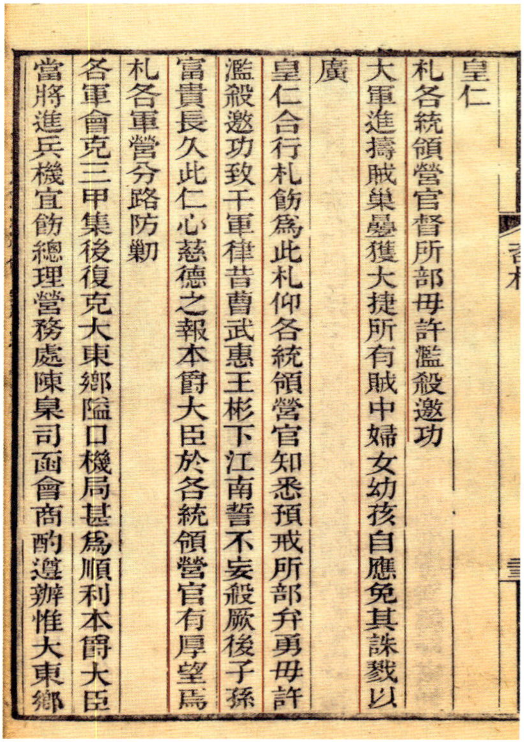
皇仁
札各統領營官督所部毋許濫殺邀功
大軍進擣賊巢疊獲大捷所有賊中婦女幼孩自應免其誅戮以
廣
皇仁合行札飭爲此札仰各統領營官知悉預戒所部弁勇毋許
濫殺邀功致干軍律昔曹武惠王彬下江南誓不妄殺厥後子孫
富貴長久此仁心慈德之報本爵大臣於各統領營官有厚望焉
札各軍營分路防勦
各軍會克三甲集後復克大東鄉隘口機局甚爲順利本爵大臣
當將進兵機宜飭總理營務處陳臬司函會商酌遵辦惟大東鄉

左宗棠严厉禁止各部滥杀的手札

军和百姓也进行了杀害。

左宗棠一向治军严明，不准滥杀，曾分别明令刘锦棠与徐占彪：

“严杀老弱妇女之禁”；“严饬各营勿得稍有侵暴，致失人和”。并饬令“札各统领营官督所部毋许滥杀邀功”。

但在围攻肃州一年半多的时间里，回、汉同胞均伤亡如此惨重，他深深感受到了内心的痛苦。后来他给金顺的信说：

弟自办军务以来，于发、捻投诚时，皆力主不妄杀，不搜赃之禁令，弁丁犯者不赦；而于安插降众一事，尤为尽心。即如克复肃州时，尚有不能尽行其志者。（《左宗棠全集·书信三》，第 385 页）

中国自古以来是一个多民族的国家，各个民族都是中华民族大家庭中血浓于水的同胞兄弟，是中华民族共同体。晚清在肃州发生的这起回汉相互仇杀的教训，值得各族人民吸取。只有各民族紧密团结，中华民族才能崛起，兴旺发达，才能立于世界民族之林，永远不被外族侵侮。

肃州既已克复，陕甘回事平定。5 年前左宗棠回答慈禧太后何时能平定“回事”的提问时，说：“非五年不办。”他率军于同治七年（1868）底入陕，到同治十二年（1873）九月攻下肃州，正好5年。

肃州攻克，进军新疆的通道已经打通，收复新疆被提上了日程。

陕甘善后，一视同仁

左宗棠用兵陕甘的第三个重要目的，如他自己所说，就是“欲图数十百年之安，不争一时战胜攻取之利”。所以在战事告一段落或军事行动基本结束后，处理好善后就成了左宗棠心中的头等大事。

清军进攻陕北时，“榆、绥各属难民、降众计男女大小不下二三十万口”，为安置这部分难民、降众，左宗棠在十分困难的军饷中，提出白银30万两，交知州成定康，作为救赈、安置之用。

安置参加了回军，后受抚归顺的回民和因战火流离失所的回民是一件复杂的事。返回原籍显然不可能，十几年过去了，原籍的产业早已毁灭，无法维持生计，何况原住的汉、回矛盾，一时难以从感情上完全消除，民族报复的可能性还是存在的。对于这部分回民，左宗棠决计将其分散到甘肃各地进行安置：平凉大岔沟一带安置从固原迁徙的数千人；平凉化平川安置从金积堡迁徙的1万余人；平凉、会宁、静宁、安定等地安置从河州迁徙的1万余人；平凉、秦安、清水等地安置从西宁迁徙的2万余人。每安置一部分回民，先造户口清册，编给门牌号码，经左宗棠批准后，再由地方官指拨无主荒地，允其耕种。对于安插这部分回民，左宗棠考虑得较周到，安排得也较细致，不但认真选择“水草繁茂”的“肥地沃壤”之处安置，而且筹划发放种子、耕牛、农具和行粮（即路上的口粮）。在进攻宁夏时，左宗棠把固原的陕西回民数千人迁到平凉大岔沟一带，“均给以赈粮、牲畜、籽种，课其耕作”。在办理河州移民时，对迁移者“皆给以赈粮，大口每日八两，小口每日五两。其迁出稍晚，尚能播种粟、糜、荞麦者，照所垦地亩给以籽种；其节候已过不及下种者，令其尽力耕垦，以

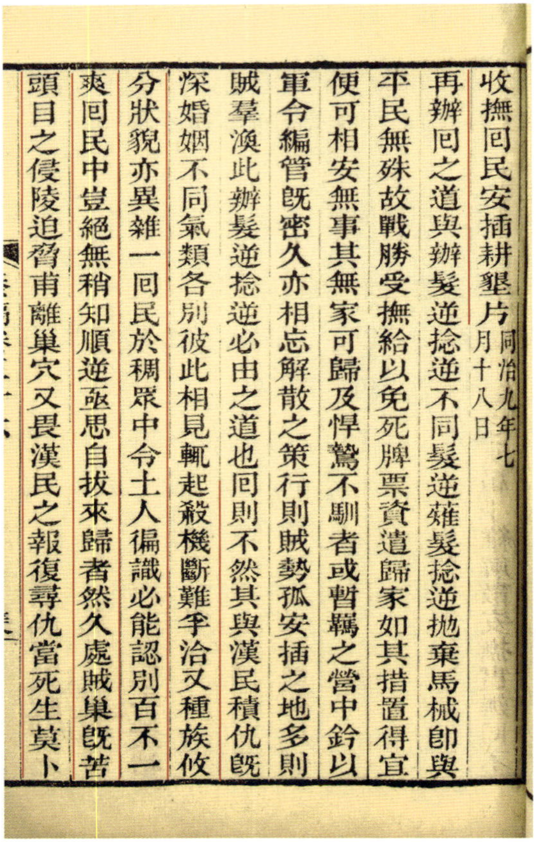
收撫回民安插耕墾片 同治九年七月十八日
再辦回之道與辦髮逆捻逆不同髮逆薙髮捻逆拋棄馬械即與平民無殊故戰勝受撫給以免死牌票資遣歸家如其措置得宜便可相安無事其無家可歸及悍鷙不馴者或暫羈之營中給以軍令編管既密久亦相忘解散之策行則賊勢孤安插之地多則賊羣渙此辦髮逆捻逆必由之道也回則不然其與漢民積仇既深婚姻不同氣類各別彼此相見輒起殺機斷難孚洽又種族攸分狀貌亦異雜一回民於稠眾中令土人偏識必能認別百不一爽回民中豈絕無稍知順逆亟思自拔來歸者然久處賊巢既苦頭目之侵陵迫脅甫離巢穴又畏漢民之報復尋仇當死生莫卜

左宗棠奏请收抚回民安插耕垦

待明春。所需农器及各器具必不可少者，一律酌给”。

同治八年（1869），甘肃战事仍在激烈进行中，左宗棠随即“设赈局，招流亡，垦荒地，给牛、种，兵屯、民屯交错其中，且战且耕”。河州之役结束后，他立即指令河州知州潘效苏：

> 无论汉、回、番民，均是朝廷赤子，一本天地父母之心待之，俾各得其所，各逐其业。（《左宗棠全集·札件》，第299页）

左宗棠在平乱和安置回民时，实行了比较开明的民族政策，对拒不执行的官员予以撤职查办；下令驻军“垦田自给”，不征军粮，更不准搜抢回民财物，保护回民安居乐业；先由军士屯田开垦，后将垦荒之田无偿分给回民耕种；还令驻军兴修水利，譬如派部将王德榜于抹邦河上游“筑坝一道，阻住来水，坝高三丈有奇，宽二十丈，另开新渠，引水灌溉田亩”；“并于狄城南川一带，开挖支渠十一道，川北一带，开挖支渠七道。所有南北两川民田，均可以资灌溉”。

左宗棠安抚回民，遭到一些地方汉族官民的反对。左宗棠将其中的典型者，如歧视欺压回民的道员周铁真、按察使史念祖等官员“革职遣送回

分到耕牛的回民正在耕田

原籍”。

有些汉族豪绅，对于已安置的回民，往往借故报复，左宗棠了解情况后，即“饬府县随时惩办，断不令仍蹈恶习，致启衅端”。同治十年（1871）春，汉族豪绅李振基、吕廷桂、苗维新因讹诈回民未遂，竟不许回民居住，强占回民财产，打死无辜回民，还狂妄地要求刘锦棠“派兵抄洗”，同时又阻挠回民承领耕牛、籽种，并散播流言，或说“清军要杀尽回民”，等等。对于这种挑拨回、汉关系，制造流言蜚语的恶劣行径，左宗棠采取断然措施，立即把李振基、吕廷桂就地正法，并令“老

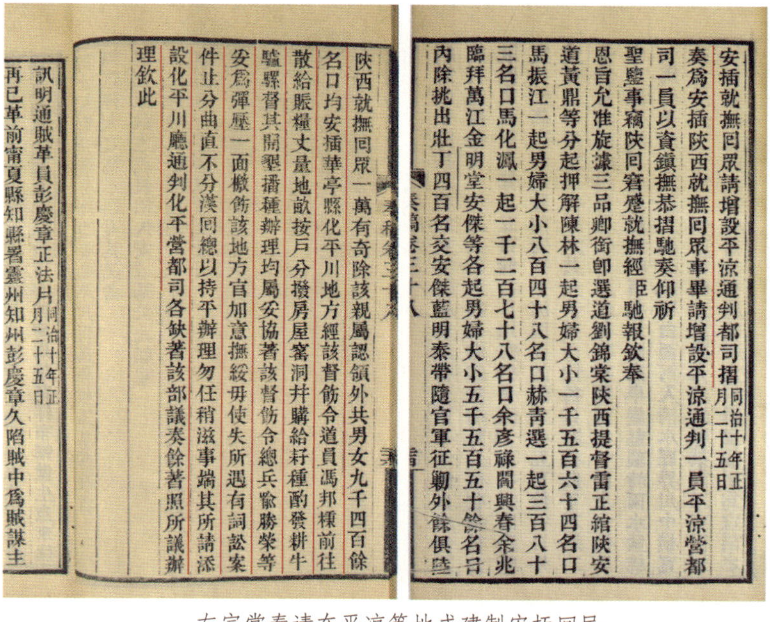

安插就撫回眾請增設平涼通判都司摺 同治十年正月二十五日
奏爲安插陝西就撫回眾事畢請增設平涼通判一員平涼營都
司一員以資鎮撫恭摺馳奏仰祈
聖鑒事竊陝回窘蹙就撫經臣馳報欽奉
恩旨允准旋據三品卿銜即選道劉錦棠陝西提督雷正綰陝安
道黃鼎等分起押解陳林一起男婦大小一千五百六十四名口
馬振江一起男婦大小八百四十八名口赫青選一起三百八十
三名口馬化漋一起一千二百七十八名口余彥祿閻興春余兆
臨拜萬江金明堂安傑等各起男婦大小五千五百五十餘名口
內除挑出壯丁四百名交安傑藍明泰帶隨官軍征剿外餘俱陸

陝西就撫回眾一萬有奇除該親屬認領外共男女九千四百餘
名口均安插華亭縣化平川地方經該督飭令道員馮邦棟前往
散給賑糧丈量地畝按戶分撥房屋窯洞并購給籽種酌發耕牛
騾驢督其開墾播種辦理均屬妥協著該督飭令總兵喻勝榮等
安爲彈壓一面檄飭該地方官加意撫綏毋使失所遇有詞訟案
件止分曲直不分漢回總以持平辦理勿任稍滋事端其所請添
設化平川廳通判化平營都司各缺著該部議奏餘著照所議辦
理欽此

訊明通賊革員彭慶章正法片 同治十年正月二十五日
再已革前甯夏縣知縣署靈州知州彭慶章久陷賊中爲賊謀主

左宗棠奏请在平凉等地戍建制安抚回民

湘军”将领萧章开将苗维新押赴行营惩办。由此，有汉族豪绅说“官爱回民，不爱汉民”，讥称左宗棠为“左阿訇”。

左宗棠在处理复杂的民族问题时，特别注意尊重回族的风俗习惯，反对强制的、歧视性的“同化”政策。譬如，在安置回民时，留坝厅县丞赵履祥曾向他建议：对于安插的回民，应“令与汉民联亲，开荤食肉”，以期“用夏变夷”。左宗棠在批文中驳斥说：

独不闻“修其教不易其俗，明其政不易其宜”乎！有天地以来，即有西戎；有西戎以来，即有教门，所应禁者新教，而老教断无禁革之理。

新教是安定县（今定西）回民马明新于乾隆二十六年（1761）创立。乾隆四十六年（1781），新教徒苏四十三等反清，攻占河州，进攻兰州，后失败被杀。所以左宗棠提出只禁新教。

当回民要求修建清真寺时，他又批示说：“回教之建立清真寺，例所不禁。”不过，为防止将清真寺用于军事目的，左宗棠明确规定，清真寺“高

同治十年（1871）左宗棠奏准发行的甘肃司钞

左宗棠奏准在西北铸造的银元

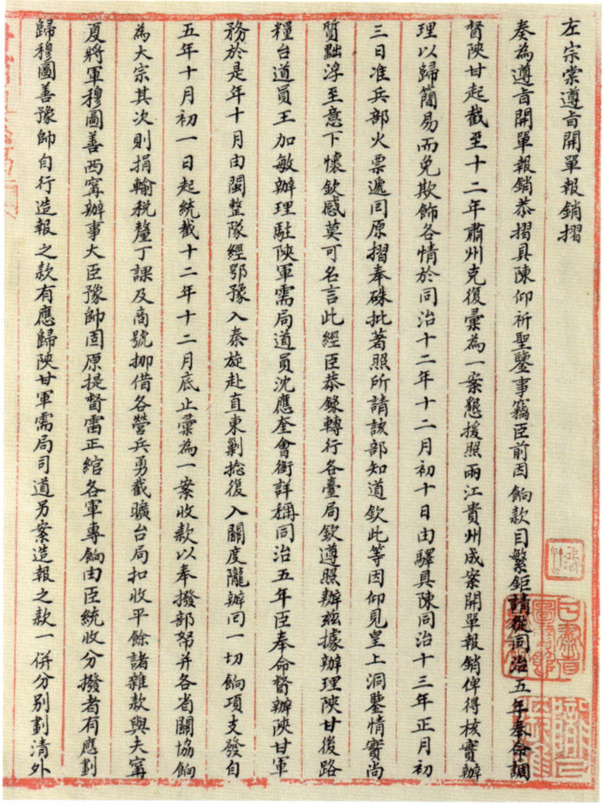
左宗棠遵旨開單報銷摺
奏為遵旨開單報銷恭摺具陳仰祈聖鑒事竊臣前因餉款目繁鉅請從同治五年奉命調
督陝甘起截至十二年肅州克復彙為一案懇援照兩江貴州成案開單報銷俾得核實辦
理以歸簡易而免欺飾各情於同治十二年十二月初十日由驛具陳同治十三年正月初
三日准兵部火票遞回原摺奉硃批著照所請該部知道欽此等因仰見皇上洞鑒情實尚
質黜浮至意下懷欽感莫可名言此經臣恭錄轉行各臺局欽遵照辦茲據辦理陝甘後路
糧台道員王加敏辦理駐陝軍需局道員沈應奎會銜詳稱同治五年臣奉命督辦陝甘軍
務於是年十月由閩整隊經鄂豫入秦旋赴直東剿捻復入關度隴辦同一切餉項支發自
五年十月初一日起統截十二年十二月底止彙為一案收款以奉撥部帑并各省關協餉
為大宗其次則捐輸稅釐丁課及商號挪借各營兵勇截曠台局扣收平餘諸雜款與夫寧
夏將軍穆圖善西寧辦事大臣豫師固原提督雷正綰各軍專餉由臣統收分撥者有應劃
歸穆圖善豫師自行造報之款有應歸陝甘軍需局司道另案造報之款一併分別劃清外

左宗棠遵旨开单报销的奏折（原件拍照）

不得过二丈四尺，长宽不得逾十丈。头进为大门，两旁为厢房；二进为神堂，供奉穆罕默德神位；三进为经堂，以藏经典。二进至三进两旁为长廊，以居守庙之人。墙厚不得过二尺五寸，寺内外不得修建高楼，以示限制”。

左宗棠处理回、汉矛盾时，摒弃朝廷其他官员的民族偏见，而采取较为客观公正的举措，如保护回民宗教信仰自由，维护回民的风俗习惯，特别重视提高回民和各族人民的文化素质，在各地广设义学，免费招收各族儿童入学。对河州、洮州、循池、海城、化平川等回族聚居的地方，特别注意招收回民子弟免费入学。这些做法颇得回民好感，有些回民甚至用

《古兰经》中的“太斯米”来称颂左宗棠。

直到20世纪30年代，一位甘肃平凉的老阿訇马六十曾口述了一段流行于西北回民中的第一手材料：

> 甘肃河州一带，一部分回民颇与左宫保（指左宗棠，清制不立太子，但有太子傅、保之名，为加衔。太子少保称宫保。同治三年春，左宗棠攻占杭州，被朝廷加太子少保衔，所以称“左宫保”）有好感，至今每逢一事不决，尚说：“左宫保的章程，一劈两半”。盖左在所谓平乱时，遇回、汉之争，尚能折中办理也。
>
> （中国史学会白寿彝主编：《回民起义》，第四册，第310页）

左宗棠执行了比较开明的民族政策，将回民安置在有水有草、适宜生存的地方，分给他们土地和种子，使其自力更生，发展生产。百姓安居，

当年左宗棠在甘肃嘉峪关城下栽种的左公杨今貌

社会稳定。战后的陕甘，经过左宗棠苦心经营，生产和生活恢复比较快。

左宗棠在陕甘“剿抚兼施”，妥善安抚回民，及时恢复生产，为濒临绝境的陕甘经济复苏创造了条件，对促进陕甘地区社会生产力的恢复和发展，起到了积极作用。陕甘地区的回民和汉民生活均有所改善。除各级官员按左宗棠制定的政策安置的回民外，仅左宗棠经手安置的回民数，在《清史稿》中有明确记载：

> 左宗棠安插回众十余万，不闻复有叛者。

第五章

收复新疆 促成建省

新疆沦陷，中华危急

同治三年（1864）新疆发生了维吾尔族、回族“反清事变”，但“事变”领导权一开始就被上层封建主和宗教主掌握，以“排满、反汉、卫教”为旗帜，建立了5个割据政权，互相厮杀，征战不已。9月，割据政权之一的回族封建主金相印久攻清军坚守的疏勒（汉城）不下，向中亚浩罕汗国请兵援助。同治四年（1865）初，中亚浩罕汗国派遣的军事头目阿古柏趁“援助”和新疆内乱之机，统兵入侵新疆，之后不断向四周扩张，侵占喀什噶尔新城、英吉沙。这年秋，在塔什干被俄军打败的浩罕兵7000余人投奔阿古柏，加强了阿古柏的力量。不久，阿古柏军又占领叶尔羌（今莎车）、和阗（今和田）。同治六年（1867）阿古柏在新疆悍然成立了“哲德沙尔汗国”政权，继续向东，夺取阿克苏、库车。同治九年（1870）秋，攻占达坂城、吐鲁番和乌鲁木齐，并袭取

阿古柏

入侵新疆的阿古柏军队

玛纳斯，从而占领了除伊犁地区之外的几乎整个新疆。同治十年（1871），沙俄出兵侵占了伊犁。同时，英国也加紧将阿古柏纳入自己的控制之下。俄、英两国都有想利用阿古柏政权实施单独占领或瓜分新疆的阴谋。

阿古柏对占领区实施了野蛮、黑暗的殖民统治，新疆各族同胞都沦为了阿古柏政权的奴隶，据史料记载：奴隶制在喀什发展到了相当大的范围，单是巴达乌列特（意为幸福的人，这里指阿古柏）就拥有3000名以上奴隶。被征服的汉族、维吾尔族、回族、哈萨克族、柯尔克孜族和卡尔梅克族等民族的人中，相当一部分人沦为奴隶，与从巴达克山和其他领地运来的奴隶一起在喀什市场上出售。有劳动能力的奴隶每名售价不超过四十天罡（“天罡”是当时流通于南疆的钱币，每“天罡”约合白银一两）。

在阿古柏占领区，赋税极为繁重，“农民在交纳赋税之后，只剩下收获的二分之一，有时只剩下四分之一”。除此正税外，还有许多名目的附加税，迫使农民“变卖土地、牲畜，甚至卖了家中的锅碗来交纳税款”。

肩扛洋枪的阿古柏侵略军

佃农的生活就更加困苦，他们除了要向阿古柏政权纳税外，还要“把净收成的四分之三交给地主作为地租”。乌鲁木齐、玛纳斯一带被阿古柏攻陷后，那里也是“严刑厚敛，税及园树”。

为了维持这种极其残酷的经济掠夺，阿古柏在他的控制区推行恐怖的特务统治。他建立了一支庞大的密探队伍，严密监视社会各阶层的言行。使“社会各阶层普遍存在着疑惧”，“都终日惴惴不安”，不敢与人交谈，怕人详细推究其谈话，误解语意，有图谋不轨之嫌被告密。俄国总参谋部的一个情报军官普尔热瓦尔斯基上校在阿古柏占领区做了一番“考察”后，于光绪三年（1877）四月二十五日写了一份《关于东土耳其斯坦的现状》的报告，认为：阿古柏的残酷太过分了，在他统治的地区内死刑是最平常的现象，把平民百姓只看成是一群奴隶，可以在他们身上敲骨吸髓。又说：在南疆是很难生活的。无论是人身安全，还是财产，都没有保障；密探活动达到骇人听闻的程度；人人都为明天而担心。安集延（即浩罕）人不光抢夺居民的财物，甚至抢掠他们的妻女。赋

为支持阿古伯侵占新疆的英国派遣的廓尔喀雇佣军

税之重是惊人的，同时收税人也没有忘记为自己搜刮。

同治九年（1870），阿古柏势力扩展到乌鲁木齐后，他们又在那里大肆屠杀维、汉、哈、回等当地居民。阿古柏匪帮的残暴是令人发指的，史料记载：

> 这伙匪徒自窃据南疆后，“杀人不以梃刃，有所仇恶，辄饵以毒药，登时毙命。缠回（指维吾尔族）幼女自八岁以上悉被奸淫，死者十常七八，又诛求无厌，终岁取盈。其最惨者，缠回亡一家长，安夷（安集延人）酋长恫吓之曰：‘尔家财产系尔家长所积，家长既亡，应将财产悉数充公。’有不缴者，则非刑吊拷，一旦夕间，而缠回人亡家破，流离失所矣！”南疆同胞“莫不痛心疾首，饮憾至今”。

阿古柏的暴政也加剧了他们与土著上层分子的矛盾，一个伯克（官名）的嗣子不胜感叹，在清朝统治时，“什么都有，现在什么都没有了”。阿古柏匪帮的倒行逆施，让新疆各族同胞陷于水深火热之中。

新疆问题之所以严重，主要是由于英、俄两国的插手。19世纪的英国和俄国争霸世界，双方都在向中亚推进，就更显得剑拔弩张。阿古柏政权的出现，自然引起了英、俄两国的极大关注，它们都力图把这个政权

强占伊犁的俄国军队

置于自己的控制之下。沙俄认为阿古柏有可能在伊犁“建立亲英的统治”，于是对伊犁进行军事占领。同治十一年（1872）五月，他们与阿古柏签订了通商条约，承认阿古柏政权。英国与沙俄抗衡，加紧了对新疆的渗透。同治十二年（1873）十二月二十五日，英国使团在“访问”喀什噶尔后，与阿古柏签订条约规定，英国人可随意进入阿古柏占领的任何地方，并“享有当地臣民或最惠国公民所享有的商业方面的一切特权和便利”。阿古柏卑躬屈膝地对英国使节蒂赛斯表示：“女王就像太阳一样，在她的温和的阳光里，像我这样可怜的人才能够很好地滋长繁荣。我特别希望获得英国人的友谊。”蒂赛斯表示，英国承认阿古柏是“喀什噶尔和叶尔羌地区元首”，还为他带去了炮和各种枪支，又说：“如果需要的话，还可以派一个领事和一两万名武装军队驻扎在喀什噶尔保护你。”不仅如此，英国还指使其附庸土耳其、苏丹向阿古柏提供军事、政治顾问。

在外来侵略者的血腥统治之下，天山南北各族民众迫切希望清政府派官军前来解救。有不少人长途跋涉逃往内地，到京城向朝廷求援。譬如：阿不都热依木、苏甫尔隔，数千里跋涉赶到京城报告情况，直到后来跟随西征大军进疆回到了喀什噶尔。

“我之疆索，尺寸不可让人”

左宗棠攻克肃州，进军新疆的通道已经打通，收复新疆的大规模军事行动，已提上日程。

左宗棠对西北边疆的关注，可追溯到他的青年时代。道光十三年（1833），21 岁的左宗棠首次赴京参加会试时，所写的《燕台杂感》组诗中就涉及新疆问题，对新疆“置省、开屯、时务，已预及之”。这表现出他年轻时的远见。在北京应试之时，左宗棠还结识了以研究西北史地著称的学者徐松（字星伯，顺天府大兴县人）。徐松曾奉伊犁将军松筠之命游历考察新疆，著有《西域水道记》和《汉书·西域传补注》等书。左宗棠从徐松那里得到了有关研究新疆的资料。三次会试落第后，左宗棠认真阅读了研究新疆的专著《西域图志》，后在安化小淹又研读了陶澍复陈西域事略的奏稿。在湘江舟中林则徐约见他时，也“谈及西域时务”，林则徐关于“终为中国患者，其俄罗斯乎”的观点自然对他有影响。

同治十年（1871），沙俄武力侵占伊犁，时任陕甘总督左宗棠敏锐觉察到沙俄的扩张野心，曾写信给刘锦棠说：

> 俄人战事与英、法略同，然亦非不可制者……今既有此变，西顾正殷，断难遽萌退志，当与此虏周旋。

同治十二年（1873）春，左宗棠在写给总理衙门的复信中，详细分析了敌我双方的形势，并明确提出了规复新疆的具体方案：

> 俄人久踞伊犁之意，情见乎词……然既狡焉思启，必将不夺不餍，恐非笔舌所能争也。荣侯（指伊犁将军荣全）深入无继，景都护（指乌鲁木齐都统景廉）兵力本单，后路诸军久成迁延之役，兵数虽增，仍多缺额，且冗杂如常，并无斗志，望其克复要地，速赴戎机，实无把握，并虑徒增扰累，以后更苦无从着手。甘、凉、肃及敦煌、玉门，向本广产粮畜，自军兴以来，捐派频而人民耗，越站远而牲畜空。现在仅存之民，已皮骨俱尽；屯垦之地，大半荒芜，年复一年，何堪设想！宗棠所以有从内布置，从新筹度之请也。
>
> 就兵事而言，欲杜俄人狡谋，必先定回部，欲收伊犁，必先克乌鲁木齐。如果乌城克复，我武维扬，兴屯政以为持久之谋，抚诸戎俾安其耕牧之旧，即不遽索伊犁，而已隐然不可犯矣。乌城形势既固，然后明示以伊犁，我之疆索，尺寸不可让人。遣使奉国书，与其国主，明定要约……彼如知难而退，我

又何求？……至理喻势禁皆穷，自有不得已而用兵之日。如果整齐队伍，严明纪律，精求枪炮，统以能将，岂必不能转弱为强，制此劳师袭远之寇乎？

就饷事而言，西征诸军，各有专饷，如肯撙节使用，无一浪费，无一冗食，或尚可支。今乃以拥兵多为名，不战而坐食，惟知取资民力，竭泽而渔，不顾其后，往事之可睹者，已如斯矣！欲从新整理，非亟求实心任事之人，重其委寄，别筹实饷，于肃州设立粮台，司其收发，并将各军专饷归并为一，相其缓急，均其多寡应之不可；非核其实存人数，汰其冗杂疲乏不可；非定采办价值、差徭款目不可；而尤非收回各军专奏成命不可。此亦宜及早绸缪者。

要之，目前要务，不在预筹处置俄人之方，而在精择出关之将；不在先索伊犁，而在急取乌鲁木齐。（《左宗棠全集》，第十一卷《书信二·上总理各国事务衙门》）

对新疆的情况，朝廷中的当权者很不了解，甚至连阿古柏入侵的来由和现状，也知之甚少。对沙俄的侵略野心，执政者更是估计不足，直到俄军占领伊犁后，才通过署伊犁将军荣全与俄方代表在塔城谈判得知，沙俄“志尚不在伊犁，直于新疆全局大有关系”，认识到“断非空言所能有济，必须中国兵力足以震慑，先发制人，方能操纵自如，杜其觊觎之渐”。基于这种看法，朝廷遂命乌鲁木齐都统景廉（时驻安西）率兵前进，以图规复。此外，又派乌鲁木齐提督成禄（时驻甘肃高台）、直隶提督刘铭传（时率所部淮军驻陕西）各率部经肃州出关。但成禄畏葸不前，刘铭传称病不至，景廉劳师无功，故朝廷又于同治十二年（1873）急调金顺（满人，正白旗）、张曜两军出关。

左宗棠率清军攻克肃州后，打开了由内地进入新疆的门户。同治十三年（1874）正月十七日，朝廷谕令景廉、金顺各军速将玛纳斯、乌鲁木齐等城克期收复，并令左宗棠妥为筹备粮运，张曜、额尔庆额各军则陆续趱行。于是，张曜率“嵩武军”步兵十二营、骑兵二营进抵玉门，与总兵桂锡桢马队一营一起，头批出关。三月，金顺率马步二十一营，凉州副都统额尔庆额率骑兵一营一起，二批出关。出关各军先后进至安西，约17000多人。七月，朝廷授景廉为钦差大臣督办新疆军务，都统金顺帮办军务。

当时左宗棠已经晋升东阁大学士，留任陕甘总督，督办粮饷转运，袁保恒以户部侍郎为帮办，移西征粮台于肃州。这样，收复新疆之役就开始正式部署了。这个时期，又由于朝廷内部疑虑重重，意见分歧，举棋不定，一场关于海防与塞防的大辩论也随之爆发了。

“海防塞防，二者并重”

自新疆沦陷后，同治十三年（1874），日本入侵台湾，其先头部队在台湾南部琅峤（今恒春）登陆，后续部队也陆续海运至台湾，于是海防告急。九月二十二日，日本与清政府签订《中日北京专条》，清政府被迫承认日本侵台为“保民义举”，而且赔款50万两白银，日军撤出台湾。二十七日，总理衙门对此事件表示震惊：“以一小国之不驯，而备御已苦无策，西洋各国之观变而动，患之濒见而未见者也。”认为必须积极筹备海防，并提出练兵、简器、造船、筹饷、用人、持久六条具体应变举措。同一天，军机处转发“上谕”，命直隶总督李鸿章、两江总督兼署江苏巡抚李宗羲、钦差大臣办理台湾等处海防事务沈葆

李鸿章

王文韶

桢、盛京将军都兴阿、闽浙总督李鹤年、湖广总督兼署湖北巡抚李瀚章、两广总督英翰、署两广总督及广东巡抚张兆栋、漕运总督兼署山东巡抚文彬、江苏巡抚吴元炳、安徽巡抚裕禄、浙江巡抚杨昌濬、江西巡抚刘坤一、福建巡抚王凯泰、湖南巡抚王文韶以及陕甘总督左宗棠等17人逐条详议后复奏。

各督、抚、将军、大臣接到谕旨后先后上折，基本都认为“海防一事，为今日切不可缓之计”，对总理衙门原奏六条均无异议，“以为亟应筹办”，认识大体一致，但具体到国防经费如何筹措分配（即筹饷）是侧重海防，还是侧重塞防，则出现了尖锐分歧。据李鸿章估计，当时开办海防（包括购船、练兵、简器）先需经费至少千余万两。如何筹措这笔巨款呢？李鸿章建议，先提取海关洋税四成和部库历年提存四成，若不足再借外债。而当时准备收复新疆的军饷也是依靠海关洋税以及各省厘金捐拨。既然海防、塞防经费出自同一饷源，那么二者孰轻孰重、孰先孰后就成了争论焦点。由海防议及筹饷，由筹饷又议及西征，使争论更趋激烈，而直隶总督李鸿章与湖南巡抚王文韶就分别代表了两种尖锐对立的意见。

李鸿章主张将西北：

已经出塞及尚未出塞各军……停撤之饷，即匀作海防之饷。

理由是：

新疆北邻俄国，南近英属印度，“即勉图恢复，将来断不能久守”；“而论中国目前力量实不及专顾西域……新疆不复，于肢体之元气无伤，海疆不防，则腹心之大患愈棘”。

与之相反，湖南巡抚王文韶则认为，不应孤立看待东、西防务，海疆之患也受到西北局势的影响。新疆形势严峻，沙俄占领伊犁“久假不归”。

> 我师迟一步，则俄人进一步，我师迟一日，则俄人进一日。事机之急，莫此为甚……但使俄人不能逞志于西北，则各国必不致构衅于东南。

因此主张：

> 宜以全力注重西征。

其时正任督办西征粮饷的左宗棠，对以加强海防为由放弃新疆的主张颇不以为然，他认为：

> 筹办海防，“凡所筹画，宜规久远”，不可于“始事之时，即悉索以供”，“若沿海各省因筹办防务，急于自顾，纷请停缓协济，则西北有必用之兵，东南无可指之饷，大局何以能支”？

其后果必然是“扶起东边，倒却西边”，这是不足取的。

同治十三年（1874）十一月底，地方督抚对筹办海防的复奏已基本汇齐，正准备进行由朝廷亲贵、部院大臣参加的“廷议”时，同治皇帝突然于十二月初五日驾崩，廷议遂推迟到第二年春天。光绪元年（1875）正月二十九日，朝廷颁旨，要求亲郡王、大学士、六部、九卿等大臣“切实会议”海防。廷议的内容更远远超出总理衙门原奏六条的范围，实质上成了收复新疆还是放弃新疆的一场原则争论。

时任文华殿大学士兼直隶总督李鸿章，声势显赫，大权在握，有相当一部分廷臣和地方督抚响应他，主张暂停西征。光绪帝的生父、醇亲王奕譞，一面承认防御沙俄是“不刊之论”，一面却又说“李鸿章之请暂罢西征为最上之策”，表面取折中态度，实则反对西征。此时，英国驻华公使威妥玛为保住英国在新疆的利益，通过李鸿章施加影响，以阻止清军西征。同治十三年（1874）十月，威妥玛向李鸿章建议，把伊犁让与俄国，天山南路则给阿古柏，以缓和英、俄矛盾。在威妥玛的授意下，李鸿章提出了停撤西征军、放弃新疆的主张。光绪元年（1875）正月初七日，李鸿章参加完同治皇帝丧礼回到天津，写信给私交甚厚的河南巡抚钱鼎铭（字调甫，江苏太仓人，曾入李鸿章幕府），要他“抗疏直陈”，并授意他奏请抽调回在西征军前线的宋庆部豫军，以削弱西征军实力。第二天，又写信给署江西巡抚刘秉璋（字仲良，安徽庐州人，为淮军大将），对刘秉璋赞成收复新疆进行指责：“尊意岂料新疆必可复耶？复之必可守耶？此何异盲人坐屋内说瞎话。”大骂这个老部下“大肆簧鼓，实出期望之外”。二月初十日，李鸿章在写给山西巡抚鲍源深（字华潭，安徽和州人）的信中说，收复失地的主张使“各省财力分耗太多，西陲恢复无期，已成无底之壑”。

在李鸿章的尽力游说之下，一时间，“边疆无用论”“得不偿失论”“出兵必败论”占了上风。例如，刑部尚书崇实上奏提出新疆“纵能暂时收复，万里穷荒，何益于事？”山西巡抚鲍源深更上奏认为西征会大伤国家元气，他说：“若不顾心腹元气之伤，锐攻四肢疮痏之疾，窃虑肢体之疫未疗，而心腹元气愈亏”“耗费于边陲，竭财于内地，何以异是”。又说：“边地荒遐，回情狡谲，恐非克日成功之举”“万一贻误戎机，悔将何及！”其他朝廷大臣也纷纷攀附李鸿章的意见，反对出兵西征。

光绪元年（1875）二月初三日，朝廷密谕左宗棠：

见在通筹全局，究应如何办理之处，著该大臣酌度机宜，妥筹具奏。

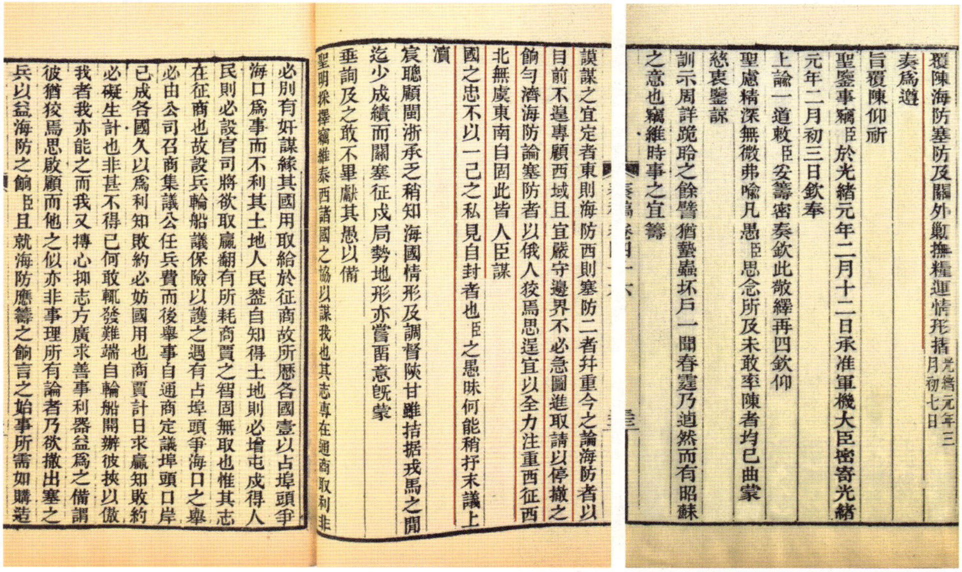

覆陳海防塞防及關外剿撫糧運情形摺 光緒元年三月初七日
奏爲遵
旨覆陳仰祈
聖鑒事竊臣於光緒元年二月十二日承准軍機大臣密寄光緒
元年二月初三日欽奉
上諭一道敕臣妥籌密奏欽此敬繹再四欽仰
聖慮精深無微弗喻凡愚臣思念所及未敢率陳者均已曲蒙
慈衷鑒諒
訓示周詳跳踉之餘譬猶蟄蟲坏戶一聞春霆乃適然而有昭蘇
之意也竊維時事之宜籌
謨謀之宜定者東則海防西則塞防二者并重今之論海防者以
目前不遑專顧西域且宜嚴守邊界不必急圖進取請以停撤之
餉勻濟海防論塞防者以俄人狡焉思逞宜以全力注重西征西
北無虞東南自固此皆人臣謀
國之忠不以一己之私見自封者也臣之愚昧何能稍抒末議上
瀆
宸聽顧閩浙承乏稍知海國情形及調督陝甘雖拮据戎馬之閒
迄少成績而關塞征戍局勢地形亦嘗留意旣蒙
垂詢及之敢不畢獻其愚以備
聖明採擇竊維泰西諸國之協以謀我也其志專在通商取利非
必別有奸謀緣其國用取給於征商故所歷各國壹以占埠頭爭
海口爲事而不利其土地人民蓋自知得土地則必增屯戍得人
民則必設官司將欲取贏翻有所耗商賈之智固無取也惟其志
在征商也故設兵輪船議保險以護之遇有占埠頭爭海口之舉
必由公司召商集議公任兵費而後舉事自通商定議埠頭口岸
已成各國久以爲利知敗約必妨國用也商賈計日求贏知敗約
必礙生計也非甚不得已何敢輒發難端自輪船開辦彼挾以傲
我者我亦能之而我又搏心抑志方廣求善事利器益爲之備謂
彼猶狡焉思啟顧而他之似亦非事理所有論者乃欲撤出塞之
兵以益海防之餉臣且就海防應籌之餉言之始事所需如購造

左宗棠关于复陈海防塞防及关外剿抚粮运情形的奏折

左宗棠接旨后，于四月十二日立即上呈一道约五千言 的《复陈海防塞防及关外剿抚粮运情形折》和《遵旨密陈片》，详细分析了敌我双方形势，提出了具体的应对方略。明确指出：

> 窃维时事之宜筹，谟谋（即指君臣谋议政事）之宜定者，东则海防，西则塞防，二者并重。

左宗棠强调：

> 今若画地自守，不规复乌垣（即乌鲁木齐），则无总要可扼，即乌垣速复，驻守有地，而乌垣南之巴里坤、哈密，北之塔尔巴哈台各路，均应增置重兵，以张犄角；精选良将，兴办兵屯、民屯，招徕客、土，以实边塞，然后兵渐停撤，而饷可议节矣……若此时即拟停兵节饷，自撤藩篱，则我退寸而寇进

左宗棠任陕甘总督时的留影（1874年，俄国总参谋部来华考察团随团摄影师鲍耶尔斯基摄）

尺，不独陇右堪虞，即北路科布多、乌里雅苏台等处，恐亦未能晏然。是停兵节饷，于海防未必有益，于边塞则大有所妨，利害攸分，亟宜熟思审处者也！

针对“新疆无用”“得不偿失”等言论，左宗棠强调：

天山南北两路旧有富八城、穷八城之说，北自乌鲁木齐迤西，南自阿克苏迤西，土沃泉甘，物产殷阜，旧为各部腴疆，所谓富八城者也。

他还曾说了一段意义深远的话：

重新疆者，所以保蒙古；保蒙古者，所以卫京师。西北臂指相连，形势完整，自无隙可乘。若新疆不固，则蒙部不安，匪特陕、甘、山西各边，时虞侵轶，防不胜防，即直北关山，亦将无晏眠之日。（《左宗棠全集·奏稿六·遵旨统筹全局折》）

文祥

武英殿大学士、军机大臣文祥（字博

川，瓜尔佳氏，满洲正红旗人）也认为“以乌垣为重镇，南钤回部，北抚蒙古，以备御英、俄，实为边疆久远之计”，遂“排众议之不决者，力主进剿”。

据此，慈禧太后拍板，朝廷终于下定了收复新疆的决心。

挂帅西征，以身许国

光绪元年（1875）三月二十八日，朝廷发出六百里加急谕旨，任命左宗棠为钦差大臣督办新疆军务，授予筹兵、筹饷、指挥全权，并将镇迪道划归陕甘总督管辖。

左宗棠不顾自己年老多病，抱着衰年报国之心，毅然承担了这个重任。他在家书中袒露了当时的心情：

> 危疆重寄，义无可诿，惟有尽瘁图之，以求无负。其济，则国家之幸，苍生造福；不济，则一人当之可也。

他在另一封家书中写道：

> 西事艰阻万分，人人望而却步，我独一人承当，亦是欲受尽苦楚，留点福泽与儿孙，留点榜样在人世耳。（《左宗棠全集》，第十三卷《家书诗文》，第 124 页）

收复新疆时的左宗棠

他坚定决心加紧筹备，准备与敌人生死决战，誓死收复新疆。

要想一举收复沦陷 10 多年之久的新疆，谈何容易！在整个收复新疆的过程中，一些

左宗棠在新疆

有正义感的人一直都在为左宗棠的安危暗暗担心。从当时国内外的形势分析，其担心不无理由。中国历史上，从汉唐到清初，凡用兵新疆，都是在国家处于强盛时期，要对付的只是政治、经济、军事等比较落后的民族分裂势力。而现在，国家经历了20多年的内战，又受到西方列强的不断侵略，战败后，接二连三地割地赔款，生产遭到极大破坏，经济临近崩溃，民穷国弱，政治腐败，财政凋敝，国库空虚，军粮无着，朝廷无可用之兵，武器装备落后，路途艰险，士兵水土不服，畏缩不前……士兵在前方与敌浴血战斗，常常三五个月、六七个月领不到军饷，有时甚至连饭都吃不上，行军时，士兵每人背一袋生薯，既充饥又解渴。所有这些数不胜数的困难，都只能靠左宗棠自行筹划解决。他常常因此寝食难安。

而左宗棠面对的敌人，除了阿古柏侵略军，还有背后支持他的沙俄和英国两大强敌。即使战胜了阿古柏，如果英、俄出兵，左宗棠能打得过他们吗？对此，左宗棠非常清醒，他认为：

> 安集延帕夏（指阿古柏占领军）狡悍能战，将来非数大恶战不能结局；俄在外国最称强大，战阵与泰西各国大略相同，

火器精利，亦复相似。(《左宗棠全集》，第十一卷《书信二》)

至于朝廷，虽然将筹兵、筹饷、筹粮和指挥西征军的全权交给了左宗棠，但如果西征失败，必然会招致政敌群起攻之，谤声四起毁之。朝廷决不会替他承担责任，因为上谕早就说得清清楚楚："如果各军逗留不前，则罪在主将。倘因粮饷不继，致误戎机，唯左宗棠是问。"责任推得一干二净。如果西征失败，新疆没有收回，左宗棠理所当然将成为朝廷替罪羊，等待他的将是什么下场，担心他的人心里清楚，左宗棠心里更清楚。

面对常人无法想象的困难，面对敌我悬殊的军事实力，面对极其险恶的政治环境，左宗棠仍然力排众议，他强调说："我之疆索，尺寸不可让人！"究竟是什么原因，使左宗棠置个人安危于不顾，冒死西征，携棺进疆呢？从他给朝廷的两份奏折中，或许能找到初步答案。

臣本一介书生，辱蒙两朝殊恩，高位显爵，出自逾格鸿慈，久为生平梦想所不到，岂思立功边域，觊望恩施？况臣年已六十有五，正苦日暮途长，乃不自忖量，妄引边荒艰巨为己任，虽至愚极陋，亦不出此。而事顾有万不容已者……伊犁为俄人所踞，喀什噶尔各城为安集延（指阿古柏等入侵者）所踞……若此时即便置之不问，似后患环生，不免日蹙百里之虑。(《左宗棠全集》，第六卷《奏稿六·新疆贼势大概片》)

在另一份奏折中说：

微臣衰朽菲才，又值衰病侵寻，志虑钝竭，何敢不自忖量，谬以自承？顾念臣子之义，厥重匪躬，疆埸攸司，则无他诿。自从戎伊始，即矢尽瘁驰驱，岂头白临边，忽易初志？(《左宗棠全集》，第六卷《奏稿六·督办新疆军务敬陈筹画情形折》)

他在写给一位老部属的信中说：

失此不图，恐此后求如目前局势，不可得也。

以上奏折和书信的意思是，他蒙两朝恩宠，已位高权重，是做梦都没想到的。现在已年暮体病，哪里还会有立功高升和争强好胜的想法。最愚钝也不会为争个人名利，去担这份自不量力的艰巨任务和极大的风险。他所以承担这个责任，是看到沙俄侵占了伊犁，阿古柏在俄、英支持下侵占了新疆10多年，如果还不用兵收回，再拖下去就难以收回了。这样，后患无穷，作为朝中大臣，他责无旁贷，不能推诿。为此，他已经把自己的生死安危置之度外了。正是这种以身许国的伟大精神，激励着他义无反顾率部迎着“朔雪炎风”“由秦逾陇以达关外”，踏上了坎坷不平、荆棘丛生的征程，投身万里荒漠，置身艰难困苦、生死未卜的险恶战争环境中。

妥善处理涉外事件

索斯洛夫斯基

正当左宗棠被授以钦差大臣督办新疆军务的大权之时，远在云南发生了一起涉外事件。英国一名翻译官名马嘉理，从印度到云南“游历”，被驻在腾越（今腾冲）的清军杀害。英国公使威妥玛当即扬言，要调印度兵由缅甸攻打云南，配合俄国人由伊犁进军，以牵制西征军。朝野上下听到威妥玛的威胁，于是又议论纷纷，他们深怕英俄二国一从西南、一从西北，互相勾结，共同进犯。这时正有俄国军官索斯洛夫斯基等5人来华

“游历”，准备取道甘肃回国。于是许多人又怀疑俄使已经受威妥玛煽诱，来甘肃是为了探虚实，搞情报。一些人纷纷告知左宗棠，千万不要将我军弱点暴露给俄国人，要谨慎对付。

左宗棠对俄使将到西北的消息，倒觉得不必大惊小怪。这批俄使是上年奉命来华的，那时还没有发生马嘉理事件，他们来甘肃一定另有目的。只要坦诚相待，接之以礼，示之以威，没有什么可畏惧的。至于西北战祸已十余年，地方凋敝，想掩盖也无从掩盖。

不久，索斯洛夫斯基一行 5 人来到兰州。左宗棠以礼接待，请他们住在节署内，每隔一天和他们共进餐一次，谈论天下大势，并示以中国收复新疆的决心，也从谈论中了解一些俄国的情况；有时左宗棠还和他们讲讲孔孟之道。索斯洛夫斯基似懂非懂，但很有礼貌地端坐静听。索斯洛夫斯基还向左宗棠表示，如要军火，俄国也可以接济。左宗棠告诉他，军中储备的军火已足够用，谢绝了俄国的帮助。索斯洛夫斯基一行 5 人在兰州住了一个月，临行前几天，他忽然和左宗棠说：“这几年我们曾派人到西宁、大通、肃州、甘州一带了解情况，知道中堂办事妥帖周到，各族民众都很畏服，不知中堂也听到没有？”左宗棠回答说：“我对于人家恭维的话，向来不大注意，我所作所为，不过是求理之所在、心之所安而已。”索先恭维了这么一句，接着乘机说：“我这次在城固时，有教民来见我，要求官府免减税金，务请中堂多多照顾。”左宗棠听这话不对，这是干预内政了，立即回答他：“这一类事你们外国人不宜干预。”他又斥责翻译官糊涂，索斯洛夫斯基碰了一鼻子灰。

索斯洛夫斯基原是俄国总参谋部的军官，曾带兵侵入伊犁。这次来华，且深入西北，显然有他的秘密使命。他在谈话中有意无意地泄漏了俄人曾往西宁等地侦察。左宗棠也早已得知，他表面上是来通商买茶，暗地里是来窥探虚实的。左宗棠以礼相待，接受了他们合理的要求，并显示了清军强盛的阵容和收复新疆的决心。如果俄人胆敢侵犯，也不惜一战。索斯洛夫斯基摸到了底，于是以贸易为由转了个弯，与左宗棠订了运粮500万斤到古城子的协议，他们就回国了。

左宗棠分析当时的国际形势，认为英、俄既互相勾结，又有矛盾；既互相联姻，又是仇家。英国不愿俄中友好，俄国也不愿英中友好。如果中国不能自强，英、俄都会欺侮，如果中国强大起来，英俄都没有什么可怕。他将俄使来西北的情况详细上报，朝廷上下的疑虑这才消除，威妥玛的阴谋没有得逞，一场由马嘉理案件引起的风波，也就烟消云散了。

千方百计筹措军饷

兵马未动，粮草先行。左宗棠东征西讨，所向无敌，靠的是顽强意志与超人的智谋，但对手下的将士而言，更多的却是物质刺激。为了解决粮饷、军械及其他后勤保障，中国出现了最初的官商结合联盟——左、胡联盟。咸丰十一年（1861）开始，浙江商人胡雪岩与左宗棠结交，协助左宗棠平定太平天国、创办福州船政，左宗棠奉旨西征时，胡雪岩在上海为西征军筹借军饷、办理采运、提供情报，被左宗棠保荐授布政使衔从二品官阶，成为赫赫有名的红顶商人。

胡雪岩

光绪二年（1876），左宗棠筹备西征收复新疆，但面临筹粮、筹转运、筹饷的诸多困难，尤其是筹饷之难。当时，清政府的财政入不敷出，捉襟见肘，不但中央“部藏无余”，各省也“库储告匮”。要收复新疆，却拿不出钱来。左宗棠统领的西征军，每年的军费支出约800多万两白银，国库计划拨500万两，但户部实际拨付到位只有200万两，缺口达四分之三之多，根据左宗棠奏请由各省协饷的建议，

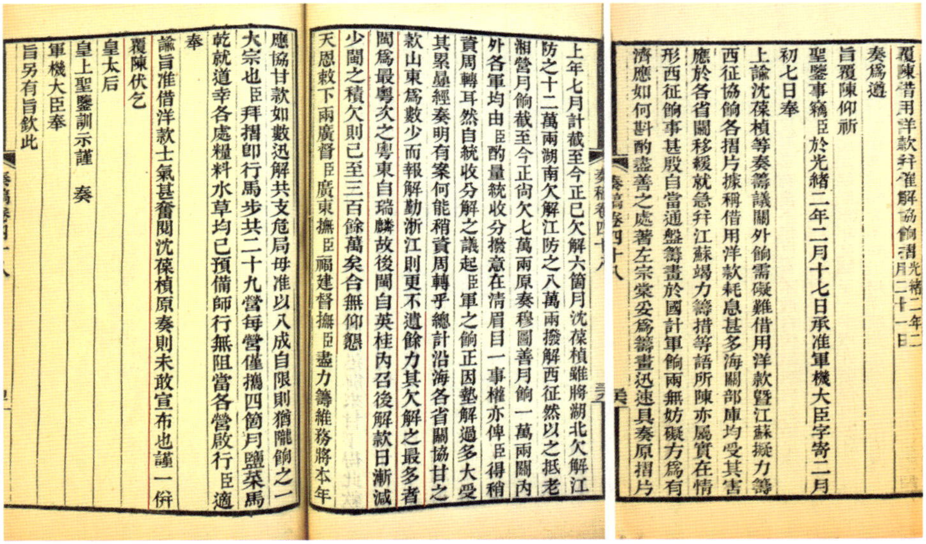
覆陳借用洋款幷催解協餉請 光緒二年二月二十一日
奏爲遵
旨覆陳仰祈
聖鑒事竊臣於光緒二年二月十七日承准軍機大臣字寄二月
初七日奉
上諭沈葆楨等奏籌議關外餉需礙難借用洋款暨江蘇擬力籌
西征協餉各摺片據稱借用洋款耗息甚多海關部庫均受其害
應於各省關移緩就急幷江蘇竭力籌措等語所陳亦屬實在情
形西征餉事甚殷自當通盤籌畫於國計軍餉兩無妨礙方爲有
濟應如何斟酌盡善之處著左宗棠妥爲籌畫迅速具奏原摺片

上年七月計截至今正已欠解六箇月沈葆楨雖將湖北欠解江
防之十二萬兩湖南欠解江防之八萬兩撥解西征然以之抵老
湘營月餉截至今正尚欠七萬兩原奏穆圖善月餉一萬兩關內
外各軍均由臣酌量統收分撥意在清眉目一事權亦俾臣得稍
資周轉耳然自統收分解之議起臣軍之餉正因墊解過多大受
其累曡經奏明有案何能稍資周轉乎總計沿海各省關協甘之
款山東爲數少而報解勤浙江則更不遺餘力其欠解之最多者
閩爲最粵次之粵東自瑞麟故後閩自英桂內召後解款日漸減
少閩之積欠則已至三百餘萬矣合無仰懇
天恩敕下兩廣督臣廣東撫臣福建督撫臣盡力籌維務將本年

應協甘款如數迅解共支危局毋准以八成自限則猶隴餉之一
大宗也臣拜摺卽行馬步共二十九營每營僅攜四箇月鹽菜馬
乾就道幸各處糧料水草均已預備師行無阻當各營啟行臣適
奉
諭旨准借洋款士氣甚奮閱沈葆楨原奏則未敢宣布也謹一併
覆陳伏乞
皇太后
皇上聖鑒訓示謹　奏
軍機大臣奉
旨另有旨欽此

左宗棠复陈借用洋款并催解协饷的奏折

朝廷分配各省、海关协饷的数额为 300 万两，各省、关“又皆以海防为急，塞防为缓”拖欠不能足额交纳，实际到位的只有一半左右。为了摆脱窘境，左宗棠只好请求朝廷批准借外债以充军费。此举颇受李鸿章及沈葆桢、曾纪泽等大员及朝野舆论谴责，左宗棠本人亦很痛心。最后，清政府提出了一个方案，于三月初一日发出上谕：

> 该督既以肃清西路自任，何惜筹备巨款，俾敷应用，以竟全功？加恩着于户部库存四成洋税项下拨给银二百万两，并准其借用洋款五百万两，各省应解西征协饷提前拨解三百万两，以足一千万两之数。

左宗棠精打细算，最终并没有借那么多，分别于 1875、1877、1878、1881 年四次共借款 1375 万两。

左宗棠权衡利弊，以西征大局为重，重息借外债，从经济观点看当然不合算，但如果没有这笔贷款，西征军没有物资保证，根本不能出关，而收复新疆的大业，将成泡影。付出这个经济代价，收回了 166 万多平方公里的新疆，其价值是这个经济代价根本无法比拟的。

多措并举筹办军粮

要取得进兵新疆的胜利，必须做好各方面的准备工作，其中包括做好充分的物质准备工作。因为“战争就是两军指挥员以军力、财力等项物质基础作地盘，互争优势和主观能力的竞赛”。对于西征的物质准备工作，左宗棠是非常重视的。

关于筹粮和运输问题，左宗棠曾说：“粮、运两事，为西北用兵要着。”出关作战，战线长达数千里，军队要跋涉于浩瀚的沙漠，翻越峻峭的天山，地瘠民贫，这对军粮的筹集和物资的运输十分不利。同治十三年（1874），左宗棠在写给沈葆桢的信中说：“西事筹兵非难，惟采买、转运艰阻万状。”为了供应军队急需的粮食，左宗棠决定分南、北两路加紧筹集，北路于归化（今呼和浩特市）设“西征采运总局”，在包头设分局，以知府陈瑞芝、提督衔总兵肖兆亢负责。据记载，这一路从光绪元年（1875）三月至五月，陆续运至巴里坤的军粮约有 40 余万斤（每运一百斤需运费银八两左右）。

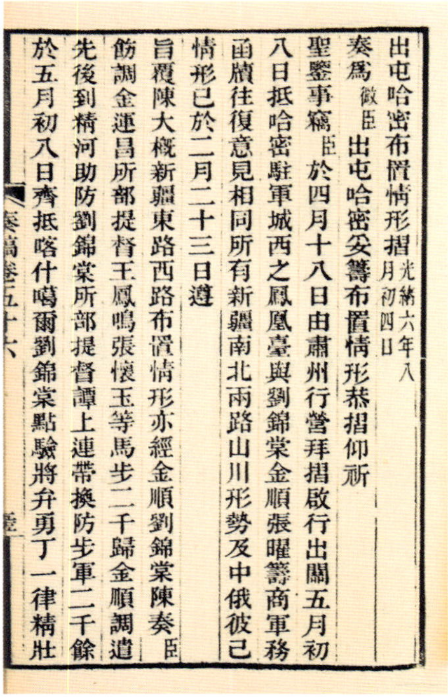
出屯哈密布置情形摺 光緒六年八月初四日
奏爲 微臣 出屯哈密妥籌布置情形恭摺仰祈
聖鑒事竊 臣 於四月十八日由肅州行營拜摺啟行出關五月初
八日抵哈密駐軍城西之鳳凰臺與劉錦棠金順張曜籌商軍務
函牘往復意見相同所有新疆南北兩路山川形勢及中俄彼已
情形已於二月二十三日遵
旨覆陳大概新疆東路西路布置情形亦經金順劉錦棠陳奏 臣
飭調金運昌所部提督王鳳鳴張懷玉等馬步二千歸金順調遣
先後到精河助防劉錦棠所部提督譚上連帶換防步軍二千餘
於五月初八日齊抵喀什噶爾劉錦棠點驗將弁勇丁一律精壯
奏稿卷五十六

出屯哈密布置情形折

此外，左宗棠还继续在宁夏采购军粮，并派人到乌里雅苏台、科布多

（今均属蒙古国）一带开辟粮源；南路主要是指河西走廊的凉州、甘州、肃州一带，从同治十二年（1873）到光绪元年（1875），在这里共采购粮食17.5万石，到光绪元年（1875）六月时，肃局存现粮3万余石；安西局存现粮100多万斤；哈密局除供应张曜部军粮外，存现粮130万斤。此外，光绪元年（1875）五月，俄国总参谋部军官索斯洛夫斯基到达兰州，窥探虚实，左宗棠却借机与他签订了一个购粮500万斤的合同，规定由斋桑淖尔（南距塔城256公里）包运到古城子，粮价与运费总计每100斤需银七两五钱（当时由安西运粮至古城子每一百斤需银十一两左右），计划在年内运到200万斤，第二年春、夏间再运足300万斤。

在筹措军粮时，左宗棠以政治家的眼光，注意处理好军民关系。河西走廊历经战乱，百姓生活困苦，张曜率“嵩武军”于同治十二年（1873）十二月二十二日进抵玉门后报告说：“沿途经过村堡悉成瓦砾，地田荒废，其遗黎力能自耕者，不过十之一二，余俱流离颠沛。”但当时清军云集，需粮数目很大，仅同治十三年（1874）张曜就在这一带购军粮19万多石，相当于战乱前全省一年的额赋。这个数字已经很大了，可一些部队还要加价征购，对这种竭泽而渔的做法，左宗棠坚决反对，他指出：

> 价愈增则富者之欲未厌，而贫者之苦愈甚，揆之事理，实不可行。且新粮订买已多，民间搜括殆遍。本属实在情形；夺民食以饷军，民尽而军食将从何出乎？

左宗棠深知，解决军粮问题不能单靠征购。因此于采办之外还十分重视屯田，他说：“历代之论边防，莫不以开屯为首务。”同治十三年（1874）三月，张曜率“嵩武军”进驻哈密，左宗棠立即指示他：“哈密既苦兵差，又被贼扰，驻军其间，自非力行屯田不可。”为调动军队屯田的积极性以收实效，左宗棠强调在屯垦中必须严格管理，赏罚分明，兼顾国家、军队、百姓三方面的利益。他提出：“每日出队耕垦，均插旗帜，分别勤惰”，而“最要是照粮给价，令勇丁均分，庶勇丁有利可图”；“营、哨官出力者，存记功次优奖，否则记过”；还要求“每哨雇本地民人一二名当夫，给以夫价，以便询访土宜物性”。他认为在制度完善后，军屯可以有四大好处：

各营勇丁吃官粮做私粮，于正饷外又得粮价，利一；官省转运，利二；将来百姓归业，可免开荒之劳，利三；又军人习惯劳苦，打仗更力，且免久闲，致生事端，容易生病，利四。

这就是左宗棠所说的“兵屯要策”。关外屯田，通过兴修水利效果显现出来，光绪元年（1875），张曜率“嵩武军”开垦荒地19000多亩，获粮数千石；光绪二年（1876），又收获粮食5160石。

张曜

在兴办军屯的同时，左宗棠还强调要搞好民屯。他一针见血地指出了以前出关将领在屯田问题上只筹军食、不顾百姓的错误：

从前诸军亦何尝不说屯田，然究何尝得屯田之利，亦何尝知屯田办法，一意筹办军食，何从顾及百姓！不知要筹军食，必先筹民食，乃为不竭之源。否则，兵欲兴屯，民已他徙，徒

西征军在新疆屯的田

费兵力兴屯，一年不能敷衍一年，如何得济？

他又分析以前屯田的种种弊端，认为这样的屯田不但收不到实效，而且祸害百姓，影响极坏。有关将领“其志不在恤民、不在济军，惟勒派取盈以顾目前而已。预借籽粒，秋后数倍取偿。民不能堪，弃耕避匿，则系累其家属，追呼迫索，至不可堪。故立开屯之名，而地亩转荒也。即哈密言之，缠回（指维吾尔族）先有二三万余口，今只存二三千口……逃入吐鲁番者多也”。这些分析，是非常深刻的。

左宗棠认为，要办好民屯，必须注意做到：由官给赈粮，给种子、牛力，秋后照价买粮，使当地缠民（维吾尔族百姓）有利可图；还要整饬军纪、吏治，“用廉干耐劳苦之人，分地督察，勿任兵勇丝毫扰累，勿于银粮出纳时稍有沾染。”左宗棠特别嘱咐张曜，当地缠回“如借籽种，假牛力，发农器，散赈粮，皆不可吝”。张曜原规定缠回借种子一石，秋后缴粮四石，左宗棠认为“此则毋庸计较，但能纳本上仓，待明年出借，即可允行”，指示放宽借贷条件，只要“纳本”即可。并说：“若民屯办理得法，则垦地较多，所收之粮除留籽种及自家食用外，余粮皆可给价收买，何愁军粮无出？”

用心良苦筹划转运

西北战事万分艰难，“筹饷难于筹兵，筹粮难于筹饷，而筹运转犹难于筹粮。”从军事的角度讲，没有后勤保障，是不可能打赢一场战争的。关于运粮问题，左宗棠主张关内以车和驴、骡运输为主，关外以驼运为主。在此以前，原主管后勤保障事务的袁保恒赶造了许多大车，以运送军粮。但这一方案是背离西北地区实情的，因为一辆大车的运载量最多为 600 斤，而由肃州运抵巴里坤，需 30 多日，牲畜饲粮和人夫口粮即超过 600 斤，这样运输，岂非劳而无功！更何况中间还要经过天山，“天山岭脊，石径荦确，向无辙迹”，满载军粮的车辆要翻山而过，其艰难险阻，可想而知！对此，左宗棠有充分的认识和对策，他说：“大抵西北转运，以驼只为宜，为其食少运重，又能过险也。”据不完全统计，从凉州以西运粮至肃州、哈密、巴里坤、古城子、乌鲁木齐、吐鲁番等地段，曾使用过的运输工具（并非常备）计约有：大车 5000 辆，驴骡 5500 头，骆驼 29000 头。这些运输工具，对于运送大批军粮和军需物资仍远远不够，所以，西征军士兵除携带武器和其他必要装备外，还不得不肩负一

左宗棠西征军雇民工节节转运粮食的队伍在前进中

部分粮食和饮水。左宗棠饬令西征粮台从南方购运的红薯，既有充足的水分，不用煮熟就可以生吃，又能作为粮食充饥，深受西征军将士们的欢迎。

在运输方式上，左宗棠采取“节节转运”的短途运输办法，他指示部下：“此四字须细心理会”。为什么要这样强调呢？因为“长运疲牲畜之力，又为日太久，稽核不能迅速，故改短运为宜”。为了加快运输速度和扩大运输量，左宗棠很重视组织民运，他认为“转运一事，固非借民力不可”，并强调“购驼不如雇驼，官车不如用民车”，这是因为受雇者对自己车辆、牲畜的爱护远胜于官驼和官车的管理人员。既然要借助民力，自然要爱惜民力，左宗棠处理官民关系的原则是：“大约官与民交涉之件，总须官肯吃亏，但不可太亏耳。”对出关军队强征民间牲畜，甚至扣留不还的扰民行为，左宗棠十分震怒：“饬巴里坤镇、镇迪道严行示禁。”在写给金顺的信中，更义正词严地指出：

> 天下事不外人情物理，乌有倒行逆施而能济事者乎？用兵所以卫民，今卫民之效未闻，而虐民之事则无不毕具，不知主兵者于目前事势、日后事势亦曾涉想否？

由于左宗棠多方努力，西征军所需粮草、军械经分途采运，达到了预期目的，到光绪二年（1876）军事行动即将开始之时，“三路粮运成数可稽者已4000余万斤”，截至四月，“巴里坤存粮可600余万斤，安西、哈密之粮运至古城者可400余万斤，存储待运者尚千万斤”，“俄粮之运古城者，截至四月，得480余万斤。”到光绪二年（1876）初夏，在安西、哈密、巴里坤、古城子等前沿地区已集中了约2480万斤军粮。

对其他军需物资的补给，左宗棠也预先做了妥善安排：在上海设立了采办转运局，由胡光墉主持，负责购运枪炮、弹药，筹借外债，搜集情报；又在汉口设立后路粮台，转运从上海采购的军需物资；并在西安设立了一个总粮台和一个军需局。

改善装备，察析敌情

同治十二年（1873）初，设在兰州的兵工厂——甘肃制造局正式投产，除改造中国旧式火器外，还“能仿造德国（普鲁士）螺丝炮（来复线炮）及七响枪”。光绪元年（1875），左宗棠又在兰州建立火药局，其生产的优等品已能同进口火药相媲美。对出关各军的火力配备，左宗棠也设法予以调整和充实，尽可能使之拥有比较先进的武器：金顺出关时，配给开花大炮（即炸炮，为前装野战炮）一门，并派懂技术的总兵邓增（字锦亭，广东新会人）带领炮手随同出关；张曜出关时，配给连架劈山炮十门（劈山炮是一种旧式火绳引爆的迫击炮，后经甘肃制造局改制，用后膛开花弹，炮架改为鸡脚式，原需 13 人施放，改造后只需 5 人），德国造后膛来复线大炮一门，七响后膛枪（为新式连发枪，西方于 19 世纪 70 年代始发明）十杆；桂锡桢马队出关时，配给德国后膛开花大炮一门。西征军的主力刘锦棠部装备最优，除原有的枪炮外，出关时配给包括新式大炮在内的各种火炮十多门，各种枪支千余杆。与此同时，还建立了一支专业化的近代炮兵——侯名贵（字桂舲，湖南长沙人）炮队。这支炮队于光绪二年（1876）八月初四日出关，二十五日抵哈密，“计后膛炮十二具，弁勇百有十六人”。各西征军的武器，除已有配备外，还有较为充足的储存，据左宗棠

甘肃制造局的武器弹药运往战场途中

说，光绪元年（1875）时，兰州“由沪所解来福枪尚存万数千支”。甚至美国南北战争时期新发明的加特林机枪，也被成批采购，装备到西征军将士手中。所以，有人说收复新疆之役，“得力于枪炮者居多”。

西征军装备了当时世界最先进的后膛枪和落地开花大炮

此外，左宗棠还奏请朝廷对出关各营“所需添买骡驼、马匹、皮棉衣裤、锣鼓、皮碗、口袋等物，应预备棚帐、旗帜、号褂，应更换军械、火器、火药，应增筹军行粮饷、军需各项，转运、采制、津贴各项，均应宽为筹备。”对一些有利于指挥作战的仪器设备，左宗棠也尽量采购，如前线指挥官就使用了双筒望远镜。对于这样一支西征军，英国人包罗杰评论说：“这支在东土耳其斯坦（指新疆）的中国军队完全不同于所有以前在中亚的中国军队，它基本上近似一个欧洲强国的军队。”

为了做到“知己知彼”，左宗棠很重视对敌情的搜集分析。他多次派人出关了解阿古柏窃据新疆的各种情况，因而“远迩曲折皆晰”。他还通过在上海筹办军需的胡光墉了解各国动向，搜集外交情报，以配合军事行动。对英、俄争霸亚洲的矛盾，左宗棠有自己的看法，他指出：“俄、英倏婚媾，倏仇雠，十余年前尚战争不已，彼此忌嫉，至今如故。其衅端则肇于争印度、争土耳其。”为了利用英、俄矛盾，集中力量消灭阿古柏集团，左宗棠主张暂不涉及伊犁问题，他说：“此时俄人交还伊犁一节，暂可置之不论”，“俾得一意南路”。

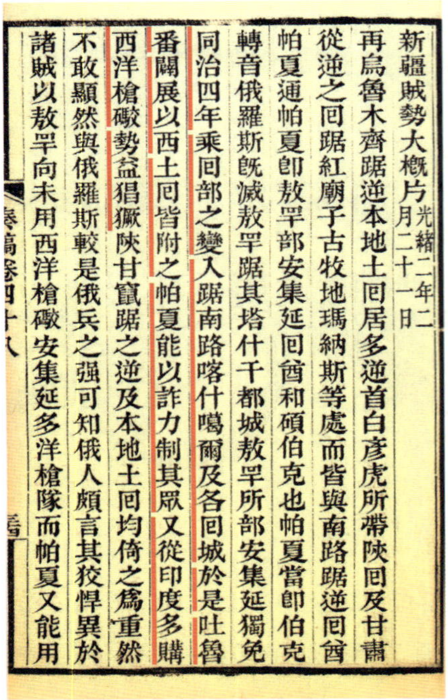
新疆賊勢大概片光緒二年二月二十一日
再烏魯木齊踞逆本地土回居多逆首白彥虎所帶陝回及甘肅
從逆之回踞紅廟子古牧地瑪納斯等處而皆與南路踞逆回酋
帕夏通帕夏即敖罕部安集延回酋和碩伯克也帕夏當即伯克
轉音俄羅斯既滅敖罕踞其塔什干都城敖罕所部安集延獨免
同治四年乘回部之變入踞南路喀什噶爾及各回城於是吐魯
番闢展以西土回皆附之帕夏能以詐力制其眾又從印度多購
西洋槍礮勢益猖獗陝甘竄踞之逆及本地土回均倚之為重然
不敢顯然與俄羅斯較是俄兵之強可知俄人頗言其狡悍異於
諸賊以敖罕向未用西洋槍礮安集延多洋槍隊而帕夏又能用

左宗棠关于新疆敌情的奏折

当西征军即将出关时，社会舆论普遍持怀疑态度，即使支持出兵的人也认为乌鲁木齐虽不难收复，但“乌垣既克，宜赶紧收束，乘得胜之威，将南八城及北路之地，酌量分封众建，而少其力”。左宗棠则坚持用武力收复全疆，他分析新疆的形势说：

俄踞伊犁，安集延踞喀什噶尔，皆腴疆也。我纵克乌鲁木齐各城，扼各处总要，重兵巨饷，何从取给，亦终必亡。藩篱一撤，强敌日肆凭陵，恰克图、库伦、张家口皆战场矣！

收纳商贩，随补军需

西征军出关收复新疆的粮饷、武器装备等后勤保障问题筹划基本解决后，最让左宗棠伤脑筋的事，是长途物资转运，如何解决七八万西征军官兵的军需及日常生活必需品的供应问题。大军陆续出关后，行军作战，居无定所，面对茫茫戈壁，人烟稀少，征途遥远，归无定期，官兵日常不可缺少的日常用品和食品，如毛巾、肥皂、鞋袜、手套、腿带、针线、茶叶、烟叶、辣椒、青菜、食盐、药材等物资，即使有钱也无处购买。百思无策之时，前线总指挥刘锦棠看到许多因生活所迫，追赶西征军大营做售卖日用品生意的商贩，就向左宗棠提议：对商贩进行保护、统一管理，使之成为随军售卖军需的编外补济队。此建议得到左宗棠认可，才解决这个难题。

天津杨柳青商贩，在“赶大营”途中

跟随左宗棠部队向官兵售卖做生意起于同治七年（1868），最早的随军商贩是天津杨柳青人安文忠。受其影响，越来越多的天津杨柳青人跟随他来到西北左宗棠大营周围招徕生意，因为他们是跟随着军营做生意，故称“赶大营”。左宗棠将其收归编外军需补济队后，除原有的四五百名天津杨柳青的“赶大营”商贩外，后来也有很多陕西、山西、甘肃等西北的商贩也赶来加入。当时随大军出关“赶大营”的商贩达千人之多。从此，“赶大营”得到了官方的正式认可。后来“赶大营”的队伍日益壮大，到收复南疆时，出现了“三千货郎满天山”的空前盛况。

一大批天津杨柳青人和西北人，背井离乡，身负道义，或肩挑货担或身背货篓或牲口驮运，跟随西征军一边行军，一边售卖，走上了一条漫无人烟的艰险路途，帮助西征军解决了难备和奇缺的日常必需的食用品难题。新疆收复后，他们大都留下在新疆安居，由行商转为坐商，加入了繁荣当地商贸流通、建设新疆的阵营。

调兵遣将，挥师出关

要战胜强敌，收复新疆，必须组建一支精锐之师，但当时参加收复新疆的部队成分相当复杂，派系林立。计有刘锦棠的“老湘军”（包括左宗棠部“楚军”、马德顺的“顺字营马队”），张曜的“嵩武军”（包括一支800人的宋庆旧部），金顺的混合军团（包括金顺旧部“英字营”“礼字营”，此

刘典

外尚有马玉崑的“军胜营”、胡飞鹏的“健锐营”、孔才的“定西营”、徐学功的“振武营”以及吉江马队、靖边马队等），徐占彪的“蜀军”，易开俊的“安远军”，金运昌的“卓胜军”，董福祥、马占鳌的汉、回甘军等。各军的素质、武器配备和战斗力的强弱，均不相同。而且参加西征的部队分别来自湖南、河南、四川、安徽、陕西、甘肃、新疆、黑龙江、吉林等省区，成分庞杂，颇难统一指挥。

其次，左宗棠考虑的是遣将的问题。左宗棠奏请任命刘锦棠总理行营营务处，率“老湘军”全军出征。这个职务相当于前敌总指挥，是左宗棠的主要军事助手。刘锦棠当时年纪刚三十出头，任三品卿衔西宁兵备道，年龄、资历、官阶都很低，但是左宗棠大胆果敢地使用他。又奏请以刘典帮办陕甘军务，留驻兰州。刘典曾任陕西巡抚，老成持重。少年时与罗泽南为友，曾随左宗棠转战各地，来西北后，因母老告假回湘奉养。这次西北紧急，又被左宗棠请了出来，主持后方重任。刘锦棠和刘典，一个在前方作战，一个在后方管理民政和后勤工作。朝廷还接受左宗棠建议，将原关外各军统帅景廉及原副手袁保恒调回；宋庆的淮军调回潼关；任命金顺为乌鲁木齐都统帮办新疆军务，督率关外各军；

临水堡（今甘肃酒泉市肃州区临水乡）西征军在此建的瞭望塔旧貌

任命陕西巡抚谭钟麟（字文卿，号云觐，湖南茶陵人）督西征饷事。

左宗棠在任命将领时，着眼于他们的实际才能，不以个人好恶为取舍标准。比如，刘锦棠“倔强不服”，又“性本挥霍”，左宗棠考虑到他精于战阵，在军中亦有威望，便于出关时将该部列为第一主力。张曜为人平实，颇具政治眼光，治军严谨，又能顾全大局，所以很受左宗棠的信任，称其有“治事之才，人不易及”。同时，左宗棠还注意选拔青年将领，畀以重任。“总理湘军营务”罗长祐“识略过人”，左宗棠“爱其才，壮其气”，出塞从征时只有29岁。

为提高部队的战斗力，左宗棠还对临时组建的西征军进行了精简整顿。坚决惩治悍将，裁减冗兵。驻守肃州高台的原乌鲁木齐提督成禄号称率有马步十六七营，实则不过五六营，这位满洲将领视边塞为安乐窝，“蓄养戏班，相为娱宴”。更严重的是，他在这一带横征暴敛，滥杀无辜，劣迹累累，民怨沸腾。左宗棠奏准朝廷，将其革职治罪，所部由金顺并统。原乌鲁木齐都统景廉所部号称三十四营，实际是空架子，只有兵员8500余人。左宗棠坚决予以裁并，编成十九营，由金顺接统，使金顺所部增至四十营。天山北路收复后，左宗棠又将金顺部裁去一半，成为二十营。左宗棠直接指挥的主力也由一百八十多营精简至一百四十一营，接着又将原署陕甘总督穆图善旧部四营半裁撤。这样所有西征军将士总人数约7万人。左宗棠强调“道远运艰，不能用众”，边塞用兵“在精不在多”。

紧接着，左宗棠对整顿后的军队进行了严格训导和近似实战的演练。

经过对军队的裁冗选精，对将领的惩处、撤换、调整，对将士的严格训练，特

左宗棠
西征军简表

将领	兵力
刘锦棠	湘军25营　回军数营
张曜	嵩武军16营　旗兵马队若干
金顺	40余营
徐占彪	蜀军7营
金运昌	卓胜军10营
易开俊	湘军7营
谭上连	湘军4营
徐万福	湘军4营
合计	约70 000人

西征军构成简表

训练中的西征军骑兵

西征军某步队在训练射击

正在操练的西征军步

今天的“营门村”即当年左宗棠收复新疆时大本营营门处遗址

别是在左宗棠爱兵如子、同甘共苦、率先垂范、公正廉洁、血性担当的人格魅力感召下，这支临时组合的“乌合之众”变成了能以少胜多的精锐之师。

在派金顺、张曜、额尔庆额各军出关之后，左宗棠开始派主力军西进。光绪元年（1875）夏，左宗棠在兰州召开有“老湘军”分统以上将领参加的军事会议，“会商办法”，决定由刘锦棠“自定出关马步二十余营，以缓行速战为义”。年底，再召刘锦棠至兰州，将防堵白彦虎逃脱的方案“备细告知，并以地图指示”。

左宗棠收复新疆时驻肃州（今酒泉市）大本营旧照

光绪二年（1876）正月到二月，刘锦棠率“老

西征军主力誓师出关

湘军”陆续从凉州向肃州进发。二月初八日，“帮办陕甘军务”的刘典至兰州，左宗棠将后路事务交托后，于二月二十一日率亲兵步骑2000余人离兰州西上，三月十三日抵达肃州，在城东南设置大本营，就近指挥。同月，“老湘军”总统刘锦棠与左宗棠“熟商进兵机宜”后，率主力中的精锐马步二十四营（步兵十七营、骑兵七营），前后分四批出星星峡，向哈密进发。其顺序是汉中镇总兵谭上连率所部先发，宁夏镇总兵谭拔萃继之，陕安镇总兵余虎恩又继之。四月初三日，刘锦棠亲率大军启程。闰五月初二日（6月23日），提督陶生林又率马队一营由肃州向古城子进发，出关老湘军总计达二十五营。关外巴里坤与古城子之间八百多华里是重要的交通运输线，为防止敌人骚扰，左宗棠再调“蜀军”徐占彪部五营出关，驻扎巴里坤，以固后路。五月十七日，徐占彪率所部出关，六月初四日抵巴里坤。

“先北后南，缓进急战”

对于收复新疆的战略方针，左宗棠做了准确的表述：“官军出塞，自宜先剿北路乌鲁木齐各处之贼，而后加兵南路。当北路进兵时，安集延或悉其丑类与陕甘窜逆及土回合势，死抗官军，当有数大恶仗。如天之福，事机顺利，白逆歼除，安集延之悍贼，亦多就戮，由此而下兵南路，其势较易，是致力于北而收功于南也。”概括地说，就是“先北路而后南路”，即左宗棠提出的“先北后南”战略方针。是基于对阿古柏集团的兵力部署、新疆的地理环境以及历史经验的分析、判断的结果。当时，阿古柏主力集中于南路，北路则由后来归附的马人得、白彦虎等回军驻守，实力较弱。“大抵新疆贼势，北路轻而南路重”，如果先攻北路，则对整个战局发展十分有利：第一，可以避实就虚，在突破敌人薄弱环节后再进行决战，这样可以先声夺人，鼓舞士气；第二，可以分散敌人兵力，先将阿古柏一部分军队在北路聚而歼之，为向南疆挺进创造条件；第三，占领北路后，取得了前进基地，解除了南下西征军的后顾之忧，从而造成从东、北两面夹击南疆之势。从地形、地貌看，先占乌鲁木齐，南下夺取达坂城，穿越天山，经后沟、干沟，出榆树沟，即可一泻千里。亦可避免主力阻于有“死亡之海”之称的塔克拉玛干沙漠。此外，也有历史经验可以借鉴，18 世纪中叶，清军平定准噶尔与大、小和卓的叛乱也是先北后南，最后统一天山南北路的。

左宗棠为西征军制定的战术方针则是“以缓行速战为义”，“缓行速战”有时候表述为“缓进急战”，是指不打无准备之仗，多作战备，不匆忙进兵，一旦准备好了，军事行动一旦开始，就要速战速决，不可游移迟缓。左宗棠认为：“如果缓进急战，慎以图之，西事或犹可为耳。”他用兵向来谨慎，曾说：“慎之一字，战之本也。”不张狂，不轻敌，打有准备之仗，打有把握之仗，正是左宗棠军事思想的核心。

在确定了战略方针和明确了战术思想之后，左宗棠还注意给予前方统帅以灵活处置之权，因为战场形势瞬息万变，不可能事事都设想到，所以“令其相机办理，不为遥制”，正可谓“将在外，君命有所不从”。在给刘锦棠的批札中更明确表示：“兵事无遥制之理，缓急之宜，分合之用，惟该总统相机酌之。”

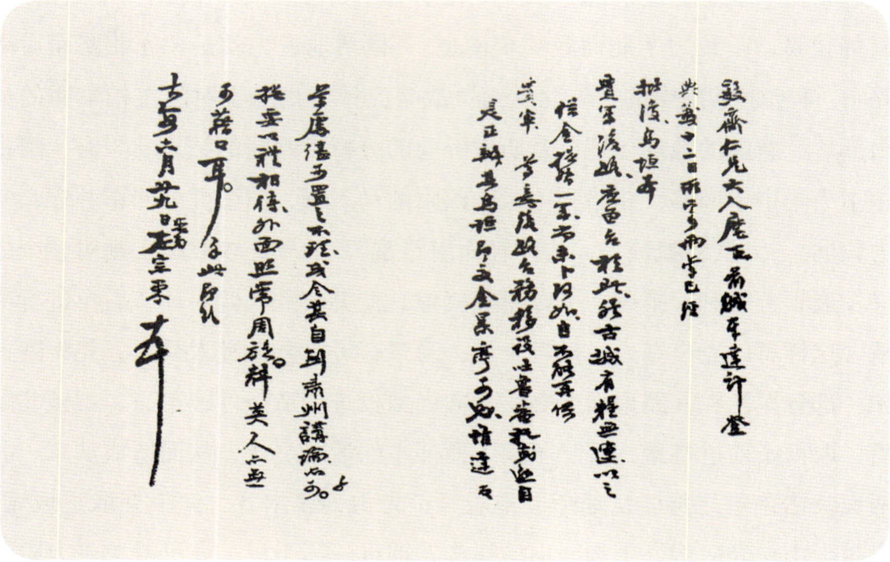

左宗棠致刘锦棠的书信手迹

首战告捷，攻取古牧地

光绪二年（1876）闰五月，刘锦棠大军进抵古城子，金顺军驻屯在距古城子西90里的济木萨。刘锦棠到古城后不久，就率领少数随从轻骑来到济木萨，与金顺会商进攻乌鲁木齐的策略。他们探知乌城比较空虚，只有几千人据守，但是距乌城东北数十里的古牧地，却有回军首领马明和白彦虎重兵扼守，必须攻克古牧地，才能直捣乌城。由济木萨到古牧地还有300余里，济木萨西240里是阜康城，由阜康进军古牧地只有百余里。因此刘锦棠和金顺议定，先攻占阜康，再进攻古牧地，拔去乌城的外围，乌城就唾手可得。

他们将拟定的计划禀报左宗棠，左宗棠同意这个方案，为了防止被围困的敌人四处乱窜，他又命令徐占彪军与金顺军共同保护巴里坤到古城子一线，防止敌人北窜。命驻守哈密的张曜军防止敌人南窜。增调徐万福等五营，分屯安西、敦煌、惠回堡和青头山口。这几处是从肃州经哈密、巴里坤、古城子到济木萨一线的要隘，这一线全长2800余里，是官军主要运道。左宗棠作了周密布置，务必不让敌人截断这条运道，外逃内窜。他特别注意嘉峪关内的青头山口，因为敌人由此可窜入青海和西藏，这样战事就会蔓延。他谕知张曜说："凡山径小道可通人行者，应即严密扼截，务期滴水不漏，始策全功。语云：'千里之堤，溃于蚁穴。'必不可忽略。"他又奏请命驻新疆西北角塔尔巴哈台以及科布多、乌里雅苏台各领兵大臣，增兵防守漠北，以扼阻敌人由北面逃窜入俄罗斯境。

经过周密的布置，对敌人布下了天罗地网，在大举进攻之前，左宗棠再一次向全军申明纪律，严禁杀掠。对于当地少数民族同胞，有些人是在敌人淫威之下，为敌人做过些事，原是迫不得已，只要他们认明大义，回归祖国，一律宽大处理。

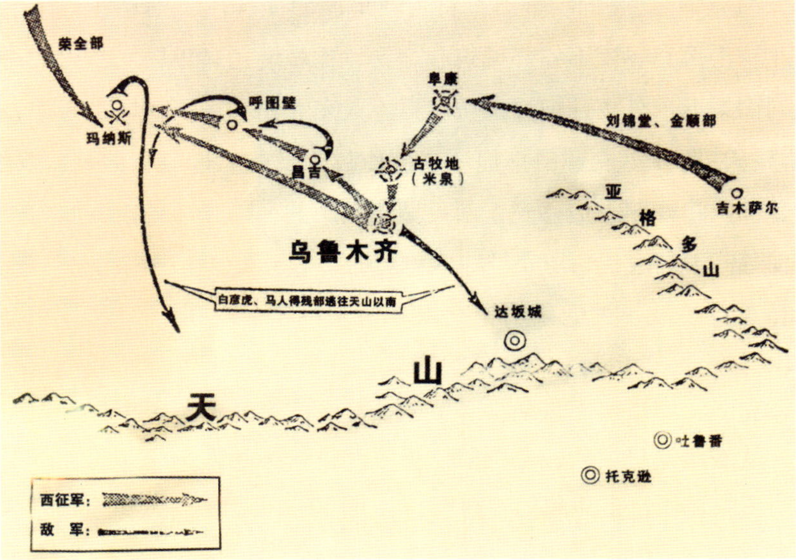

收复北疆战役示意图

六月，刘锦棠率湘军到济木萨，与金顺军会合后，刘、金二军没有费什么力气，就共同进占了阜康城。据守乌鲁木齐的马人得听到大军已逼近，赶紧增派军队到古牧地，又纠合白彦虎残部，准备与西征军决一死战。阿古柏得到乌城紧急的消息后，也派兵从南路来支援。

刘锦棠军队开到阜康以西50里的黑沟驿前，他侦察到有两条路通往古牧地。一条是大路，但要经过戈壁，缺乏水源。另一条是小路，水源充足，但要通过黄田，敌人已在黄田筑卡立栅，防守严密。敌人意图迫使西征军走大道，以断绝官军水源。刘锦棠了解情况后，于是将计就计，派部队集结在大路口的西树儿头子，命兵士们开挖枯井，疏通废渠，忙忙碌碌地准备行军用水，佯装成要沿大路前进的姿态。敌人果然受骗了，以为西征军将由大路进发，暗暗欢喜，对小路放松了戒备。趁敌人不防备之际，大军却于半夜出发，由小路直趋黄田，一路上没有遇到抵挡，刘、金二军迅速抵达黄田城郊，抢先攻占了城外山岗，号角声四起，敌人从睡梦中惊起，惊慌失措，仓促应战。在刘锦棠、金顺两军左右夹击之下，敌骑大败，抛弃辎重， 刘、金二军将古牧地城团团包围，刘军在城南，金军在城北，士兵们昼夜不停环城筑起炮台，比城墙还高出一丈，火力占了优势。刘锦棠下令日夜开炮轰击城墙，不久东北角和东面城墙被轰塌，敌人想去修补，西征军发劈山排炮环攻，使敌人不能靠近。廿七日，罗长祜、杨金龙部队将开花大炮移到正南轰城，其余的一部分准备攻入城内，另一部分准备截击逃敌，一切安排好后，刘锦棠率亲兵坐镇城南山垒督阵。

廿八日凌晨，大炮轰坍了南城墙，刘锦棠见时机已到，下令发起总攻，山垒鼓声大作，这是进军的号令，各营号角齐鸣，齐声响应。谭拔萃、谭和义、谭慎典、董福祥、罗长祜等军的士兵都背负土囊，先将城壕填平，从城墙缺口突入，金顺部队由东北进入，敌人毫无斗志，清军顿时攻占了古牧地城，击毙敌军6000余人，阿古柏援敌数百人也全被歼灭。

古牧地原是由白彦虎重兵驻守，当他听到黄田被攻破后，逃回乌鲁木齐，与当地回军首领马人得会合，及至听到古牧地大败，精锐被全部歼灭，白、马二人惊慌万分，无心恋战，立即率领妇女，带了金银财宝，往南逃遁。

一炮成功，攻克乌鲁木齐

乌鲁木齐“一炮成功”纪念地（今貌）

西征军攻克古牧地之后，缴获了王治、金中万给乌鲁木齐守军的求救信一封，上有马人得的批复：“乌城精壮已悉数遣来，现在三城（指乌鲁木齐、迪化州城及妥明所筑之伪王城）防守乏人，南疆之兵（指阿古柏军）不能速至，尔等可守则守，否则退回乌城，并力固守亦可。”刘锦棠得此重要情报后，当机立断，决定抓住时机乘虚蹈隙，除留下两营扼守古牧地外，率领大军急速向乌鲁木齐挺进，途中不战而攻下七道湾堡。

“一炮成功”纪念炮台上后来安装的旧式铁炮

大军旋即直指迪化州城和王城，架大炮于六道湾的山梁上。守敌白彦虎、马人得万万没有料到清军来得如此快速，一闻炮声，即弃城向达坂城方向仓皇逃窜，西征军兵不血刃占领了乌鲁木齐。后来人们称之为“一炮成功”。

刘锦棠命部队急进，立即将三城收复；又命谭拔萃等部猛追残敌，击毙数百人，追到盐池墩沙漠地带，未再穷追，才收兵回来。阿古柏闻乌鲁木齐告急，认识到它的重要性，赶派五千骑兵来增援，在离乌城280里处，听到乌城已被西征军占领，只得引兵退走。

用兵神速，攻下玛纳斯

西征军收复乌鲁木齐后，左宗棠命刘锦棠部驻守该城，搜捕残敌，处理善后事宜；命金顺挥军西进，攻取乌鲁木齐以西各城。盘踞于昌吉、呼图壁、玛纳斯北城之敌闻风丧胆，未等西征军到达即弃城先逃。西征军兵不血刃，收复了这些城市要隘。唯玛纳斯南城回军凭借城垣坚厚，地形有利，负隅顽抗。

金顺部从七月中起，就将玛纳斯围住，围攻了一个月，没有得手。刘锦棠派谭拔萃、罗长祜湘军来增援，署伊犁将军荣全也从塔尔巴哈台率兵来助攻。在大军围攻之下，城墙多次被轰裂，回军反复修堵，终于抵挡不住。九月初一日，玛纳斯回酋被大炮轰毙。十九日，回酋海宴要求投降，金顺同意了，命他们出城交出军械。廿一日，回军数千人带军械出城，金顺发现有诈，命大军严阵以待，由徐学功命令回军将军械丢下来，这时回军突然开枪扑来，西征军奋起反击，将诈降的回军歼灭。玛纳斯南城于是收复。

至此，新疆北路除伊犁一地外全部收复。这一次战役，仅历时三个月，可谓神速！也足见前线将领刘锦棠、金顺等充分贯彻了“缓进急战”的战术意图。

维、汉协力，闪击达坂城

阿古柏得知北路全失，十分惊慌，但他仍然企图凭借天山之险，负隅顽抗。他的主力都在南疆，派去北疆支援的人不多，损失不大；加上逃来的马人得、白彦虎等残部，拼凑了兵力27000余人。达坂城是天山要隘，他派大总管爱伊德尔呼里坚守；又命马人得守住吐鲁番，派白彦虎协助；在托克逊筑下三城，互为犄角，命二儿子海古拉率死党守住。

达坂城

“达—托—吐”三城形成的三角地区，是北疆进入南疆的门户，命令必须死守。他自己则退到托克逊以南800余里的喀喇沙尔，指挥全线军事。

西征军下一步就是进攻南疆。左宗棠对军事形势的分析是：“南路敌军重兵扼守在达坂城、吐鲁番、托克逊三处，官军南下，必有数恶仗。三处攻下，夺取南疆将势如破竹。”他对进军作了周密部署，派刘锦棠全军自北而南，进攻达坂城；张曜、徐占彪军自东而西，合攻吐鲁番；金顺军留防北疆，待达坂城、吐鲁番两城收复后，再合军进攻托克逊。为了防止孤军深入，后路无继，他又奏请调驻包头统领金运昌率马步兵5000余人出关增援。金运昌曾在甘肃宁灵会同湘军作战，左宗棠赏识他尚气节、耐劳苦、作战勇敢；他也多次请求随左宗棠西征，朝廷同意了所请。还增派侯名贵、章洪胜、方友升三营出关，加入刘锦棠军中，任务是搜捕后路逸寇，保护通道，将粮食、军火源源不断运到乌城储备待用。

光绪三年（1877）二月，前线部队已休整三个多月了，士兵们情绪高昂，斗志旺盛，刘锦棠尤其是急性子，等得不耐烦了，几次向左宗棠请求发兵，但那时金运昌率“卓胜军”刚出关，还没有到达驻地，左宗棠仍按兵不动。直到三月，“卓胜军”已开到古城子至乌鲁木齐一线驻防，原驻该处的湘军得以换防南进，天山冰雪也已化冻，于是左宗棠发出总攻令，命令全军首先攻下南疆门户达坂城、吐鲁番、托克逊三角地带，按原定计划分三路并进：刘锦棠率湘军由乌城出发，越岭而南，直攻达坂城；张曜“嵩武军”先遣孙金彪率五营进驻东西盐池，然后督大军自哈密西进；徐占彪“蜀军”自巴里坤同日进发。

西征军总共兵力约五十营，共两万余人，从北、东两方面向“达—托—吐”三角地前进。金顺军留守北疆西部地区，监视伊犁俄军动向。

左宗棠再次申明纪律，严禁杀掠，对于各族同胞附敌反正者，一律宽待。

刘锦棠、张曜、徐占彪三军同时向“达—托—吐”三角地区进发。他们首先拔除了敌人外围据点，刘锦棠军于三月初三日进抵柴窝营寨，他立即命令余虎恩、董福祥等率马军九营，谭上连、谭和义等率步军四营，乘夜进军，衔枚疾走，务必于黎明前直抵达坂城下。达坂城敌人事先引了湖水灌注城外周围的沼泽地，自以为有险可守；又侦察西征军攻克乌鲁木齐后，迟迟不前进，已有几个月，因而放松了戒备。刘锦棠的马军于半夜到达了达坂城郊外，因为沼泽地注满了水，一片淤泥，深及马腹。兵士们都下马踏过泥水，直逼城下，顷刻将四城团团围住。当天明雾散时，城上的敌人才发现已被包围，惊慌失措，赶紧命令加强防守，枪炮齐鸣，向城下西征军猛烈轰击。因为西征军的大炮还没有运到，刘锦棠命令将士们围城四周筑壕据守，暂时按兵不动。

准备出师收复南疆的“老湘军”士兵合影照

当天中午，刘锦棠骑马亲自在城外战壕前巡视，城上子弹如雨而下，他的随从亲兵被枪弹击伤，他的坐骑也被击伤；他跳下马，换了一匹骑上，又继续巡视，城内敌人也不敢出击。

两天以后，谭拔萃的后援军到达，运来了几门开花大炮，于是立即赶筑炮台，准备攻城。正当这时，从山后来了数百名敌军增援的骑兵，陶生林和余虎恩从两路分头抄袭，敌军败退，百余人被歼，陶、余二军追赶了几里路，前面又有千余敌骑，正在向达坂城前进，败退的敌骑奔进敌人大队中，大队见势不妙，也赶紧掉头逃走了。

阿古柏在南疆的统治极其不得人心，他采取一套民族压迫、经济剥削、特务监视的极端野蛮、残酷的手段。所有地方和军队的官员都由安集延人担任，他们可以随意抢夺居民的财物，甚至抢夺他们的妻女。没有法律，不讲道理，安集延人肆意横行。当时杜勃罗文《普尔热瓦尔斯基传》记载：“在现今的南疆是很难生活的，无论是人身安全和财产，都没有保障，人人都为明天担心。”不仅在南疆，各族同胞过着非人的生活，当阿古柏侵略者到达北疆后，也在那里“大杀回汉居民”，剩余的人则强迫迁到南疆。各族同胞对安集延人无不痛恨万分，听到清军到来，都暗暗欢欣鼓舞，有些人还冒险向西征军递送情报。达坂城被西征军围困后，也有一

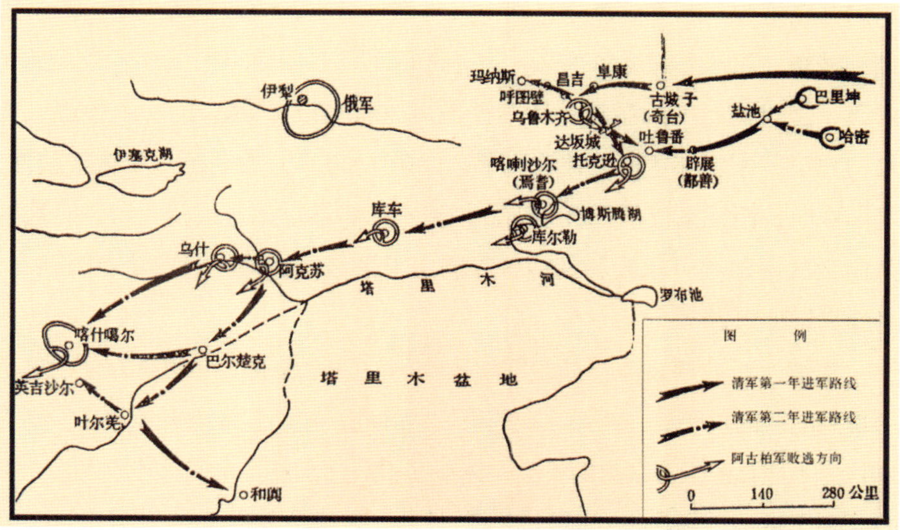

左宗棠率军收复南疆的作战示意图

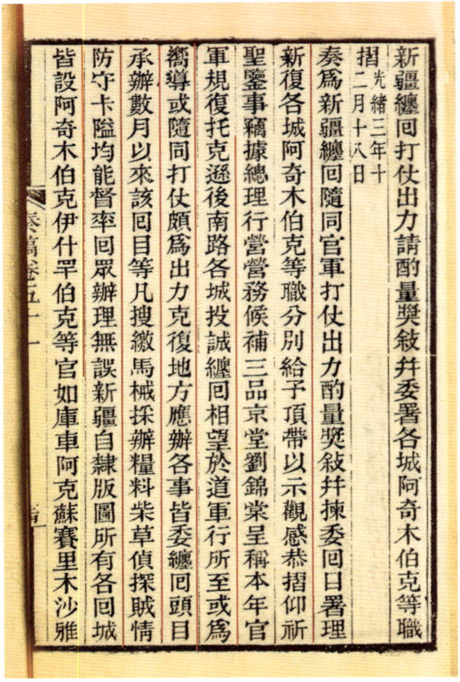

新疆纏回打仗出力請酌量獎敘并委署各城阿奇木伯克等職
摺 光緒三年十二月十八日
奏爲新疆纏回隨同官軍打仗出力酌量獎敘并揀委回目署理
新復各城阿奇木伯克等職分別給予頂帶以示覯感恭摺仰祈
聖鑒事竊據總理行營營務候補三品京堂劉錦棠呈稱本年官
軍規復托克遜後南路各城投誠纏回相望於道軍行所至或爲
嚮導或隨同打仗頗爲出力克復地方應辦各事皆委纏回頭目
承辦數月以來該回目等凡搜繳馬械採辦糧料柴草偵探賊情
防守卡隘均能督率回衆辦理無誤新疆自隸版圖所有各回城
皆設阿奇木伯克伊什罕伯克等官如庫車阿克蘇賽里木沙雅

左宗棠奏请朝廷奖励协助西征立功的维吾尔族民众

些维吾尔族同胞冒险从城中逃出来，向西征军报告城中敌人因为久盼援军不至，已经绝望，准备逃跑的情报。

刘锦棠得到这项重要情报后，立即命令各军加强戒备，防止敌人逃走。到了夜间，各营都将火把点起，照耀如同白昼，使敌人无处可以逃遁。各门大炮对准城上炮台和城墙猛烈轰击，敌人炮台接连被打塌，城墙也轰塌多处。忽然一枚炮弹正好击中城中弹药库，一声巨响，如山崩地裂，顷刻间浓烟弥漫，一片火海，加上正刮大风，火借风势，迅速蔓延开来，弹药库里的开花炮弹不断砰砰爆炸，城中人马伤亡惨重，敌人丧魂失胆，纷纷集结到城东，想从东门逃窜出来，但是西征军已在四面牢牢围住，敌人插翅难飞，经过短时间的激战，敌军被击毙 2000 余人，其余的纷纷投降，南疆门户第一座要塞达坂城被攻克了，俘虏 1300 人，缴获枪炮军械千余件，马 800 匹，西征军仅伤亡百余人。刘锦棠命将敌俘解赴肃州大营，对被胁从附敌的南疆维吾尔族和其他各族同胞千余名一律释放，发给衣服粮食，各遣送回原籍。

重镇达坂城的攻克，是左宗棠预料的“数大恶战”中的第一仗，也是一次闪电式的攻坚战。西征军在达坂城的胜利，使南疆敌人大为震动。刘锦棠认为不能让敌人有喘息的机会，休整几天后，于三月十一日连夜发兵，次日，全军抵达白杨河，刘锦棠命令罗长祜、谭拔萃分率 3000 劲旅挺进吐鲁番，与张曜、徐占彪两军会师；自己率领7000主力部队直捣托克逊。

相继收复托克逊、吐鲁番

当刘锦棠军到达距托克逊不远的小草湖时，托城中的维吾尔族同胞久受安集延人的压迫，冒险逃出城来，向西征军报信说："安集延敌人听到达坂城失守，恐慌已极，准备逃窜；白彦虎的叛军正在各处村庄烧杀掳掠，希望官军速进，解救当地老百姓。"刘锦棠认为事不宜迟，即命黄万鹏率马队向托克逊先行进发，自己亲率大军分路接应。托城敌军没有料到官军来得这样快，仓促应战，从四面包围黄万鹏军。黄万鹏军纵横冲击，刘锦棠接应的大军及时赶到，分从几路驰入，将敌围冲散，杀散。敌军主帅海古拉下令纵火烧城，自己先弃城而逃，残余的敌军也纷纷溃逃。刘锦棠命谭上连等率军追击败寇，自己率大军进入托克逊城，安抚了当地维吾尔族同胞和从吐鲁番、哈密裹胁来的各族同胞共约2万余人。

当西征军进攻达坂城时，徐占彪和孙金彪两军也进展神速。他们度过

吐鲁番古城遗址

托克逊河谷遗址

风沙莽莽的戈壁，三月初八日攻破七克腾木，第二天，乘胜攻占了吐鲁番东南的辟展，敌人望风而逃，西征军追斩了安夷首领才米邪斯；十二日，分路克复了鲁克沁、连木沁台和胜金台各城；十三日，两军会合，由哈拉和卓城直捣吐鲁番。看到西征军突然来到，城中敌军倾城而出，与城外守卡敌军和从达坂城、托克逊逃来的敌军会合，在距城十余里许与西征军遭遇，准备迎战。不料刘锦棠派来的罗长祜、谭拔萃3000西征军突然从北路攻来，宛如飞将军从天而至，敌人猝不及防，惊骇万分，军心已乱，在三军夹击之下，大败弃城而逃。三军合势又追击数十里，再回头进入吐城，缴获安集延所储存的大量军粮火药。吐鲁番还有一座汉城，是由马人得据守，马人得看到大势已去，只得率领全城军民万余人出城迎降，吐鲁番全境收复，南疆门户“达—托—吐”三角地全部收复。

南疆门户之战是一次关键性的战役，西征军收复吐鲁番、托克逊、达坂城，是一次重大胜利，是“用兵神速”的结果。从光绪三年（1877）三月初一日刘锦棠军从乌鲁木齐出发，到三月十三日官军克复托克逊和吐鲁番，一共只花了13天。左宗棠对这次战役很满意，说：“实西域用兵以来未有之事。”这次战役歼灭敌军2万余人，约占阿古柏总兵力半数，阿古柏匪军受到了一次毁灭性打击。

左宗棠于是派道员雷声远到吐鲁番，安抚被裹挟的各族同胞；又命张曜、刘锦棠二军将巴里坤存粮运来吐城，转输托克逊，以备进军南疆之用，留徐占彪和孙金彪两军驻守吐鲁番。金运昌军进抵古城，左宗棠奏请任他署乌鲁木齐提督。一切安排已定，只等军粮运到，计划到秋天就大举南下。

阿古柏毙命

吐鲁番和托克逊被西征军攻占后，南疆门户洞开。阿古柏的精锐部队又已损折大半，他感到十分恐慌。维吾尔族同胞对阿古柏的残暴统治，早就深恶痛绝，他们听到西征军即将来到，互相转告，准备配合官军随时起义。阿古柏看到自己日益孤立，自知大势已去，前途渺茫，日夜忧伤哭泣；光绪三年（1877）四月十七日凌晨，阿古柏在库尔勒服毒自尽（一说病死）。

阿古柏的次子海古拉（哈克胡里）听到父亲死讯，赶紧从喀喇沙尔赶来，将资财军械都交给白彦虎，叫他坚守库尔勒，自己运送阿古柏的尸体往西逃走。他逃跑途中经过库车、阿克苏，将到达目的地喀什噶尔时，在克孜勒苏河桥上遇到长兄伯克胡里率领的人马，伯克胡里趁海古拉不备，将弟弟杀死，自己率部占据了喀什噶尔。喀什有满、汉两城，伯克胡里派他的党羽占守满城，命清军叛将汉人守备何步云守汉城。又派兵去征讨占据阿克苏、自立为汗的部下阿克木汗。阿克木汗被打败，逃入俄罗斯。原来投靠阿古柏的南疆上层分子看到西征军逼近，阿古柏已死，形势不妙，纷纷向西征军投降，敌占各城的维吾尔族同胞则日夜盼望官军到来，准备起义配合。

伯克胡里众叛亲离，已经陷入十分孤立的绝境。只有白彦虎率溃败的回军占据开都河西岸，还在观望最后的形势。他从陕西一路逃来，从来不敢和清军打硬仗，逃到关外，投入阿古柏的怀抱，现在眼看大势已去，也准备好了一条最后逃亡的道路。

力主作战到底，收复全疆

形势对西征军非常有利。全军已做好准备，等军粮运到，就一鼓作气，收复新疆。

此时，英、俄欲利用阿古柏政权达到鲸吞和瓜分新疆的目的，采取了种种卑劣手段，阻止左宗棠收复南疆，其中的手段之一是让李鸿章、库伦办事大臣志刚、郭嵩焘出面说服清朝廷决策者放弃收复南疆，实行南、北疆划界分治。

譬如：库伦办事大臣志刚就上奏曰：

> 西事今昔不同，英、俄两大国表面上不与我争，暗地里却帮助阿古柏入侵之敌，实深可虑。宜于天山南北安置兵勇，招徕农商，为深根固本之计。然后与两大国从长计议，划定疆界，庶不至与接为构，进退维谷。

他的意思很明显，如果进攻南疆，英、俄就会参战，中国将进退不得。只有放弃收复南疆，与英、俄讲和。“划定疆界”，南北分治，与从前李鸿章提出的意见如出一辙。

光绪三年（1877）时候的总理衙门

朝廷中还有些人附和他们的意见。

左宗棠再次据理驳斥，他写信给总理衙门：此时正有机可乘，能一举收复失地，为何要行此划地缩守之策？如此怎能巩固边疆，对强邻示以不可轻侮？将来追究贻误大局之人，老臣不能任也。即使时论一致赞同妥协，我也坚持要作战到底。

朝廷再次同意了左宗棠的意见，下诏说："关外军情顺利，吐鲁番等收复后，南八城门户洞开，自当乘胜底定回疆，歼除丑类，以竟全功。惟计贵出于万全，事必要诸可久。"朝廷仍然信任左宗棠，询问他南八城的情况，并嘱他对伊犁失地"前此未遑兼顾，此次如能通盘筹画，一气呵成，于大局方为有裨"。最后说："该大臣亲总师干，自以灭此朝食为念。而如何进取，如何布置，谅早胸有成竹，为朝廷纾西顾之忧。其即统筹全局，直抒所见，密速奏闻，以慰廑念。"

左宗棠于是上奏，报告了阿古柏自杀的情况，还提出了对西北形势的看法，他说：自古以来，中国边患，西北比东南严重，因为东南以大海为界，形格势禁，敌人难以攻入；西北则广漠无垠，专靠兵力强弱。兵少难以抵挡敌人，兵多又耗费资财；言防，又无险可守，言战，又无舟楫转运之便。最后，他提出"为新疆划久安长治之策"，必须"设行省，改郡县"。这是一项重大的、意义深远的策略。当时南疆和伊犁地区还没有收复，设行省的建议被搁置了下来，但是朝廷采纳了他的坚持收复全疆、保蒙古、卫京师的意见。

收复喀喇沙尔、库车、阿克苏、乌什

西征大军集结吐鲁番、托克逊一带。吐鲁番是新疆的热点，明代称"火州"。它的热和巴里坤的冷、安西的风并称为关外三绝。当时正是伏暑，左宗棠决定等秋高气爽再向南八城进军。南八城是乾隆二十四年（1759）平定南路后，建立的八座城池，即：喀什噶尔、英吉沙、叶尔羌、和阗、阿克苏、乌什、库车和喀喇沙尔。吐鲁番是南八城门户，官、兵、商、民来往南八城都要通过这里。由吐鲁番往西，经喀喇沙尔、库车、阿克苏、叶尔羌、英吉沙，直抵喀什噶尔，计程约4000里，比乌城到伊犁还要远三倍。南八城是阿古柏入侵后的根据地。

南疆东四城：喀喇沙尔、库车、阿克苏、乌什，是西征军进军南八城首先要攻克的地方。光绪三年（1877）秋天，军粮到齐，天气也凉爽了。左宗棠派刘锦棠军为先锋，所部三十二营于八月西进；张曜军为后队，于九月初继进；徐占彪军回防巴里坤至古城一线，总兵易开俊率马步七营增防吐鲁番。八月初一日，刘锦棠命汤仁和、董福祥、张俊、张春发率部分别由苏巴什、阿哈布拉、伊拉湖进兵曲惠，初十日大军在曲惠会集，他们的第一个目标是托克逊西南的库尔勒。

刘锦棠两路出兵，一路大军正面进攻，另一路从背侧绕来，出奇制胜。八月三十日，他亲率各军沿大道经过和硕向开都河前进，向库尔勒正面进攻；另外，早在三天前他已派余虎恩和黄万鹏率一支奇兵，取道乌沙（什）塔拉，沿博斯腾湖南岸向西潜行，包抄库尔勒之背，出其不意，攻其无备，准备一举歼灭据守库尔勒的白彦虎回军。

开都河发源于天山南麓，由南向东流经库尔勒、喀喇沙尔，注入博斯腾湖。白彦虎逃到库尔勒后不久，听到西征军已经追来，赶紧又向西逃走。渡过开都河后，命其部队掘开河堤，企图利用洪水阻挡西征军

左宗棠西征军运粮队伍翻越路途艰险的天山

前进。顷刻，洪水漫流百余里，淹没了库尔勒和喀喇沙尔两城和附近的村落、房舍、人畜、庄稼。当地的维吾尔族同胞纷纷逃往山中，来不及逃走的老弱妇孺，被淹死无数。

刘锦棠军队在向开都河进军途中，遇到一片汪洋大水，水深处可淹没头顶，浅处也淹及马背，阻挡了去路。大军只得绕道而行，通过120里碱地，才到达开都河东岸。士兵们赶紧架设浮桥，修筑车道，将上流堵塞，继续前进。九月初一日进入喀喇沙尔，只剩一座空城。城中水深数尺，城内外官舍民房都被白彦虎军烧毁了，老百姓都跑光了。还有几百名蒙古族和维吾尔族同胞，躲藏在附近山中，听到西征军收复喀喇沙尔，都纷纷回来，他们帮助西征军找到水浅可渡的地方，大军轻骑减装，渡过了开都河。初三日，进抵哈尔哈阿满沟时，正遇到一小股敌骑往西逃走，追擒到二人，据供白彦虎和各城胖色提已挟裹维吾尔族同胞逃往库车，当天余虎恩和黄万鹏的奇兵也从小路赶到，与大军会合后，一同进入库尔勒，也只剩一座空城。两支部队一连赶了几天路，疲劳已极，加上军粮已吃光了，大部分粮食在渡河时都留在东岸，人马又困乏，又饥饿。原以为进了库尔勒，可以筹划到粮食，不想城内阒无人烟。刘锦棠急命部队四处寻找粮食。城中还有少数百姓没有逃走，他们知道西征军缺粮后，热心主动地来帮助找粮，西北气候干燥，当地百姓习惯将粮食藏在地窖中，由于维吾尔族同胞的引导，士兵们掘到了藏粮数十万斤，解救了燃眉之急。

3天后，后路粮食源源运到。派出的侦察兵回来报告，敌人正在策达雅尔和洋萨尔，强迫当地维吾尔族同胞西行。刘锦棠当即挑选了精壮骑兵2500名，乘夜疾进，搭救维吾尔族难胞，不让敌人有喘息的机会，第二天抵达策达雅尔，得悉敌人已由洋萨尔挟裹大批维吾尔族难民往西逃走。刘锦棠命部队赶紧追去，傍晚时分，到达布告尔，遇上了千余敌骑，部将黄万鹏、谭拔萃率军奔入敌阵，敌人稍一接战，立即逃走，被歼百余人。黄万鹏、谭拔萃二军一路且战且追，一直追到第二日天明。晨曦微露，远远

刘锦棠

望见前面黑压压一片，似有数万敌骑，正在向西缓缓移动。用望远镜观察，阿古柏侵略军只有千余人，其余都是扶老携幼、赶着车牵着牛的维吾尔族难胞。刘锦棠下令部队急追上去，只许追杀阿古柏侵略军，对维吾尔族同胞要悉心保护，不许伤害。阿古柏侵略军看到西征军紧追不舍，就命令停下来准备抵挡一阵，西征官兵气势正盛，人人勇猛向前冲杀，正如一堵铜墙铁壁，压向敌阵。敌人抵挡不住，心惊胆丧，丢弃了裹挟的维吾尔族同胞，纷纷向库车方向逃走。

刘锦棠命军队暂停前进，先安抚难民，命部将陶生林部护送他们回家乡安居，难胞无不欢天喜地。刘锦棠部队继续追击叛军，一路上又解救了几万名维吾尔族和蒙古族同胞。

当西征官兵追到距库车数十里处时，阿古柏侵略军数千人摆开了阵势，准备迎战。刘锦棠下令分兵五路：黄万鹏、崔伟军由右进攻；章洪胜、方友升由左进攻；谭拔萃、张俊率步兵为左右接应；罗长祜军居中路；刘锦棠率后军坐镇。两军对阵很久，还没有决出胜负。刘锦棠指挥后军突然冲向前阵，五路军一齐压过去，阿古柏侵略军猝不及防，首领马由布当即被杀死，侵略军看到主帅被杀，丧失了斗志，纷纷溃逃。西征军连夜追赶 40 里，歼灭千余人，于第二天收复库车。由库尔勒追击到库车，行程 900 里，只用了 6 天，救出维、回、汉同胞 10 余万人。

刘锦棠一面向左宗棠报捷，一面命部队马不停蹄，立即向拜城前进，直指阿克苏重镇。左宗棠得到胜利喜讯后，复信给刘锦棠，要他办好善后事宜，在各收复城市设局放赈，督促劝教百姓耕种和放牧。随后要修理道路，添造船只，修设驿站，以便利军民、客商来往。

九月十四日，刘锦棠部队进抵和色尔，距拜城已不远。据守拜城的是维吾尔族首领阿克奈木厘。当白彦虎率残部来到拜城时，阿克奈木厘已到城门外迎接。白彦虎又施惯技，要强迫维吾尔族同胞和他一起西逃。阿克奈木厘拒绝随他逃亡，白彦虎就将其杀死，城内维吾尔族官民十分愤怒，立将城门紧闭，抗拒白彦虎进城。白彦虎看攻不下城，西征官兵又从后追来，就急忙将城外村庄抢掠一空，放火焚烧而逃。

西征军进抵拜城时，维吾尔族同胞打开城门出迎，人人欢欣鼓舞。刘锦棠听说白彦虎已裹挟了部分难民西逃，就留下方友升军镇守拜城，亲自领兵连夜急追，务必要将难民救回。那时正值深秋，南疆属于大陆性气候，一到夜幕降临，气温骤降，朔风怒号，草原和沼泽地霜凝冰结。刘锦棠率部队乘夜踏冰急追，天明后追到木扎提河前的铜厂，正遇上白彦虎叛军驱赶一大群难民渡河。刘锦棠挥师猛进，歼敌无数，白彦虎率残部匆匆渡河逃走。西征大军救回两万多名维吾尔族难胞，刘锦棠派士兵护送他们回到拜城。

白彦虎残部在木扎提河前大败，渡河后急急忙忙向西逃窜。刘锦棠却不容他喘息，大军也陆续渡河，在后穷追。白彦虎到达铜厂后，还想继续西逃，安集延派往各城的胖色提却还执意要一战，于是双方摆开阵势，白彦虎在左，安酋在右，西征军夏辛酉、张宗本在右，黄万鹏、毕大才在左，刘锦棠率亲兵策应各方。叛军欲决一死战，枪炮密集，但是挡不过西征军的勇猛冲击，夏辛酉首先冲入敌阵，将安酋等斩首，敌人大乱，白彦虎无心恋战，急忙率死党逃走，黄万鹏率军紧追，又歼灭敌人千余名，生擒百余人。一连追了三天三夜，越过 140 里戈壁，十七日，追到阿克苏城下。城中维吾尔族军队首领已被白彦虎裹挟西逃，城上枪矛林立，彩旗招展，城中 10 余万维吾尔、回、汉等各族同胞打开城门，欢迎刘锦棠的官军入城。

刘锦棠决定暂时将安集延匪搁置一下，集中全力追击白彦虎残敌。他分兵两路，向西直趋乌什。九月十九日，到达胡玛纳克河边，远远望见河西岸白彦虎残部正在撤退，那时河水已结冰，西征军立即踏冰渡河，向敌军猛烈冲击，当即击毙白彦虎部将马有才等 16 人，残敌惊骇奔逃，西征军紧追不舍。二十三日追到乌什城东，刘锦棠派出一支奇兵，抄袭敌人后路，又歼灭敌军百余人。白彦虎见大势已去，早已准备好了一条后路，派遣党羽马壮携带金银珠宝，前往俄罗斯结交，自己则经由布鲁特边境逃往喀什噶尔。西征军追了 90 里，第二天到达阿他什伯，已到戈壁边沿，远望前面一片荒漠，于是返军收复乌什城。南疆东四城：喀喇沙尔、库车、阿克苏、乌什，都已收复。

收复喀什噶尔、英吉沙、叶尔羌、和阗

刘锦棠将收复东四城的喜讯报予左宗棠，左宗棠十分欣喜，命刘锦棠做好善后工作，尤其要妥善安抚难民，对于败逃之敌，决不可放松。西征军的下一个目标，也是最后的一个目标，就是收复西四城，解放全南疆了。

当西征军南下时，和阗地方首领伯克呢牙斯准备起义响应，他率领地方部队去攻打叶尔羌，叶尔羌的大通哈抵挡不住，派人向退守喀什噶尔的伯克胡里报告，伯克胡里命阿里达什留守喀什噶尔，自己率领五千骑兵来援叶尔羌，大败呢牙斯，攻占了和阗。那时张曜军已经由喀喇沙尔进驻库车，呢牙斯逃到张曜军中投降。伯克胡里得意洋洋，立即向主子英国、俄国报捷，自己

喀什噶尔城市新貌

也准备从英吉沙返回喀什噶尔。

这时白彦虎率残部已窜抵喀什噶尔，但阿里达什没有得到伯克胡里的命令，拒不接纳。双方正在相持，西征军又从东逐步逼近，原来投降安集延的清将何步云和英韶看看风头不对，就乘机在所据守的喀什噶尔汉城反正。伯克胡里正在英吉沙，准备回喀什噶尔，听到库车失守，清将何步云又反正，就下令将英吉沙所有汉人，不论男女老幼，一律杀死；他深知白彦虎打算死心塌地要背叛中国，还可以利用他，命令阿里达什接纳他，自己也兼程赶回喀城。

何步云守住了一座孤单的喀城，挡不住阿里达什、伯克胡里和白彦虎三方部队的进攻，先后派遣汉族和维吾尔族同胞潜出喀城，向西征军告急。刘锦棠正在阿克苏集结军队，原计划先攻取叶尔羌，然后再大军西指，收复敌军的最后据点喀什噶尔。听到喀城兵民反正的消息，认为机不可失，立即改变计划，决定先攻喀城。他令提督余虎恩、总兵桂锡桢率马步兵2000余人，由阿克苏取道巴尔楚克、玛纳巴什，从东面进攻喀城；提督黄万鹏、总兵张俊率马步兵2000余人，由乌什取道布鲁特边界，由北面绕攻。自己屯兵要冲，以为声援。

攻取喀什噶尔是西征军最后一次重大的战役，左宗棠将当时的军事形势奏陈朝廷，其中有一段概括、生动的描述：“自肃州、嘉峪关以抵吐鲁番，自托克逊以抵库车，皆防守之

被挟持参加阿古柏军的少数民族同胞归顺西征军

军。自库车至阿克苏、巴尔楚克，为且防且战之军。自巴尔楚克、玛纳巴什以抵喀什噶尔、英吉沙，则为主战之军。常山率然势成，首尾相应，数千里一气卷舒，将士心目中皆有全局洞贯之象。”他充满了信心，在西征军周密布置之下，残敌已成瓮中之鳖。

十一月十三日，黄万鹏军抵达喀城北麻古木，余虎恩军抵城东牌素特，相距60里。伯克胡里守城东北，白彦虎守城东，他们还想抗拒。被他们裹挟而来的维吾尔族百姓闻知大军已到城下，纷纷逃出城外，伯克胡里和白彦虎下令，对溃逃者格杀勿论，但是人心已散，溃逃的人太多，虽然滥杀了不少人，但还是制止不住。伯克胡里、白彦虎眼看大势已去，保住自己性命要紧，于是各打各的算盘，决定先逃一步。白彦虎向西北逃窜，伯克胡里和余小虎带着财物、辎重向正西逃窜。

当天夜里，余虎恩率领肃元亨、戴宏胜二将由城东大道攻进，城中守敌已无心恋战，放火烧城，城里顷刻熊熊烈火，光如白昼。余虎恩步兵来到城下，与敌骑大战，将首领王元林刺杀于马下，敌军群龙无首，慌忙退却，西征军骑兵合势围攻，将敌军全部歼灭。城西北数千敌骑赶来援救，正遇黄万鹏军从北面赶到，喀城的何步云也出击助势，西征官兵士气大盛。城内敌军打开西门，狂奔而出，与城外敌军合流，向西逃窜。喀什噶尔遂为西征军克复。

喀城是西陲重镇，平日边境商贸往来兴盛，还住有英国、印度、阿拉伯各国侨民。南疆各族人民和外国侨民都没有料到西征官兵来得这么快，攻势这么神勇。有些人还绘声绘色，说西征军会飞，是从天上飞过来的。刘锦棠因此得了个“飞将军”的雅号。

第二天天明，清军除留下张俊军守城外，其余分兵二路，穷追残敌，务必要将伯克胡里和白彦虎两首犯拿获归案。余虎恩率军出正西，追拿伯克胡里，黄万鹏军向西北追捉白彦虎。余虎恩军追了一天一夜，已追及伯克胡里的队伍。他派一支兵绕到伯克胡里队伍前面堵截，自己率队从后追踪，击毙敌1500余人。都司余福章生擒敌将余小虎，还擒获其眷属400余口，只可惜伯克胡里已于早一日逃入俄境。黄万鹏军追到岌岌槽子，与白彦虎后队相遇，进行了一场遭遇战，生擒敌酋马元，将后队叛军全部歼灭。第二天又穷追到恰哈玛纳，已靠近中俄边境，俄属布鲁特人阻遏西征大军前进，白彦虎乘机渡过纳林河，投入了俄国人的怀抱。

西征军克复喀城后，刘锦棠料到其余各城敌军已群龙无首，内部分化，丧失斗志，应趁其不备迅速袭击，于是他不等增援的张曜率部来到，立即率军从玛纳巴什直捣叶尔羌和英吉沙。敌军闻讯首领伯克胡里已败走俄罗斯，都纷纷弃城逃散。叶尔羌和英吉沙相继克复。刘锦棠又派遣董福祥部于二十九日收复和阗。新疆南八城全部收复。

沦陷13年之久、面积达166万多平方公里的新疆，除了西北部伊犁地区外，已全部收回。当时舆论认为，这样大的战绩，“乃周秦汉唐所未有”。这样大的战役，从光绪二年（1876）六月初一日到九月二十一日收复北疆，不到四个月；从光绪三年（1877）三月初一日到十三日，收复南疆门户吐鲁番等三城还不到半个月；从七月十七日到十一月廿九日，收复南疆也只用了近四个半月时间。在中国几千年的历史上以这么短的时间，从敌人手中收复这么大一块沦陷10余年的国土，实在是前所未有。

左宗棠对这次战役也十分满意，他给儿子孝勋、孝同的信中说：

> 南疆底定，以事功论，原周秦汉唐所创见。盖此次师行顺迅，扫荡周万数千里，克名城百数十计，为时则未满两载也。

他认为决机制胜全在“先北后南”“缓进急战”的正确策略。还有就是执行了正确的民族政策，因而受到各族民众的拥护。

> 贼以其暴，我以其仁；贼以其诈，我以其诚。不以多杀为功，而以妄杀为戒。故回部安而贼党携，中国服而外夷畏耳。

由于左宗棠举措得当，西征大军所到之处，得到了当地汉、回、维、蒙等各族人民的支持。

因功封侯

当新疆收复的喜讯传到京师时，全国上下一片欢腾。这是自鸦片战争以来第一次取得的对外战争的胜利。上自两宫皇太后、王公大臣，下至各级官员，也都兴高采烈。廷议论功行赏，王公大臣们认为左宗棠功劳极大，可按照道光年间长龄平定入侵新疆的叛匪张格尔而封公的例子，封左宗棠为一等公爵。显然，左宗棠收复新疆的功劳比长龄要大得多。但是慈禧太后说："汉人赐爵，谁也不能超过曾国藩。曾国藩克复金陵，只封了一等侯。左宗棠是曾国藩所荐，他所用得力的老湘营原是曾国藩的老部下，将领刘松山也是曾所举拔，如左宗棠封公，那么从前封曾国藩就太薄了。"慈禧考虑的不是功劳大小，而是论资排辈，她还认为外患不及内敌重要。

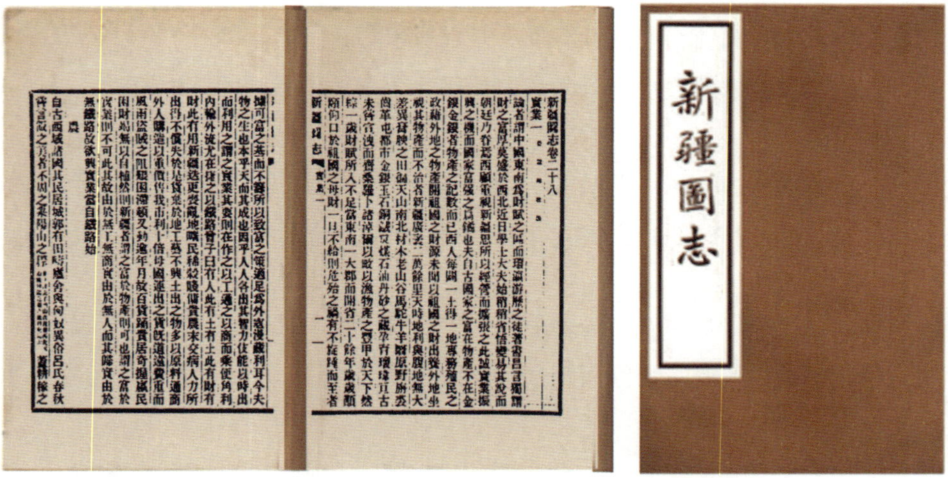

左宗棠收复新疆功绩在《新疆图志》中有详细记载

于是朝廷下诏：

恪靖侯左宗棠画像（此像原稿藏于今北京大学图书馆）

新疆沦陷，十有余年，朝廷恭行天讨，特命左宗棠以钦差大臣督办新疆军务。该大臣剿抚兼筹，议定先规北路，首复乌鲁木齐以扼其总要，旋克玛纳斯，数道并进，规复吐鲁番等城，力争南路要隘，然后整旗西行，势如破竹。现在南八城一律收复，此皆仰赖昊天眷佑，列圣垂休，两宫皇太后宵旰焦劳，知人善任。用能内外一心，将士用命，成此大功，上慰穆宗毅皇帝在天之灵，下孚薄海臣民之望，实深欣幸。领兵大臣等栉风沐雨，艰苦备尝，允宜特沛殊恩，用酬劳勋。钦差大臣大学士陕甘总督左宗棠筹兵筹饷，备历艰辛，卒能谋出万全，肤功迅奏，着加恩由一等伯晋为二等侯，钦此。

左宗棠对爵位的兴趣并不高，两次上疏辞谢。诏书对左宗棠的功绩作了比较公允的评价，左宗棠作为西征统帅，指挥决策，用兵筹饷，运筹帷幄之中，决胜千里之外，取得胜利，确是备历艰辛。但是还有重要的一方面没有提到。用兵新疆，一直遭到朝廷内外重臣们无穷的阻挠和反对。加上英国政府软硬兼施，武力恐吓不行，又用卑诈之词“乞降”。“内外一心”，都唯恐中国收复新疆。左宗棠艰苦卓绝，和内外敌人作了不屈不挠的斗争，在全国百姓和朝廷内比较清醒的大臣的支持下，总算取得了胜利，但是却耗尽了心血。此时，左宗棠召集部队部署其尽快收集在收复新疆中有重大立功的将士名单，上奏朝廷给予封赏表彰。

对付英、俄的外交策略

英、俄为争夺中亚互相不和。英国一直把安集延当作保护国，把阿古柏当作傀儡给予大量援助。英国想利用阿古柏占领新疆作为印度屏障，以防俄国入侵。当它看到左宗棠准备进攻南疆，阿古柏岌岌可危，便由驻华公使威妥玛出面，跑到总理衙门，代阿古柏“求降”。威妥玛称阿古柏为喀王，请求清政府允许阿古柏占领新疆，作为属国，免去朝贡。他还恫吓说：“清国用兵日久，俄国人可能会乘机来夺取新疆，这不仅会危及印度，对贵国边界也很不利。”总理衙门通知左宗棠关于英国人代阿古柏“请降”一事，告知他，如果阿古柏果真派人来讲和，要以礼相待，权宜相处。看来朝廷对请降的表示还抱有一点不切实际的幻想。

左宗棠看透了英国人的诡计，回答总理衙门说：“英国代阿古柏乞降，并不是为阿古柏着想，而是害怕俄国人侵占印度，它又害怕中俄交好，因此危言耸听，希望把中国吓倒。俄国人占领伊犁，原说定要交还的。如果说西征军进规南疆，俄人就会乘机侵入，坐收渔人之利，无论如何我国决不会允许。我们在新疆有强大的兵力，而且俄国久以大国自居，似乎也不致贸然动手。至于前线用兵久暂，完全是主帅之事，也毋须英国人代为操心。”

左宗棠又将此事写信通知在最前线的主帅刘锦棠，告诉他说：“和外国人交涉，只要我们立场稳，道理正，不妨直率告知我们的不同意见，但是要稍留余地，使他们能够退步转弯，就没有办不好的事。如果一意随和，对方自以为得计，视你为可欺，反而多事了。”

“外国人性格素来是欺弱畏强，喜直忌曲；我若真能自强，率直相待，他们倒是会心悦诚服的。”左宗棠对中外交涉有一定的经验和看法，西部前线将领们也做好了准备。英国人的“乞降计”未能得逞。

这时，朝廷又对西征人事做了些调整：以英翰署乌鲁木齐都统，将荣全召回京师，授金顺伊犁将军，进军库尔克喇乌苏，向伊犁推进了一步。

新疆北路除了伊犁仍被俄国占据外，其余各地都已收复。俄国原来声称“代管伊犁，一俟乌鲁木齐和玛纳斯为清军收复就立即归还”，光绪二年（1876）九月清军克复乌城，俄国毫无归还伊犁的迹象。就在左宗棠策划收复南路时，朝廷中有些人提出，应立即向俄国交涉索还。朝廷征询左宗棠意见，他认为还不是时候，当前应全力以赴先收复南路，这时如果去索取伊犁，俄国人定会多方要挟，南路军事反难兼顾。不如等南路收复后再去交涉，伊犁归还就容易了，暂时可将伊犁放置一下。朝廷同意了他的意见。

第二年（1877）七月，大军向南八城前进时，俄国和土耳其发生了战争。俄国将驻新疆边境的部分军队调到俄土前线。扼守北疆的金顺得知这项消息，认为有机可乘，就上书左宗棠，愿乘虚袭取伊犁。左宗棠仍然不同意，他认为北路兵力并不够强大，南路又不能分兵。即使军事上有把握，但也不必用偷袭的方式，将来尽可堂堂正正地向俄国索还。如今立即用武力攻取，纵使暂时取得胜利，将来后果很难预料，也不是稳妥之策。

左宗棠对俄国的策略是，暂时不要恶化两国关系，先集中力量解决南疆这一主要矛盾。对于英国则针锋相对，英国庇护安集延侵略者，几次威吓诈骗，要求清政府承认安集延在新疆的主权，但都被清廷一一拒绝。他了解英、俄之间为争夺殖民地有矛盾，俄国又正与土耳其作战，对中国收复新疆无力干预。但俄国究竟是大国，中国仍处多事之秋，对待俄国还必须慎以图之。

当喀什噶尔被收复，白彦虎和伯克胡里逃入俄国后，刘锦棠拟派兵进入俄境搜捕。左宗棠知道后，立即制止。左宗棠认为这违反国际准则，会惹起事端，于我国反而不利。他命金顺致信给俄国边境土耳其斯坦总督，要求两件事：一是归还伊犁，一是交还叛逆白彦虎，并允以重金酬报。左宗棠知道边境总督无权处理归还伊犁的事，必须通过正式外交途径，因此同时报请总理衙门，照会俄国公使，按原定条约交还伊犁。

俄国收信后，久不作答，而且将白彦虎藏到阿拉木图西南的托克马克，还声言要进兵伊犁东北的精河。前线将士都很气愤，要求先发制人，进入俄境搜索白彦虎残部。左宗棠认为俄国只是虚张声势，未必敢用兵。它收容伯克胡里和白彦虎残部，是明显不怀好意，目的是想长期霸占伊犁。中国要收回伊犁不会很容易，必须以武力为后盾，但是必须先采取外交交涉，衅不可由我开，以免给俄人以借口。中俄接界长达万余里，除了西北还有东北。现在西征军固然“兵威已盛，欲战即战，何所顾忌”，但是应有全局观念，即使西北胜利，如敌人从东北攻入，则防不胜防，“兵事将无了期”。左宗棠是著名的对外强硬的主战派，但他对待战争却十分谨慎。他认为对与俄国这样的大国开战，必须慎之又慎，只能在迫不得已的情况下，才能诉诸武力。

不久，英、俄两国在新疆边境发生了冲突，英国唆使布噶尔部族人夺占了俄国边地达尔瓦兹和哈拉替艮两城，俄国抽调了驻中国边境部队去应战。前线将领又认为这是一次绝好的机会，要求派兵趁此收复伊犁，追捉残匪。左宗棠仍坚持不准，告诫他们说：“俄国与英国早有嫌隙，俄国倚仗国大，英国自恃兵强，各不相下。我们现在最好的方略是静观其变，不宜轻举妄动。自己要发愤图强，做好积极准备。不仅对俄、英如此，这也是对待所有邻国的原则。”

他又告诉刘锦棠：“曹孟德意思安闲，如不欲战，而每战辄利，似于今为宜。”要刘锦棠学学曹操，大战之前，悠闲自在，不动声色，麻痹了敌人，使他处于无戒备状态，这样一打仗就打胜。左宗棠就是这样，进军新疆之前，他在肃州修浚酒泉湖，日夕泛舟湖中，饮酒赋诗，敌人以为他迷恋湖光山色，早把新疆忘记了。其实他是待机而动，现在对付俄国和收回伊犁也得这个样子。

击溃入侵边境的残敌

当时中俄边境还很不宁静。白彦虎和伯克胡里逃到俄国后，不甘心失败，又受俄国的支持和唆使，多次侵犯边境，妄图重温旧梦，恢复在新疆的统治。光绪四年（1878）八月，白彦虎派党羽金山、马良会等假借经商名义，由俄国政府发给路票，带领一支部队攻击乌什。九月，安集延敌酋阿里达什也率领百余人窜入边境，到达英吉沙尔卡外，纠集了布鲁特头目阿布都勒哈马，准备偷袭喀什噶尔。刘锦棠派罗长祜率兵包抄金山后路，一昼夜兼行，设下埋伏，一举歼灭金山和党羽200余人，逃到乌什阿依他沟的余党也被张曜部歼灭。阿里达什的声势更大些，刘锦棠派谭慎典、杨金龙骑兵和罗长祜、侯名贵步兵千余人迎击，张俊率一军抄袭，阿里达什败退到奈曼，刘锦棠已命维军领袖库弥什设下埋伏，将阿里达什和党羽全部擒斩，阿布都勒哈玛率残部翻山逃遁。残敌的第一次进犯以失败告终。

第二年（光绪五年）正月，阿布都勒哈玛又带领儿子买卖提斯拉木，伙同安集延的爱克木汗、阿希木汗和哎买提等，率兵进犯喀什噶尔，扬言要为阿古柏报仇，号称有大军数万，实际上只有几千人。敌人进抵距喀城百余里处，侦察到清军已有严密戒备，就转往南，占领了布鲁特人居住的博斯塘特勒克。博城左右是山，中间有一片平谷，附近一带为戈壁，正东160里是乌帕尔城，刘锦棠已派方友升和谭慎典部进驻。刘锦棠认为越戈壁去迎击敌人，会暴露在敌人炮火之内，他定下埋伏之计，先暗中叫布鲁特人诈降敌人，诱敌深入。敌人果然中计，以为清军没有防备，洋洋得意，直奔乌帕尔刘锦棠军大本营。刘锦棠定下计策，派张俊和董福祥各率千人绕道趋敌后路乌帕阿提和乌帕克恰提，又命罗长祜率谭慎典、方友升等骑兵、步兵1800人，由小道直取博斯塘特勒克敌军大本营；自己则带领将士们埋伏在军营左右，静候敌军进入圈套。

新疆边境军事城堡

正月初十日黎明，敌军大队果然来到埋伏圈中，刘锦棠伏兵齐起，枪炮齐发。敌军始料未及，大败逃走，刘锦棠军追击30余里，歼敌百余人，大部分敌军纷纷往博城回逃。

罗长祜部也于当日晨到达博斯塘特勒克谷口。敌军还在睡觉，不防奇兵突至，仓惶中拿起枪械抵御，但是措手不及，被清军歼灭500余人。到黄昏时，望见正东尘土骤起，敌军主力从乌帕尔逃回来了，罗长祜命步兵都埋伏在谷中，留下马队守在谷外。敌军看到清军马队挡住了归路，就分骑兵为数十队，向清军冲击。谭慎典挺长矛穿入敌阵，纵横击刺，英勇无比，杀死了买卖提斯拉木，敌军大乱；杨金龙、方友升两军又从旁抄出，将敌寇一分为二，杀死数百人。残敌千余名逃进谷内，却又被埋伏在谷内的张春发、汤彦和步兵围歼，连斩艾买提和阿希木汗，还有部分敌人外逃，谭慎典等率大军一昼夜追200余里，追到中俄边境，爱克木汗与阿布都勒哈玛已率残部逃入俄罗斯，清军于是胜利收兵。

那年七月，爱克木汗和阿布都勒哈玛又率部众侵入边境，由乌鲁克恰提窜到色勒库尔，将色城团团围住，守城维吾尔族将领伯克素唐夏英勇抵抗。见一时攻不下来，阿布都勒哈玛就派人去诱降，维吾尔族同胞恨透了敌人，伯克素唐夏心生一计，同意和他们在城下相会，商量投降条件，暗里派了 20 余名壮士，一同出城。望见阿布都勒哈玛一伙已在城外等候，一名壮士苏乃满突然奔向阿布都勒哈玛，一手抓住他的马缰，一手持刀准备砍去，阿布都勒哈玛已有所戒备，立即拔刀，将苏乃满四指砍下，奋身返奔；另一壮士名豁罕，举枪向阿布都勒哈玛后背射击，阿布都勒哈玛被击中身亡，从骑 7 人也被击毙，城下一时大乱。伯克素唐夏急令收兵，闭紧城门。敌人丧失了领袖，加紧攻城，又攻不下，就将城围住。

刘锦棠得到色勒库尔被围的消息后，急派大军由山路赶去救援。围城敌军听到大军将至，首领已被歼，立即撤围往北逃走。

刘锦棠决意要将入侵敌军全部歼灭，令董福祥率军急追，追了两天两夜，到达空谷根满斯，看到满地是牛马血，知道敌人刚去不远，可是步兵已疲惫不堪，脚上又长上老茧，董福祥就命张俊挑选一部分精兵，骑上骡子，随骑兵继续追赶。追到傍晚时分，赶上了敌人，敌人正解下鞍子喂马，准备扎营休息。张俊军突然袭击，另外又派一支兵绕到敌后，敌军大败逃走。张俊军又连追两天两夜，所经之处，都是荒山绝谷、人迹罕至的地方。一路是高耸入云的石壁冰梯，兵士和马匹时常要攀登悬崖绝壁，下临万丈深渊，一不小心，人马坠崖而死的很多，也有些士兵触烟瘴中疾而死，真是一场艰苦的追击战。一直追到黑子拉提达坂，敌人只剩下数十骑，翻过山岭逃入俄国，清军这才收兵。

这次战役，击毙敌寇 2000 余名，擒斩安集延大通哈两人、胖色提以下数十人，获牛马数十头。从此以后，残敌再不敢大规模侵入境内了。俄国人不仅收容、庇护安集延和白彦虎残部，而且屡次纵容其侵犯边境，俄国对新疆的侵略野心已昭然若揭。可见过去派官员来中国西北视察，表面上表示愿帮助清政府收复新疆，还愿提供军粮等，不过是窥探虚实，权宜之计而已。

崇厚签约，丧权辱国

崇 厚

南疆收复后，清政府几次向俄国交涉要俄归还伊犁，俄国一方面纵容叛军多次侵扰边界，一方面却借口边境地方秩序不安宁，边境商民交涉各案尚未了结，多方推诿，不给明确答复。光绪四年（1878）十月，清政府决定派遣吏部侍郎崇厚为出使俄全权大臣，去俄京圣彼得堡直接交涉，索还伊犁。崇厚是一个昏庸颟顸的满人官僚，他曾在天津教案中为曾国藩出坏主意，曾国藩自叹“内负疚于神明，外得罪于清议”，都由于“诸事惟崇公之言是听”，而“崇帅事事图悦洋酋之意以顾和局”。这样一个媚外的人，朝廷居然派他代表中国去办理重大外交事务。崇厚到俄京后，在俄国人吓唬诈骗之下，一一答应了俄国提出的通商、分界、赔款三项要求。光绪五年（1879）八月，他和俄国政府代表在克里米亚半岛的里瓦几亚签订了《里瓦几亚条约》。根据条约规定，俄国虽然交还伊犁九城（伊犁九城，是清乾隆年间在伊犁地区分别建立的塔勒奇、绥定、宁远、惠远、惠宁、广仁、瞻德、拱宸、熙春九座城堡），但却割占了伊犁西南3万多平方公里肥沃之地，收回的九城四周的战略要地和通往南疆的险要穆素尔山口，仍

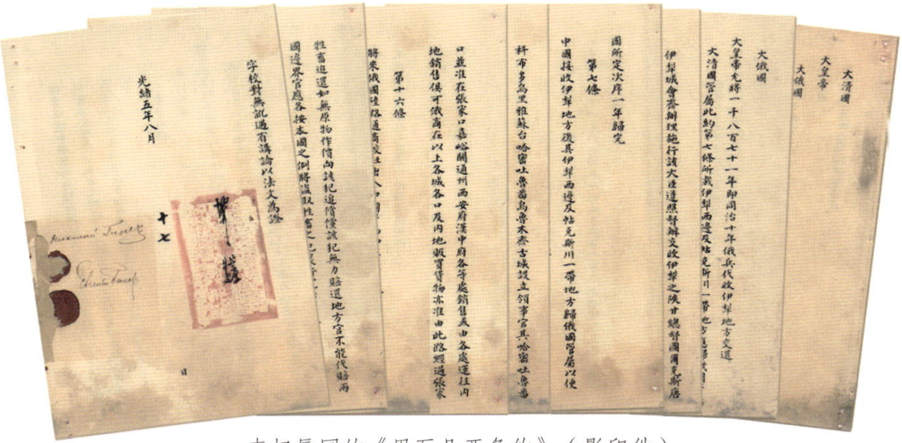

丧权辱国的《里瓦几亚条约》（影印件）

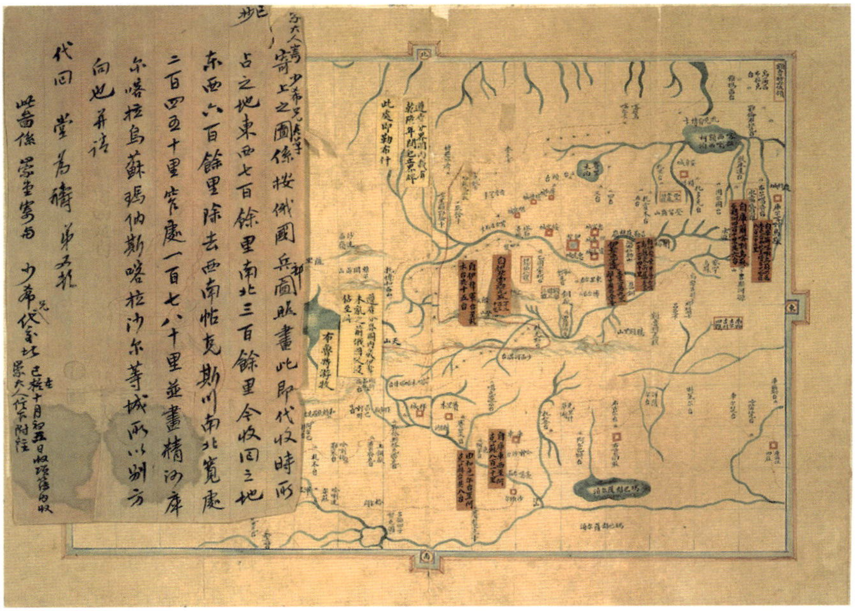

收回伊犁九城的中俄分界图

被沙俄占领。换句话说，沙俄交还的九城，仍然处在沙俄的包围监视之中，随时可以轻而易举地重新占领。另外，还索取500万卢布（当时约合白银280万两）为所谓偿付俄国代守伊犁和俄人损失费用；准许俄国货物由嘉峪关运进汉口等地；准许在嘉峪关、哈密等五城设置领事，给予俄商免税贸易特权等。俄国人不费一兵一卒，得到了即使冒战争危险也难得到的东西；中国人没有战败，却签订了一个丧权辱国的条约。

连接密谕，统筹战守

消息传到国内，全国人民无不气愤万分，街谈巷议，都认为俄国欺人太甚，只有与之决一死战。朝廷中许多大臣也纷纷弹劾崇厚，主张修改条约。消息传到西北前线，将士们义愤填膺。前敌指挥刘锦棠认为："非决之战阵，别无善策。"

朝廷也觉得割地太多，通商口岸也过多，一连下了两道密谕给左宗棠，光绪五年（1879）八月二十三日上谕说：

> 左宗棠于新疆情形了如指掌，而筹办军务，事权归一，尤当通筹全局，权衡利害轻重，密速具奏。

八月廿四日第二道密谕又说：

> 特崇厚现已定议画押，事机已误，惟有亟筹补救，设法挽回，着左宗棠懔遵昨日谕旨……详细筹度，妥议具奏。

左宗棠确是朝廷大员中对新疆情况最了解、最有发言权的人，也是对收回伊犁态度最坚决、最具有实力的人。在复奏中他指明了俄国的狡猾和不守信用的诸端事实，提出中国应持的态度。他首先驳斥了俄国索要500万卢布的无理要求，说：

俄人乘中国内战方殷，未遑远顾，乘机占据伊犁，借称代我收复，在地方上按户收税，已掠夺不少，仍未餍足，现又要求赔偿。光绪三年西方报纸消息，俄人愿得二百五十万卢布，即交还伊犁，此次偿款忽议增至五百万卢布，可见其讹诈！俄人原说，待我收复乌、玛二城，即当交还伊犁，而俄不践前言，反而庇匿叛徒，纵其党羽四出扰边。去冬今春为我军捉获俘虏，搜有俄政府路票，并供认系由俄官员驱遣。官军追贼从未越俄界一步，我之守约如此，彼之违约如此，尚何信义可言！

左宗棠坚决反对割让伊犁西南地区给俄，说：

按崇厚所议第七款，霍尔果斯河及伊犁山南之特克斯河归俄属。我得伊犁，只剩一片荒郊，北境一二百里间皆属俄部，孤注万里，何以图存？……自此伊犁四面，俄部环居，官军接收，堕其度内，固不能一朝居耳。

他沉痛地说：

武事不竞之秋，有割地求和者矣。兹一矢未闻加遗，乃遽议捐弃要地，餍其所欲，譬犹投犬以骨，骨尽而噬仍不止。目前之患既然，异日之忧何极！此可为叹息痛恨者矣！

在奏折末他提出与俄国交涉应对的态度，即：

先之以议论，委婉而用机，次决之以战阵，坚忍而求胜。臣虽衰庸无似，敢不勉旃！衰年报国，心力交瘁，亦复何暇顾及！

这是他一贯的主张，即是衅不轻开，先进行耐心的外交交涉，但必须以武力作为后盾，如果凭交涉不能收回失土，就不惜一战。他虽年老体衰，但决不避艰险，万死不辞。他奏陈等明春解冻后，将亲率马步各军，进驻哈密，在南北两路适中之地，指挥各军应变。

朝廷中有的人过去反对收复新疆，现在又深恐得罪俄国，宁愿放弃伊犁。李鸿章首先出来维护崇厚签订的《里瓦几亚条约》。上奏称："此次崇厚出使，奉旨给与全权便宜行事字样，不可谓无立约定议之权，若先允后翻，其曲在我。"

他为制造舆论，又写信给曾纪泽说："其实伊犁久假不还，于大局亦无甚关碍，如今画蛇添足，进退两难。"他还攻击左宗棠坚持主战是"不明彼己"，必有后患，"左相但欲进驻哈密，恫吓俄人，使其酌议减改，此万做不到之事……军心不固，外强中干。设与俄议决裂，深为可虑。"

朝廷看到李鸿章的奏折，又游移不定。如果采取强硬态度，所能依靠的，只有左宗棠西征军的实力和左宗棠能否不惜一战的决心，于是将李鸿章的意见转知左宗棠，命他"妥议具奏"。

左宗棠在复奏中请求朝廷于崇厚返京复命时，召集军机大臣、总理衙门、六部、九卿及将军、督抚臣会议，各抒己见，共商对策，宣示于国人，这是关系全国民众的大事，何庸秘密！他又致书总理衙门，驳斥了李鸿章的意见，说："崇厚虽以全权出使，但所议约章，只是草签，尚须经御笔批准，是无所谓'先允后翻'。但宜于崇厚返京复命后，将不可允各条明旨宣示，使中外咸知，则正气常伸、人心自奋。"接着他提出对当时形势的分析和对策：

> 目前边事纠纷，道理在我方，论势力我亦不弱；只需内外坚持定议，万众一心。则先之以谈判，谈判不成，则继之以武力，事无不济。

由于左宗棠和前线将士的决心，也由于中国民众坚决反对割地、丧权、辱国，朝廷摒弃了李鸿章等割地、丧权、辱国、求和的意见。当是年十二月崇厚回到京师时，立即交刑部治罪，定为“斩监候”，等刑期一到，就处以斩刑。

朝廷随即将崇厚所议条约发给阁部、九卿、翰詹科道集议，决定废弃前约，改命曾纪泽（字劼刚，号梦瞻，曾国藩长子）赴俄国圣彼得堡重新订约，同时诏命左宗棠统筹新疆南北战守事宜。

携棺出征，视死如归

左宗棠接到诏令之后，立即调兵遣将，定下三路规复伊犁的策略。东路由伊犁将军金顺率部一万余人，严守精河一带，防止俄兵向东逃窜，并调金运昌“卓胜军”马队5000、步队1500人协助；中路由“嵩武军”统领、提督张曜率领马队500、步队4500人，由阿克苏越冰岭向东，沿特克斯河直向伊犁，计程1250里；西路由刘锦棠率马队1500、步队8500余人，取道乌什，越冰岭向西，经布鲁特游牧地，约七站到伊犁，计程1250里；这条路久经封禁，却是一条捷径。又派谭上连、谭拔萃、易开俊等填防后路。作了周密布置之后，左宗棠准备亲自出关，指挥前线瞬息万变的军事。

那年，天山南北连获丰收，关内外粮草充足，天气也十分和煦，不像从前寒风凛冽。祖国大西北的前线，士饱马腾，将士踊跃。

光绪六年（1880），左宗棠已69岁，在西北已有10余年，许多人称赞他日理万机，精力过人，实则他身体并不好，多年的戎马生涯，积劳成疾。来西北前就患长期腹泻，在肃州大营时，不服西北水土，全身长满了风湿疹子，夜间抓搔不止，难以成眠。他又有咳血病，来西北后加重。有一天早晨起床时，忽然吐出鲜血十余口。自己原以为生不能出玉门，这次为了对付俄国霸占伊犁，必须出关，也居然能出关远征收复全部新疆了，这是少年时代梦寐以求的事，心中十分兴奋。但他也深知，如果谈判决裂，和俄国开起战来，就说不准是能够在二三年可以了结的事；以他年近古稀、衰病之身，能全躯出玉门，固是幸事，能否生还，却不可期了。

为了表示与沙俄决死一战收回伊犁的决心，四月十八日，他毅然“舁榇以行”，携棺出征，率领亲兵马队千余人离开肃州大本营，前往新疆哈密。在荒凉的戈壁滩上，迎着苍凉的落日前进。

二十五日抵达甘肃最西的安西州，五月初八日（公历6月15日）到达哈密，从肃州到哈密走了21天。哈密各族百姓听到左宗棠来到，都纷纷拥挤在路旁迎接，有些人是从百里外赶来，有些老人拄着拐杖来看他。哈密原有新、老、回三城，白彦虎来后，烧杀掳掠，原城已半成瓦砾。左宗棠住在新建的哈密大营，大营建立在河东北岸旧名孔雀园的一片高敞的长坪中，用黄土筑成围墙，与新城相对峙，离城约3里。营内可容纳数千官兵。

左宗棠到哈密后，在钦差行辕大营附近开辟了一片荒地，命亲兵们耕种杂粮；又在大营之内开辟菜园20亩种菜。他对种菜既有兴趣，又有

伊犁博物馆“左宗棠携棺西征”入新疆铜壁画

经验，每天都去菜园督看几次。当时中俄前线紧张，军事调动频繁，左宗棠却常在菜园里头侍弄庄稼，一副胸有成竹的样子。

左宗棠携棺亲率西征军入疆驻哈密的粮仓今貌

哈密是新疆最炎热的地区之一，与吐鲁番齐名。左宗棠到哈密正值最炎热的时候，沙漠热浪袭来，外地人简直受不住。他本来有病，受了酷热，左肋左腿牵引作痛，医生给他服大黄数剂，加以芒硝，这是中医的清泻凉药；又服滋阴补气的药，才慢慢复原。他不顾旅途辛劳，疾病缠身，每天工作都达十多个小时。

哈密经过白彦虎残部的烧杀掠夺，城市几成一片废墟，各族同胞生活极端困苦。左宗棠来到后，给贫困百姓发放耕牛、种子，修好各处道路，恢复集市贸易，并日夜派出官兵清查盗贼、维持地方治安，百姓很快就恢复安居乐业。由凤凰台大营穿过新城，直达旧城西北角，约 4 里长的大道，商店房屋鳞次栉比，出售百货食物，一路上热闹喧阗，本地人认为是从来未有的盛况。

当左宗棠抵达哈密后不久，驻英法大臣曾纪泽也从伦敦到了圣彼得堡，开始与俄国谈判。左宗棠到哈密的主要任务，是为武力收复伊犁做准备，积极调兵遣将，筹粮筹饷，又在科布多到古城子一带增设台站，调兵设防巴里坤、古城子一线。俄国人看到清军前线调动繁忙，又听说左宗棠已到新疆，也派兵增援伊犁，还扬言要派兵船来中国，封锁辽海。但当看到左宗棠铁了心要用武力收复伊犁时，俄国人也不敢轻举妄动。

五次奏请实现新疆建省

左宗棠在青年时期就关注西部边疆，21 岁写下“西域环兵不计年”的诗，还提出“置省尚烦他日策”的期望。他研究过龚自珍关于新疆建省的建议，虽然认为龚自珍未亲自到新疆，不了解该地山川形势，所以建议有许多错误，但建省之说却是不易之论。50 年后，他以钦差大臣督办新疆军务的身份来到新疆，第一件要办的事，就是积极筹备新疆改建行省。光绪三年（1877）六月，南疆尚未收复时，他就上奏朝廷：

> 为新疆画久安长治之策，纾朝廷西顾之忧，则设行省，改郡县，事有不容已者。

光绪四年（1878）正月，南北疆底定，他又上疏，认为“新疆改设行省，事关西北全局”，建议即召开廷臣及各省督抚会议议定。光绪四年（1878）十一月，他又一次上疏，详细陈明必须改行省的理由。清政府对新疆一直是实行军事管制的办法，“治兵之官多，治民之官少”，中央不帮助地方，派去的官员和地方头目等不关心百姓疾苦，却鱼肉百姓。以致新疆多年来地方闭塞，生产凋零，农牧不振，文化教育落后，百姓生活极端贫困，必须改行省，才能收长治久安之效。而且目前“天时人事，机会正好”，改行省的条件已成熟，“失今不图，未免可惜”。光绪六年（1880）五月，他又上疏请开设行省，先简派督抚大臣前来执政，还拟了一份建置大略。朝廷对他的历次建议不很积极，这次回答说：“待伊犁收复后再定议。”在朝廷未批准建省之前，他为新疆今后正式建省提前在政治上、人

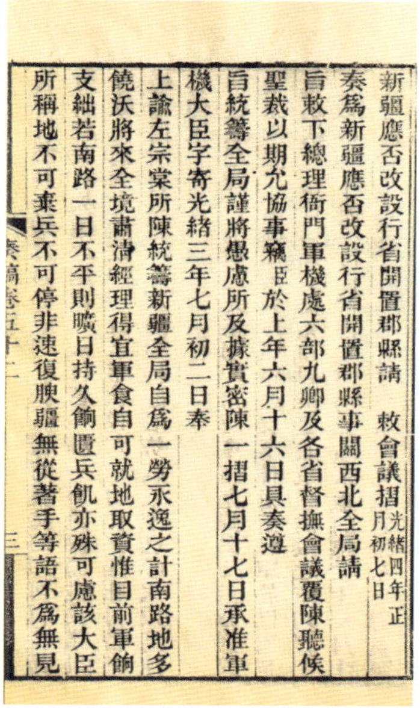

新疆應否改設行省開置郡縣請敕會議摺光緒四年正月初七日
奏爲新疆應否改設行省開置郡縣事關西北全局請
旨敕下總理衙門軍機處六部九卿及各省督撫會議覆陳聽候
聖裁以期允協事竊臣於上年六月十六日具奏遵
旨統籌全局謹將愚慮所及據實密陳一摺七月十七日承准軍
機大臣字寄光緒三年七月初二日奉
上諭左宗棠所陳統籌新疆全局自爲一勞永逸之計南路地多
饒沃將來全境肅清經理得宜軍食自可就地取資惟目前軍餉
支絀若南路一日不平則曠日持久餉匱兵飢亦殊可慮該大臣
所稱地不可棄兵不可停非速復腴疆無從著手等語不爲無見

奏稿卷五十二 三

光绪三年（1877）六月奏请新疆建省

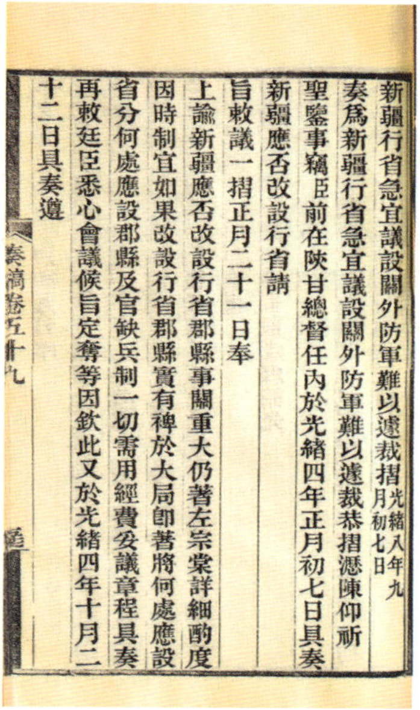

新疆行省急宜議設關外防軍難以遽裁摺光緒八年九月初七日
奏爲新疆行省急宜議設關外防軍難以遽裁恭摺瀝陳仰祈
聖鑒事竊臣前在陝甘總督任內於光緒四年正月初七日具奏
新疆應否改設行省請
旨敕議一摺正月二十一日奉
上諭新疆應否改設行省郡縣事關重大仍著左宗棠詳細酌度
因時制宜如果改設行省郡縣實有裨於大局即著將何處應設
省分何處應設郡縣及官缺兵制一切需用經費妥議章程具奏
再敕廷臣悉心會議候旨定奪等因欽此又於光緒四年十月二
十二日具奏遵

奏稿卷五十九

光绪四年（1878）正月奏请新疆建省

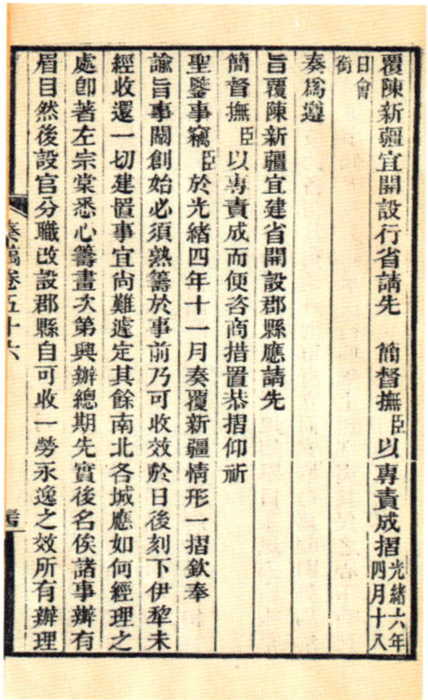

覆陳新疆宜開設行省請先簡督撫臣以專責成摺光緒六年四月十八日會銜
奏爲遵
旨覆陳新疆宜建省開設郡縣應請先
簡督撫臣以專責成而便咨商措置恭摺仰祈
聖鑒事竊臣於光緒四年十一月奏覆新疆情形一摺欽奉
諭旨事關創始必須熟籌於事前乃可收效於日後刻下伊犁未
經收還一切建置事宜尚難遽定其餘南北各城應如何經理之
處即著左宗棠悉心籌畫次第興辦總期先實後名俟諸事辦有
眉目然後設官分職改設郡縣自可收一勞永逸之效所有辦理

奏稿卷五十六

光绪四年（1878）十一月奏请
新疆建省

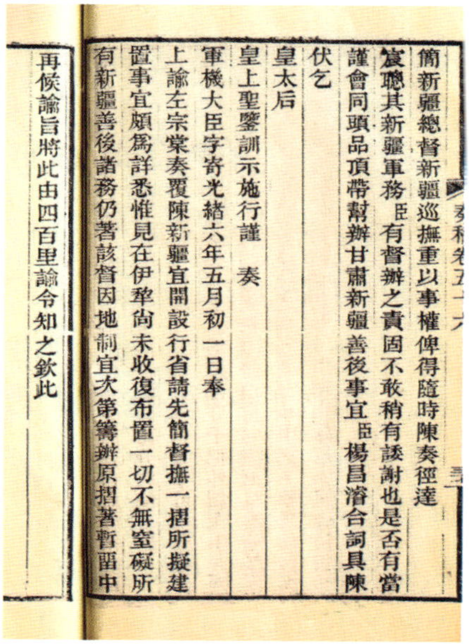

簡新疆總督新疆巡撫重以事權俾得隨時陳奏徑達
宸聰其新疆軍務臣有督辦之責固不敢稍有諉謝也是否有當
謹會同頭品頂帶幫辦甘肅新疆善後事宜臣楊昌濬合詞具陳
伏乞
皇太后
皇上聖鑒訓示施行謹 奏
軍機大臣字寄光緒六年五月初一日奉
上諭左宗棠奏覆陳新疆宜開設行省請先簡督撫一摺所擬建
置事宜頗爲詳悉惟見在伊犁尚未收復布置一切不無窒礙所
有新疆善後諸務仍著該督因地制宜次第籌辦原摺著暫留中
再候諭旨將此由四百里諭令知之欽此

奏稿卷五十六

光绪六年（1880）五月朝廷关于左宗棠
奏请新疆建省的上谕

乌鲁木齐新疆第一任巡抚衙门

事选拔安排上、行政区划上、经费筹划上、经济发展上做了大量的准备工作。伊犁收复后，朝廷又拖了好几年，光绪八年（1882）九月，他还上过一次新疆建省的奏折。直到 1884 年 11 月 17 日，清政府才批准建省，同时任命刘锦棠为首任巡抚。现在看来，改建行省，对于维护西部领土的完整，新疆各族同胞的安定团结、经济繁荣、社会的发展，是多么重要！

荣膺信赖调京重用，收伊结局深为忧虑

在左宗棠铁了心要用武力收复伊犁时，俄国人一直在观察清政府的态度，而且密切注视左宗棠和西征军的行动。当他们得知曾纪泽已奉旨来俄改订条约，西征军准备以武力配合收回伊犁时，深恐到手的利益又失去，就对清政府采取威吓讹诈的手段。一方面，俄国驻华代办凯阳德扬言："俄国不该让的就决不让，愈让愈不好，俄国并不是没有力量。至于条约中国批准不批准，俄国全不在乎。"另一方面，俄国人在西北和东北炫耀武力，除了在伊犁增加兵力达 12000 人，扼守纳林河一带，还在费尔干纳省增驻 5000 人的军队，威胁喀什噶尔。又在黑龙江以北、乌苏里江以东增派军队，做出入侵吉林、黑龙江的姿态。另外又从黑海调来一支由

20余艘兵船组成的舰队，在黄海一带巡游，扬言准备封锁中国海面。气氛顿时紧张，中国沿海也加强了戒备。

俄国人的威吓手段奏了效，本来就游移不定的朝廷慌了手脚。加之有一个英国军人戈登，就是当年帮助清军镇压太平军的“洋枪队”头领，应李鸿章之聘来北京“调停”伊犁问题，实际上是李鸿章是请他来帮自己说服朝廷放弃武力收回伊犁的。戈登到天津后，首先与李鸿章密谈，然后威胁说：“如果中国要作战，就当把北京的近郊焚毁，政府档案和皇帝都得搬到内地去，还需要准备作战五年。”消息传到京师，朝廷王公大臣更加恐慌。

光绪六年（1880）五月十四日，朝廷召开紧急会议，讨论伊犁交涉对策。那时主战的首席军机大臣文祥已去世，主和的李鸿章占了上风，平时主战的工部尚书翁同龢、两江总督兼南洋大臣刘坤一等都赞成与俄国妥协。朝廷发出上谕，决定寄希望于谈判，放弃武力收回伊犁。俄、英、法、美、德等国趁此对清政府惩办崇厚一事提出抗议，朝廷屈从西方压力，减免崇厚的死刑，改为“权行监禁”。英、俄之间和各列强之间虽有矛盾，但在对中国施压时总是保持一致。

是主战还是妥协，朝廷举棋不定，急需一个主心骨，左宗棠成为朝野上下最可信赖的依靠。七月初六日，朝廷下了一道诏书，将左宗棠立即调

光绪年间新疆建省后奉旨铸造的银元

回京师。诏书说："左宗棠现已行抵哈密，关外军务谅经布置周详。现在时事孔艰，正须老于兵事之大臣以备朝廷顾问。左宗棠着来京陛见，一面慎举贤员堪以督办关外一切事宜者奏明请旨，俾资接替。"

左宗棠接到诏书后，深知朝廷的摇摆不定，目前迫切需要自己的主张。他对俄国情况有一定的了解，据侦得的情报，俄国去年天灾，粮食缺乏，又刚刚结束与土耳其的战争，财政枯竭，国内也不安宁，目前不可能以全力对付中国，只是虚张声势而已，即使在新疆作战，也绝不是西征军的对手。他在给儿子的信中说：

西北布置已有条理，俄意欲由海路入犯，而在事诸公不能仰慰忧勤，虚张敌势，殊为慨然！我之此行本不得已。

他在给将领们的信中，对和议结局深感忧虑，慨叹说：

俄事尚未定议，而先以兵船东行，为恐吓之计；谟谋诸公便觉无可置力，国是混淆。计抵京时，错将铸成矣，为之奈何！

明知在这紧要关头，他若不回京师，朝廷决策很有可能将铸成大错，于是他抓紧办理移交，尽早启程赴京，以说服朝廷放弃妥协。奏荐刘锦棠督办新疆军务、张曜帮办新疆军务、杨昌濬护理陕甘总督。他准备等刘锦棠从喀什噶尔来到哈密大营，办理移交手续后，即启行入关。

左宗棠在哈密等候刘锦棠前来接任的时候，仍然关心新疆地方的工作，同时仍然坚持以武力为外交后盾的主张，这时曾纪泽已抵达圣彼得堡，与俄政府开始谈判，国内主战、主和两派的人又都议论纷纷。左宗棠写信给总理衙门，坚决主战，反对屈辱投降，认为"察看情形，实非决之战胜不可"。在信中他还说："主战固以自强为急，即主和亦不可示弱以取悔。”他斥责那些自命为深懂洋务的媚外洋务派官僚，“海上用兵以来，其始坏于不知洋务之人，不知彼己真实情形，侥幸求胜；其继坏于自负深悉洋务之人，不顾大局，长久下落，苟且图存，以致愈办愈坏，无所底止。”

记载左宗棠与先锋刘锦棠在哈密的一些史实的石碑（现藏哈密市博物馆）

俄国在中国东北边境炫耀武力，在珲春边境构筑工事，兵舰驶入新开河。左宗棠得悉东北紧急的消息后，即命王诗正、刘璈、王德榜率精兵 2500 人先期入关，驻屯张家口，准备和俄国一战。他在给刘锦棠的信中说：

> 俄事非决战不可，连日通盘筹画，无论胜负云何，似非将其侵占康熙朝地段收回不可。

他坚信，一旦开战，必定能战败俄国，一举夺回被俄国侵占的大片土地，恢复康熙时期的辽阔国土。但是这时妥协派占上风的朝廷，能否听得进左宗棠这些意见，尚未可知。

虎口夺食，收回伊犁

光绪六年（1880）十月初六日，刘锦棠抵达哈密，六天后，即农历十

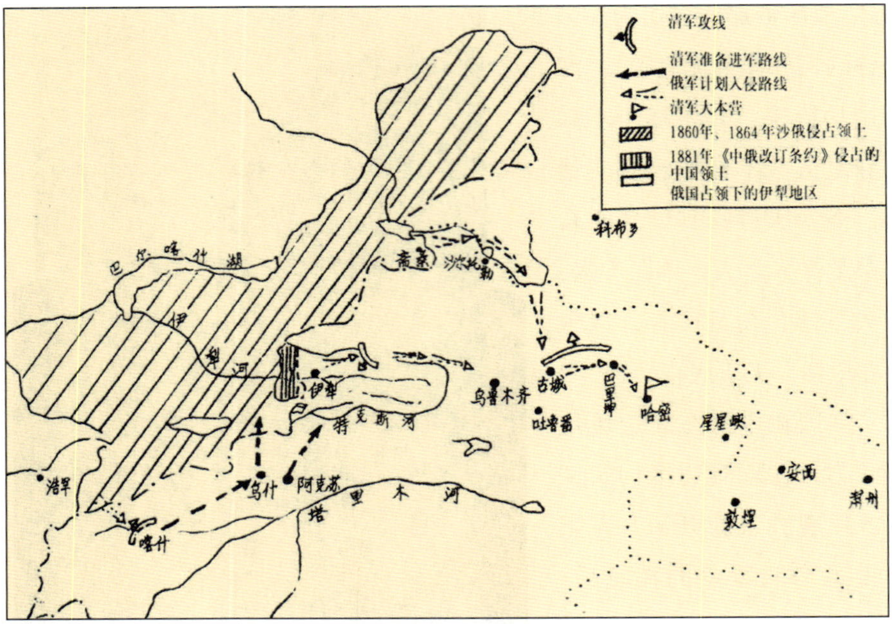

准备进军伊犁示意图

月十二日（阳历 11 月 14 日），左宗棠启行入关。至此，左宗棠坐镇哈密，部兵三路，准备武力收回伊犁期间，在哈密居住时间共 153 天。出关时，西征大军士气高昂，携棺出征，悲壮激烈；入关时，想到因妥协派从中作梗，内外受敌，忧患深沉。他在入关途中时，曾纪泽正在俄谈判。曾纪泽不赞成李鸿章放弃伊犁的观点，认为伊犁是西陲重镇，不能轻易让人。但他也不赞成左宗棠“俄事非决战不可”的主张，以为战事一开，“在东而不在西，在海而不在陆”，防不胜防；唯一的办法，是进行坚定不移的外交谈判，“持之以力，百折不回”。在与俄国人的谈判中，他显示了折冲樽俎的才能，但是左宗棠的积极备战，三路部兵进击伊犁的军事实力，成了他与俄强硬谈判的坚强后盾，否则，谈判可能是另一种结局。

俄国人当时并不愿意，也无能力和中国进行全面作战，参加谈判的俄外交部高级顾问若米尼表示：“战争对于我们将是耗费巨大、没有止境，而又无益的。”东西伯利亚总督也说：“不宜轻易和中国作战，远东舰队力量薄弱，陆军军力也不强，不足以防守边疆。”因此俄政府作出“让步”，同意修改原订条约。交还特克斯河谷 2 万多平方公里土地和通往南疆的穆素尔山口；仍占霍尔果斯河以西 1 万余平方公里的土地；放弃了俄货由嘉峪关运进内地的要求；俄在哈密等五城设领事改为“以后再议”。但“赔款”却由 500 万卢布增到 900 万，而且还保留了一些商业特权。改订的条约仍然是一个不平等条约，明明是俄国侵占中国领土，交还是理所当然的事，却要索取赔款，还割占 1 万多平方公里土地，真是岂有此理！但与旧条约相比，总算收回了一些权益。在中国近代史上，这算是一次差强人意的外交“胜利”。

曾纪泽

这次外交胜利，曾纪泽的功劳不可泯灭，左宗棠部署三路大军挺进伊犁的武力后盾更起了重要作用。当曾纪泽赴俄谈判时，俄国人经常打听左宗棠和西征军的动态。左宗棠于光绪六年（1880）十月十二日离开哈密，1 个月后，俄国已得到他进京的消息，那时中俄草签的条约内容已送北京审批，还没有回信，俄方不了解真相，怀疑清政府召回左宗棠，是准备发动战争。当时清政府信息迟缓，曾纪泽其实还不知左宗棠奉调进京的事。当俄国人问他时回答道：“这是谣传，不可轻信。其实左中堂年逾六旬，老成持重，岂有唆使构兵之理？我说句老实话：中、俄两国和好，固无须左中堂进京；即使中国有用兵之意，则西边正关系紧要，更没有调他进京之理。”

曾纪泽这句老实话，暴露了清政府妥协求和的本意，但是幸好俄方并不相信曾纪泽会这么老实，他们明明得到俄国代办自北京拍来的电报，知道左宗棠调京的事，认为曾纪泽还在抵赖，不知道清政府葫芦里卖的什么药。

在左宗棠部兵三路于伊犁的压力之下，俄国同意废除《里瓦几亚条约》，1个月以后，光绪七年（1881）正月二十六日，中俄重新签署了《中俄伊犁条约》。从交涉过程来看，俄方急于缔结和约，比清政府更为迫切。如果清政府能始终采纳左宗棠的策略，以强硬的态度多坚持一点时间，必然能收回更多的权益。虽然废除了《里瓦几亚条约》，改订了《中俄伊犁条约》，但俄国人在条约上签字一年后才撤走，才按约交出九城。俄国人利用这一年的时间，将九城内的维吾尔族、哈萨克族、回族民众7万多人（占当地居民十分之六七）强行迁入俄国境内，故史称收回了“九座空城”。左宗棠对此很不满意，说：

伊犁仅得一块荒土，各逆相庇以安，不料和议如此结局，

伊犁将军府

言之腐心。

第二年初，中、俄双方交换和约文本，伊犁将军金顺率军进驻伊犁地区，结束了俄国人在伊犁地区长达11年的殖民统治，至此，新疆全境基本收复。当时一位英国外交官评论："中国已迫使俄国做出了它从未做过的事：把业已吞下去的土地又吐出来了。"实际上只吐出了2万多平方公里，还有1万多平方公里没有吐出来。

收回伊犁虽然只能算是差强人意，但对左宗棠、哈密和中华民族而言，其意义无以替代。哈密，是左宗棠携棺出征到达之地。在哈密，左宗棠及其将士们在中华民族生死存亡的紧要关头，与义无反顾的哈密各族人民一道，视死如归，在中国近代史上，第一次战胜了侵略者，谱写了中华民族从中英鸦片战争的失败屈辱，到收复新疆胜利辉煌的最扬眉吐气的一段历史。

这段历史标志着自鸦片战争以来中华民族反击西方列强入侵取得的一次重大胜利；这段历史是左宗棠带领其将士们和全新疆各族人民收复新疆获得全胜，经略新疆取得成功的收官之作，而哈密，则是这一收官之作画句号的地方；这段历史，无论过去、现在和将来，为我们国家和民族的国土安全、国防安全和领土主权的完整提供了深刻启示，具有重要的经验价值，深远的战略意义。

第六章 抗法保台　鞠躬尽瘁

入值军机，朝臣排斥

光绪七年（1881）正月二十六日，左宗棠抵达京师。次日，左宗棠即陛见皇上、皇太后。两宫太后对他为国忧劳20余年，慰勉有加。他上次来京陛见是同治七年（1868）八月，距今又已12年。慈安太后看到他风霜侵蚀衰老许多，顾念他多年忠心耿耿在塞外戎马驰驱为国守土，保住江山却损害了身体，不觉掉下泪来。慈禧太后则勉励他说：“尔等今后担子仍重，国事全赖诸王公大臣襄赞。”左宗棠听后深为感动。

二十九日两宫太后又召见，命他以大学士入值军机（即任军机大臣），兼管理兵部事务，并在总理各国事务衙门行走（即任总理衙门大臣），从而参与了清政府中央决策机构，对内政、外交、军事都有发言权，朝廷对他可谓高

军机处（旧貌）

军机处（今貌）

度信任了。

这次是他第五次来京师，年轻时来京赶考，三次落第，那种灰溜溜的情景，现在想起仍不免心酸。第四次来京时已是一方大员了，但仍比不上现在拜相封侯、立功回朝的荣耀。他被安排住进了一座王府——今北京王府井边西塘子胡同四合院。又贵为军机大臣，参与国家重大决策，人家看他真是位极人臣，名位权势在汉人中无以复加了。但他自己对调回京师，则满腔不情愿。他接到诏书后，就深知这是朝廷准备与俄国妥协了，召他回京，明显是怕他在边疆"惹祸"，破坏了妥协政策。虽然诏书说是时事维艰，要召他这位老于兵事之大臣以备朝廷顾问，这明明是一番假话，他到京之前，条约已签订，俄事已了结，还有什么兵事可咨顾问？

另外还有一个重要原因，他是汉人，身拥重兵，在边疆立下大功，海内外享有崇高的声望，自然免不了遭到朝廷的疑忌。敌国和朝廷里的对手也会造谣攻击，难免不离间他与朝廷的关系，对此他是早有所警惕的。早在一年多前，他奏荐刘锦棠帮办新疆军务时，就因俄国人忌妒刘锦棠，造谣中伤，他为刘锦棠说话，实则也是对自己处境的担心。他的威名远高

左宗棠第一次任军机大臣时在北京居住的西堂子胡同四合院（今貌）

于刘锦棠，疑谤自然更甚。虽然年事已高，朝廷对他仍不能完全放心。廷臣中也有妒忌挑拨、放出冷箭的人，如李鸿章早就攻击他，在给刘铭传的信中，说他拥重兵巨饷，“又当新疆人所不争之地，饰词欲战，不顾国家全局，稍通今古者，皆识其奸伪。”他对此是有思想准备的。离开哈密前，他在给儿子的信中说明了今后的打算：“陛见后当自陈衰病，请开阁缺，以闲散备顾问，终老京师。”他预料今后不大可能有所作为，准备在京师养老了。

左宗棠憨直的脾气不会受朝臣们的欢迎，因为功劳大，威望高，所以两宫太后还是优容他。在王公大臣中，醇亲王奕譞也很尊重他，每次听到他来，醇亲王必先在仪门内等候；每当他进内宫门，醇亲王总让他先行，待他真是特殊优礼了。

朝中正派的人也很尊重左宗棠。翁同龢（号叔平，江苏常熟人）是咸丰六年（1856）状元，授修撰，后入军机，还是清代的书法大家。翁同龢

翁同龢

在左宗棠抵京后即前往拜访，二人一见如故。翁同龢在日记中记载："访晤左季高相国长谈，初次识面，其豪迈之气，俯视一世。"以后他们过从甚密，翁同龢对左宗棠的议论和见解都十分倾服。

清政府大小官员，多是见了西方人就低头哈腰。外国人仗着船坚炮利，一向不把中国官员放在眼里，即使在王公大臣面前，也时露骄倨之态。左宗棠在总理衙门行走，经常要接待外国人，他一向以礼相待，不亢不卑，但不能容许外国人骄倨无理。有一次醇亲王、左宗棠和英公使威妥玛会谈，威妥玛先到，高居上座，也不知是他不懂礼节，还是有意如此。左宗棠看到这情状，怒气冲冲地向威使说："这个上座是醇亲王爷的，就是我也只能坐下面。请坐你该坐的位子。"威妥玛面红耳赤，只得易位而坐。

还有一次，左宗棠约威妥玛到总理衙门谈些事，并设便宴招待，翁同龢也在座。第二天他在日记中记载："左相谈次有风棱，差壮中朝之气。"显然他平日对那班大臣们在外国人面前低声下气的情景，也是敢怒而不敢言的。

醇亲王奕譞

当时的朝廷大臣多是玩弄权术的官僚政客，既善于窥伺皇太后和王爷们的意图，也熟谙营私、倾轧等一套伎俩。当初，他们有些畏忌左宗棠的功劳勋望，但看到他过于耿直的脾气，于是敬而远之。左宗棠对于官场习气似乎一概不懂，

恭亲王奕䜣

也不结交朝中权贵，对朝政又直言不讳，不免得罪了很多人。他多年来一直在外领兵打仗，对朝廷中礼仪、规矩那一套套繁文缛节，既不熟悉，也不愿下功夫学习，不免弄出一些失礼的举止，这又成为同僚们的笑柄。

两位亲王中，醇亲王奕譞对他不错，恭亲王奕䜣待他则不怎样。奕䜣本来也是重视起用汉人的，但那是在内乱频仍、外敌压境的时候。现在他认为已经松了一口气。当《中俄伊犁条约》签订之前，朝廷多数官员意见，等左宗棠抵京后再作决定，奕䜣却不以为然，他急于达成和约，并不愿听取左宗棠的意见，匆匆就将和约签订了。因为左宗棠功勋和威望高，面子上仍要敷衍，但对左宗棠入朝后和朝臣“格格不入”、独行其是的态度和不拘于朝廷礼仪的行为很不满意。因为左宗棠是三朝元老，不便随意加以斥责，这也使他很伤脑筋。

朝廷规矩是，军机大臣上朝时，只有领班的一人上奏，通常是王爷领头说话，其余的人不能随便发言，只有皇上或太后问到时，才敢奏对。如果随便开口，既失了礼仪，领班王爷也会不高兴。

左宗棠却不管三七二十一，往往越次发言，也不知是他不懂规矩，还是年老控制不住脾气。有次他越次请求给部将王德榜差使，太后不高兴，念功勋老臣，给他面子，同意了。恭亲王却已满肚皮不高兴，下朝之后在军机处议论，左宗棠仍不识趣，提出让王德榜上朝谢恩。恭亲王嘲讽说：“且等诏书下来再说吧！”朝廷规矩，皇上面允只是初步，要等诏书下来，才能上殿谢恩的。

军机处有一位满族大臣宝鋆，很看不上左宗棠，趁此教训他说：“这里的规矩，凡事都要跟着王爷走。上头不问及我们，我们不要开口。”无奈左宗棠的脾气不容易改，他的性格不是愿意事无巨细都得听命于人的。

还有一次，李鸿章为永定河堤防工程上了一道奏折，廷臣知道左宗棠在外搞过水利，比较内行，特找他来讨论。他对水利很有兴趣，马上就要上工地去察看。他这种勇于任事、办事急如星火的认真态度，应该说是难能可贵的，不料恭亲王和同僚们都很惊讶，面露不解之色。恭亲王慢吞吞地说：“不等奏准，就匆忙出京，若是太后问起来，我将如何对答呢？”左宗棠却没有料到有此一问，他反问道：“然则我们一举一动都得奏准么？”恭亲王说，“在朝廷中，就得这样办！”给他碰了一个不大不小的钉子。

心直口快，“不合时宜”

在朝廷中，一举一动一言一行都必须十分谨慎。礼仪虽看似小事，有时却也会成为大问题，有时说错了话，甚至可以惹出大祸。光绪七年（1881）三月，宫里出了一件大事，左宗棠也因之闯了一个大祸。初十日早朝，慈禧太后因新病初愈，在宫内休息，只有慈安太后一人临朝。到傍晚时分，宫中忽然传来消息，慈安太后驾崩。大臣们都赶到朝房，听候传旨，大家静静坐着，谁也不敢多讲话。只有左宗棠又忍不住了，他对这个突如其来的消息实在感到惊异，就和同僚们说：“今早见到安圣还好好的，怎么突然就晏驾了？我就不相信。”大臣们听了都失色，恭亲王赶紧叫他不要说下去。他素来说话声音高，已给太监们听到了，立即报告慈禧。原来两宫太后共同垂帘听政，表面上和好，慈安太后是正宫（东宫），为人正派，待人也好，受到臣子们爱戴，慈禧一直嫉妒在心。慈安太后的暴毙是一宗疑案，有人传说慈禧为了独掌大权，在慈安食物中下了毒。不管怎样，左宗棠在朝臣中莽莽撞撞，说出这种别人讳莫如深的话，必然会遭到慈禧的疑忌，他在京师的日子也不会好过了。

朝廷大臣们个个精通世故，谨小慎微，看上面眼色行事说话，对宫廷斗争也多少有些了解。其中也有少数正直、爱国、有学问的人，但在封建专制的大气候下，只能唯唯诺诺，随波逐流，不敢争先出头，不敢多说一句话。道光年间有一位曹振镛（字俪笙，号怿嘉，安徽歙县人）官运亨通，晚年更受皇帝恩遇，死后谥“文正”，在清朝两百余年中，也没有几个谥“文正”的，这是最高等级的谥号。论其政绩，却又没有什么，他的门生曾向他请教，他说：“无他，但多磕头，少说话耳。”偏偏左宗棠是心直口快的人，他大半生是在军营战阵中度过，想到什么就说什么，从来也藏不住话。来京师一个多月，言行莽撞，在廷臣们看来，简直就是不通世故，如今连慈禧太后也得罪上了。朝廷中大臣们对他就产生了各种各样的看法和议论，深谙世故的人鄙夷他，好心的人为他担忧，小心谨慎的人疏远他，以免受他株连。背后骂他的人也越来越多。

光绪七年（1881）三月十九日晚间，大臣们齐集宫中，参加慈安太后的晚祭。左宗棠因故未到。大臣们纷纷议论开了，有些人趁此说左宗棠的坏话。宝鋆和左宗棠素来不和，也借机说左宗棠简直是“一团茅草”。翁同龢在场，听了大不以为然，但只能默不作声。他回家后在日记中记下了这件事，感叹道：“窃恐左公不免龃龉矣，正人在位之难也。”

第二天，翁同龢陪醇亲王在梓宫前行礼，回到西配殿休息时，他和醇亲王作了长谈，劝他调和左相与朝臣宝相等人的矛盾，不要使左相为难。奕譞表示同意，当然，这类调和工作其实是很难做的。

在封建朝廷中，当个正人不容易，当正人又想保持长久的地位更难，所以翁同龢感叹：“正人在位之难也。”他已预料到左宗棠在军机处不能长久，可能他对自己也有预感。若干年后，他因推荐“戊戌变法”六君子，也遭到革职处分。

宝鋆是宗室之后，满洲镶白旗人。他与左宗棠早就有嫌隙。同治七年（1868）左宗棠在河北与西捻军作战时，宝鋆弟宝森拿了宝鋆的名柬来拜访，他以为借宝鋆官大的名气，可以得到左宗棠的优礼，不料左宗棠不买账，反而厉声斥责宝森一番，这也太使人面子上过不去了。从此，宝鋆一直怀恨在心，总在找机会给左宗棠难堪。左宗棠居然来到京师，还和他同值军机，他也就一直没有好脸色给左宗棠。

宝 鋆

在朝与左宗棠有嫌隙的远不止宝鋆一人。左宗棠常骂旗人贵族官员无能，恨他的人暗暗记下了他骂旗人官员的湖南土话“冇得寸用”（即无一点点用处）。此话传播开来，惹怒了满、蒙官员，这些人在朝中都是有势力的。另外，左宗棠对待下属很严格，有些人被他奏劾罢了官，自然怀恨在心。其中的一些人后来又当了京官，因同乡、同学等关系结成团伙，背后对他冷嘲热讽，还写些歪诗揶揄他。

左宗棠说一口湖南话，也遭人嘲笑。他初次见太后时，太后见他年老，一清早上朝很辛苦，便问他能否早起。左宗棠答道：“臣在军营里五更就起床，搞惯哒。”“搞惯哒”是湘阴土话，是“习惯了”的意思，人家也以此作为笑料。他在军机值班时，事情不多，不习惯总闲坐着，就和同僚们说：“坐久哒，可以散吧。”还常念一句诗：“八方无事诏书稀。”大学士李鸿藻（字寄云）还为此写了一首《竹枝词》讥讽他：

军营弄惯入军机，饭罢中书日未西。
坐久始知春昼永，八方无事诏书稀。

这首歪诗，好事者广为传播。但许多人对李鸿藻身为高官元老，又与左宗棠同值枢密，却不能和衷共处，如此轻薄，大不以为然，也为国事深感忧虑。郭嵩焘远在长沙，也听到京师来人转述此事，不禁在日记中发了一通牢骚感叹说："轻薄如此，京师论者亦皆不谓然也！"

左宗棠在来京之前，他也知道他那认真负责的脾气难以改变，已料到在朝中难以有所作为。对于同僚们揶揄侮弄倒不在意，看到朝廷许多弊端，很想振刷一番，但是朝中规矩繁琐，处处都是限制，要想干点事，有什么想法，丝毫难于展布。提出一个问题，同僚们就会多方阻难；而要上一道奏折，却又急于星火，要求即刻办好，没有仔细研究推敲的时间。同僚们知道他要研究某一件事时，不帮他的忙，只冷眼旁观，让他一人东翻西找，寻检资料；弄得他顾此失彼，搞了几天还茫无头绪，因此要办的事大都半途而废，真可谓有志难酬。左宗棠是个闲不住的人，既然任上的事处处受人阻碍，无法办成，无所事事，他就奏请批准，利用休病假期间，指挥随他进京的几千亲兵治理了京郊永定河、乾桑河的水患。

光绪七年（1881）六月，夜空中出现彗星。在封建时代，彗星出现被认为是不祥的兆头，预示着将有兵事或灾荒发生，照例皇上要引咎自责。这次朝廷也特别下旨反省，欢迎臣民们提意见。一些官员就纷纷上言，指出朝政弊端。朝廷原是做做样子的，看到批评来势汹汹，有些坐不住了，准备压制一下。左宗棠就上疏说：要广开言路，对大家的意见不要去驳斥，而应核实，公正对待。对有道理的意见应详加研究。对那些不能核实的意见，则应放置一边，不要去追究责任，以免产生相互攻击、诬陷、拉帮结派等弊端。这是他对封建政治下实施初步民主的意见，亦即"言者无罪，闻者足戒"的意思。这也是他这次来京师提出的最后一条意见。

七月初三日，左宗棠中暑得病，请10天假，后来又续假20天，到次月（闰七月）十三日，他以病难以很快痊愈为由，正式提出请求开缺大学士和所有各差使。皇上不许，优旨赏假一个月。到八月病仍未愈，又赏假两个月。左宗棠是以病假拖延，朝廷则在研究如何安排他。

九月初六日，他的病假还未满期，朝廷下诏授任两江总督兼南洋通商大臣，将他调出京师。两江总督和直隶总督同是地方大员中的重要位置，又兼南洋通商大臣，职位仍然隆重，兼之在地方上还具有实权。

十月初六日，太后、皇上召见。左宗棠自陈过蒙矜恤，非意望所及。慈禧太后说："两江总督的工作比你在京师工作繁忙岂止数倍？因为你向来办事认真，外国人也怕你的声威，你去了可能省些事故，因此还得你辛苦一番。你可多用些人才，分担你的工作。"谈了一个多小时才辞出。

慈禧是个极为精明的人，她有自己的主意。左宗棠功劳太大，在朝野中外享有极高的声誉，不宜轻易放他回乡，还须重用他，至少表面上应如此，方能收拾人心，不得罪于天下。她说外国人也怕左宗棠声威，这是实情。清政府受列强欺凌日久，还是可以利用左宗棠为朝廷做些事的。慈禧深知左宗棠不过性情憨直，说话莽撞，现已老态龙钟，又已交出兵权，不会是图谋不轨的人，这点可以放心。

还有，左宗棠西陲立功是在慈禧执政之时，左宗棠的功劳也是她的功劳。历代太后执政的虽也有几位，但只有她在垂帘听政之时，戡乱万里之外，武功赫赫。如果损毁左宗棠的名誉，势必也会损毁她自己的名誉，因此左宗棠的名声必须保全。李鸿章等曾多次向她攻讦左宗棠夸张、骄蹇，言官对左宗棠多次疏劾，她一概不予理睬，将他调离京师，担任两江总督。

调离京师，任职两江

左宗棠即刻准备出京赴任。他已 20 多年未回故乡，请准赴任中先回湖南湘阴省墓。临行前，醇亲王奕譞邀左宗棠合影留念，并将相片送请当朝名公题诗，翁同龢也题了诗。这幅照片题名《王侯并坐图》。

临走的前几天，左宗棠在北京的居室门楣长出五棵灵芝，左三、右二；室内房梁两端也各长了两棵。一家诞九芝，左宗棠很是高兴，把居室取名为

左宗棠与醇亲王奕譞合影

《玉芝阁》(玉芝即灵芝，是象征祥瑞的草本植物)。同僚们争相观赏。

光绪七年(1881)十月十三日，左宗棠陛辞出都，眷属一同回湖南。十一月二十五日抵达长沙。十二月初二日到湘阴。他自咸丰十年(1860)八月离开长沙后，一直没有再回家乡湘阴，一别已是21年。其中，他主政西北14年间家里先后失去8位亲人，使左宗棠精神和身体都受到沉痛打击。先是同治八年(1869)三女婿周翼标不幸去世，三女孝瑸悲痛欲绝，于同治九年(1870)正月底去世；二月初二日(孝瑸去世后第七日)，周夫人因女儿孝瑸离世忧伤太深，肝病加重，也相继去世，享年59岁；同治十一年(1872)，二哥宗植的三子丁叟于二月病故；不久二哥宗植也去世；同治十二年(1873)二月，瘫痪多年的二女孝琪去世，时年才40岁；这年七月十四日，左宗棠最为赏识疼爱的长子孝威，因在甘肃照顾父亲，不适西北水土染病回乡治疗无效而去世，年仅27岁；不久孝威之妻贺氏(系左宗棠恩师贺熙龄之女)也去世了。尽管一次次接到噩耗，老泪纵横，悲伤欲绝，但左宗棠都挺过来了，没有回家。大西北更多的劳苦百姓需要他去拯救，新疆大片沦陷的国土需要他率部收复。他在写给友人的信中说："不顾后患，于义有所不可，于心难安也。"如果告假回家，"恐误国事"。

回到司马桥老宅，楼阁依旧，但物是人非，他已不能再见到逝去的夫人和儿女们，他那乍回故乡的满怀喜悦，顿时化为无限的怀念和伤感了。这所宅子是咸丰年间左宗棠任湖南巡抚幕僚时，胡林翼和骆秉章共出私款500两银子买下送给他的。原来只有两进房子，共约20间房和一些空地。后来人丁增多，四个儿子娶了媳妇，生了孙儿孙女，房子已不够用。在儿子孝宽负责管家之时，又将南邻李姓旧宅买下，利用其地基改建了一进正屋，前面有一大厅，大厅左为书房，右为客厅，院前植以花木。左宗棠说："只要夏不热，冬不寒，明窗净儿，起居自适足矣。百年之后，即作为祠堂，可省修建之费。"他原想仍回老家湘阴终老。

他走进新建的花厅里，抬头看到木板墙壁上挂着一副对联："身无半亩，心忧天下；读破万卷，神交古人。"是他1836年第二次会试落榜后，为激励自己，在湘潭岳家周氏西楼住所写的自勉联，30年后，在福州准备西征时又重写此联，用以勉励儿孙。那时他认为语气虽有自夸之嫌，但是年轻人志趣故不妨高些。

他还牵挂着那一片菜地和小小的池塘，20年前在湖南幕府工作余暇，常到地里种菜、养鱼，如今不知怎样了。于是独自一人走到后园去，看见菜圃内仍种了些菜，长得很茂盛，家人知道他的爱好，勤加培养。池塘里也还养着鱼。回到一别多年的旧居，也容不了他沉湎于往事之中，纷繁的应酬等待着他。这次回来，是立功绝域，拜相封侯，衣锦荣归，当地官员和亲朋好友纷纷来拜望、宴请他，对一些重要的官员，特别是一些老朋友，他还得去拜望。

按照清代规矩，他出行时有一大批随从，大轿前有兵丁、执事手持旗伞衔牌等，牌上有各种头衔，如"二等恪靖侯""东阁大学士""一等轻骑都尉""两江总督部堂""南洋大臣"等。每当他出行时，街道两侧都挤满了围观的人群，大家都想看看家乡出的这位大人物。左宗棠性格豪爽，他索性将轿帘打开，和老百姓会面，路上还不时和他们谈笑几句。他在长沙拜望了老友郭嵩焘、郭崑焘兄弟及李仲云等。左宗棠回到故乡，和家人亲友短期的团聚还是很快乐的。年初虽然张夫人和几个儿孙到京师陪侍，但女儿孝瑜、孝琳因已出嫁，二儿孝宽留长沙照管家务，都未能去京长期陪侍。这次回来，看到分别多年的女儿、女婿、外孙儿女、侄儿辈等，大家高高兴兴，对一个老年人，确是难得的乐事。

十二月初二日终于回到了阔别21年的湘阴故里祭扫祖墓。他在这块故土生活了45年。直到咸丰七年（1857）才移居长沙司马桥，虽然闲时常回来，但毕竟很少久住。他对家乡的一草一木，都有深厚的感情。他先去祖父母和父母墓前祭扫，然后来到童年时祖父教他读书识字的梧塘书屋，他在外地多年，还时常回忆起这40多年的美好生活。也常梦回梧塘书屋，可是眼前看到的，却只是几间敝旧、狭小的房子，已非记忆中童年流连忘返的乐地了。但是后山坡上仍然是一片茂密的竹林和树木，虽然时值冬令，仍有青松翠柏掩映其间，使他想起童年时爬上山坡摘毛栗的情形，祖父夸他分毛栗子公平，将来能成大器。母亲说他可以封侯，不想如今真的封侯拜相了。可是祖父母、父母早已长眠地下。

扫完墓回到旧居柳庄，看到的是景色依然，12株梅树正在怒放，门楣上还悬着他题写的“柳庄”二字。他在田头漫步，回忆那三年大灾荒，他和周夫人、张夫人在柳庄门前施粥施药，眼前一群群扶老携幼、面黄肌瘦的灾民，那时的心情委实不好受。而今30余年过去了，他已是皤然老翁，虽然为国立了功业，身居高位但在各地仍没有忘记尽力为老百姓做一些好事。因为有重任在身，在湘阴不能久留，他回到长沙后就要整理行装，准备前往江宁履任。

当他乘坐的轮船沿湘江逆流而上，离家乡愈来愈远时，他想起了旧作中的两句诗：“行尽秋山路几重，故园回首白云封。”他即将和湘阴的左家塅、柳庄、梓木洞以及长沙司马桥老宅、湘潭的桂在堂永远告别了，从此再也没有回来。

两江总督府旧貌

光绪七年（1881）十二月二十二日，左宗棠抵达江宁，接印视事。

两江总督府治所江宁（今南京），又名金陵、白下，或石头城，是六朝古都，商旅繁盛，历来为兵家必争之地。两江总督管辖苏（含今上海）、皖、赣三省，据长江下游入海要冲，无论在政治、经济和军事上，都十分重要。因此两江总督和直隶总督在地方大员中，地位最为显赫。左宗棠住进总督府后，随即想起了两位他所崇仰的前任：一位是陶澍，一位是林则徐。

43年前的道光十八年（1838）左宗棠去京师会试落第后，曾应邀绕道江宁拜访陶澍，在总督府盘桓数日，二人结下深交。那次是来做客，这次旧地重游，却是应了陶澍当年的预言，真的已入主总督府了。陶、林二公在他身份低微时都对他寄予深厚的期望。他接任两江总督，虽然已隔了好几十年，但他决心做二公的继承人，履行二公未竟的遗志。光绪九年（1883）正月，经奏请合祀两江善政的先行者陶澍和林则徐，在江宁建立陶、林二公祠。他还写了一副祠堂对联：

三吴颂遗爱，鲸浪初平，治水行盐，如公皆不朽；
卅载接音尘，鸿泥偶踏，湘间邗上，今我复重来。

在这里，左宗棠慨然以陶、林二公的继承者自居。

力举抵抗法寇入侵

在左宗棠任职两江总督兼南洋通商大臣之时，适值西南边陲形势紧张，因为法国殖民者加剧了侵占越南的步伐。法国对越南觊觎已久，早在乾隆五十二年（1787），法国传教士百多禄就曾上书法国国王路易十六，要求“在交趾支那建立一个法国的殖民地”，并进一步开通一条通往中国的商道，以“获得那个人们不认识的国家的财富”。至19世纪中叶，代表大银行家和工业资产阶级利益的拿破仑三世政府频频发动侵越战争。同治元年（1862）五月，法国联手西班牙，强迫越南政府签订了第一次《西贡条约》，夺取了南圻（越南南部）、陋东三省。5年后，又吞并南圻西部三省，控制了整个湄公河三角洲。此后，侵略者又把贪婪的目光盯住北圻（越南北部），想沿红河西上，打开通往中国西南地区的通道。进入19世纪80年代，法国茹费里内阁更加紧调兵遣将，力图一举吞并整个越南，并以越南为跳板进犯中国。

光绪七年（1881）六月，法国议会通过增拨240万法郎侵越军费的提案。光绪八年（1882）四月，法军侵占河内，不久，又占领南定，第二次组阁的茹费里狂叫：“征服那个巨大的中华帝国是不成问题的！”中法战争已不可避免。

面对法国侵略者的步步进逼，清政府对是否援越抗法举棋不定。以李鸿章为代表的主和派，主张以退让、妥协换取“和平”，他们的基调是：“未可与欧洲强国轻言战事。”左宗棠则不然，他坚决主张回击侵略者。光

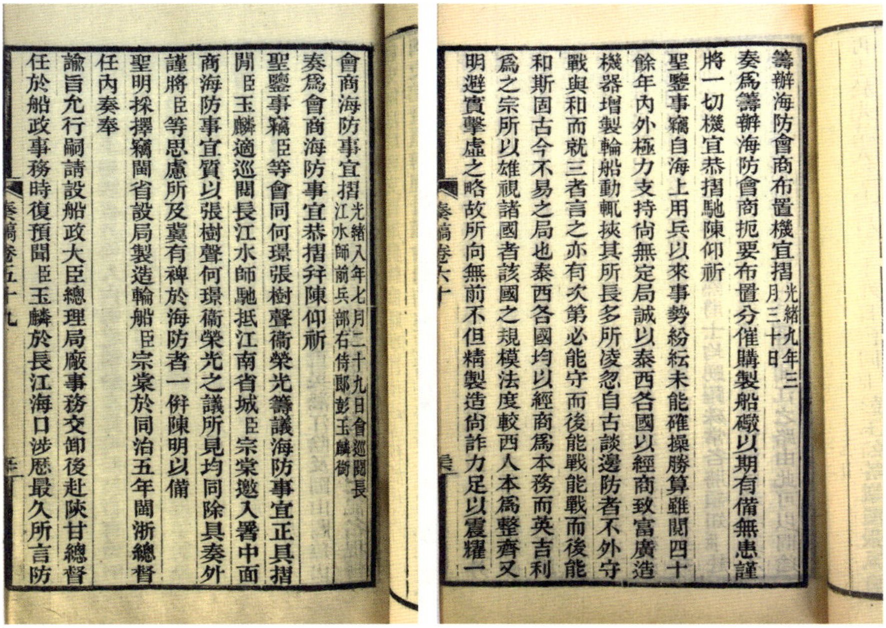

會商海防事宜摺 光緒八年七月二十九日會巡閱長江水師前兵部右侍郎彭玉麟銜
奏為會商海防事宜恭摺幷陳仰祈
聖鑒事竊臣等會同何璟張樹聲衛榮光籌議海防事宜正具摺
間臣玉麟適巡閱長江水師馳抵江南省城臣宗棠邀入署中面
商海防事宜質以張樹聲何璟衛榮光之議所見均同除具奏外
謹將臣等思慮所及冀有裨於海防者一併陳明以備
聖明採擇竊閩省設局製造輪船臣宗棠於同治五年閩浙總督
任内奏奉
諭旨允行嗣請設船政大臣總理局廠事務交卸後赴陝甘總督
任於船政事務時復預聞臣玉麟於長江海口涉歷最久所言防
奏稿卷五十九

籌辦海防會商布置機宜摺 光緒九年三月三十日
奏為籌辦海防會商扼要布置分催購製船礮以期有備無患謹
將一切機宜恭摺馳陳仰祈
聖鑒事竊自海上用兵以來事勢紛紜未能確操勝算雖閱四十
餘年内外極力支持尚無定局誠以泰西各國以經商致富廣造
機器增製輪船動輒挾其所長多所淩忽自古談邊防者不外守
戰與和而就三者言之亦有次第必能守而後能戰能戰而後能
和斯固古今不易之局也泰西各國均以經商為本務而英吉利
為之宗所以雄視諸國者該國之規模法度較西人本為整齊又
明避實擊虛之略故所向無前不但精製造尚詐力足以震耀一
奏稿卷六十

光绪八年（1882）和光绪九年（1883）左宗棠分别奏请加强筹办海防折

绪九年（1883）三月三十日，他在一份筹办海防的奏折中说：“窃谓和局可暂不可常，其不得已而出于战，乃意中必有之事。”他回顾并总结了自鸦片战争以来列强入侵的沉痛教训：“海上用兵以来，文如林则徐，忠而有谋，以之制初起之寇，本有余力，不幸为忌者所间，事权不属，不克竟其设施；武如陈化成，力扼吴淞，苦战不却，不幸右路未战先溃，致夷兵萃于左路，力遂不支，遂以身殉。是则议论不协，勇怯不齐有任其咎者。遗憾至今四十余年，不知伊于胡底！而所谓识时务者，仍以因循粉饰，苟且目前之安，此志节之士所为抱抑塞磊落之怀，扼腕叹息者也。”在这里，左宗棠强调要吸取历史教训，同仇敌忾，力举抗法，决不妥协，不可重蹈鸦片战争的覆辙，奏请加强海防。

布防长江，校阅渔团

为了防止法军进犯，左宗棠认真部署了长江口防务。光绪九年（1883）春，左宗棠巡视沿江炮台，会集防江、防海各营将领研讨方略，协商布置。他从下关起，沿长江东下，依次视察乌龙山、象山、都天庙、焦山、圌山关、江阴、靖江、吴淞各炮台，并校阅了炮台守军实弹打靶。又在长江重要门户白茅沙召开各将领会议，准备于此安泊坚船，并设大炮，“力扼此津，则敌船势难飞过”。

江防炮台

左宗棠“一面挑选奋勇弁丁，一面严明赏罚，订立规程”，并郑重声明：“遇有外国兵轮闯入海口，不服查禁者，开炮测准轰击，得力获效者，照军功例从优给奖；其夺获船只者，副将以下至外额均加三级请保，提镇请给世职，勇丁按名赏银五十两，仍录功核保”；“其督队不严，临阵退缩，甘心失律，以致误事者，提、镇请旨正法，副、参、游以下至外额，届时由臣察实，手刃以徇。”

左宗棠亲临前线，身先士卒，要求部下奋勇杀敌，誓与阵地共存亡：“能破彼船坚炮利诡谋，老命固无足惜。或者四十余年之恶气借此一吐，自此凶威顿挫，不敢动辄挟制要求，乃所愿也。”同行的兵部尚书（未到任）、受命巡阅长江水师的彭玉麟也当场表示：“如此断送老命，亦可值得。”与会高级将领深受感动，纷纷表态：“我辈忝居一二品武职，各有应尽之分，两老不临前敌，我辈亦可拼命报国。”随后，左宗棠于三月三十日上《筹办海防会商布置机宜折》，向朝廷正式表达了自己誓死抗击法国入侵的决心：

> 至总督亲履行闻，所办者辖疆江海防务，责无旁贷。遇有寇警，应亲临前敌督战，防所即其汛地；如敌人轮船冲过白茅沙总要隘口，则防所即是死所，当即捐躯以殉。

吴淞口炮台

当越南战况日益紧张时，左宗棠更倾全力部署长江防务。他考虑到吴淞口和白茅沙是江防前敌要隘，便着重加强两处防务。首先，在吴淞口炮台设巨炮 18 尊，炮台对面还有军舰碇泊。同时，调陆军六营为策应之师：两营驻宝山县属罗店镇，为炮台声援；两营驻川沙厅属之高行镇，遏浦东黄家湾一带敌人登岸之路；两营扎上海西门新泾市，以防敌舰入黄浦江袭夺上海县城。

其次，左宗棠将深入长江的门户白茅沙列为第二道防线。这一带暗沙纵横，在靠近南岸处泊蚊船，并设水炮台。蚊船后面驻外海水师，外海水师后面是大型军舰。内江船队则傍南岸沙脚驻泊；江面还布有水雷、鱼网等。

由白茅沙西上，属于后路江防，江阴是后路江防的门户，也是左宗棠设定的长江下游的第三道防线，他在南、北两岸炮台配置巨炮 49 尊，如有警报，饬由长江水师提督李成谋亲率师船增援。由江阴西上直至下关，左宗棠于沿江设圌山、象山、焦山、乌龙山、下关等炮台，是为后劲。在吴淞口外，东南的小红塔、大黑塔、铜沙等处浅沙原设有灯船、浮筒等标

渔团在训练

记。长江口外北面的佘山、东南的大七山、白节山，正东的花鸟山都设灯塔，以防船只夜行触礁。左宗棠还下令“一遇外国兵轮闯入，先将各处灯船、灯竿、浮筒撤去，次将白茅沙一带浮筒移去”，使敌舰不明水路，行动困难。他在写给户部尚书兼署兵部尚书阎敬铭的信中说：“各提镇集议协力并规，誓以死守，西舶如闯入长江，当不令其善脱。”长江下游的布防已相当周密。

左宗棠强调在反对外来侵略中必须组织沿海群众的力量，他提出要办理沿海 20 余州县的渔团、保甲，收罗渔户豪俊之士，杜绝奸细为侵略者引水或暗通消息。经数月努力，成效渐著。光绪九年（1883）九月十九日，左宗棠从江宁乘轮船东下，特地校阅各处渔团。二十日午前，阅江阴、靖江渔团，下午阅通州（今南通）、海门渔团。二十一日晨，抵崇明岛，调阅崇明渔团，因该渔团训练无方，将渔团会办刘光才申饬记过，团总、团佐停给功牌、顶戴，团丁撤销，以示惩罚。午后，驶抵吴淞口，校阅水勇。阅后，认为该处水勇“精能过人”，“缘桅猱升极为捷疾。旋复跃下踩水，如履平地。两手在肩上向空招摇，并施放洋枪”，“观者靡不诧为罕见”。当天夜晚，左宗棠泊舟上海。三天后，又在上海召集奉贤、南汇、常熟、昭文、太仓、镇洋、华亭、金山各渔团团总、团佐会议，一面晓以大义，一面颁示奖惩，“于操演纯熟者奖进之，技艺生疏者训斥之。其中能泅水、凫水及缘桅超跃、施放枪炮者，一经当场分别，酌赏功牌、银牌，印委及团总、团佐，则许以异时论功褒奖，无不欢欣鼓舞，踊跃争先。”由于左宗棠亲临校阅，奖惩分明，起到了鼓舞士气的作用。

支持刘永福“黑旗军”抗法

刘永福（字渊亭，钦州人）原是在广西的一支独立的农民起义部队的首领，同治五年（1866）进入越南，因为队伍以七星黑旗为标志，因此被称为“黑旗军”。他们是当太平天国覆亡时由广西逃去越南的。同治九年（1870）四月十三日，法军和黑旗军在河内城西二里的纸桥进行了一场恶战，黑旗军取胜，并将法侵略军司令李维业击毙，在法国国内引起震动。同治十二年（1873）法军进攻河内时，黑旗军给法军以重创，因而刘永福被越南阮氏王朝封为三宣副提督，受到倚重，后来又屡挫法军。黑旗军队伍原来已有2000多人，陆续扩充到1万余人。因为黑旗军大多是农民出身，大清廷中的一些人诬蔑其为“匪”和“土寇”。

黑旗军首领刘永福

左宗棠却给刘永福以很高评价，他说，“刘永福以一健卒，为越捍边，力挫虐焰，似亦人所难能”，“刘永福在中国本非乱民，而在越南则义士也”。为保护和支持刘永福，证明他并非“乱民”，左宗棠写信告知总理衙门大臣恭亲王奕䜣说，刘永福原是王德榜部下散勇，为国家出力甚多。

组建“恪靖定边军”开赴前线

越南局势一发不可收拾，战火也步步引向中国边境。对此，左宗棠做了深刻分析，他指出：

> 法人所以图越南者，盖垂涎滇、黔五金并产，意在假道于越南，以开矿取利……不仅以夺越疆为止境也。

左宗棠认为，妥协退让决不能求得和平与安宁，对蓄谋已久的侵略者，只能以武力粉碎其阴谋。他致信总理衙门，力主不惜对法一战：

> “外人反复无常，得步进步，是其惯技，似非示武不足以杜彼蚕食之谋，而纾吾剥肤之急”，“惟主战于正义有合，而于事势攸宜，即中外人情，亦无不顺”。

当时，国内主战气氛虽然浓厚，但妥协求和论调影响较大，因为其代表人物恭亲王奕䜣和直隶总督李鸿章掌握着对外交涉的大权，实际掌控着中央决策。光绪九年（1883）五月十二日，李鸿章上《法越交涉事端重大遵旨妥筹全局折》，全盘托出了妥协、求和的主张，他说：“今越与内地相去数千里，若陈师远出，而反戈内向，顾彼失此，兵连祸结，防不胜防。”而法国海军强大，“其船械之精，操演之熟，海上实未可与争锋”；陆上虽可一战，“但一时战胜，未必历久不败，一处战胜，未必各口皆守”。在他看来，如果“越为法并，则边患伏于将来；我与法争，则兵端开于俄顷。其利害轻重，较然可睹”，因而反对与法“决裂”。

针对主和派的谬论，左宗棠明确提出了针锋相对的意见，他在写给李鸿章的信中说：“法人于越南早玩之股掌之上，亦越南有以取之。惟其疆土日蹙，则粤、滇边务亦宜借筹，南洋未可坐视。”对于执政当局在援越抗法问题上的犹豫徘徊，“一误再误”，左宗棠十分愤慨，认为自己“以南洋兼顾，不能度外置之”。

早在光绪九年（1883）四月，朝廷就以越南形势紧急，命请假回籍葬母的李鸿章迅速前往广东“督办越南事宜”，并节制广东、广西、云南三省防务。但李鸿章拒绝赶赴前线，朝廷无可奈何，让他仍回京任北洋大臣。与此形成鲜明对照的是，左宗棠立即上奏朝廷，要求赴广西前线督师，“一往图之，为西南数十百年之计，以尽南洋大臣之职”。还说“衰朽余生，得以孤注了结，亦所愿也”。朝廷未准，他就命部将王德榜回湖南募勇数营，并“径赴刘永福处察看军情地势”。甚至准备亲自“率新募各营，接踵前进”。七月初一日，王德榜乘轮船从江宁启程，沿长江西上。左宗棠调拨给他携往广西前线大量的军用物资，还由金陵机器局调派演放水雷、火箭及修理枪炮的技师6名，随同王德榜前往广西，并发给运输费、旅程费“湘平银”3000两白银。

但是，清政府害怕战争进一步扩大，急于妥协，遂派李鸿章于五月初与法国特使、驻日公使脱利古在上海谈判。八月，谈判地点移到天津，但由于法国要价太高，谈判一直没有结果。既然清政府决计求和，左宗棠亲赴前线的请求自然不被接受。此时，左宗棠只有把希望寄托在前方将士身上。这一年秋冬之际，王德榜在湖南招募了八营军队（还拟在广东再招两营），左宗棠又调派有作战经验的提督陈广顺、张春发、杨文

严阵以待的“恪靖定边军”

彪，总兵吴体全，副将谭家振，游击龙定太、杨肇俊等赶赴王营，“以收指臂之效”。他还从亲军差官、大旗中挑选勇敢善战的军事骨干三四十人，送往王德榜新募的军队中效力，并解去饷银10.3万两。这支新组建的开赴广西中越边境前线的援越抗法部队，左宗棠命名为“恪靖定边军”。其粮饷装备全由左宗棠筹措解决。

军情告急，奋不顾身

为了有效打击法国侵略者，左宗棠对抗法最前线的“黑旗军”十分重视。光绪九年（1883）四月，黑旗军取得纸桥大捷，消息传来，左宗棠极为兴奋，给云贵总督岑毓英（字彦卿，广西西林人）写信说：“越之所以苟延者，赖有黑旗勇。此战之力，足寒贼胆，而快人心。果能再接再厉，则法人凶锋频挫，何能越红江而上窥滇、粤边境乎。”左宗棠还从江宁军火库拨水雷20具（电线俱全）及火箭百支，选派熟习施放之人运往前线。他又叮嘱岑毓英：“或以之暗助刘永福，俾有所凭借，不致为所摇撼，则越南安而滇、粤边境亦安矣。”

光绪九年（1883）十一月十二日，法军6000人、战舰12艘，大炮200门，在孤拔率领下，从越南河内西上，决定以武力侵占红河三角洲。十一月十五日，进攻战略要地越南山西（这里驻有清军2500人、黑旗军2000人、越南军队2000人），中法战争就此爆发。

负责指挥山西军事的云南巡抚唐炯（字鄂生，贵州遵义人）在法军尚未开始进攻前，就令驻防的滇军撤退，自己也跑回云南，只有刘永福率领的黑旗军孤军奋战，激战两昼夜，山西失守。此战法军亦损失不小，无力继续进攻，前线沉寂了三个月之久。光绪十年（1884）初，法军增援部队陆续抵达越北战场，法国政府调孤拔指挥海军，改派米乐为总司令。经调整部署后，于二月十一日以12000人的兵力，由河内沿东北方向北宁进攻。这里驻有清军五十多个营，约25000人，由广西巡抚徐延旭（字晓山，山东临清人）督率。年近 70 的徐延旭驻在离前线几百里的谅山，前线部队交由广西提督黄桂兰、道员赵沃指挥，两位前线指挥官“昏庸无识”，军队漫无纪律，在敌人来攻时，一哄而散。二月十五日，法军攻陷北宁重镇。一个星期后，另一要地太原又告失守，自请赴越南“督师”的云贵总督岑毓英撤出兴化，逃回云南。三月十七日，法军占领兴化。

正当前线战局急剧恶化时，左宗棠因眼疾严重（左眼几近失明，右眼流泪不止），被批准休假四个月，两江总督由曾国荃代理。三月十三日，曾国荃至江宁受代。前线溃败的消息传来，左宗棠甚为“愤懑”，遂于四月初二日提前销假，并要求派旧部浙江省前任提督黄少春在湖南挑选五营驰赴镇南关外，策应王德榜（王德榜所率之军，四营驻谅山，四营驻镇南关）。此时，法国准备进一步发动大规模入侵的军事部署尚未完成，又伸出了“议和”的橄榄枝，妄图以此完成军事准备。光绪十年（1884）三月，法国当局正式向清政府提出议和建议，李鸿章立即向朝廷表示：“与其兵连祸结，日久不解，待至饷源匮绝，兵心民心摇动，或更生他变，似不若随机因应，早图收束，有裨全局矣。”清政府采纳了李鸿章的建议，命李“竭诚筹办，总期中法邦交从此益固，法越之事，由此而定”。在这种情况下，左宗棠增兵前线的主张只能束之高阁。

赴任途中撰写《时务说帖》

光绪十年（1884）三月十三日，就在左宗棠正式向接替他的署两江总督曾国荃交接军务的当天，京城却发生了一次晚清政局的重大变动。慈禧太后用严厉、坚决、迅速的手段对权力核心——军机处及主管洋务、外交事务的总理各国事务衙门进行了彻底改组，以恭亲王奕䜣为首的全班人马被统统撤换，取而代之的是以醇亲王奕譞为核心的新班子。这就是晚清史上轰动一时的“甲申易枢”事件（1884 年农历为“甲申”）。新组成的军机处名义上以礼亲王世铎为首辅，实际的核心则是奕譞及其亲信孙毓汶。

中法代表在天津签订《中法简明条约》

一向以对外“强硬”相标榜的奕譞一旦取代了奕䜣，却处处秉承慈禧太后的旨意，对外态度发生了戏剧性变化。他不但收起了以往一意主战的腔调，反而迅速走向妥协求和。果然，奕譞主政不到10天，就积极策划了李鸿章与法国海军舰长福禄诺的谈判。这次剧烈的朝局动荡，非但未能使朝廷最高当局转向抵抗法国侵略，反而是加紧了对外妥协求和的步伐。

光绪十年（1884）四月，清廷怕左宗棠抗法行动影响李鸿章与法国代表福禄诺的和谈，召他进京，“再入军机”。四月十七日，李鸿章与福禄诺在天津签订了《中法简明条约》五款，其内容主要包括：清政府承认法国对越南的保护权；驻守越南北圻的清军即行调回边界，中国不过问越、法已定及未定各约；法国不索赔款，中国允许法国在中越边界通商；法国应允与越南修约时，文字上不伤及中国威望、体面；三个月后另订详细条款。

当草约签订之时，左宗棠正奉朝命从江宁启程北上赴任军机处，在途中听到签约的消息，他马上写了一份《时务说帖》，再次向朝廷陈述援越抗法的重要意义，认为如果对法国的侵略采取妥协政策，则中国将面临被列强豆剖瓜分的严重威胁。他说：

查越南南圻西贡六省沦为异域，该国精华已竭，局势岌岌不支，犹幸有北圻堪以支格。而北圻尤滇、粤屏蔽，与吾华接壤，五金之矿甚旺，法人垂涎已久，若置之不顾，法人之得陇望蜀，势有固然。迨全越为法所据，将来生聚、训练、纳税、征粮，吾华何能高枕而卧？若各国从而生心，如俄人垂涎朝鲜、英人觊觎西藏、日本并琉球、葡萄牙据澳门，鹰眼四集，圜向吾华，势将狧糠及米，何以待之？此固非决计议战不可也。

左宗棠在《时务说帖》中总结了以前在越南北部作战失利的教训，认为“滇、粤之丧师辱国，误在视事过轻，并非势力真有不逮”。目前击败法军完全有可能，因为法国存在着一些严重的弱点：

法人欺弱畏强，夸大喜功，实躁急而畏难。近时国内党羽纷争，政无专主，仇衅四结，实有不振之势。吾华果示以力战，必不相让，持以期年，彼必自馁。况虚悬客寄之师，劳兵数万里之外，炎地烟瘴异常，疫疠流行，死亡踵接，有此数忌，势难持久。此议和之应从缓者也。

左宗棠还陈述了当时沿海的设防情况，认为可以一战。他说：“如虑内地海口绵长，则沿海各省设防有年，早有准备。近复奉谕旨，命吴大澂会办北洋，陈宝琛会办南洋，张佩纶会办福建，布置更为周密，诸大臣才智均足以当之”；“长江提督李成谋、江南提督李朝斌、狼山镇总兵杨明镫，久任江海，有勇有谋，与宗棠共事一方，意见契合。增制快船，到者三艘兵轮，炮台林立，声势已张，无虞侵犯。”

左宗棠又指出，他办理沿海渔团，“数月以来，成效渐著”，“而海上新闻纸传播，竟称江南练得渔团二万余人，外人颇为震慑”。此时，左宗棠虽已届古稀，又百病缠身，仍然雄心勃勃，自请视师，并愿立军令状，“不效，则请重治其罪，以谢天下”。

朝廷正式对法宣战

光绪十年（1884）五月二十日，左宗棠到达北京，仍入值军机处。上谕还称：“该大学士卓著勋绩，年逾七旬，著加恩毋庸常川入值。遇有紧要事件，预备传问，并著管理神机营事务。”再任军机大臣的左宗棠坚决反对屈辱求和，他拜访主战的工部尚书翁同龢（因受奕䜣之累，刚罢军机大臣），长谈时“力主战，以为王德榜、李成谋、杨明镫足了此也”。第二天即发生“观音桥事件”：闰五月初一日下午，法军上校杜森尼率 700 余人进抵谅山观音桥，要强行“接防”清军驻地，驻防清军因未接撤退命令而拒绝，法军遂发动进攻，清军被迫自卫还击，将其击退。翌日，再次进攻，又遭失败，法军伤亡近百人，被迫后撤。

法军挑衅失败后，法国政府反诬中国破坏《中法简明条约》照会清朝廷，除要求立即撤兵外，又索赔军费 2.5 亿法郎（约合白银 380 万两）。同时命海军中将孤拔率舰队北上，欲抢占中国一两个港口，作为所谓的“担保”。此时，清政府仍幻想保持和局，希望能通过谈判解决“观音桥事件”。而左宗棠已看出战争必不可免，他于闰五月初七日上《滇粤边防紧要请敕黄少春迅速成军前往折》，在分析法军动向后指出：

> 是法人请和之不足信，而缓军之伎俩毕露矣！且自天津和议条款一出，天下臣民莫不共愤而痛憾狡虏之欺侮朝廷也。兹又衅自彼开，法人虽狡，无可置辩。惟有请旨敕下滇、粤督抚臣严饬防军稳扎稳打，痛予剿办。

并重申前请，调派亲信部将、前浙江提督黄少春选募“楚军”数营驰赴广西镇南关外御敌。

刘铭传

六月初七日，两江总督曾国荃奉命与法国新任驻华公使巴德诺谈判。巴德诺坚持以赔款 2.5 亿法郎为条件，朝廷则不允偿款，且慈禧太后意甚坚决，谈判出现僵局。六月十五日，中法战端再起，法国战舰五艘炮轰基隆炮台，并登陆直扑清军营地，督办台湾军务刘铭传（字省三，安徽合肥人）挥军抗击。六月二十二日午刻，奉慈禧太后之命，御前大臣、军机大臣、总署大臣、大学士、六部、九卿、翰詹科道、日讲起居注官等齐集内阁大堂（政事堂），会议和、战事宜。“醇邸（指醇亲王奕譞）言当战，词色甚壮”，此时，左宗棠牵头起而疾呼：“中国不能永远屈服于洋人，与其赔款，不如拿赔款作战费。”慈禧太后和光绪皇帝同意了左宗棠的意见。

六月二十九日，法国驻华代理公使谢满禄借口“基隆事件”向清政府提出最后通牒，索要 8000 万法郎，如不允，则任孤拔“尽力行事”，并限两日内答复。七月初一日，谢满禄降下法国国旗离开北京，以示决裂。同日，法国外交部要求中国驻法公使李凤苞离开法境，战事一触即发。

初三日，法国远东舰队司令孤拔中将率军舰九艘、水雷艇两艘，突然袭击停泊在马尾港的中国福建水师军舰，使福建水师毁于一旦，马尾造船厂也遭到严重破坏。三天之后，即七月初六，清廷明发上谕，正式对法宣战。上谕称：

> 该国专行诡计，反复无常，先启兵端，若再曲予含容，何以伸公论而顺人心！用特揭其无理情节，布告天下。俾晓然于法人有意废约，衅自彼开。各路统兵大臣暨各该督抚整军经武，备御有年，沿海各口，如有法国兵轮驶入者，若即督率防军合力攻击，悉数驱除。其陆路各军应行进兵之处，亦即迅速前进。……（刘永福）本系中国之人……着以提督记名简放，并赏戴花翎，统率所部出奇制胜，将法人侵占越南各城，迅图恢复。凡我将士奋勇立功者，破格施恩，并施颁内帑奖赏。退缩贻误者，立即军前正法。

法国海军突袭福州马尾港，致福建水师全军覆没

抱病请缨，慷慨赴闽

就在战局已成，抵抗声浪骤涨的形势下，有人竟以所谓“失仪”为借口弹劾极力主战的左宗棠，这近乎无理取闹。光绪十年（1884）七月初三日，也就是马尾福建水师全军覆没的当天，礼部尚书延煦（字树南，宗室，正蓝旗人）竟上折参奏左宗棠于万寿节（光绪帝生日）行礼时“并不随班叩拜”，结果吏部议以罚俸一年。这一打击主战派的行动显然与朝廷正式宣战的举措不协调，所以在颁发对法宣战上谕的同时，醇亲王奕譞奏劾延煦，说：“其饰词倾轧，实属荒谬；乃借端訾毁，竟没其（指左宗棠）数十年战阵勋劳，并诋其不由进士出身，甚至斥为蔑礼不臣。肆口妄陈，任意颠倒，此风一开，流弊滋大。”

慈禧太后批示“延煦着交部议处”，结果，延煦受到革职留任的处分。这也是朝廷宣示对法强硬的一种姿态。接着又明发上谕，力主和议、允诺赔款的总理衙门诸大臣均被惩罚，解除周家楣、吴廷芬、崑冈、周德润、张荫桓、陈兰彬等的职务，并称：“现在战局已成，倘再有以赔偿等词进者，即交刑部治罪。”

光绪十年（1884）七月十五日傍晚，左宗棠怀着急切的心情去找“会同商办军机处要政”的醇亲王奕譞，要求统兵出征。后来奕譞记述会见时的情形说：“左相向晦来谈，仍是伏波据鞍之慨，其志甚坚，其行甚急。已嘱其少安毋躁，十八日代为请旨，始去。”奕譞以马援比喻左宗棠老骥伏枥、以死报国。

慈禧太后

七月十八日，左

马江战士埋骨之处

基隆港炮台

宗棠被委任钦差大臣督办福建军务，终遂其愿。73岁的高龄，多病的身躯，奔赴前线，担负起抗击法国侵略者的重任。七月二十五日，即他启程南下的前一天，特地向翁同龢辞行，翁在当天的日记中记道："其言衷于理，而气特壮。"当时的《申报》也曾这样报道说：

> 左侯相以闽事吃紧，慷慨请行，所谓一息尚存，此志不容少懈，方之古名臣，曾不多让！

八月十三日，法国舰队攻陷台湾北部重要港口基隆，宣布封锁台湾海峡，东南沿海局势相当严重。八月二十六日，左宗棠赶到江宁，调旧部5000人从征。同时立即写信给驻扎在中越边境的王德榜，告诫他："此次奏派援越，任事不及从前，切勿有初鲜终，负我期望。现在朝命主战，务要尽心竭力，有机即图，不可畏难，不可轻率。倘真不如从前出力，贻举者羞，不待他人列参，我先劾之。"

九月十三日，左宗棠由江宁取道江西入闽，朝廷指示他："在闽境驻扎，毋庸身临前敌"，但他并未遵旨逗留，而是于十月二十七日进驻福州。时值马尾新败，福州城内人心惶惶，左宗棠到达后，迅速安定了人心。有目击者回忆说："当其入城时，凛凛威风，前面但见旗帜飘扬，上大书‘恪靖侯左’，中间则队伍排列两行，个个肩荷洋枪，步伐整齐。”又说：“榕垣（福州又称榕城）当风声鹤唳之秋，经此一番恐怖，一见宫保，无异天神降临。”当时在钦差大臣行馆的大厅贴有一副楹联也表达了福建百姓对左宗棠的敬仰之情：

数千里荡节复临，水复山重，半壁东南资保障；
亿万姓轺车争拥，风清霜肃，十闽上下仰声威。

随后，左宗棠即开始布置防务，组织渔团，派兵援台。

整顿福建海防

为加强福州地区的防务，左宗棠采取的首要措施是封锁闽江口。闽江口有一大岛名琊崎岛，岛上的金牌和北岸陆地的长门是入口要隘，左宗棠即派福建按察使、署船政大臣裴荫森（字樾岑，江苏阜宁人）及道员刘倬云等星夜督工，在这里“竖立铁桩，横以铁绠，没入水中，安设机器，随时捩转起落”，以便清军船只出入，而“敌船至，则起绠以阻之”。又在“距省城三十里之林浦、魁岐及闽安右路出海之梅花江，概经垒石填塞，仅容小舟来往。以上各处均筑炮台，安放炮位，派兵驻守，以资捍卫而遏敌冲”。左宗棠还与闽浙总督杨昌濬、福州将军穆图善会商，“将海口水道标识立即撤去，并督饬水雷

长门要塞炮台

随左宗棠一起巡视海防的
闽浙总督杨昌濬

教习将各火药装齐，沿港遍布”。又迅速修复长门、金牌各炮台大炮，并从沉没于马江的“建胜”号炮舰上卸下 18 吨重大炮，加以安配。并“督同各将弁昼夜巡守”。同时，左宗棠还组织修复了被法舰击毁的闽安南北岸各炮台。光绪十年（1884）十二月二十六、二十七日，左宗棠与杨昌濬先后由福州出发，到南台、林浦、马江（位于南台、林浦、鼓山之南，为三江交汇）闽安南北岸巡视。再至闽江口，校阅长门、金牌防军，“各营将士均站队试枪，军容甚肃，各炮台可放之炮亦皆演放数过”。这天，有几艘法舰由白犬洋开来试探，左宗棠正在长门要塞，即下令开炮轰击。法舰见防备森严，只得灰溜溜地掉头开走了。

为了增强防务和兵力，左宗棠又仿照任两江总督时在江南实行的办法，创设渔团。他派出干员分赴福州、福宁、兴化、泉州四府各海口，会同当地官员士绅办理渔团。选择勇敢善水的渔民为团长，施以作战训练，严明赏罚。不仅战时可以配合正规军作战，平时还可负担侦察港内外敌舰动向的任务。经过这一番整顿，福州前线防务大大地加强了。

奏请促成台湾建省

当时，最让左宗棠焦灼的是援台问题。闽、台隔海相望，却“无船飞渡”，以抗击敌军。左宗棠对台湾防务一向十分重视，早在同治二年（1863）任闽浙总督时，他就指出了台湾地理位置的重要性：“其台湾一郡，为闽省外郛，譬犹锁钥，台郡为锁，澎湖、厦门为钥。”后来，他又在同治五年（1866）九月初八日的奏片中说：“台湾，海疆门户，远隔重

台湾巡抚衙门旧址

洋，为全省安危所系。”十月初五日的奏折再强调台湾的“吏事、兵事应早为筹划者”，并进而分析说：“况近自洋人入驻要口以来，游历内山，习知形势。设我弃而人取之，尤于事体非宜。”

果然，中法战争中，由于福建水师一战覆没，法国远东舰队严密封锁了台湾海峡。孤拔于光绪十年（1884）九月初五日正式发布命令，对台湾沿岸自鹅銮鼻至苏澳之间，由西向北之全部港口及停泊地实行封锁，宣称要“对任何企图违反上述封锁之船只皆将按国际公法及有效条约采取行动”。清政府曾指示南洋和北洋水师联手援台。但北洋大臣李鸿章拒不南下、南洋大臣曾国荃“遇敌不前”，借故拖延，直到十二月初三日，南洋水师才由总兵吴安康率“开济”“南琛”“南瑞”三艘巡洋舰及“驭远”“澄庆”两艘炮舰从上海出发南下；而北洋水师却因日本在朝鲜挑衅，未能出动。孤拔得知清舰南下消息后，即率军舰七艘北上拦击。十二月二十八日，双方舰队相遇于浙江石浦海域，吴安康毫无斗志，率队逃跑，“开济”“南琛”“南瑞”三艘巡洋舰驶入镇海海口，“驭远”“澄庆”两艘炮舰则被封锁于石浦港（三门湾）内，自行凿沉。光绪十一年（1885）正月十五日，法舰炮轰镇海，浙江提督欧阳利见率部凭借炮台，并在港内军舰支援下奋起抵抗，挫败了法军欲击沉南洋三舰的图谋，孤拔亦在这次战役中负伤，但清政府用水师援台的计划却落了空。

战事结束后，光绪十一年（1885），左宗棠上《台防紧要请移驻巡抚以资镇慑》折，再次强调台湾物产富庶，在国防上的重要意义。认为台湾“孤注大洋，为七省门户，关系全局，甚非浅鲜”，“非有重臣以专驻之，

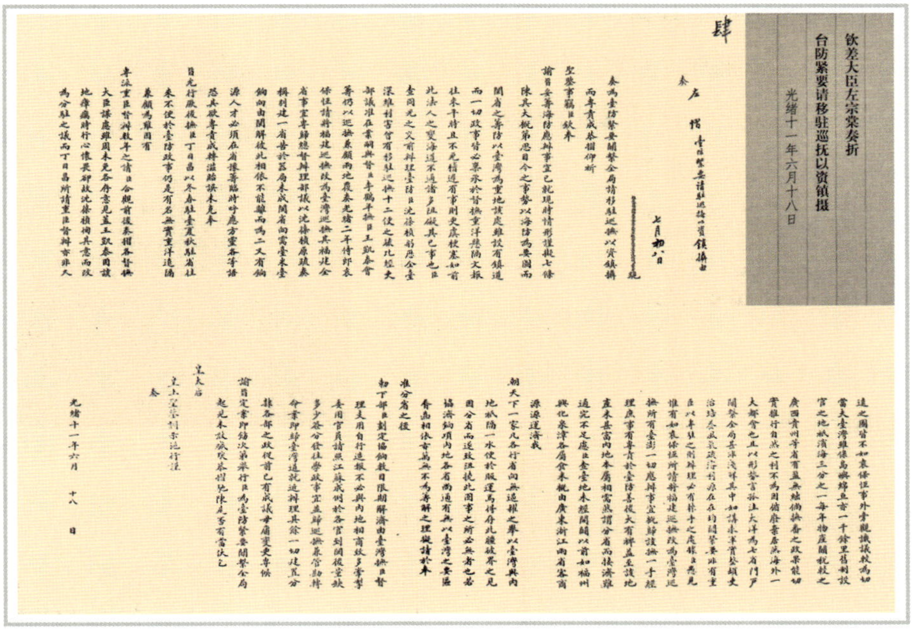

左宗棠奏请移福建巡抚驻台湾的奏折

则办理必有棘手之处。据臣愚见，惟有如袁保恒所请，将福建巡抚改为台湾巡抚，所有台湾一切应办事宜，概归该抚一手经理，庶事有专责，于台防善后大有裨益”。他进一步提出：“台湾当改建行省。”这实际上是促成台湾建省的先声。朝廷采纳了左宗棠及其他大臣的部分意见，在他去世后的一个月，下令台湾开置行省，任命刘铭传为首任台湾巡抚。

组建“恪靖援台军”渡海作战

当光绪十年（1884），法军入侵台湾，台湾兵备道刘璈（湖南岳阳人）积极备战，坚守阵地，浴血奋战，终因兵力单薄又无援兵，八月十三日，基隆沦陷。刘铭传罗织罪名，将其弹劾入狱。法国舰队攻陷台湾基隆时，“全台震动，望援师尤急”。法军军舰封锁台湾海峡，援军无法渡海。左宗棠在北洋水师抗旨拒不南下，南洋水师“遇敌不前”的情况下，接洽雇用德船运兵也遭拒绝。只好决定亲自率部赴台督战，朝廷未批准。左宗棠组织的“恪靖援台军”迫不得已，只得在没有轮船运送，没有水师护航的危急情况下，派他的老部下道员王诗正（王鑫之子）率军从泉州府蚶江（面临泉州湾）一带乘坐渔船，扮作渔人，黑夜冒险偷渡。此外，左宗棠又派行营总理营务处、道员陈鸣志赴台与刘铭传“妥筹恢复基隆之策”。

台湾兵备道刘璈

王诗正率领的“恪靖援台军”于光绪十一年（1885）正月十八日到达台南，随即进驻五堵。当时法军正在八斗登陆，攻占了月眉山要地。二十日，王诗正立即派刘见荣和易玉林分兵二路，超越敌军，去抢夺月眉山。第二天法军在大杠峰增援，“恪靖援台军”勇猛进击，提督胡少亭、罗国旺带领部队首先登山，不幸阵亡。王诗正亲自督战，官兵士气奋发，要为胡、罗二提督报仇，法军伤亡惨重。他们看到正面抵挡不住，就分兵由暖暖街绕到“恪靖援台军”的后方攻击。后方各隘口是由台湾士勇把守的，由于缺乏训练和实战经验，抵挡不住法军，只得退守五堵。这一仗势均力敌，互有胜负。但是法国人尝到了中国陆军的厉害。

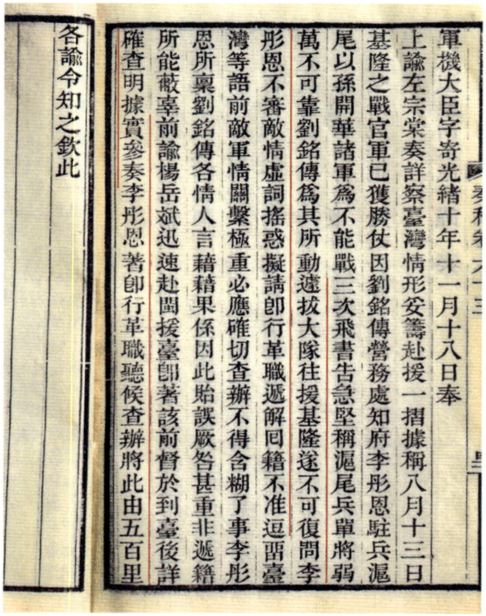

軍機大臣字寄光緒十年十一月十八日奉
上諭左宗棠奏詳察臺灣情形妥籌赴援一摺據稱八月十三日
基隆之戰官軍已獲勝仗因劉銘傳營務處知府李彤恩駐兵滬
尾以孫開華諸軍為不能戰三次飛書告急堅稱滬尾兵單將弱
萬不可靠劉銘傳為其所動遽拔大隊往援基隆遂不可復問李
彤恩不審敵情虛詞搖惑擬請即行革職遞解回籍不准逗留臺
灣等語前敵軍情關繫極重必應確切查辦不得含糊了事李彤
恩所稟劉銘傳各情人言藉藉果係因此貽誤厥咎甚重非遞籍
所能蔽辜前諭楊岳斌迅速赴閩援臺即著該前督於到臺後詳
確查明據實參奏李彤恩著即行革職聽候查辦將此由五百里
各諭令知之欽此

朝廷关于左宗棠奏察台湾情形请派杨岳斌率部支援台湾的上谕

随后，左宗棠又调帮办福建军务、原陕甘总督杨岳斌率第二批援台军从泉州偷渡成功，抵达东南岸的卑南加入战斗，炮击法舰。二月十二日，法国舰队南下抵澎湖港，经过4天激战，占领澎湖，并把马公变成其远东舰队的大本营。不久，法国舰队司令孤拔在镇海被清军炮击受伤的伤势恶化，到达澎湖时剧痛不能自持，乃服毒毙命。法军失去主帅，又看到台湾守军力量不断加强，已不能轻易取胜，只好退缩不战，驻守基隆。

镇南关—谅山大捷

法国在台湾作战一时未能达到目的，其“担保战略”的效果也不明显，于是兵分两路，将一部分兵力继续留在台湾作战以“扩大战果”，将大部分的兵力转移到主战场的中越边境，妄图通过战场上的胜利，胁迫清

镇南关清军布防图

政府迅速妥协求和，以获取在中国的更多权益。光绪十年（1884）十二月二十日，法军向谅山一线清军发动了新攻势。他们纠集河内、北宁、海阳的兵力约1万人，倾巢出动，意图夺取谅山，直逼中国西南门户，以迫使清政府屈服。当时，清军在谅山、镇南关一带的驻军共有五十余营25000余人。兵力不可谓不多，但前方主帅、广西巡抚潘鼎新（字琴轩，安徽庐江人）却畏敌不前，调度无方。统带“恪靖定边军”的王德榜向他请示机宜，潘鼎新竟然回答说：“战亦违旨，退亦违旨，已电请总署示遵”，使前方将士无所适从。王德榜又请示“如真敌来，欲陈兵迎战”，潘鼎新复示不允。在这样的前方主帅指挥下，清军安能不败！十二月二十八日夜，潘鼎新逃入镇南关，驻扎广西龙州，拱手让出谅山。法军在占领谅山、文渊后，于光绪十一年（1885）正月初九日直抵镇南关，其侦察骑兵深入关内十余里，难民蔽江而下，广西全省大震。

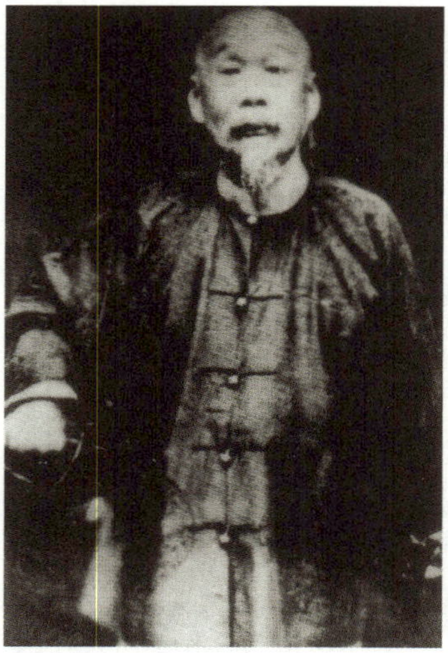
老将冯子材

其时，桂军苏元春部暂退入关，楚军王德榜统率的“恪靖定边军”驻守在镇南关外30里之油隘。而年已70岁的老将冯子材（字南干，号萃亭，钦州人）已于光绪十一年（1885）正月十一日受命帮办广西军务，率所部“萃军”十八营进驻广西凭祥。他收集溃勇，团结众将，严肃军纪，安定民心，被各军公推为前敌主帅。

二月初七日，法军分三路猛攻镇南关，被击退。翌日，再攻，冯子材会同王德榜予以反击。初九日，冯子材再次下令各军反击，法军全线溃退，清军一举歼敌近千人，并乘势收复文渊和谅山，法军统帅尼格理将军受重伤，清军取得了震惊中外的镇南关—谅山大捷。一位法军指挥官惊呼：“我从没有想到中国军队

与冯子材部前后合击法军取得谅山—镇南关大捷的“恪靖定边军”

有这么坚强的组织，打得这么好。”

时任两广总督的张之洞在评论这次战役时说：“法二次犯关，非有生力大军，难遽言战；非冯子材创筑长墙，与王孝祺合军死守，则诸军无所依倚”，“非王德榜截其后路，断其军火，关内外夹攻，则（法军）亦不能如此大溃”。左宗棠派出的“恪靖定边军”在王德榜率领下截断了法军退路，“夺其军火、饷银、驮马无数”。使法军腹背受敌，终于全线崩溃。左宗棠一年多前组建的“恪靖定边军”，在中法战争关键时刻发挥了不可替代的作用。

几乎与镇南关—谅山大捷的同时，光绪十一年（1885）二月初八日，刘永福率黑旗军也在临洮取得大捷，并粉碎了法军围攻。东线清军大胜之后，继续向郎甲、船头挺进；西线黑旗军则乘势收复广威府、黄冈屯、鹤江、老社等地。法军两路受挫，惊慌失措，士气低落，且弹药耗尽，后勤补给一团乱麻，战场敌我形势全面改观。越北前线法军惨败的消息传到巴黎，引起了极大震动，当地报纸评论说：此次失败堪比1815年拿破仑滑铁卢之败。茹费里内阁旋即被迫下台。

“中国不败而败，法国不胜而胜”

值此前线清军和黑旗军大获全胜、法军已节节败退之际，由海关总税务司赫德（英国人）操纵的巴黎秘密谈判也接近尾声。

当时，清政府委托赫德与法国商谈“议和”条件。光绪十年（1884）十一月二十五日，赫德的亲信金登干（中国海关驻伦敦办事处负责人，英国人）抵达巴黎，以中国特派专员身份与法国外交部政务司长毕乐举行秘密谈判。镇南关——谅山大捷的消息传来，赫德唯恐战场形势的变化必然会影响他操控的谈判结果，遂于光绪十一年（1885）二月十八日上书法国即将上台的百礼霜内阁：“一个星期的迁延就会使协定发生危险，因为北京的主战派可能占到上风。”法国人当然明白形势于己不利，次日双方即草签了停战协定，内容是：中国批准《中法简明条款》；双方立即停战；中国从越南撤兵；法国撤除对台湾的封锁；法国派员至天津（或北京）商定条约细目。两天之后，法国新内阁成立。

清政府的停战命令传达到前线时，广大爱国将士无不义愤填膺。冯子材致电张之洞，要求他“上折诛议和之人”。王德榜则说：“破虏可期，忽奉电传谕旨停战。”“举军拔剑斫地，恨恨连声。”彭玉麟、张之洞等皆抗疏力争。

左宗棠得知撤军消息后，深感失望，极为愤懑，立即于三月初四日上《密陈要盟宜慎防兵难撤折》，奏折说：

> 自去秋至今，沿海、沿边各省惨淡经营，稍为周密。今忽隐忍出此，日后办理洋务必有承其弊者……法人利在缓战而不

在言和，其忽然请和者，大抵越南夏令将交，瘟疫流行，军无斗志；尼格里丧师于外，斐礼（即茹费里）避位于内，新旧更替，议论纷歧，增饷征兵，动需时日……我若概从所请，则失地未还，防兵先撤，万一该夷狡焉思逞，而事机已失，言战则要害已为所乘，言和则口舌未能有济，悔无及矣！……臣窃谓沿海重兵不可因目前请和，遽议裁撤……此边军之不可遽散，所宜防之于后者也。

当时全国舆论和多数官员抗法情绪高涨，纷纷反对妥协求和。主战派都把希望寄托在左宗棠的身上，两广总督张之洞痛惜大胜之时竟然签订屈辱和议，急拍电报给左宗棠，请他出面以改变朝廷决策："公有回天之力，幸速图之。"

但此时的慈禧太后对主和派李鸿章器重有加，他们一意主和，把这次大捷看成是求和的最好机会，听不进主战派的不同意见。在这位最高决策者面前，左宗棠实在回天无力。

赫德在一封电报中说："在这次谈判中，每一项提议都是事先经过太后亲自主持、考虑和批准，她很勇决，力排反对之议，主张和平，这是值得特别考虑的。""太后不仅主张和平，且在谅山胜利、群议主战之时，仍愿忠实履行谈判已取得的协议。"

光绪十一年（1885）三月初六日，刚刚签署完《中日天津条约》的李鸿章为全权大臣，又急忙与法使巴德诺会谈详议条约事宜。并于四月二十七日在天津签订了《中法新约》(又称《中法会订越南条款》)，共10条，主要内容包括三个方面：清政府承认法国对越南的"保护权"，此后中国"不派兵前赴北圻"，法、越之间签订的条约章程，中国不再与闻；法国取得了在我国西南通商的权利，通商口岸指定两处，"一处在保胜以上，一处在谅山以北"的中国边境地区，并减轻法国货物进出滇、桂两省

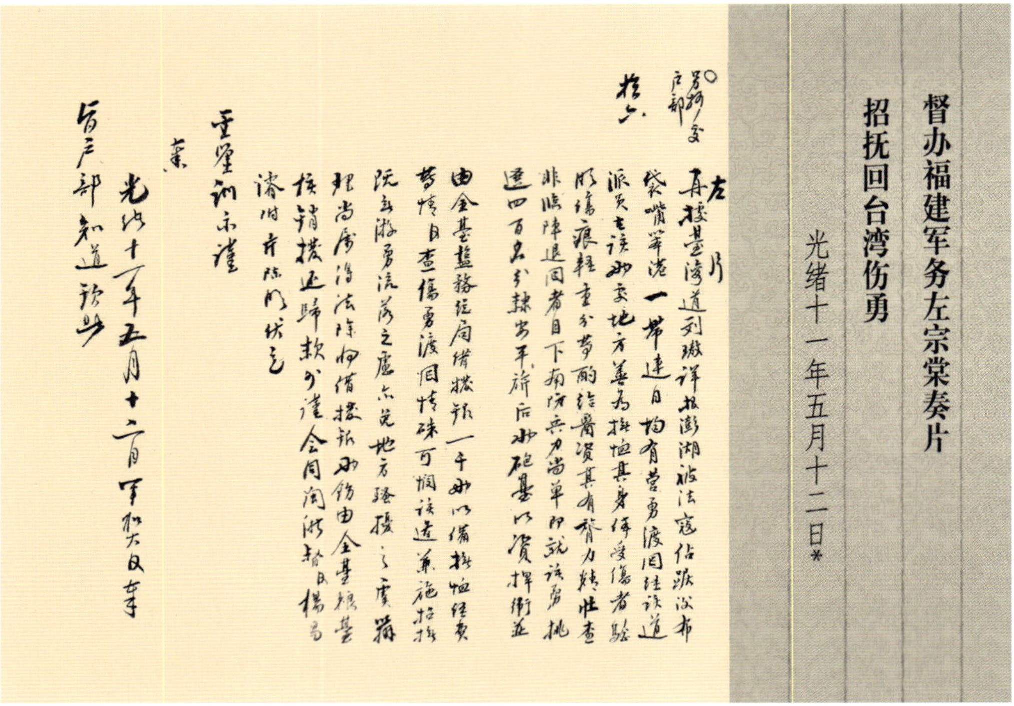

左宗棠奏请安抚照恤守卫台湾受伤后渡海回大陆的军士

的税率；法国开始在中国取得铁路修筑权。

朝廷以军事上的胜利换取了一个不平等条约的签订，这是世界外交史上的奇闻！左宗棠闻讯，犹如晴天霹雳，“肝疾牵动，愤郁焦烦”，“衰病日剧”，再也支撑不住，病情日益严重，一度昏死，生命已处垂危之中。

左宗棠虽然知道自己的话朝廷已不会听，也知道和议已成定局，他不得已退而求其次，在给朝廷的密奏中，他说：“前约《天津简明条约》已置越南度外，新失之基隆、澎湖必当归还。”要求朝廷至少要收复基隆、澎湖，多少挽回一点损失。这道奏折上去，并没有下文，这也是意料中事。但是后来朝廷在订立细约时，坚持要回了基隆和澎湖，总算是采纳了一点左宗棠和主战派的要求。

左宗棠愤懑之极，难以纾解，急火攻心摧残了身体，仍关心着援台、保台受伤士兵的日后生活，于光绪十一年（1885）五月十二日上折朝廷，请求安抚照恤守卫台湾受伤后渡海回大陆的军士。

全盘谋划中国海防

左宗棠在生命倒计时之际，仍关注着国家的海防安全。光绪十一年（1885）六月十八日，左宗棠向朝廷呈《复陈海防应办事宜请专设海防全政大臣折》，提出了全盘规划，统一领导，以加强海防建设的7条意见：师船宜备造；营制宜参酌；巡守操练宜定例；各局宜合并；经费宜通筹；铁路宜仿造；士气宜培养。

在奏折中，左宗棠总结了中法战争中南、北洋水师各自为政、不伸援手的教训，建议朝廷设立“海防全政大臣”（或名“海军大臣”），“驻扎长江，南控闽、越，北卫畿辅”；“另择副臣，居则赞襄庶务，出则留守督工，权有专属，责无旁贷”。南北洋兵轮各自成军，共设十大军，“归海防大臣统辖，海军设统领一员，秩比提督”；“各疆臣只节制守口陆军，非军务万紧，不得调遣水师兵船”。海防全政大臣还节制船、炮、矿、厂、军火，以统一事权。这是左宗棠临终前设计的一幅海防蓝图。

左宗棠生前利用书信、札件、说帖、遗折等多次论及日本、西方列强局势，预言其必将侵略中国。直到临终前夕，在口授遗折中，仍表露出对日本、西方列强侵华的忧虑：

> 方今西域初安，东洋思逞，欧洲各国，环视眈眈。若不并力补牢，先期求艾，再有衅隙，愈弱愈甚，振奋愈难，虽欲求之今日而不可得。伏愿皇太后、皇上于诸臣中海军之议，速赐干断。凡铁路、矿务、船炮各政，及早举行，以策富强之效。

临终前夕，他仍不忘上书劝谏皇上：

然居心为万事之本，臣犹愿皇上益勤典学，无怠万机，日近正人，广纳谠论；移不急之费以充军食，节有用之财以济时艰；上下一心，实事求是。

他口授的遗折中，这样表述了自己的未酬壮志：

越南和战，中国强弱一大关键也。臣督师南下，迄未大伸挞伐，张我国威，怀恨生平，不能瞑目。

前线殉职，举国同悲

光绪十一年七月二十七日（1885 年 9 月 5 日），猛烈的台风袭击福州，接着下起了倾盆大雨。深夜，福州城城东北角崩裂两丈多宽。是夜，左宗棠病逝于福州皇华馆（遗址在今福州市第三中学）。噩耗传出，举国震惊，福州城中“巷哭失声”。一位署名“采樵山人”的福建士人记录下了当时情形：“全城百姓一闻宫保噩耗，无不扼腕深嗟，皆谓朝廷失一良将，吾闽亦失一长城，”“一时营斋营奠，倍深哀痛”。

左宗棠去世的消息震动了全国。

八月十九日，清廷内阁奉了光绪皇帝发出的哀悼上谕（原文见本书下篇“第六章”）之后，清朝廷又先后发出《御赐祭文》三道，《御赐碑文》一篇。给予了左宗棠极高评价，称其“生为社稷之臣，殁壮山河之色”“为一代之伟人”“长垂青史”。

据史料记载：“归葬之日，江（今江苏、上海、江西、安徽）浙（今福建、浙江）关（今关外新疆）陇（今甘肃、青海、宁夏）士民闻之，皆奔走痛悼，如失所亲。”

光绪十二年（1886）十月，由福州启程运回湖南的左宗棠灵柩抵达长沙司马桥旧居。

据当年上海《申报》记载，灵柩运回湖南启程之日，“送葬者自督抚、将军、学政、司道各宪之下，均徒步徐行，闽人士感公恩德，一律闭门罢市，且罔不泣下沾襟。自皇华馆至南台，沿路张结素幄，排列香案。绅士及正谊书院肄业生皆在南台中亭路祭。远近观者，如海如山，路为之塞。是非公德泽及人，曷克令人爱慕如此！”

光绪十二年（1886）十一月，左宗棠灵柩最终安葬在湖南善化八都杨梅河柏竹塘（今长沙市雨花区跳马镇白竹村）。

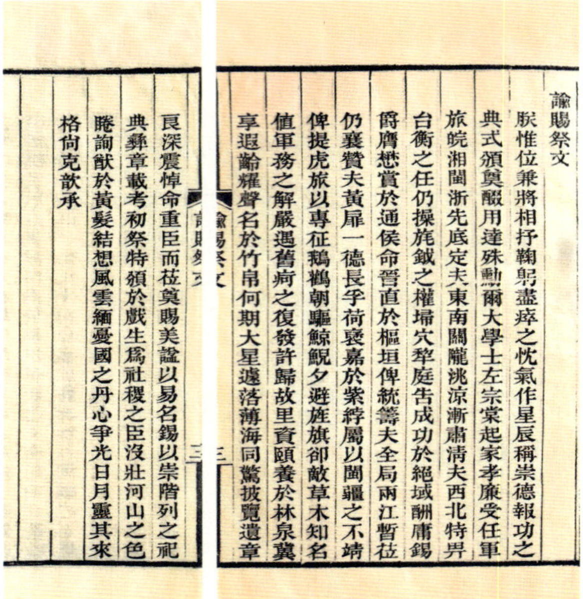
諭賜祭文

朕惟位兼將相抒鞠躬盡瘁之忱氣作星辰稱崇德報功之典式頒奠醊用逹殊勳爾大學士左宗棠起家孝廉受任軍旅皖湘閩浙先底定夫東南關隴洮凉漸肅清夫西北特畀台衡之任仍操旄鉞之權埽穴犂庭告成功於絶域酬庸錫爵膺懋賞於通侯命晉直於樞垣俾統籌夫全局兩江暫莅仍襄贊夫黃扉一德長孚荷褒嘉於紫綍屬以閩疆之不靖俾提虎旅以專征鵝鸛朝驅鯨鯢夕避旌旗御敵草木知名值軍務之解嚴遇舊痾之復發許歸故里資頤養於林泉冀享遐齡耀聲名於竹帛何期大星遽落薄海同驚披覽遺章良深震悼命重臣而莅奠賜美謚以易名錫以崇階列之祀典彝章載考初祭特頒於戲生爲社稷之臣沒壯河山之色睠詢猷於黃髮結想風雲緬憂國之丹心爭光日月靈其來格尚克歆承

光绪皇帝御赐祭文（之三）

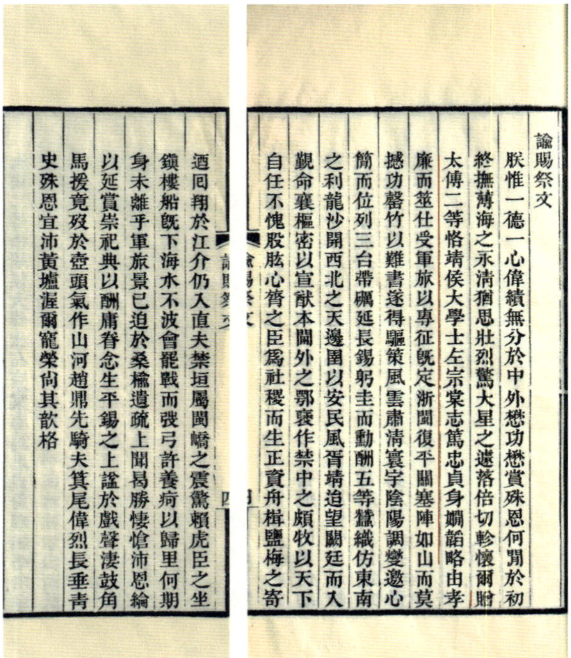
諭賜祭文

朕惟一德一心偉績無分於中外懋功懋賞殊恩何閒於初終撫薄海之永清猶思壯烈驚大星之遽落倍切軫懷爾贈太傅二等恪靖侯大學士左宗棠志篤忠貞身嫻韜略由孝廉而筮仕受軍旅以專征既定浙閩復平關塞陣如山而莫撼功著竹以難書遂得驅策風雲肅清寰宇陰陽調燮邀心簡而位列三台帶礪延長錫躬圭而勳酬五等黼織仿東南之利龍沙開西北之天邊圉以安民風胥靖追望闕廷而入覲命襄樞密以宣猷本閫外之鄂褒作禁中之頗牧以天下自任不愧股肱心膂之臣爲社稷而生正資舟楫鹽梅之寄迺回翔於江介仍入直夫禁垣屬閩嶠之震驚賴虎臣之坐鎮樓船既下海水不波會罷戰而弢弓許養痾以歸里何期身未離乎軍旅景已迫於桑榆遺疏上聞曷勝悽愴沛恩綸以延賞崇祀典以酬庸眷念生平錫之上謚於戲聲淒鼓角馬援竟歿於壺頭氣作山河趙鼎先騎夫箕尾偉烈長垂青史殊恩宣沛黃壚渥爾寵榮尚其歆格

光绪皇帝御赐祭文（之四）

下篇

第一章　自主洋务　富国强兵

第二章　治水重农　发展经济

第三章　兴教劝学　经世致用

第四章　家风端肃　家教严明

第五章　崇俭广惠　廉洁奉公

第六章　历史伟人　名垂青史

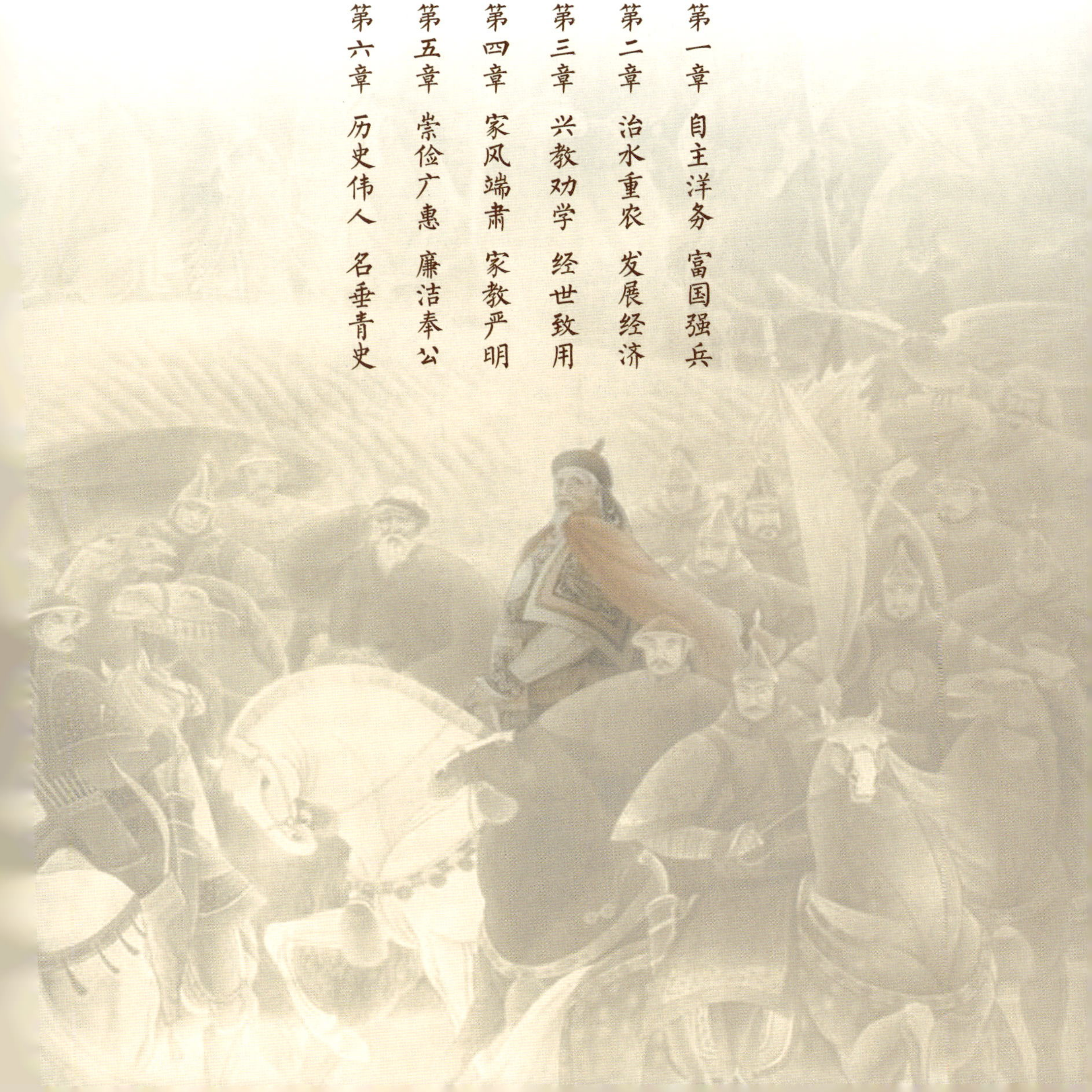

孙中山关于“船政足为海军根基”的题词

第一章
自主洋务 富国强兵

创办福州船政，创建中国近代海军

同治五年（1866）五月，平定太平军余部后，左宗棠即多次上奏折说服朝廷批准他在福州设立船政局。他白手起家，克服前所未遇的困难，在马尾创办了中国近代第一家大规模的造船厂。造船厂建成刚刚起步不久，左宗棠奉旨移督陕甘。赴任前，左宗棠保举沈葆桢代替他，继任船政大臣。左宗棠为沈葆桢制定了马尾造船厂五年的发展方案。朝廷诏示：凡船政之事，仍要听取左宗棠的意见。他虽身在西北，但他仍从经费、筹划等多方面给福州船政以大力支持。通过办船政，创办造船厂，设立船政学堂，培养海军各类人才，推动了中国近代早期海军的建立。因此，孙中山说："船政足为海军根基。"左宗棠被后人称为"中国近代海军之父"。

深受魏源《海国图志》的影响

左宗棠是洋务运动重要的倡导者和推行者，一生所从事的洋务活动丰富，成效显著、特点鲜明。随着西方资本主义势力像狂澜一样冲击闭关自守的中国，一些先进的中国人逐渐认识到凭着简陋不堪的武器和"天朝无所不有"的虚骄心理，是无法对抗"船坚炮利"的侵略者的。正确的途径

创办福州船政局时的左宗棠

是睁开眼睛看世界，承认现实，并从敌人那里学习抵御的手段。这是时代向真正的爱国者提出的严峻任务。魏源、林则徐、郭嵩焘等正是以“睁开眼睛看世界”为特点走进近代爱国者行列的。

左宗棠在青年时代就钻研“经世致用”之学，注重研究实际问题，这种务实精神与他在鸦片战争中表现出的反侵略思想相结合，便产生了一种强烈愿望：要求面对现实，研究西方情况，以寻求御敌自强之道。当英国人的战舰、大炮肆虐东南沿海时，他认为“敌之所恃专在火炮，能制其长，即可克日蒇事”。但如何才能“制其长”呢？当时左宗棠还不能提供一个明确的答案。因为鸦片战争爆发时，他正在交通不便的安化，消息很不灵通，要了解西方，只能从中国史籍“有关涉海国故事者”中去查考，而这样得来的有关外国的知识往往是不准确的，甚至是错误的。

魏源的《海国图志》为左宗棠认识世界形势开辟了新途径。《海国图志》是中国近代第一部全面介绍世界地理、历史、宗教、政治以及科学技术的巨著，该书五十卷本完成于道光二十二年（1842），当年十二月即出了最初刻本。五年后，又增为六十卷，至咸丰二年（1852），增为一百卷。左宗棠究竟在哪一年读到此书，不能准确断定，在道光末年时期看到《海国图志》应在情理之中。

在左宗棠看来，中国要富强起来不受外敌侵凌，首先，统治者应改变妄自尊大、故步自封的态度，敢于正视现实，承认西方科学技术的先进性。他说：“泰西弃虚崇实，艺重于道，官、师均由艺进。性慧敏，好深思，制作精妙，日新而月有异。”承认自己不如别人，并非妄自菲薄，而是要学其所长，以为己用，从而达到克敌制胜的目的。为了抵抗外来侵略，富国强兵，左宗棠迫切希望把魏源提出的“师夷之长技以制夷”的主张付诸实践。他大声疾呼：“策士之言曰‘师其长以制之’是矣！一慚之忍，为数十百年之安，计亦良得，孰如浅见自封也！”魏源把西方的“长技”归纳为三项内容：一战舰，二火器，三养兵练兵之法。左宗棠后来成为洋务运动的代表人物之一，他把“师夷之长技以制夷”的首选定位在仿造轮船上。

“制造轮船，实中国自强要着”

同治二年（1863）十二月，左宗棠还在浙江与太平军作战时，就已开始思考仿造轮船了。他在写给宁绍台道史致谔的信中说：

轮舟为海战利器，岛人每以此傲我，将来必须仿制，为防

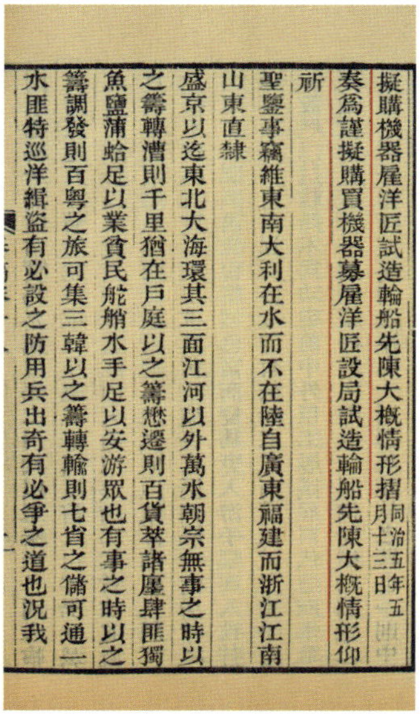
擬購機器雇洋匠試造輪船先陳大概情形摺同治五年五月十三日
奏爲謹擬購買機器募雇洋匠設局試造輪船先陳大概情形仰
祈
聖鑒事竊維東南大利在水而不在陸自廣東福建而浙江江南
山東直隸
盛京以迄東北大海環其三面江河以外萬水朝宗無事之時以
之籌轉漕則千里猶在戶庭以之籌懋遷則百貨萃諸廛肆匪獨
魚鹽蒲蛤足以業貧民舵艄水手足以安游眾也有事之時以之
籌調發則百粵之旅可集三韓以之籌轉輸則七省之儲可通一
水匪特巡洋緝盜有必設之防用兵出奇有必爭之道也況我

同治五年五月，左宗棠拟购机器雇洋匠试造轮船奏折

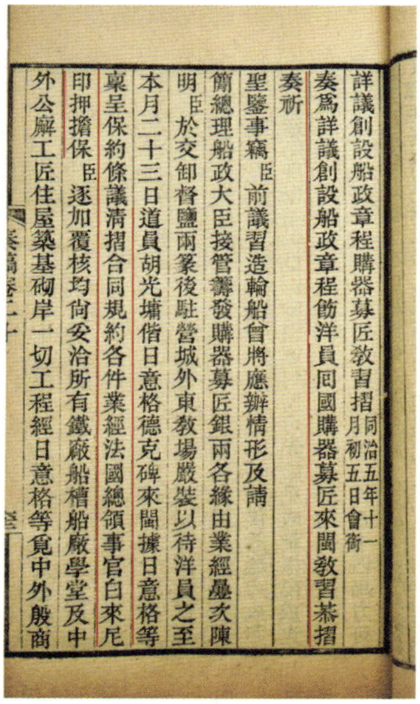
詳議創設船政章程購器募匠教習摺同治五年十一月初五日會銜
奏爲詳議創設船政章程飭洋員回國購器募匠來閩教習恭摺
奏祈
聖鑒事竊臣前議習造輪船曾將應辦情形及請
簡總理船政大臣接管籌發購器募匠銀兩各緣由業經屢次陳
明臣於交卸督鹽兩篆後駐營城外東教場嚴裝以待洋員之至
本月二十三日道員胡光墉偕日意格德克碑來閩據日意格等
稟呈保約條議清摺合同規約各件業經法國總領事官白來尼
印押擔保臣逐加覆核均尚妥洽所有鐵廠船槽船廠學堂及中
外公廨工匠住屋築基砌岸一切工程經日意格等覓中外殷商

同治五年（1866）十一月左宗棠奏请议定船政章程等

> 洋缉盗之用。中土智慧岂逊西人？如果留心仿造，自然愈推愈精……意十年之后，彼人所恃以傲我者，我亦有以应之矣！

造船固然能用以“缉盗”，但左宗棠的侧重点显然在于“防洋”，也就是说在西方列强面前，要“有以应之”。在列强频频入侵的形势下，如何使积弱的中国强盛起来，始终是萦回在左宗棠脑际的重大课题。后来，他在一份“说帖”（意见书）中曾这样侃侃而言：

> 自海上用兵以来，泰西诸邦以机器、轮船横行海上，英、法、俄、德又各以船炮互相矜耀，日竞其鲸吞蚕食之谋，乘虚蹈瑕，无所不至。此时而言自强之策，又非师远人之长，还以治之不可。

同治三年（1864），为了实践制造轮船的夙愿，左宗棠请了一位60多岁的老工匠，由他主持在杭州试造蒸汽船。结果，造成一艘小轮船，“形模初具”，各部分机器大体齐全，可载两人。这年八月，洋将德克碑卸任“常捷军”统领后，便直接与左宗棠商议设厂造船的计划，并出示法国造船图册。九月十六日，左宗棠又在杭州接见宁波税务司日意格，商讨解散中法混合军问题时，专门请他参观了新造的小轮船。看毕，日意格评价说：“很好，总督阁下，这证明中国人是非常聪明的。”当然，这一评价带有礼貌性质。须知，当时的中国既没有造轮船的机器设备，也没有制造轮船的技术，问题自然很多，左宗棠也承认：“试之西湖，驶行不速。”但无论如何，这毕竟是中国人创办近代造船业道路上的一次有益尝试，也更坚定了左宗棠自造轮船的信心。

当年十二月，德克碑奉左宗棠之命回法国购机雇匠。同治四年（1865）元月，他提交了一个有关筹设造船厂的预算报告。由于左宗棠的造船计划还没有得到清政府的批准，德克碑不能马上赴欧洲，只能先去越

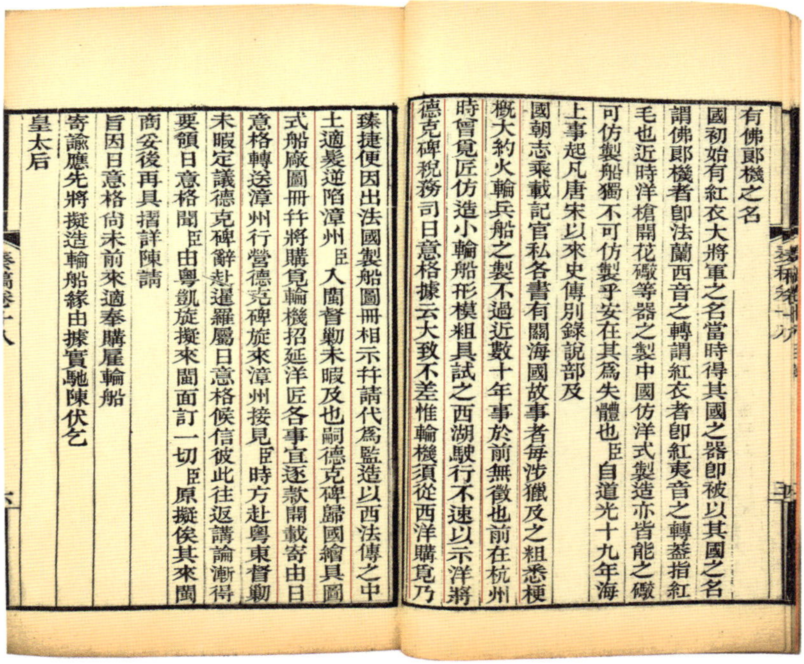
有佛郎機之名
國初始有紅衣大將軍之名當時得其國之器即被以其國之名
謂佛郎機者即法蘭西音之轉謂紅衣者即紅夷音之轉蓋指紅
毛也近時洋槍開花礮等器之製中國仿洋式製造亦皆能之礮
可仿製船獨不可仿製乎安在其爲失體也臣自道光十九年海
上事起凡唐宋以來史傳別録說部及
國朝志乘載記官私各書有關海國故事者每涉獵及之粗悉梗
概大約火輪兵船之製不過近數十年事於前無徵也前在杭州
時曾覓匠仿造小輪船形模粗具試之西湖駛行不速以示洋將
德克碑稅務司日意格據云大致不差惟輪機須從西洋購覓乃
臻捷便因出法國製船圖冊相示幷請代爲監造以西法傳之中
土適髮逆陷漳州臣入閩督勦未暇及也嗣德克碑歸國繪具圖
式船廠圖冊幷將購覓輪機招延洋匠各事宜逐款開載寄由日
意格轉送漳州行營德克碑旋來漳州接見臣時方赴粵東督勦
未暇定議德克碑辭赴暹羅屬日意格候信彼此往返講論漸得
要領日意格聞臣由粵凱旋擬來閩面訂一切臣原擬俟其來閩
商妥後再具摺詳陳請
旨因日意格尚未前來適奉購雇輪船
寄諭應先將擬造輪船緣由據實馳陳伏乞
皇太后

左宗棠奏请聘洋人德克碑、日意格协办造船厂

南西贡等候消息，真是好事多磨。但机遇正在向左宗棠招手。

同治五年（1866）春，朝廷受总税务司赫德、英国驻华参赞威妥玛鼓吹“新政”的影响，正在考虑购雇轮船的问题，左宗棠立即写信给总理各国事务衙门，指出：

> 就局势而言，借不如雇，雇不如买，买不如自造。

当年夏天，他又上疏朝廷，阐明制造轮船，以加强海防的重要性：

> 自海上用兵以来，泰西各国火轮、兵船直达天津，藩篱竟成虚设，星驰飙举，无足当之。”“臣愚以为欲防海之害而收其

> 利，非整理水师不可；欲整理水师，非设局监造轮船不可。泰西巧，而中国不必安于拙也。泰西有，而中国不能傲以无也。

他分析当时的形势，认为不但西洋各国“互相师法，制作日精”，就是岛国日本也已开始起步，“不数年后，东洋轮船亦必有成”（后来的事实证明，这一预测是非常准确的）。左宗棠急迫地呼吁，在外国争雄逞强之际，中国决不可停滞于落后状态。他又形象地比喻说：

> 彼此同以大海为利，彼有所挟，我独无之。譬犹渡河，人操舟而我结筏；譬犹使马，人跨骏而我骑驴，可乎？

为了扭转这一极其不利的局势，他建议先办造船厂，制造火轮船。他认识到使用落后的武器，不可能有效地抵御拥有新式轮船和洋枪洋炮的西方入侵者，也正是从这点出发，开始了他兴办洋务的活动。

福州马尾山上罗星塔

左宗棠特别重视制造轮船，认为“制造轮船，实中国自强要着”。因此，他的洋务活动，就从办船厂入手。他是把造船工业当成基础工业对待的：

至轮车机器、造铁机器，皆从造船机器生出，如能造船，则由此推广制作，无所不可。

在左宗棠看来，如果船厂果有成效，“则海防、海运、治水、转漕一切岁需之费，所省无数，而内纾国计、利民生，外销异患、树强援，举在乎此。”可见他创办近代造船工业，除着眼于加强国防、抵御侵略外，还包含着发展民族经济、有利国计民生的深意。

筹办福州船政局

对于左宗棠制造轮船的想法，反对者提出了造船的若干难点。左宗棠对此作了周密的设想；并一一提出了解决的办法。如：选择厂址的困难，在马尾山下可以解决；购买机器和聘请外国技师的问题，他已和德克碑、

当年马尾造船厂、船政学堂聘请的以法国人为主的45位洋员、洋匠、洋师

日意格谈妥；筹款问题，浙江巡抚马新贻和广东巡抚蒋益澧都答应协助；船造成后的驾驶管理人员，可开办求是堂艺局进行培训；等等。

清政府支持左宗棠筹办船政，并力排众议，很快批准了他自造轮船的方案，从上折到准奏前后不到三个星期。在经清政府批准后，左宗棠立即开始筹建福州船政局。创办之始，他就估计到面临的困难是很多的：

> 非常之举，谤议易兴，始则忧其无成，继则议其多费，或更讥其失体，皆意中必有之事。

但仍坚持要设局自造轮船，他说：

> 窃谓海疆非此，兵不能强，民不能富，雇募仅济一时之需，自造实擅无穷之利也。于是则虽难有所不避，虽费有所不辞。

同治五年（1866）七月，左宗棠亲至离福州 20 公里的马尾镇。此处面临马江（闽江下游），距海口 50 余公里，实为福州外港。从地势上看，马尾四面环山，山下大江，靠山面江，形势险要，且港宽水深，涨潮时，六七千吨的大轮可以驶入，堪称省会咽喉。经过亲自勘测，左宗棠与日意格、德克碑两位洋员均认为这里是适合造船的地点，于是购买了马尾山下民田 328 亩作为厂基（征购价每亩 55 两白银）。聘请日意格、德克碑为船政局正、副监督，计划兴建铁厂、船槽、船厂、学堂、住宅等工程，并向国外订购机器、轮机、大铁船槽，又聘请外国工程技术人员（主要是法国人）。同时还设立“求是堂艺局”，左宗棠认为“艺局”是“造就人才之地”，“艺局之设，必学习英、法两国语言文字，精研算学，乃能依书绘图，深明制造之法，并通船主之学堪任驾驶。”此外左宗棠还为福州船政局拟订了一个五年预算，为船政局的发展做了初步规划。

奏请沈葆桢“总理船政”

正当筹备建设中国第一个近代化的大型造船厂时，清政府却于同治五年（1866）八月十七日决定将左宗棠调任陕甘总督。九月初六日，左宗棠接到上谕，极为忧虑，深知一旦安排不妥，船政可能夭折：“西行万里，别无系恋，惟此事未成，又恐此时不能终局，至为焦急耳！”左宗棠立即上奏朝廷，表示已经起动的船政工程绝不应半途而废：“臣维轮船一事势在必行，岂可以去闽在迩，忽为搁置。”为此，“日夜计划，必期章程周妥，经理得人而后去”。

马尾造船厂全景图

离闽在即，眼前的头等大事是选择一位能接替他事业的接班人，而当时在籍丁忧的沈葆桢正是理想的人选。沈葆桢是林则徐的女婿，曾任江西巡抚。他“久负清望，虑事详审精密”，思想开放，重视西方科技，很为左宗棠器重。但上一年其母去世，按清朝制度规定，应在家居丧27个月，加上对这项新生事物心中全无把握，因此沈坚辞不出。左宗棠三次造访沈府，终于用自己的诚意感动了沈葆桢，把这位“面辞者四，函辞者三，呈辞者再”的前任江西巡抚请出来“总理船政”，给予全权，得到朝廷批准。左宗棠责成署福建布政使周开锡（字绶珊，号受山，湖南益阳人，左宗棠的学生）随时调拨船厂经费；又委福建候补道胡光墉办理筹措工料、聘请匠师、雇工人、开艺局。此外，左宗棠还推荐较为熟悉洋务的前台湾兵备道吴大廷

造船厂内船政学堂校貌旧照

（字桐云，湖南沅陵人）、广东补用道叶文澜、候选同知黄维煊、五品军功贝锦泉、候补经历徐文渊等相辅佐。他特别指出，周开锡、夏献纶、吴大廷、胡光墉均为“船政局断不可少之人”。后来，周开锡、夏献纶、吴大廷被任命为船政局提调（地位仅次于船政大臣），叶文澜任总监工，成为沈葆桢的左膀右臂。

一直关心着船政事业

左宗棠还向朝廷表示，他虽然离开了福建，也不再负责船政，但如船政出了问题，他绝不推卸责任：“此事系臣首议试行，倘思虑未周，致多疏漏，将来察出，仍请将臣交部议处，以为始事不慎者戒。”朝廷在批准开办船政的上谕中也说：“左宗棠虽赴甘肃，而船局乃系该督创立，一切仍当预闻。”并规定以后有关船局事项，在陈奏时“均仍列左宗棠之名，以期终始其事”。一切安排就绪后，左宗棠才于同治五年（1866）十一月初十日离开福州，取道江西、湖北入陕西。当时，张宗禹率西捻军已攻入陕西，关中震动，因此朝廷急调左宗棠入陕援救。

经过一年多的筹备，马尾造船厂于同治六年（1867）十二月二十四日正式开工，以后几经扩建，规模不断增大，包括绘事院（即制图班）、模厂、铸铁厂、船厂（附有舢板厂、皮厂、板筑所）、铁胁厂、拉铁厂、轮机厂（附有合拢厂）、锅炉厂、帆缆厂、储炮厂、广储所（附有储材所）等厂所，以及船槽、船坞等。船政局包括工匠、徒工、学生、管理人员、警卫官兵在内，共有2600多人，并有50名左右的欧洲雇员，成为中国第一座

福州船政局造出的清朝第一艘轮船兵舰“万年青号”

福州船政局造出的第一艘钢质巡洋舰“平远号”

新式造船厂。它建造的第一艘轮船“万年青号”（木质）于同治八年（1869）五月初一日下水，排水量1450吨。到同治十二年（1873）底，洋员洋匠均遣散归国。截止到同治十三年（1874）马尾造船厂共造船15艘，总排水量为15932吨。

左宗棠虽在福州船政局初创就离开了福州，但他一直关心着船厂建设，“身虽西行，心犹东注”，每当听到一艘新造轮船下水，都兴奋异常。他在写给沈葆桢的信中说：

> 今船局、艺堂既有明效，以中国聪明才力，兼收其长，不越十年，海上气象一新，鸦片之患可除，国耻足以振矣。

但由于国内工业基础极其薄弱，船局又缺乏管理经验，且管理体制陈旧、落后，福州船政局在建设中遇到了重重障碍，特别是后几任闽浙总督与船政局常有龃龉，不能和衷共济，像接替左宗棠任闽浙总督的吴棠就公开唱反调说："船政未必成，虽成亦何益？"

同治十年（1871）十二月十四日，内阁学士宋晋又上奏朝廷，认为"闽省连年制造轮船，闻经费已拨用至四五百万，未免糜费太重。此项轮船将谓用以制夷，则早经议和，不必为此猜嫌之举。且用之外洋交锋，断不能如各国轮船之利便，名为远谋，实同虚耗"，因此要求"暂行停止"。左宗棠当即加以驳斥，指出：

> 窃维此举为沿海断不容已之举，此事实国家断不可少之事，若如言者所云即行停止，无论停止制造，彼族得据购、雇之永利，国家旋失自强之远图，隳军实而长寇仇，殊为失算。

由于左宗棠和沈葆桢的坚持，马尾造船厂终于得以维持下去，后因种种不可克服的矛盾而停办。船厂自同治六年（1867）十二月正式开工起，到光绪三十三年（1907）停办，40年间共造军舰40艘。其技术和工艺接近西欧水平。当年到马尾造船厂参观的一位英国海军军官承认："他们的技术和最后的细工可以和我们英国的机器厂的任何出品相媲美而无愧色。"

重视培养洋务人才

左宗棠办洋务很重视对人才的培养。他早年就提倡研究有实用价值的学问，反对读书人埋头于时文制艺（即八股文）中。他在写给儿子的信中，一针见血地批评了"开科取士"的八股时文，认为它是人才成长的大敌：

> 人才之少，由于专心做时下科名之学者多，留心本原之学者少。且人生精力有限，尽用之科名之学，到一旦大事当前，心神耗尽，胆气薄弱，反不如乡里粗才尚能集事，尚有担当。试看近时人才，有一从八股出身者否？八股愈做得入格，人才

愈见庸下，此我阅历有得之言。

这种提倡实学，培养有用人才的思想，在左宗棠从事洋务活动时又有所发展。

为了改变这一状况，他希望能扭转轻视“艺事”（即科学技术）的社会风气，并致力于培养一批把“聪明寄于实”的有用人才。在左宗棠看来，如果中国有了一批精通洋务的人才，那么“彼族（指西方列强）无所挟以傲我，一切皆自将敛抑，自强之道此其一端”。也就是说，培养洋务人才是摆脱列强挟制、谋求自强的重要举措。

为培养洋务人才，在福州船政局创办之初，左宗棠就决定在局内设立“求是堂艺局”（即后来的船政前、后学堂），以培养造船和海军等各类人才。他在一份给朝廷的奏折中说：

夫习造轮船，非为造轮船也，欲尽其制造、驾驶之术耳；非徒求一二人能制造、驾驶也，欲广其传，使中国才艺日进，制造、驾驶展转授受，传习无穷耳。故必开艺局，选少年颖悟子弟习其语言文字，诵其书，通其算学，而后西法可衍于中国。

他指出：“不独英法咪（即美国），应遣人前往”，而且凡有“长技”可学的国家，都应考虑“尽可能随时斟酌资遣”。

他还与沈葆桢商定选派少年留学生出国学习。其中学成归国效力的“中国铁路之父”詹天佑，就是选送的第一批少年留学生代表。后来船政学堂毕业优秀生也选派出国留学深造，其中传播西

詹天佑

严 复

方文化的启蒙思想家严复就是船政学堂毕业后选送出国留学，学成报效国家的代表。

左宗棠具体主持制定了艺局开办的章程，对学制、培养目标、学生待遇、考试制度都做了具体规定。学校的学制是五年，只是在端午、中秋、岁末时才放假；考试制度很严，每三个月考试一次，并根据考试成绩对学生进行奖惩。考一等者，赏洋银十元；二等者，无赏无罚；三等者“记惰”一次。三次连考一等，除照章奖赏外，还另奖衣料，以示鼓励。两次连考三等者要戒责，三次连考三等就要除名。而学生的待遇却比较优厚，除伙食、医疗都是免费外，每人每月还要发给赡养银四两，而且“学业日进，则赡银日增”，基本上可以解决一个八口之家的吃饭问题。

正是在严格的教学管理，科学的课程设置下，船政学堂成绩斐然。历经 47 年（直到孙中山的国民政府时期），取得了同时代创办的各类近代学校无法比拟的成就。据统计，在船政学堂先后毕业的学员有 637 人。制造科先后办了八届，共毕业 180 人；后学堂驾驶科办了十九届，毕业学

求是堂艺局的部分师生

学驾驶的部分学员合影

生247人；管轮科办了十四届，毕业学生210人。为中国近代培养了大批造船、修理、航海、驾驶、海军指挥和工程技术人才。具有爱国主义思想的晚清一代精英多名出其门，如抗击日本侵略的英雄邓世昌、海军名将萨镇冰、造船专家魏翰等，都是其毕业生。学堂也因此被誉为“中国海军的摇篮”“近代第一批科技队伍的产生地”“我国近代海防教育的首创领地”。“它不仅为近代中国海军奉献出大多数管带、大副等军官，且其学员严复、蒋超英、魏翰等后来还担任了李鸿章创办的天津水师学堂、江南水师学堂的总办、总

福州船政局派往欧洲学习海军指挥的学生在英国皇家海军学院合影

教习。”正如严复所言：“海军军中将校，大率非同砚席，即吾生徒。”

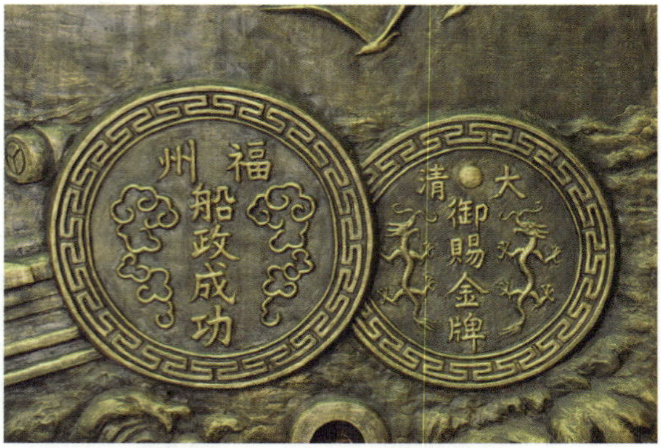

朝廷御赐金牌“福州船政成功”

左宗棠创办福州船政，建成马尾造船厂、铁厂和船政学堂，实际上是他的洋务活动的第一个阶段。在这一阶段，左宗棠不走传统的由工场手工业过渡到机器大工业的缓慢发展道路，而向法国购买造船的机器，雇聘工程技术人员，在福建沿海迅速建成了我国近代第一个近代化造船的综合企业，使中国造船业由旧式木质风帆船一跃而成为近代机器动力船。这是中国造船业的重大转折。

军工民用并举，开创西北近代工业

左宗棠第二个阶段的洋务活动，是在他担任陕甘总督时期。其中，创办的军工企业甘肃制造局、民用企业兰州机器织呢总局，以及尝试勘测开矿等，是这一时期重要的洋务活动。

一是创办甘肃制造局。同治十一年（1872）底，左宗棠在他创办的西安机器局的基础上，在兰州创办了甘肃制造局，这是一所制造武器的兵工厂。当时甘肃战事已近尾声，新疆战争即将开始，建立这个工厂是为收复新疆的需要。左宗棠有一个办洋

甘肃制造局门牌

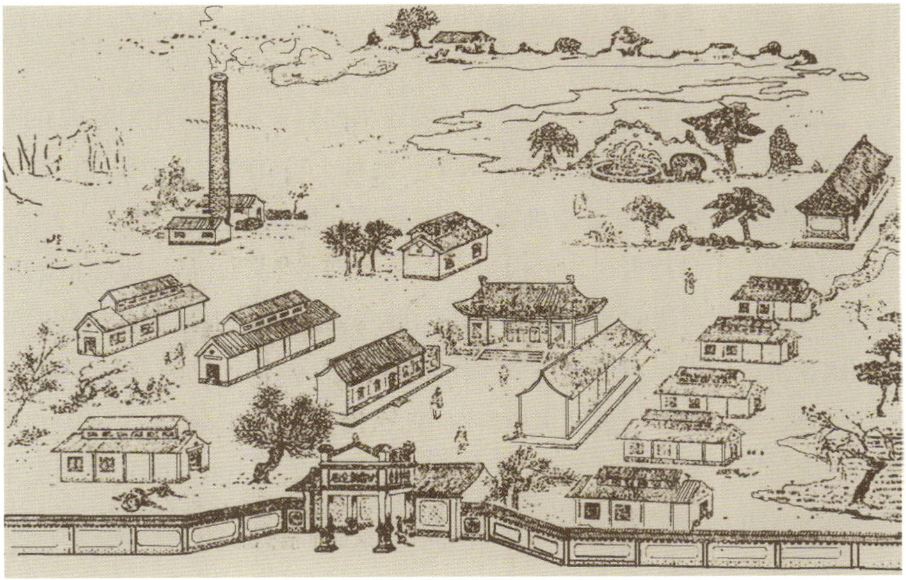

甘肃制造局旧址图

务的得力助手：记名提督、总兵赖长。他是广东人，原是粤军将领康国器（康有为的叔祖父）部下，曾随左宗棠在闽粤一带与太平军作战。他虽然是行伍出身，但心灵手巧，懂得西洋机器的有关知识，也会仿制西洋枪炮。他原留福建，左宗棠来西北后，将他调来，主持制造局的工作。局中工匠多数是广东人，还有福建和宁波的一些能工巧匠，有些是从福州船政局调来的。该局主要生产枪炮弹药，产品有：仿德制后膛螺丝大炮，仿意制重炮，仿德制后膛七响枪。又改进国内原有的劈山炮和广东制无壳抬枪。劈山炮本来很笨重，要十三人施放，改进后只需五人；抬枪也由原来三人放两支，改为一人一支。另外还大量生产铜引、铜帽和大小开花子弹等。装子弹的火药开始是由海外购运，因为运费昂贵，左宗棠决定自己生产，由帮办甘肃、新疆军务的刘典筹划。

甘肃制造局在短短的几年中，生产了大批枪炮弹药，源源不断地供应收复新疆的西征军部队，产品质量都不错，在收复新疆的战役中发挥了重要作用。光绪六年（1880）俄使索斯洛夫斯基等来到兰州，看到中国自造的武器，赞叹不已。

二是开办兰州机器织呢局。还在筹建福州船政局时，左宗棠就在考虑发展民用工业，他在同治五年（1866）五月十三日的奏折中指出，要以制造轮船为起点，“由此更添机器，触类旁通，凡制造枪炮、炸弹、铸钱、治水，有适民生日用者，均可次第为之。”他任陕甘总督后，决心把创办民用工业的愿望付诸实践。光绪三年（1877）冬，甘肃制造局委员赖长用自制水轮机试制呢片一段呈验，左宗棠看后大为赞赏道：“竟与洋绒相似，质薄而细，甚耐穿著，较之本地所织褐子，美观多矣。”赖长建议从国外购买织呢机器，左宗棠遂指示在上海的采运局委员胡光墉，嘱其在购置开矿、掘井、开河机器的同时，留意“购办织呢、织布火机全副，到兰仿制，为边方开此一利”。

光绪四年（1878），经朝廷批准后，胡光墉即按左宗棠指示在上海与德商泰来洋行接洽购机事宜，由泰来洋行经理嗲哩吧（R.Telge）代为在德国购置机器和招聘技术人员。年底，德国织呢技师石德洛末购到织呢机器，分装4000箱。光绪五年（1879）春开始，这些机器分批由德国运抵上海。由于当时中国交通非常落后，从上海运笨重的机器到兰州真是极为艰难，据上海《大清国》杂志记载说：机器系装在一条货船上，

左宗棠开办的兰州机器织呢局

由招商局的轮船拖运到汉口。在汉口又将这些机器用民船水运，又由人们背运到兰州府。有些机器非常重，而且难运，所以锅炉得拆散了一块一块分开来运，有时得开凿山路，然后才能把大件机器搬过去。至当年八九月间，一部分机器经湖北、陕西运抵兰州。另一部分机器也在光绪六年（1880）初运至兰州。四月，4000箱机器的最后一批终于到达目的地。经过五个月的安装，兰州机器织呢局于光绪六年（1880）八月十二日开工生产。中国第一家近代毛纺厂在西北诞生。对此，左宗棠相当兴奋，他说：“以中华所产羊毛，就中华织成呢片，普销内地，甘人自享其利，而衣褐远被各省”，且“由关内而及新疆”，实乃“数世之利也”。

兰州机器织呢局共有各种机器六十余架，计蒸汽机两架（三十二匹马力和二十四匹马力各一架）；织呢机二十架；分毛机三架；净毛机一架；顺毛机三架；清毛机三架；剪线胚机一架；烘线热气玻璃罩一台；缠经线机一架；洗呢机三架；压呢机三架；刮绒机三架；烘呢机一架；熨呢机一架；卷呢机一架；剔呢机两架；刷呢机一架；纺纱机三架（共计纺锭1085个）。

兰州机器织呢局分为东厂（又设纺线部和织呢部）、中厂（有汽锅房、大车房，负责动力和运输）和西厂（负责羊毛加工及毛呢的漂染等工序），此外还设有负责检修机器的机器局。织呢局的总办是赖长，洋总办为石德洛末，总监工为李德和满德，另聘有五名德国技师和一名工头。据李德和满德讲，该厂“每日产呢八匹，每匹长五十华尺，宽五华尺”。

兰州机器织呢局徽章

由于种种原因，兰州机器织呢局的发展很不景气，但是这一近代企业在西北的出现，具有深刻意义：它是西北地区近代民族工业的开始，使我国传统手工纺织业最先发展成为现代机器纺织业，具有示范作用；它为西北近代工业的发展培训了技术骨干，并留下了一笔遗产。后来，兰州机器织呢局几度恢复，都离不开左宗棠当年打下的基础。新中国成立后的兰州第二毛纺厂，就是在这个兰州机器织呢局的基础上建立的，后发展成了大型国有企业。

三是勘测开矿。肃州附近有金矿，左宗棠决心在此进行勘测和试采，他认为“开河当于泾源下手，采金当于肃州试行”。当时，由胡光墉捐赠的一副采金小机器随同凿井机器运往西北，还聘请了一位德国采掘技师。光绪五年（1879）夏，德国技师米海厘（他的月薪为一百英镑）抵达肃州，左宗棠接见了他。随后，米海厘前往离肃州800余里的文殊山进行勘探。在荒无人烟的山区共找到三处金砂产地，但因天气严寒，当地阴历八月即大雪封山，交通不便，无法动工。接着，米海厘又到玉门赤金峡勘测，发现这里有石油矿，他把当地的油样带到上海化验，证明其含油量可达百分之五十以上。因采金机器尚未运到，只能先用人工挖掘，但未见成效。左宗棠对这位德国技师的技术水平颇为不满，称其“非矿务能手”。由于开掘没有进展，米海厘只得返回上海。在洋矿师辞归后，左宗棠即令当地绅士承办，募得本地民夫30名，淘掘40日，获金14两多。他打算招募民工继续开采，待有了成效，再继续推广。

左宗棠认为：

> 大抵矿务须由官办，无听民私采之理，惟官开之弊防不胜防，又不若包商开办，耗费少而获利多。似须以官办开其先，而商办承其后，庶抽分可期有着，利权不致下移。

“官办开其先，商办承其后”正是左宗棠倡办近代企业在开始阶段的指导原则。经过实践，他又提出了新的办企业的指导原则：“听商经营，官收其税。”

此外，左宗棠还组织办了兰州火药局、乌鲁木齐制造局和火药局、阿克苏制造局。并尝试在新疆库尔勒采金，在库米什采铅。通过这些实践，将在福州船政局的单一军用造船，发展到制造枪炮、弹药等多家军工企业，后又实现由军工推向民用，成为西北民族工业近代化的开端。在甘肃肃州等地用机器探矿，试采金矿，标志着近代工业向矿业延伸。可见，左宗棠任陕甘总督时开展的洋务活动取得了实效。

保护扶持民族工业，抵御列强经济侵略

左宗棠第三个阶段的洋务活动，是他任两江总督和督办福建军务时期。他在江宁修水利、行票盐都是传统的改善国计民生的措施，而面对新的形势，这些举措已远远不能解决现实的社会经济危机。19 世纪七八十年代，随着中国主权的逐步丧失，特别是海关失控，外国商品如潮水般地涌入，白银外流。农民、手工业者加速破产，百姓生计日绌，长江三角洲地区更为严重。对此，左宗棠也没有坐视不管。特别是当列强对我国进行经济掠夺，对我国民族工业的发展进行打压时，他千方百计进行抵制，以保护我国民营企业的生存与发展。左宗棠多次奏请为民企减免税款，以拉高其产品对洋人产品的竞争力。在他的辖区内，他决不允许洋人染指能给国家和民众带来巨大利益的银行、铁路、电讯、矿山等行业。他在扶持发展我国民族工业，抵制列强经济侵略方面，总是想方设法有所作为。

他在江宁设立了第一座轮船码头

自轮船在长江通航以后，作为下游的重要都会和港口，江宁竟然无一座轮船码头，全凭用小驳船到江心接送客人。光绪九年（1883），左宗棠从轮船招商局调拨趸船一艘，泊于江宁下关江岸，在江岸与趸船之间设一木栈桥连接，并在趸船上设立栈房，供乘坐招商局轮船的旅客休息、住宿，从而有利于本国轮船公司与外商（太古、怡和）竞争。

加速架设电报线路，以适应国防与经济需要

中国最早架设的电报线路是李鸿章于光绪五年（1879）开通的北塘海口与天津之间的电报线路，约40里。随后，天津至上海的津沪电报线路完工，于光绪七年（1881）冬投入使用。对这一近代通讯工具，左宗棠十分重视，他于光绪九年（1883）六月上奏朝廷："窃维电线兴自泰西，无论水陆，程途千万里，音信瞬息可通，实于军情、商务大有裨益。"当时有洋商酝酿在长江铺设一条水下电缆，以达汉口。时为抵制外国势力掌控通向中国腹地的通讯线路，他说"科技不能外溢"，提出"电线、铁路，行止在我，外人非能干预"，"应由中国先行设立陆线，杜其狡谋"，并建议凡架线所需经费，概由商人自筹，不支官款。得到允许后，左宗棠即派江苏候补道王之春、龚照瑗、郭道直和候选道郑观应，会同当时主持天津电报总局的盛宣怀，专办长江设线事宜。这条线路起自江宁南岸，经芜湖设支线至安庆，又折由九江渡江，循北岸达汉口，全长1600华里。于光绪十年（1884）竣工。

倡导、支持兴办徐州利国驿煤铁矿

采煤、炼铁是近代工业的基础，左宗棠认识到"南北洋筹办防务，以制造船炮为第一要义，而各省所设机器、轮船等局制造一切，又以煤、铁为大宗"。为此，他要求徐州道程国熙对徐州地区的冶铁情况考察后上呈，并令候选知府胡恩燮聘请英国矿师到利国驿实地勘探，勘探结果证明利国驿铁矿石"实为最上之品"，铜山之煤，"煤质亦佳"。左宗棠遂下决心在徐州建设近代煤铁矿，奏准由徐州道檄胡恩燮任总办，胡恩燮之子胡光国任提调，并且"不请官本，一律由商集股办理"。开办之初，左宗棠不但亲自审阅《章程十二条》，逐条批示，还指示徐州地方官给予支持，该矿还一度得到过官款救济。光绪八年（1882）八月二十四日，徐州铜山县境利国驿煤矿正式设局用机器开采。为实现"拒敌洋煤""以维商本"的目

徐州利国驿煤铁矿矿区旧貌

的，当年十一月左宗棠又上折请求对该矿税银“一律请减”。后因沪、宁爆发金融风潮，股款不能如数上收，只好暂停炼铁，先行采煤。

抵制外资在华扩张

光绪八年（1882）美国商人魏特摩（上海丰泰洋行经理）擅自在上海创办纺纱公司，并收集股金50万两。其实，17年前，英国人就想在苏州河畔设一座纺织厂，未能实现。进入19世纪70年代，中国有了开设民族机器织布厂的打算，光绪四年（1878）四川候补道彭汝综向李鸿章建议在上海设机器织布局，于是织布局的筹建工作开始启动。而此时美商创办纺纱公司的企图对正在酝酿中的民族企业无疑是个巨大的威胁。于是，左宗棠采取断然措施，立即令上海道邵友濂出面阻止，并逮捕为该公司招商的买办王克明。美国驻华公使杨格照会总理衙门，为魏特摩撑腰。左宗棠不为所动，致书总理衙门，义正词严地予以驳斥，并下令强行封闭了美商在上海擅自设立的丝厂，终于迫使美商在上海停办纺纱公司。

第二章

治水重农　发展经济

任职南北，广修水利

据《清史稿》记载：左宗棠治河修渠，“皆以兵工所修，其雇民力者给以工资。”

治水浙江

左宗棠具有深厚的治水重农情结，治水的根本目的是兴农利民。他认为：“王道之始，必致力于农田，而岁功之成，尤资夫水利”，“水利所以养民，先务之急以此为最”。浙江海塘关系到江浙两省、苏杭七郡。战争以来，石塘已经坍塌，修复需百余万两银。他在浙江巡抚的任上，命前按察使段光清在原石塘后面先筑一道土堤，抵御潮水侵袭，这样简易的办法，也需要 20 万两白银，就责成富商捐办。其他还有三项水利要办：杭州西湖关系仁和、海宁水利；余杭南湖关系仁和、钱塘水利；省城中河是民商饮用和舟楫运输需要。他在杭州不到一年内，将中河修浚完工；对南湖工程不很满意，自己说只是“草草毕事”；西湖则因淤垫已高，葑长水枯，没有来得及疏浚。当他于同治三年（1864）十月离开杭州去福建时，还念念不忘这几项水利工程。

治水陕甘

陕甘包含今陕西、甘肃、宁夏、青海地区，终年降雨量少。修筑水渠、引河水灌溉就成为水利要务。故此，左宗棠认为“治西北者，宜先水利，兴水利者，宜先沟洫，不易之理”。在西安，他主持修治郑白旧渠。在平凉，左宗棠嘱令平庆泾固道魏光焘策划治理泾河，并命在上海的胡光墉向国外代购开河、掘井的机器。光绪六年（1880）开河机器运到了泾源工地，左宗棠派平凉知县廖溥明主持其事，并聘请德国技师做技术指导。据《平凉县志》记载：“湟渠，起县城西，绕城北，东注五十里，清光绪初左文襄公所辟。”从外国购进先进机器开河、掘井，这在中国近代水利史上是一个创举。在河州，王德榜率军兴建引抹邦河水工程，炸石开山，开出了一条长 70 里、厚 1.6 丈，堤高 3.5 丈、水宽 20 多丈的引水渠；并于狄城南川一带开挖支渠 11 道，川北一带开挖支渠 7 道，所有南北两川民田，均可以资灌溉。在西宁，曾于城西修复因阴山崩裂而压坏的古灌渠 20 余里。在秦州，左宗棠很赏识的陶模在知州任内，“就渠北引渭河水，创开陈家渠、毛缑家渠、张杨家渠、河边渠，连同乾隆朝所开古渠，共为五渠，灌田数千亩”。在河西走廊、张掖开渠 7 道，又修复马子渠 56 里，灌田 6800 亩；临水河修筑 7 大坝。在宁夏，兴修干渠 20 多条、支渠 140 多条，灌田 80

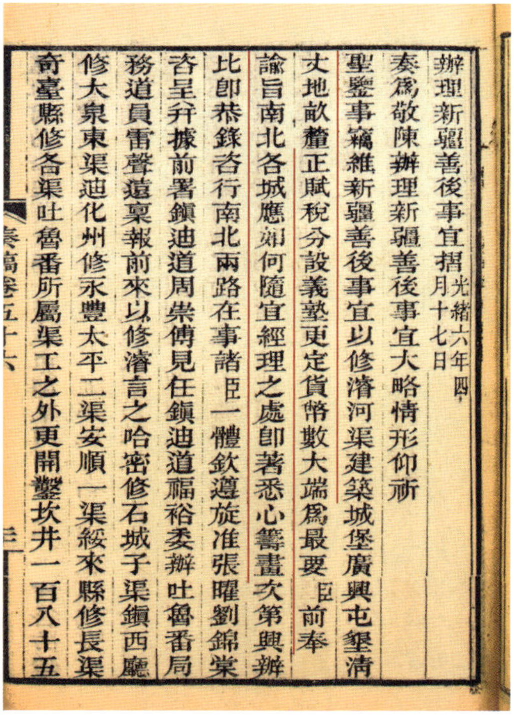
辦理新疆善後事宜摺 光緒六年四月十七日
奏爲敬陳辦理新疆善後事宜大略情形仰祈
聖鑒事竊維新疆善後事宜以修濬河渠建築城堡廣興屯墾清
丈地畝釐正賦稅分設義塾更定貨幣數大端爲最要臣前奉
諭旨南北各城應辦何隨宜經理之處即著悉心籌畫次第興辦
比即恭錄咨行南北兩路在事諸臣一體欽遵旋准張曜劉錦棠
咨呈幷據前署鎮迪道周崇傅見任鎮迪道福裕委辦吐魯番局
務道員雷聲遠稟報前來以修濬言之哈密修石城子渠鎮西廳
修大泉東渠迪化州修永豐太平二渠安順一渠綏來縣修長渠
奇臺縣修各渠吐魯番所屬渠工之外更開鑿坎井一百八十五
奏稿卷五十六 三

左宗棠奏请办理新疆善后事宜大力兴修水利

多万亩。

治水新疆

新疆收复后，在左宗棠的倡导组织下，哈密、巴里坤、古城子、乌鲁木齐、玛纳斯、吐鲁番、库车、库尔勒等地纷纷兴修渠道，一时间水利事业有了空前的恢复和发展。在乌鲁木齐开挖永丰、太平、安顺之渠，奇台、绥来各修长渠一条。在哈密、吐鲁番新开凿“坎儿井”185道，工程十分浩大。在库尔勒修复旧渠40里，在库车修成“横贯戈壁”的两条大渠，工程尤大。库尔楚河有40里流程范围河水浸涝，旱涝不均，经左宗棠派军整修后，旱涝无忧。西四城的水利工程极为艰巨，因玉河5处决口，河床淤塞300多里，造成土地荒废，庐舍漂没，城堡坍塌，低洼处“竟成泽国”，在兵民合力下，予以修复疏通。在玛喇巴什，新挖的大小渠纵横相连，变水害为水利，成为南疆的重要垦区。乌兰乌苏河因兵乱，多处失修，经兵民开挖新河，堵塞决口，横截洪流，喀什百姓“资其利以耕作”。龙口镇渠桥整修完善，收效极大。同治十三年（1874），左宗棠命张曜率“嵩武军”十四营驻屯哈密。张曜率部首先在哈密开荒

西征军在哈密开凿的坎儿井群遗址

左宗棠命西征军在新疆开凿的坎儿井，有的今天仍在发挥作用。图为“坎儿井”井下今貌。

19000 多亩，用 10 万条毛毡铺新修的渠底，引重新疏浚的石城子大渠水灌溉庄稼，获得丰收，还架槽引水远渡沙漠至用水之地。张曜又率兵重修天山达坂路，凿平险阻、减缓坡度、立木贯石、装设护栏，回绕 36 盘而至山下。左宗棠手书《天山扶栏铭》以纪念将士之功。铭文刻之于石，立于山巅：“天山三十有二般（盘），伐石贯木树扶栏。谁其化险贻之安？嵩武上将唯桓桓。利有攸往万口欢。”左宗棠的继任者，继续贯彻他的兴修水利的措施，为新疆农业生产创造了良好条件。

治水京畿

在治理京畿水患的方法上，左宗棠则提出治水要“源流并治”。左宗棠主张先从怀来县境顺桑乾河疏浚至涿州。光绪七年（1881）五月，左宗棠调旧部将王德榜、王诗正率所部各营至涿州永济桥，左宗棠亲兵营勇夫共 2000 余人先后行抵涿州，列帐开工，分段疏浚桑乾河。《涿县志》

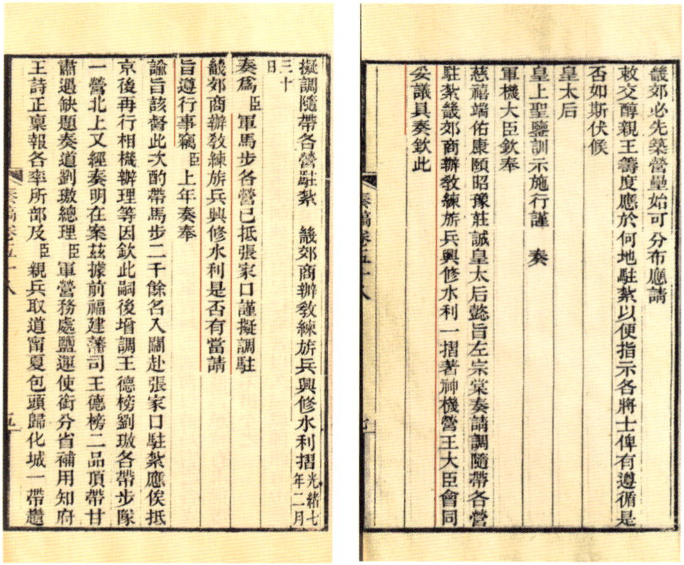
擬調隨帶各營駐紮畿郊商辦教練旂兵興修水利摺 光緒七年二月三十日
奏為臣軍馬步各營已抵張家口謹擬調駐
畿郊商辦教練旂兵興修水利是否有當請
旨遵行事竊臣上年奏奉
諭旨該督此次酌帶馬步二千餘名入關赴張家口駐紮應俟抵
京後再行相機辦理等因欽此嗣後增調王德榜劉璈各帶步隊
一營北上又經奏明在案茲據前福建藩司王德榜二品頂帶甘
肅遇缺題奏道劉璈總理臣軍營務處鹽運使銜分省補用知府
王詩正稟報各率所部及臣親兵取道甯夏包頭歸化城一帶趲

畿郊必先築營壘始可分布應請
敕交醇親王籌度應於何地駐紮以便指示各將士俾有遵循是
否如斯伏候
皇太后
皇上聖鑒訓示施行謹奏
軍機大臣欽奉
慈禧端佑康頤昭豫莊誠皇太后懿旨左宗棠奏請調隨帶各營
駐紮畿郊商辦教練旂兵興修水利一摺著神機營王大臣會同
妥議具奏欽此

左宗棠奏请随带亲兵驻扎京郊兴修水利

永定河南岸至今清晰可见的摩崖石刻：“统师徒，杀水势，燕民从此乐熙熙。”铭记左宗棠饬令王德榜率部整修永定河

载：“左宗棠由西夏凯旋，尝驻兵县北永济桥，后令兵士挖河，与民秋毫无犯。”“寒风冽冽，刺骨砭肌……并列工作，不知其劳。”将士们冒暑忘劳，堆沙成堤长达七八里，仅用了三个月时间便迅即完工。左宗棠抱病前往工地巡视，赞叹工程质量很好，桑乾河治理取得显著成效。整修桑乾河之后，左宗棠又着手治理永定河。永定河由于多年积患，河床抬高，上游泥沙日益增多，河水经常泛滥，自康熙年间筑堤以来六次改道，是直隶京畿的一大隐患。左宗棠抱病多次对永定河进行考察。光绪七年（1881）盛夏，桑乾河工程刚完工，王诗正和王德榜又奉左宗棠之命承当起治理永定河的任务。王诗正修治永定河下游，王德榜修治永定河上游。除挑挖淤沙外，将河道裁弯取直，使河流畅通无碍。

光绪七年（1881）秋，王诗正率领官兵赴永定河下游开工，开始修治卢沟桥以下的河段。王诗正率领官兵不顾寒风凛冽投工建设，夜以继日。左宗棠还从亲兵马队调来青马500匹，运输泥沙。结果，原定三个月的工程，经过全体将士的努力，一个月就已告竣。永定河上游的工程，则由王德榜督军修治。他率领自己的部属及左宗棠亲兵营由卢沟桥溯源而上，勘查到峡谷中应修建石坝者共有五处，于是就地伐石，砌坝凿渠。这一工程完成后，成为永定河沿河两岸百数十年的重要保障。经左宗棠苦心经营，昔日为众官僚所畏难的水利工程终于完成。光绪皇帝的父亲醇亲王奕譞派人巡看后，大为赞叹。

治水两江

左宗棠在两江总督任上，把兴修水利放在施政的首要位置上，他说："水利固关系国计民生，亦实海防根本。"当时，淮河是对江苏、安徽两省为害最大的河流，故治水必先治淮。光绪八年（1882）春，左宗棠上任伊始，就赶赴苏北视察淮河、运河水道。他经扬州沿运河至高邮，再到清江浦，复沿洪泽湖至三河闸，对淮河、运河及洪泽湖的水道、堤岸、涵闸进行实地踏勘。然后上奏朝廷，提出详细的治淮规划。左宗棠治淮的要点是恢复淮河入海故道，让淮河从云梯关入海。这样就可"截断水流，捍卫淮扬数州县亿万生灵，且可化灾区为腴壤"。但此项工程浩大，需要足够的经费和时间，只能分阶段进行。首先需兴修运河两岸的堤坝，疏通下游各州县支流；然后再浚通杨庄旧黄河，增坝逼水东趋，并加固礼河正坝。经过一年的努力，完成了周家庄、六安闸、铁牛湾、八堡等处堤工。

光绪九年（1883）正月，左宗棠第二次巡视淮河及运河河道，亲历马棚湾、车罗坝、清水潭堤工，又命兴修黑鱼塘西堤及高家坞民堰，至四月，扬州府所辖的运河堤工全部完成。经过近两年的修治，治淮防洪已初见成效，当年秋汛水涨，历年被水淹没的农田初次得以免遭水患。左宗棠遂下决心疏浚旧黄河故道，使淮河恢复从云梯关入海，以彻底解决苏北水患。

左宗棠治理的赤山湖水利工程今貌

而恰在此节骨眼上，左宗棠的眼疾加重，左眼失明，右眼视力急剧下降，无法视事。光绪十年（1884）正月初五日，他仍然不顾病势加重，第四次到苏北及沿海视察大运河，并制定了分期复淮的计划。不久，左宗棠回任军机大臣，复淮工程也就人离政息，不了了之。

除整治淮河外，左宗棠还积极治理了江苏其他河道的水害。如为预防海潮，在通泰场建成海滩潮墩92座，修复了苏北沿海的“范公堤”（宋代范仲淹督工修建），历时两年，完成了江宁西北浦口地区的朱家山河分洪入江工程，渠道全长18公里，有效缓解了这一带长期以来的水患，解除了数十万顷圩田的洪涝隐忧。为治理江宁、镇江一带水害，左宗棠又调集军队十三营（5000人）在句容县修筑了长约20里的赤山湖圩坝，挑挖积淤，疏浚河道，修建大闸，控制水量，得以化害为利，惠泽一方。治理的朱家山河等水利工程在光绪八年（1882）特大洪水袭来时，经受住了考验，安徽、河南上游盛涨而“下游尚免沉没之灾，圩田收成加倍”。另外，又在江宁城内秦淮河上修闸建桥，遍植树木数百万株。

振兴农牧，改善民生

在晚清官场中，左宗棠是比较有政治远见的，他懂得要从根本上稳定统治秩序，就必须发展农业生产，安定民生。他到甘肃后，“首以屯田为务”，命令军队在作战闲暇时，开荒种地，“战事余闲，即释刀仗，事锄犁，树艺五谷，余种蔬菜；农功余闲，则广开沟洫，兴水利以为永利。筑堡寨以业遗民，给耕具、种籽以赒贫苦，官道两旁种榆柳、垂杨以荫行旅”。又召集流民，奖励垦荒，还下令将在河州缴获的马匹“散给贫农，助其力作开垦”。左宗棠进军新疆时，更重视屯田。他采取的许多发展农业生产的措施，均取得明显成效。

左宗棠注意总结和推广农业生产技术，改良品种和土壤，以提高产量。西北地区天气苦寒，农作物品种少而产量低，所种庄稼品种只有大麦、小麦、糜子、小米、玉米等，每亩仅年收100余斤。他于是想到推广南方稻谷，在平凉，曾教勇丁试种一次没有成功；饬令平凉知县王启春多次教民试种，每亩收了四五百斤。左宗棠十分高兴“民间效种，收获亦多”，于是劝

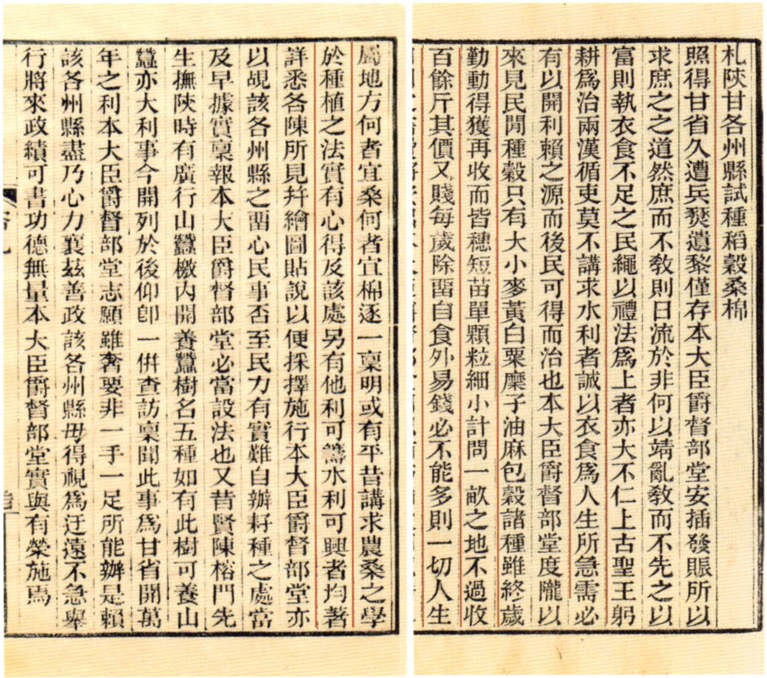
札陝甘各州縣試種稻穀桑棉
照得甘省久遭兵燹遺黎僅存本大臣爵督部堂安插發賑所以求庶之之道然庶而不教則日流於非何以靖亂教而不先之以富則執衣食不足之民繩以禮法爲上者亦大不仁上古聖王躬耕爲治兩漢循吏莫不講求水利者誠以衣食爲人生所急需必有以開利賴之源而後民可得而治也本大臣爵督部堂度隴以來見民間種穀只有大小麥黃白粟麋子油麻包穀諸種雖終歲勤動得獲再收而皆穗短苗單顆粒細小計問一畝之地不過收百餘斤其價又賤每歲除留自食外易錢必不能多則一切人生

屬地方何者宜桑何者宜棉逐一稟明或有平昔講求農桑之學於種植之法實有心得及該處另有他利可籌水利可興者均著詳悉各陳所見并繪圖貼說以便採擇施行本大臣爵督部堂亦以覘該各州縣之留心民事否至民力有實難自辦籽種之處當及早據實稟報本大臣爵督部堂必當設法也又昔賢陳榕門先生撫陝時有廣行山蠶檄內開養蠶樹名五種如有此樹可養山蠶亦大利事今開列於後仰即一併查訪稟聞此事爲甘省開萬年之利本大臣爵督部堂志願雖奢要非一手一足所能辦是賴該各州縣盡乃心力襄茲善政該各州縣毋得視爲迂遠不急舉行將來政績可書功德無量本大臣爵督部堂實與有榮施焉

左宗棠动员陕甘各州县试种稻谷桑棉的告示

导农民种稻，这是甘肃种稻之始。至今平凉地区的川地仍广种稻谷，宁夏一带盛产大米，品质优良，国内驰名。

光绪三年（1877），陕西大旱，左宗棠大力推广《区田书》（王心敬编）介绍的耕作方法。这项耕作技术把我国古农法中的“区田法”和“代田法”变通兼用，左宗棠名之曰“区种”法。此法的实质在于省水，但必须与凿井同时进行，才能收实效，他说：“开井、区种两法本是一事，非凿井何从得水？非区种何能省水？但言开井，不言区种，仍是无益。”

同治十一年（1872）左宗棠令军士施工，在兰州钦差大臣的衙署左边开凿了一个巨大的“饮和池”，水源取自黄河，使用了自转水车用水流力量推动灌轮转动提水，引水入池。次年又在衙署右边开凿了一个更大的“挹清池”，从五泉山引水入池。城内修建自流小渠，穿街入巷，免费供应

从黄河引水至饮和池的水车

千家万户，解决了千百年来兰州城内老百姓饮用水不足和污浊问题。

由于甘肃土质碱性化严重，左宗棠还注意改良土壤，劝令百姓“旱地铺沙（铺沙于碱地，以解消碱性，同时保持土层湿润，增高地层温度），改良土地。……利用荒滩僻壤，铺沙耕种，化不毛之地为良田”。此外，左宗棠颇重视农民的生产经验，新疆收复后，蜀军在巴里坤开屯，他指示说：“各处土性不同，新垦荒地尤难得法，自非询问老农因地制宜不可。”更值得注意的是，左宗棠力主在地广人稀的新疆使用农业机器。使用农业机器以加速垦荒的主张，最早由冯桂芬（字林一，号景亭，清江苏吴县人，林则徐的弟子）提出，但在当时不可能实现，仅仅是一种设想，左宗棠则准备把这种设想变为现实。

左宗棠鼓励发展市场服务业。这是兰州的“商担酿皮”流动快餐摊

根据西北的自然条件，左宗棠鼓励多种经营，栽培经济作物。进行集市交易，繁荣集贸市场，为百姓日常生活带来便利。除大力倡导农民种棉、粮以外，左宗棠还鼓励植桑、养蚕。除家蚕外，还提倡养山蚕。他考察了有五种树叶可以饲养山蚕：槲树、橡树、青红树、柞树和椿树。他将上述五种树的形态写明，公之于众，“为甘

省开万年之利”，叫大家去寻找。新疆收复后，左宗棠了解到新疆桑树多，宜于养蚕，就把内地种桑、养蚕、缫丝、织布等技术推广至关外。他对新疆的丝织业满怀希望，认为“俄商及边商皆垂涎川丝之利，蚕事一兴，则蜀利归于新疆，民可使富也”。于是他“移浙之桑，种于西域”，并派委员祝应焘在浙江湖州招募熟习蚕务者60名，将桑秧、煮茧、缫丝、织布等技术传至新疆，自安西、敦煌、哈密、吐鲁番、库车以至阿克苏“各设局授徒”。他把湖南鲫鱼、鳝鱼苗活运到哈密放养繁殖，人称“左公鱼”，成了今天哈密一道美食。他还从浙江湖州运来桑秧移植兰州，在东校场、河壖和总督衙署内后花园，也种了桑树；还运了几百株桑秧到肃州栽植。

光绪元年（1875）兰州的交易市场

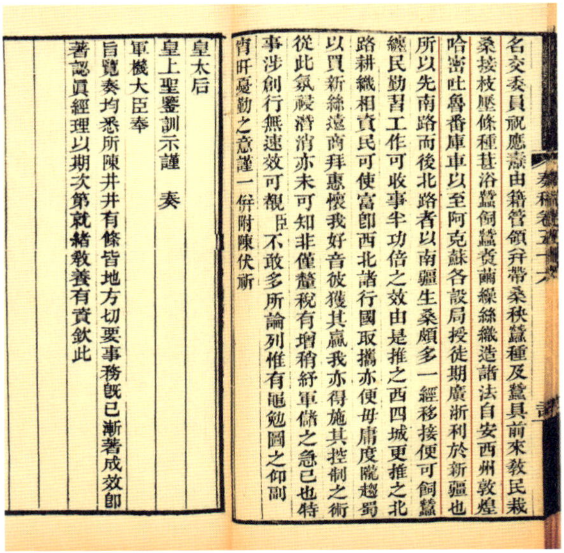

名交委員祝應燾由籍管領幷帶桑秧蠶種及蠶具前來教民栽
桑接枝壓條種葚浴蠶飼蠶煑繭繅絲織造諸法自安西州敦煌
哈密吐魯番庫車以至阿克蘇各設局授徒期廣浙利於新疆也
所以先南路而後北路者以南疆生桑頗多一經移接便可飼蠶
纏民勤習工作可收事半功倍之效由是推之西四城更推之北
路耕織相資民可使富即西北諸行國取攜亦便毋庸度隴趨蜀
以貿新絲遠商拜惠懷我好音彼獲其贏我亦得施其控制之術
從此氛祲潛消亦未可知非僅釐稅有增稍紓軍儲之急已也特
事涉創行無速效可覩臣不敢多所論列惟有黽勉圖之仰副
宵旰憂勤之意謹一併附陳伏祈
皇太后
皇上聖鑒訓示謹　奏
軍機大臣奉
旨覽奏均悉所陳井井有條皆地方切要事務既已漸著成效即
著認眞經理以期次第就緒教養有資欽此

左宗棠奏请在新疆推广浙江先进的农桑技术

左宗棠同时很重视畜牧业，他认为：“西北之利，畜牧为大，而牧利又以羊为长，其毛可织，其皮可裘，肉可为粮，小民日用所必需也，何必耕桑然后致富？长民者因其所利而利之，则讲求牧务，多发羊种宜矣。”“耕田用人力多而收获少，放牧则需人少而所获多。”他认为水浇地可耕种，水草丰盛的地可放牧，湖泊草原地带则可渔可牧，不应耕种，以免破坏草原植被，引起沙漠蔓延。这些看法具有保护生态的远见。为发展畜牧业，他提出了一些措施：在有水草的地方，查明户口，散发羊种，成本分三年归还，不计利息。他对这项优惠办法向人解释说：“此法是以利民为主，地方富裕，民物庶盛，国家也受益。”有一次在行军途中，他看到安西一带百姓贫困，就从自己养廉银中取出2000两，分给贫苦百姓和兵丁购买羊种。光绪二年（1876）他又拨银6800余两，借给皋兰贫苦百姓买羊放牧。新疆收复后，他又在署镇迪道周崇傅的禀帖中批示道：“边塞以畜牧之利为大，先择水草便宜处所，查明户口，酌量成本数目，禀请核办。”并明令在发给牧民羊种时和关内一样，“所领成本分作三年摊还，不取息耗。凡此皆以利民为主。”

西北蔬菜品种十分缺乏，左宗棠命人陆续从湖南、江苏、浙江等省带来各种南方小菜种子，教人种植。他还带来湖南盛产的鳝鱼，可惜当地人以为是蛇，不愿吃，因而没能推广。

左宗棠极为关注振兴西北的农牧业，并为此做出了努力。他采取的一些措施，为西北地区经济的恢复创造了有利条件。他在一份批札中说：“（甘肃）五六年来，残破地方渐次归业，斗价以次平减，泾、平、巩、秦、兰、凉、宁夏各属，净面每斤值银一分上下，核与当年承平时相似，始愿亦不及此。”光绪初年，有人从新疆回粤，在记述途中见闻时曾写道：“自入陇所见，民物熙熙，一片升平景象，竟若未经兵燹者。”这种描绘或许有溢美之处，但也可从中看出，当地经济确有一定程度的恢复和发展。

严禁鸦片，推广植棉

发展农业对西北人来说，是关系到能否吃饱、生存的头等大事。左宗棠早认识到这点，开渠、凿井就是为发展农业采取的一些措施。但是他一进入西北就看到田野上开满了罂粟花，城乡各处尽是烟民。如陕西三原县，城里人吸鸦片烟的占十之七，乡下人吸烟的占十之三。农民不种粮食，却种罂粟，因为鸦片价钱比粮食贵得多，又可以自己吸用。光绪三年（1877）陕甘大旱，饿死了成千上万的老百姓，十之八九是烟民，因为烟民身体本来就已经虚弱不堪，哪堪再挨饿?

左宗棠就集中精力来禁种罂粟。他先发布《禁种罂粟四字谕》告示，四处张贴，告诫百姓种植罂粟、吸鸦片的危害。然后命令各级政府从道、府、县，直到基层官员，四处检查，凡种罂粟的地亩一律翻犁灌水，全部铲除。如果罂粟间杂种有豆麦的，只将罂粟拔除。每月查报，违禁者处以杖责枷号，不论贫富贵贱，一律严办。左宗棠禁种罂粟遇到了各种阻挠。不少的贪官污吏借此向农民敲诈勒索，军营中本来吸毒成风，也暗中包庇烟农，烟农则公然说："不种鸦片，哪来银子交钱粮?"各地官吏士绅表示："民间种罂粟时间已久，早已成习。西北辽阔，一时很难查禁。"但是左宗棠不为这些阻力所动摇，仍然坚决执行禁种。

宁夏在马化龙统治时期，因为穆斯林教规严禁鸦片，没有人敢公开种罂粟。马化龙被处死后，当地老百姓见有利可图，就肆无忌惮地纷纷种植。禁烟令在宁夏遇到的阻力也最大。左宗棠毅然将宁夏府大小官员（除个别外）分别革职、撤任、查办；对违抗禁毒的士绅也一律拿办。经过如此整顿，宁夏大种罂粟的局面平息下来了。自从林则徐大禁鸦片以来，三四十年中，在清政府大员中，最痛恨鸦片、禁鸦片决心最大、最严格的，当推左宗棠了。

禁种罂粟是为了断绝鸦片烟的来源，除了禁种还必须禁运。左宗棠对外地烟的政策是：四川、云南等地土烟入境，一律没收焚毁；对于洋烟，因为受中英不平等条约限制，不没收销毁，但一律不准入境，勒令烟贩连同烟土折回。如偷运入境，查出则仍要焚毁。从禁种、禁运开始，后来对开设烟馆公开售烟也加以禁绝。禁种、禁运的政策不久就收到了效果，到

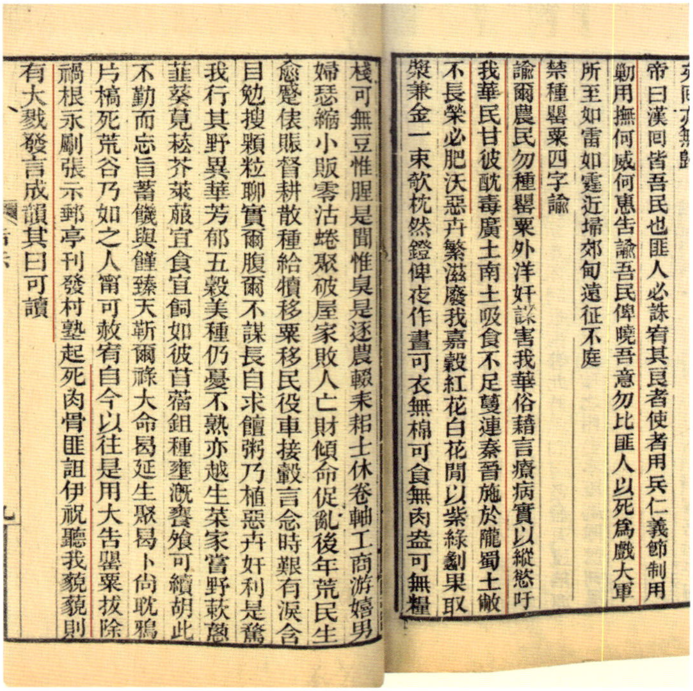
帝曰漢回皆吾民也匪人必誅宥其良者使者用兵仁義節制用
勦用撫何威何惠告諭吾民俾曉吾意勿比匪人以死爲戲大軍
所至如雷如霆近埽郊甸遠征不庭
禁種罌粟四字諭
諭爾農民勿種罌粟外洋奸謀害我華俗藉言療病實以縱慾吁
我華民甘彼酖毒廣土南土吸食不足蔓延秦晉施於隴蜀土敝
不長榮必肥沃惡卉繁滋廢我嘉穀紅花白花間以紫綠劙果取
漿兼金一束欿杌然鐙俾夜作晝可衣無棉可食無肉盎可無糧
棧可無豆惟腥是聞惟臭是逐農輟耒耜士休卷軸工商游嬉男
婦瑟縮小販零沽蜷聚破屋家敗人亡財傾命促亂後年荒民生
愈蹙俵賑督耕散種給犢移粟移民役車接轂言念時艱有淚含
目勉搜顆粒聊實爾腹爾不謀長自求饘粥乃植惡卉奸利是騖
我行其野異華芳郁五穀美種仍憂不熟亦越生菜家嘗野蔌葱
韭葵莧菘芥萊菔宜食宜飼如彼苜蓿鉏種壅溉饔飧可續胡此
不勤而忘旨蓄饑與饉臻天靳爾祿大命曷延生聚曷卜尚耽鴉
片槁死荒谷乃如之人甯可赦宥自今以往是用大告罌粟拔除
禍根永剷張示郵亭刊發村塾起死肉骨匪詛伊祝聽我藐藐則
有大戮發言成韻其曰可讀

左宗棠撰写的《禁种罂粟四字谕》告示

光绪六年（1880）左宗棠离开西北时，陕甘境内的烟苗已基本根绝，只在深山荒谷可能还有少量种植。新疆境内，南路烟苗已消灭大半，北路则差些。总之，烟土来源大量减少，烟价自然腾贵，每百两价格由六七十两银涨到三四百两，烟民自然减少了。

禁烟的最后一步是针对烟民。既然禁吸在当时难于实行，对于汪洋大海的“烟民”只有劝诫。左宗棠发动各方力量收集戒烟药方，配制成药，分送给烟民。同时鼓励官绅士民捐资合药，救治烟民较多的，还要上报朝廷请奖。对于广大烟民无法一一惩治，但对于官吏，则绝不许吸烟。部下有吸烟者，一经发现，就定性其“嗜好甚深”，或“颇有嗜好”，随时可能被参劾革职。

全面禁种罂粟后，左宗棠又替陕甘民众设法增加收入。原来种罂粟

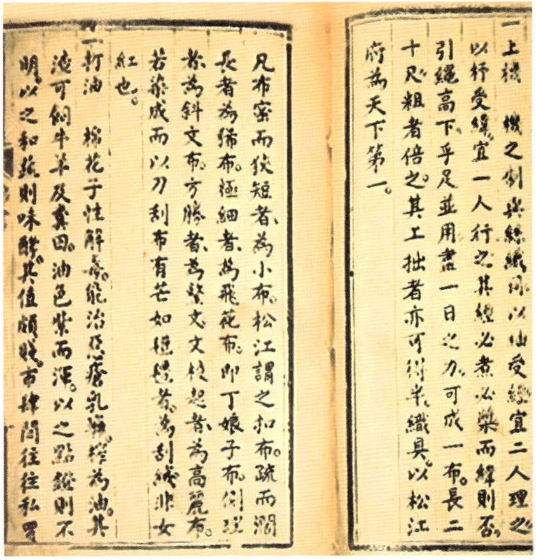

一上機 機之制與絲織同以仙受綫宜二人理之
以杼受緯宜一人行之其緯必煮必染而緯則否
引繩高下手足並用盡一日之力可成一布長二
十尺粗者倍之其工拙者亦可得半織具以松江
府為天下第一。

凡布密而狹短者為小布松江謂之扣布疏而闊
長者為稀布極細者為飛花布即丁娘子布織理
於為斜文布方勝者為棊文文棱起者為高麗布
若染成而以刀刮布有芒如絨毯者為刮絨非女
紅也。
一打油 棉花子性解毒能治惡瘡乳癰榨為油其
滓可飼牛羊及糞田油色紫而濁以之點燈則不
明以之和蔬則味酸其值頗賤市肆間往往私

左宗棠编撰刊刻的农技推广读本《棉书》

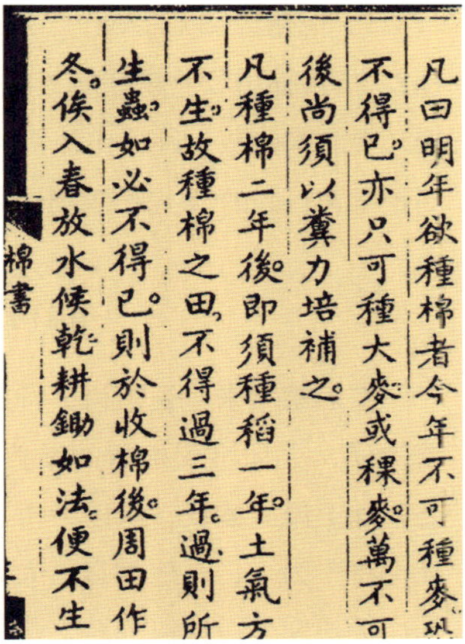

凡田明年欲種棉者今年不可種麥
不得已亦只可種大麥或稞麥萬不可
後尚須以糞力培補之。
凡種棉二年後即須種稻一年土氣方
不生故種棉之田不得過三年過則所
生蟲如必不得已則於收棉後周田作
冬候入春放水候乾耕鋤如法便不生
棉書

左宗棠刻印大开精写刻本《棉书》，上图内容是教民如何种棉

获利较大，因此要找一种同样获利较大的作物。左宗棠认为，甘肃素来不产丝棉布匹，全靠外省运来，既无舟船运载，价格昂贵异常；农民本来很穷，每到隆冬，还只穿件短布单衣；而我们上位当官的人都轻裘重茵，实在于心不忍。棉花作为一种需求很广的经济作物，当时价格较高，从种植收益上比较，种植罂粟完全可用种棉代替，种植管理上也比种罂粟来得容易，因此左宗棠极力推广种棉。

当时“西北百姓苦无衣甚于无食，许多老弱妇女衣不蔽体”，左宗棠引述唐人韦应物的诗“自惭居处崇，未睹斯民康”表达自己的心情，感到身为最高地方官，竟未能使老百姓人人有温暖的衣服穿上御冬，深为愧疚。

种棉织布，不仅能解决农民生计，也能解决老百姓缺衣问题。他一方面广泛宣传种棉的好处，一方面又向民间传授种棉方法。同治十三年（1874）他下令印发了《棉书》和《种棉十要》等书籍，同时还命各地设立纺织局，教给妇女纺织技术。由于他的积极倡导，甘肃东自陇东正宁、宁州，西至河西走廊凉州、甘州、山丹、东乐等地普遍植棉。同治十二年

（1873）他途经山丹等地，正值田间棉熟，他停车和父老攀谈，农民告知他："一亩棉田收获较好的，可得二十余斤，每斤一千文，又省工力。种罂粟还要剥果刮浆，种棉比种罂粟更合算。"当然，种棉代罂粟，主要目的是断绝毒害百姓的烟土来源，同时又解决了百姓的衣食问题，是为一举两得。

植树造林，改善生态

左宗棠素来重视植树，特别是来到西北后，看到遍处是荒山秃岭，戈壁沙漠，更加感到植树的重要。西北干旱缺水，百姓生活穷苦，燃料缺乏，加上滥施砍伐，所以种树、养树都极端困难。左宗棠下了决心，以西征军将士为主，由地方官民大力协助，在陕西、甘肃、青海、宁夏、新疆的广大地区普遍种树。左宗棠规定：植苗者不仅要保数量，而且要负责浇水、保成活，因此取得很大效果。所植树种除少数经济作物如桑树外，多数是相对易于成活的柳、杨、榆、槐等。据当时不完全统计，从陕西长武县到甘肃会宁县 600 里路程，共栽树 26.4 万株；在甘肃环县栽树 1.8 万余株；在董志原与镇原栽树 1.2 万株；在甘南狄道栽树 1.3 万株；在西宁府大通县栽树 4.5 万株；在甘肃平番县栽树 7.8 万余株；在皋兰县栽树 4500 余株；在金县种树 4400 余株。据隆无誉所著《西笑日觚》记载："左恪靖命自泾州以西至玉门，夹道种柳，连绵数千里，绿如帷幄。"光绪六年（1880），左宗棠自哈密回京途中，展现在他眼前的景象是："道旁所种榆、柳，业已成林，自

兰州黄河岸边今存的左公柳。旁立者系左宗棠曾孙左景伊

嘉峪至省（指省城兰州），除碱地、沙碛外，拱把之树接续不断”；兰州东路“所种之树，密如木城，行列整齐”。这就是有名的“左公柳”。在古丝绸之路上，实现了黄土高原见绿洲的美梦，在戈壁滩边也出现了江南风光！

左宗棠还特别重视在官道两旁植树，由潼关往西，经边界的长武，通过泾州、平凉、兰州，穿过河西走廊，西出玉门、安西，直达哈密、乌鲁木齐以西，为一条长达三四千里的官道，也是西征军行军，运输粮秣、装备的必经要道，也是来往行人客商的通道。为了保护好这条几千里长的官道，左宗棠命军队除沿路植树外，又在各地新筑和加宽了一些主要路段，如平凉府东大路，宽 10 余丈，路两边植树各有四五行，参天合抱。有些路段太险窄，如托克逊到喀喇沙尔有一段羊肠小径，两峰壁立，下临深渊，他就命官兵锤石凿险，修整出较平坦的道路。又在天山险处，修建护栏；沿路还建造了木石结构桥梁不计其数。每隔若干里，在路旁设立一所台站（驿站），供行人和将士休息、饮食，站内派兵勇驻守，储备柴草食物，并在附近汲井疏泉，树立里程碑牌，示知路程远近，还派兵丁在沿路巡逻。这样就保证了行军便利和行旅的安全，也看护了柳树免遭砍毁。据当时人的记载，这条荒凉古道，从前是“西出阳关无故人”，而今商旅载途，熙熙攘攘，从归如市。

今在哈密市东河坝的左公杨

经过一番惨淡的经营，几年之后，官道两旁和山坡上的树木都长大了。左宗棠看到兰州东路所种的树已密密麻麻，宛如绿树城墙，他心中大乐，写信给友人谈及种树的艰苦说：“种在山坡高阜的树，须勤

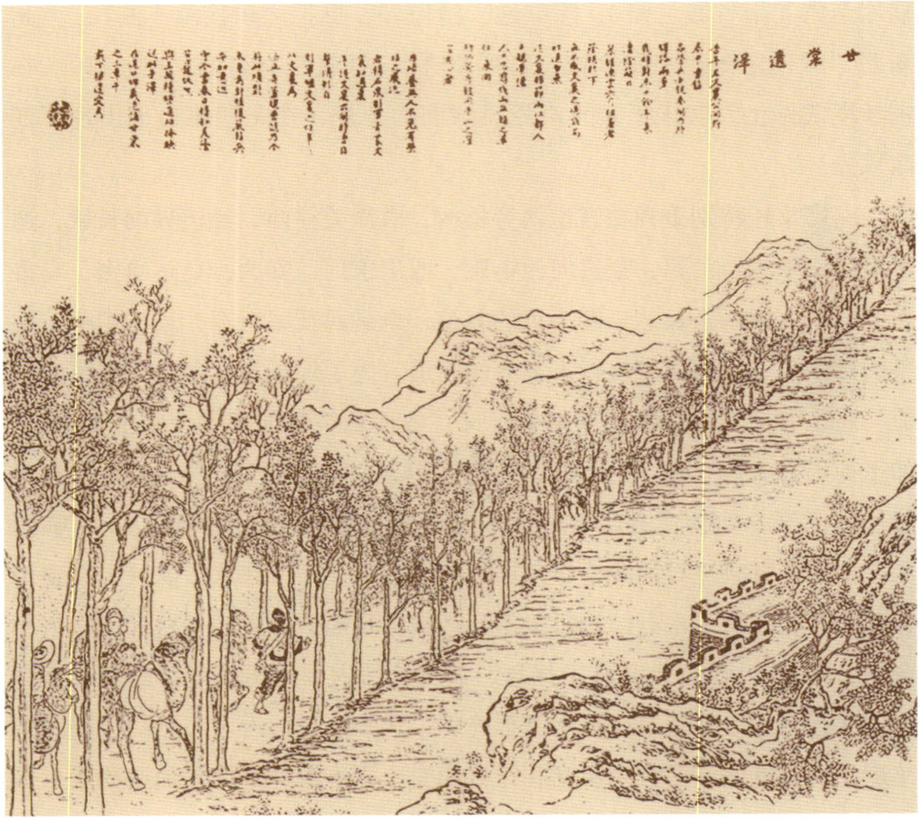

描述左公柳“甘棠遗泽”的晚清绘画

浇水，要浇过三伏天，才能免枯槁，又不能掺用苦水，用水实在花了大力气。”平凉有一块《各军营种树记》的碑，碑文也记载了当年植树之不易：“惟时搜集枝杆，越山度壑，负运艰苦。树艺伊始，每为游民窃拔，牲畜践履……谕禁之，守护之，灌溉之，补栽之……吏士暴露，不知几费经营。”新疆哈密市的东、西河坝等地现存的“左公柳”有218株，为乘凉的市民撑起大片绿荫。

光绪五年（1879），原任浙江巡抚杨昌濬罢官在家，应左宗棠奏荐，来兰州接替已故刘典帮办陕甘军务。在他的想象中，西北是一片荒凉景象，大漠冷落，飞沙走石，人迹稀少。当他进入陕甘境后，看到大道两旁杨柳成行，高耸云天，浓荫蔽日，枝头鸟鸣蝉噪，春意盎然，路上行人喧阗，宛若塞外江南，大出他的意外。他高兴之余，就吟成一首咏左公柳的诗《恭颂左公西行甘棠》：

上相筹边未肯还，湖湘子弟满天山；
新栽杨柳三千里，引得春风度玉关。

这首诗后来演变成了多个版本，在天山南北、在全国、在海内外广泛流传。

改革茶法，繁荣贸易

大西北农牧民长期的生活习惯是高脂肪、高蛋白进食，对茶叶的需求不可或缺。而茶叶主产地均在南方，两湖的茶叶质优价廉，深受陕甘民众喜爱。“陕西产茶之地，仅石泉、汉阴”，由于气候原因，产量很低。所以，西北地区需要大量的茶叶进口。正常的茶叶贸易，事关西北大局稳定。清乾隆年间，西北历代相沿的“茶马互市”发展为茶叶贸易。道光朝甘肃茶叶贸易成法，到咸丰时期尽废。清代西北茶法两次重大变革，左宗棠实占其一。左宗棠于同治末期以其五条茶法，奠定了晚清西北茶法的基础。

茶商从湖南各地收购销往陕甘的茶叶

同治十一年（1872）十月十五

日，左宗棠奏请朝廷改革茶法。一是清欠，除引商所借官本生息银两缓补外，其余积欠全部豁免。二是清引，将同治十二年以前的积引全部作废。三是清课（税），对四项杂课的陋规一概停止征收。四是清商，招徕富商贩运湖茶。停征四项杂税，拟招山、陕的富商赴湖采购茶叶，并在陕西设官茶总店等四条，是对恩麟茶法的全部革除。而对杨岳斌茶法除保留在陕西设官茶总店外，也概行革除。

同治十二年（1873），左宗棠于《札试办甘省茶务章程》中，将其招新商、办新课的茶法详列十条。其中：首先，增设南柜，减轻甘肃茶商在两湖的厘税负担，以票代引以及正课、办公要需征收等办法。其次，湖茶在西北运销及其征收办法。各商领票从湖南采办茶叶运来陕甘。

同治十三年（1874）二月，左宗棠奏改甘肃茶务："国家按引收课，东南惟盐，西北惟茶……盐可改票，茶何不可？……今仿淮盐之例，以票代引，官商犹形裹足。应改拟商贩并招……正课照定例征收，杂课归厘税完缴……商贩领票，均令先纳正课……添设南柜，招徕南茶商贩……遇有无票私茶，即行截留，令其补领官票。"第一，废除旧引，以票代引。第二，添设南柜，减轻陕甘茶商在两湖的厘税负担。第三，废除积欠正、杂课。现行正课仍照定例征收，杂课并归厘税项下征收。第四，严厉缉私，令私茶商补票、补税、补厘。第五，清理藩院对经过蒙古草地到新疆贩茶的山西客商，按照陕甘茶课征收。这在革除同治十二年（1873）《札试办甘省茶务章程》第三方面的积欠，沿袭并发展其前两方面的基础上，以厘税取代各种杂费税，是对同治十一年（1872）清廷"议准"的旧课的革除及其四项杂课的变革。而最后两条从本质上说是为了确保整个大西北茶叶贸易中的正、厘税征收，即统一大西北茶贸中的税收政策。该五条茶法中的前四条获得清廷"议准甘省仿淮盐之例，以票代引，不分各省商贩，均令先纳正课，始准给票，其杂课归并厘税项下征收。各项各色概予删除，行销内地者，照纳正课银三两外，于行销地仿厘局章程，均各一起一验，完纳厘税，每引以收银一两数钱为度，多不得过二两，出口之茶则另于边境所设卡局加完厘一次，以示区别。又于东西两柜外，添设南柜以招徕商人”。至此标志着左宗棠三改甘肃茶法的基本完成。

鲜有人知，早在道光二十五年（1845），左宗棠就“将安化茶引入湘阴柳庄种植”。次年，“比以古农法耕柳庄之田，甚有效验。又种桑茶，植竹树，以尽地利”。左宗棠将安化茶引入湘阴柳庄改良当地茶叶品种后，亲自组织生产，结果仅茶叶一项收入，就交清了70亩田土的皇粮国税，“茶园所入，今岁差可了清国课，逐渐增加，于人事不无裨益”。左宗棠亲身体验过茶叶经营的好处，也对茶叶品种、特性、生产、加工较为熟悉，他说：“惟中国之茶均系摘叶后，用火炒焙，揉成或团或砖式或散叶，皆呼黑茶；海口通商，始用日晒揉成散叶之红茶”，“华商向无以红茶来陕甘者”。他还在管理文书中提到茶叶贸易：“当时曾留心考究，知安化夙称产茶，而小淹前后百余里所产为佳亦最多……山、陕商贩不能办真茶，即高价所采亦多是粗叶，亦掺有杂草，但得真茶七八分，即称上品。至新芽初出，如谷雨前摘者，即小淹亦难得。每斤黑茶，至贱亦非二三百文不可得也。近时海口畅销红茶，红茶不能掺草，又必新出嫩芽，始能踩成条索，

茶马古道

其价亦实较行销西北之茶贵可数倍。此次湖茶之图畅销西北，盖以头茶、二茶、新嫩阳芽均售海口。而三茶及剪园茶无可销之路，不若仍作黑茶，可以获利也。除安化茶不计外，湖南北、江西之茶何可胜纪？如果黑茶销路通畅，即头、二番新茶亦必有改作黑茶者，即安化现作红茶出售者亦将渐改黑茶。”

茶叶贸易则是依附于市场流通的经营门类，茶法的合理与否不仅仅影响政府税收，也左右着茶商经营的积极性。而茶市上茶销能否畅旺，决定着茶叶生产的兴衰，也关系着茶农的切身利益。左宗棠三改甘肃茶法，促进湖茶在西北畅销，每年财政可增加收银 20 多万两，缓解了甘肃财政的极度困难；安化及两湖茶叶渐渐畅销西北，不仅解决了西北各族人民在茶市上能够买得起所需要的茶叶的现实问题，而且也是在督促其发展经济尤其是商品流通经济。

第三章

兴教劝学 经世致用

抢救典籍，刻印图书

古人云："一时教人以口，百世教人以书。"作为儒生和塾师出身的左宗棠自然懂得这个道理，所以他一生重视教育。左宗棠重视教育，从抢救典籍、刻印图书入手。即便在行军作战中，都成立流动刻印图书的机构随行，一有条件就刻印图书。他在闽浙总督任上时，看到记载中华五千年文明的儒家经典、理学典籍在乱世战火中焚毁散失时，于同治五年（1866）三月，在福州设立"正谊堂书局"，这是他创办的最早的书局，仅创办初期刻印的书籍就有68种、524卷，全国各大图书馆多有收藏。正谊堂书局后归入正谊书院，为书院附属机构。左宗棠还为正谊书院写了一副楹联：

青眼高歌，异日应多天下士；
毕阴回首，当年共读古人书。

左宗棠移督陕甘后，设立的刻书局较多。最早为西北刊刻书籍的机构设在汉口，叫崇文书局，归西征后路粮台经管。在西安设立的刻书机构叫关中书院，归西征总粮台经管。两地使用的工匠，主要是湖北的刻工。两地的刻书费用，都由左宗棠的廉俸支出，没有使用公款。新疆收复时，他又在迪化开设书局，刻印供给回族、维吾尔族等少数民族子弟读诵的书，

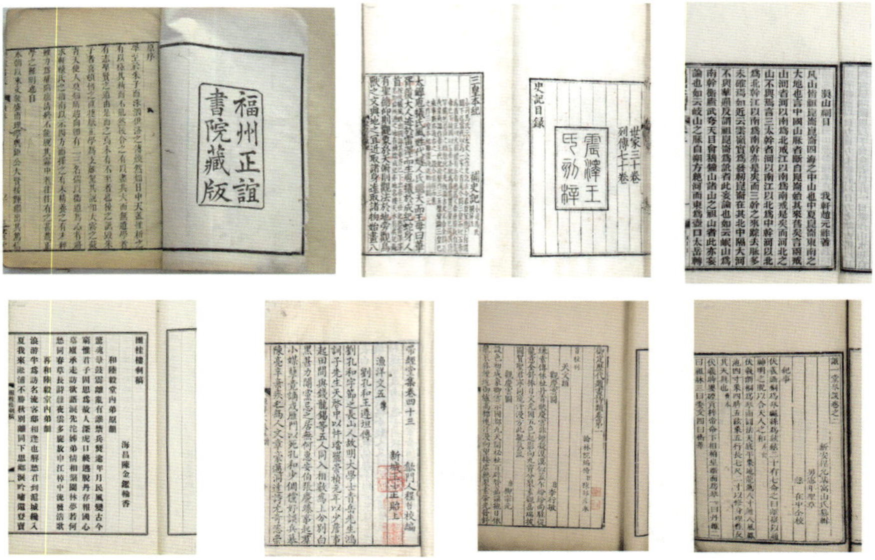

福州正谊堂书局刻本

这个书局直到光绪三十三年（1907）才裁撤。此外，西宁知府龙锡庆在西宁设立尊经书局，刻印四书五经；陕西布政使翁同爵利用关中书院藏版，印发《七经》等书；其后陕西人刘光蕡、柏景伟等倡刻《十三经》《二十四史》《资治通鉴》；贺瑞麟等倡导刻印濂、洛、关、闽诸书，都是受到左宗棠在西北刊刻书籍的影响。左宗棠身旁还设立了一个刻书机构，一直随着西征军大营流动。譬如他所编《学治要言》一书，于同治十一年（1872）正月，在安定行营开雕；重刊的《吾学录》，于光绪六年（1880）三月，在肃州行营开雕。

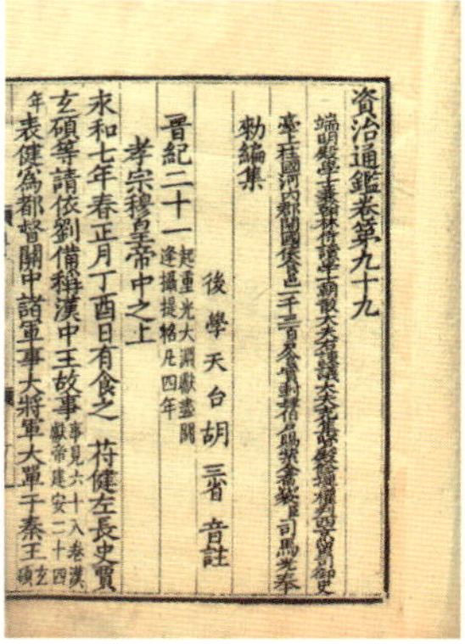

刘光蕡印的《资治通鉴》

在肃州军营印的《吾学录》

清代时，各府厅州县学官照例藏着官书，一直由清政府颁布保存，大致可分为三类：一类是有关当朝典章制度的，如《会典》和《通考》等；一类是钦定的载籍，如各种经史，各种方略和各种词（辞）书；一类是清代各位皇帝的谕旨和诗文集。这些书籍藏在各地可以算作是一个官立的图书馆。西北经过多年的变乱，这些图书大多散失。光绪四年（1878）二月，左宗棠在给清政府上的奏折《请旨颁发甘省各属书籍条例折》中说：“乃自军兴以来，凡失陷各州县，衙署焚毁，书籍荡然，不惟各士子诵习无资，即地方官每遇考订典礼、讲求吏事，亦苦茫无依据。”左宗棠派人征求并查明各地所缺书籍，一一开列书单，奏准朝廷命令礼部，“仅就新设并曾经失守过各府厅州县共四十二处先为颁发，以更转发各属，俾士子借资肄习，而官僚亦有所考据，实于士习、吏治大有裨益”。将前述几类书籍，每种印刷四十二部，进行分发。同时，左宗棠个人还给兰山书院捐了几种书。此后，各地捐存书院义塾的书籍，数量也不少。

左宗棠为西北地区刻印的书籍种类繁多：

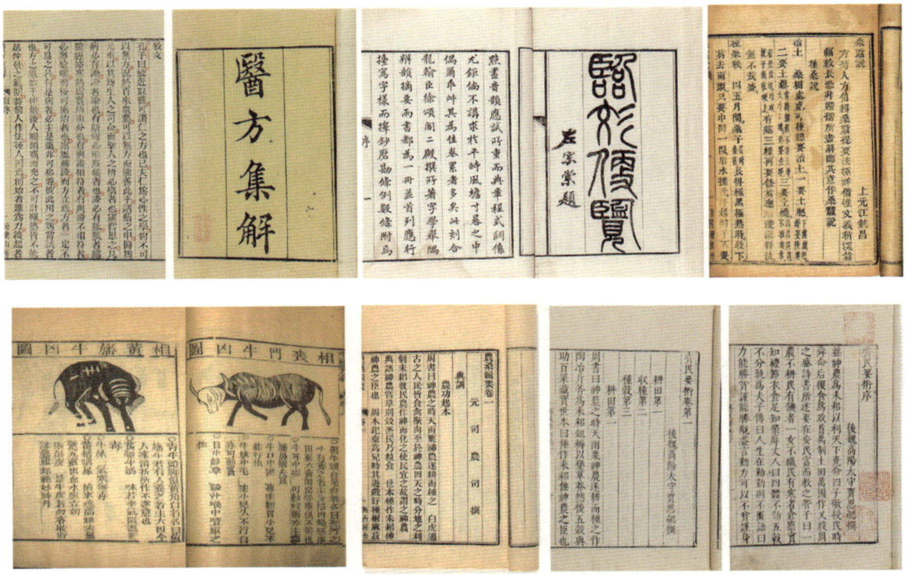

严州书局刻本

第一，儒学经典。首先是《六经》，这部书用的是安徽歙县鲍廷康的版本。左宗棠在浙江时，先已影刻一次，在西北是第二次刻印了。左宗棠原来是要在关中书院刻的，但后来采纳了西征后路粮台的建议，在汉口的崇文书局刻了，所以叫作鄂刻。粮台原拟用杭连史纸，左宗棠嫌其太昂贵，吩咐改用价格便宜的纸张。只要纸质坚韧，颜色稍暗些并无大碍。左宗棠又谆谆嘱咐，“唯校雠工夫，最要详慎”。为此，他曾亲自参加校勘，第一批就印了 1000 部。他满怀希望地说：“六经传注，读者少而刻者亦少。此次影刊鲍氏善本，即前浙江所刊旧式而又重加复校者也。当为海内孤本，以视浙刻尤精。但愿边方髦俊熟读深思，庶延关学一线，老夫亦不枉此一行也。”由于《乐记》包括在《礼记》之中，这里所说的《六经》，实际上是通常所说的《五经》。其次是《四书》。每种刊明“同治十年夏月重雕”字样，“字体和句读都很准确”。西北自有《六经》《四书》这两部书传布，学校考试命题，都以之作为标准版本。其余刊刻的书籍，包括《小学》《孝经》等，都是“蒙童和士子诵读”的书籍，是“当日士子的法定课

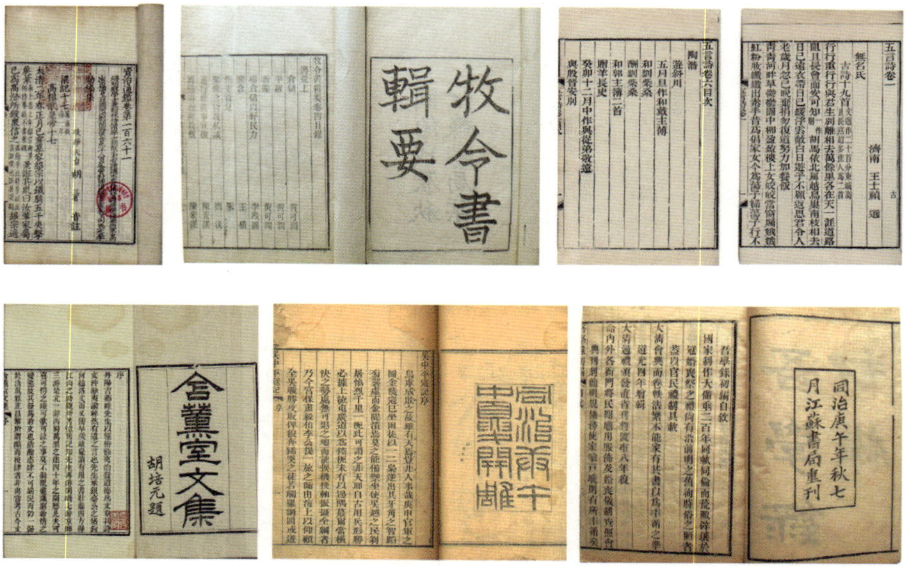

金陵书局刻本

本”。此外，传统蒙学书籍如《三字经》《四字韵言》《百家姓》《千字文》《日用杂字》等，也曾刻印过，“至少在新疆必曾刻印过”。

第二，宣传传统礼仪、伦理道德与法律知识的书籍。这些书籍中有供给各级官员阅读的，如左宗棠亲自编订的《学治要言》和前人编订的《佐治药言》《在官法戒录》等。这些书籍都是介绍做官原则和为官之道的。如《学治要言》，是左宗棠在“治军余暇，搜前人书论有关吏事都为一编”，“冀同志诸君子玩索是编而有得焉”。总之，颁发这些书籍，“分给官吏，俾其知所儆畏”。就是要通过学习，使各级官吏“除官常习气，存读书面目，以言学治”，做一个循吏好官，为民谋利。还有供给普通人阅读的普及礼教与法律常识的书籍。如《吾学录》《训俗遗规》和《圣谕广训》等书。《吾学录》是湖南巡抚吴荣光任内所编印的书籍，左宗棠曾亲睹其成书的过程。此书主要给百姓介绍儒家礼俗，如订婚礼、祭礼、丧礼等。《圣谕广训》是一部标准的民间礼教宣传用书。内容由康熙皇帝最先颁布的教育民众社会道德规范十六条组成，这好比当今的公民道德实施纲要，当时叫作“圣谕”。在新疆，《圣谕广训》一书由张曜加注回文刊印，并颁发各地。在左宗棠刊布的《圣谕广训》一书中，还附录《律易解》的内容，介绍和普及法律知识。《吾学录》在每种版本的后面，也都附着法律条文，这是要使大家“明白怎样一种行为，是犯了哪一条法律，就该受怎样的刑罚”。另有《禁种罂粟四字谕》，是左宗棠用四字韵文写成的劝谕百姓禁绝鸦片、禁种罂粟的政策法规宣传材料。

第三，传播农业技术的书籍。这类书是专供业农之民阅读的，主要有《棉书》《种棉十要》和《札陕甘各州县试种稻谷桑棉》的宣传告示。同治十三年（1874），左宗棠第一次从酒泉返回省城以后，刊行《种棉十要》及《棉书》，分行陕甘两省。《种棉十要》和《棉书》就是向适宜种棉地区的老百姓传授种棉方法和纺织技术的农业科技书籍。而《札陕甘各州县试种稻谷桑棉》一文的发布，不仅向农民宣传了广种桑棉的政策、好处、可行性，还重点向农民传授养蚕的方法。左宗棠在西北发行图书的渠道只有由官府自上而下地颁发、分发一条途径，主要由左宗棠本人拟定发行计划并监督完成，有时甚至自己为此解囊捐资。因此，左宗棠的思想行为对西北刊发书籍的活动具有决定性的影响。统计左宗棠在西北刊发的各类书籍，在1万部左右，这个数量在西北是创纪录的。

兴办义学，普及教育

左宗棠兴办的汉文馆

左宗棠到西北以后，要求各府厅州县，兴办义学。他本人于同治八年（1869）在甘肃省崇信县设义学一处，以后各地方一律开始兴办义学。各县创办的义学，除个别偏僻的穷县只有三四所以外，普遍的都有七八所到十多所，多的达几十所。如秦州就达54所，而西宁陆续设置的义塾达120多处。这些义塾都是由官府筹措经费，聘请教师，免费发给学生书籍、笔墨，甚至提供生活费。如“两当知县萧良庆，于同治十二年（1873）亲捐廉、集资，以设义学，奖蒙童。诸如此类，足见当时学风很浓厚”。

对于回民子弟的教育问题，左宗棠极为重视，“便嘱各善后局、各防营，广设义学招收回族等少数民族子弟。先用《千字文》《百家姓》《三字经》等，教他们识字；并用楷书仿格，教他们写字”。认为“欲化回、汉之见，则义学不可不设”。为了使回民子弟学习文化，同治十三年（1874）命总兵凌春召在河州三甲集设回民义学3处；命知县董仁治在大通设义学13处，其中一部分是回民义学；命知府龙锡庆在西宁设义学2处，乡义学22处，乡义学中一部分为回民义学。光绪元年（1875），左宗棠又“拨兰州北山荒绝田775亩，收租供各官学经费。重新修建了正德、序贤、养正和存诚四所义学，后面两所专收回民子弟”。光绪六年（1880），左宗棠命知县英麟在平远设义学5处，其中一部分为回民义学；令海城知县建义学6处，其中一部分为回民义学。“嵩武军”统领张曜于同治十一年（1872）驻防宁夏期间，在回族聚居的村落，普遍设立义塾。上述回民义学，多为新创设，原有恢复的，是很少一部分。据记载，其他如平凉、秦安、清水、安定、狄道、巴燕戎格等地，均设有回民义学。

左宗棠饬令兴办义学免费教育贫民子弟

为了吸引回族子弟读书，左宗棠采用了不少奖励办法。化平（今泾源）设立的12处回民义学，书籍、笔墨、伙食均由官府免费支付。河州、贵德、大通、海城、平远等地的回民义学，也均有一定的补贴，予以特别关照。尽管办义学面临重重困难，左宗棠在陕甘总督任期内，甘肃各地新办的义学，可以统计的有兰州16处，狄道4处，河州3处，平凉9处，平远5处，海城6处，化平12处，崇信2处，秦州54处，秦安16处，徽县8处，两当2处；加上青海、宁夏、新疆兴办的其他义塾，共有300多处，其中有回民义学57处。这在一定程度上促进了西北各地文教事业的发展。

左宗棠在西北兴办教育，主要在甘肃和新疆两地。由于新疆民族众多，语言文字不同，以至于造成官民之间沟通困难，政令难于推行。因此在新疆兴办教育，左宗棠认为，首先需解决各族民众与汉族文字语言不通的问题，而这不是一天两天就能做到的。左宗棠主张通过兴办义学加以解决。对此，他在光绪四年（1878）写的《复陈新疆情形折》中说："官与民语言不通，文字不晓，全恃通事居间传述，颠倒混淆，时所不免。"因此，他提出在新疆"广置义塾"，发展民族教育，并认为新疆"长治久安之效，实基于此"。

光绪六年（1880），左宗棠在《办理新疆善后事宜折》中又说："新疆戡定已久，而汉、回彼此扞格不入，官民隔阂，政令难施，一切条教均借回目传宣，壅蔽特甚"，要改变这种状况，"非分建义塾，令回童读书识字、通晓语言不可"。

而普及基础教育，无疑是解决这一问题的最有效的途径。就课程设置而言，甘肃的义塾除主要学习"四书""五经"等法定课本外，根据左宗棠的提议又增加了《小学集注》《吾学录》和《圣谕广训》等；而新疆的义塾却侧重于讲授《百家姓》《三字经》《千字文》等启蒙课本。显然，前者重在加强封建伦理教育，后者则着眼于让新疆各兄弟民族青少年认识一些汉字，以利"官民相通"。可见，左宗棠致力于振兴西北教育，在具体实施过程中，又因时制宜、因地制宜，对甘肃和新疆采取了不同的政策，突出了地域特点。据载，西征军"师行所至，饬设汉、回义塾，分司训课"，已成风尚。

广办书院，造就人才

书院是我国近代学校出现以前所在地的最高学府，是科举考试的学习场所，是"导进人才"之地。清朝晚期，战乱频仍，财政竭蹶，一些书院很难办下去。左宗棠在西北倡导、组织兴办和修复了一些书院。从同治八年（1869）至光绪六年（1880），左宗棠在西北新建的书院有：庄浪的尊经书院、岷州的文明书院、陇西的襄武书院、宁灵的钟灵书院、洪水堡的金山书院、宁夏化平的特为回民所设的归儒书院、贵德的河阴书院、泾阳的瀛洲书院、甘州的南华书院、秦州的陇南书院、镇番的文社书院、董志原的庆兴书院、西宁的五峰书院、西宁的湟中书院、三岔镇的鹤峰学舍、惠安堡的风池书院共16所书院。

同治十二年（1873）十一月，左宗棠令在回族聚居的化平厅修建书院。当有人以“初开草昧，安用诗书，况在花门，识字者少”为由加以拒绝时，他便大加斥责，并以通过学习汉文化而知名的丁鹤年、马文升为例，启发这些目光短浅的官僚，表明自己的苦心。书院建成后，左宗棠题名“归儒”。他对此事的办理十分得意，曾令其幕僚施补华撰文记录。

此外，左宗棠还令部属在西北各地修复了许多旧有的书院。从同治八年（1869）到光绪七年（1881）西北地区先后修复的书院有：东乐的仰止书院、宁夏的银川书院、静宁的河阳书院、灵台的鹑觚书院、大通的崇山书院、狄道的洮阳书院、抚彝的蓼泉书院、安定的育英书院、灵州的灵文书院、平罗的又新书院、崇信的凤鸣书院、泾阳的泾干书院、敦煌的鸣沙书院、秦安的陇州书院、阶州的正明书院共15所书院。此外，对原有书院加以修整的还有兰州的五泉书院、漳县的武阳书院、洮州的洮滨书院、平凉的柳湖书院等。其中“魏光焘兴修平凉的柳湖书院，最为宏大。文襄公于入京时路过视察，称为‘规模宏敞，间架整齐，新植佳树成林，尤称胜境’”。

上述资料表明，19世纪60年代至90年代，是我国西北地区书院的发展和复兴时期。后来晚清兴办新学，当年左宗棠开办的书院都顺理成章地改为新学堂。一般省属书院就改为师范学堂，府属书院就改为中学堂，县属书院就改为小学堂。

兴办书院的经费，一是发动地方官员、义士捐款，二是各地方财政划拨。许多地方还由官方出资聘请教师。左宗棠本人也多次带头向各地书院、院生和考生捐款，对学生也采取奖优罚劣的办法促进其学习。同治九年（1870），正是进攻金积堡战事最激烈的时候，左宗棠仍关心当时的甘肃最高学府——兰山书院的生存与发展，在百忙中叮嘱甘肃布政使崇保代筹书院师生的日常生活费。并规定：书院招正式学生 40 名，每名每月生活费 3 两；附生 50 名，每名每月补助生活费 1.5 两。每年需银 2000 多两，公款酌拨有困难时，都由左宗棠用自己的俸银捐助。他还亲自阅读崇保带来的兰山书院学生的文章、信，认为“文理尚可，殊为欣然”。还在给崇保的批札中给学子们传授自己的学习经验。指出在学习上无“奇书可借，惟就四书、五经及传注，昼夕潜心咀嚼，便一生受用不尽”。在收复新疆时，左宗棠驻扎在肃州，指挥大军西征，他常抽暇到肃州的酒泉书院，和师生讨论学问，并捐出自己的部分养廉银补助学生伙食费。在兵荒马乱的年代，人们求生求食尚且兼顾不及，更遑论求学了。但在左宗棠的鼓励和支持下，各地方秩序一经恢复，都掀起了兴教劝学的热潮。这对迅速恢复和促进当地经济、社会的发展，起了很重要的作用。

改革乡试，陕甘“分闱”

左宗棠以“兴教劝学”为己任，在对传统教育的改革中，奏请陕甘乡试分闱，可以算是其振兴甘肃教育的一项重大的举措。甘肃自康熙二年（1663）从陕西划出建省以后，在 210 多年内与陕西合闱举行乡试，闱所设在西安。甘肃生员赴陕应试最近也有七八百里，受尽跋涉之苦，所费不赀，能抵陕完试者在有资格参加乡试的士子中最多只有十分之二三。同治十二年（1873）左宗棠奏请甘肃乡试与陕西分闱，分设学政。他在奏稿中写道：“边塞路程悠远，又兼惊沙乱石，足碍驰驱，较中原行路之难，奚翅倍蓰！士人赴陕西应试，非月余两月之久不达。所需车驮雇价，饮食刍秣诸费、旅费、卷费，少者数十金，多者百数十金；其赴乡试，盖与东南各省举人赴会试劳费相等。故诸生附府厅州县学籍后，竟有毕生不能赴乡试者，穷经皓首，一试无缘，良可慨矣！”这就严重限制了甘肃各地的士子参加乡试，因而严重阻碍了他们通过科举考试而进入仕途。因此，他主

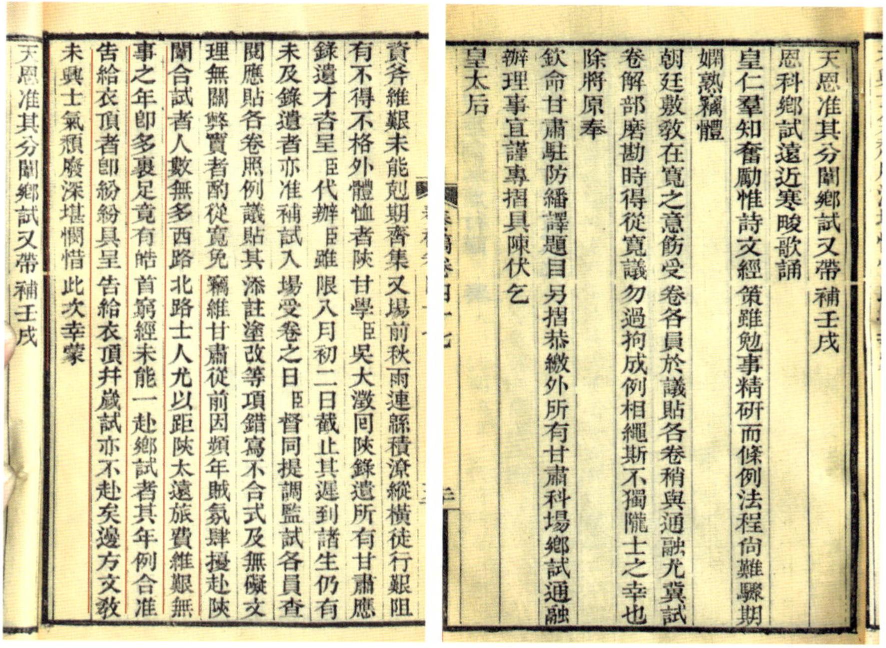
資斧維艱未能剋期齊集又場前秋雨連緜積潦縱橫徒行艱阻
有不得不格外體恤者陝甘學臣吳大澂同陝錄遺所有甘肅應
錄遺才者呈臣代辦臣雖限入月初二日截止其遲到諸生仍有
未及錄遺者亦准補試入場受卷之日臣督同提調監試各員查
閱應貼各卷照例議貼其添註塗改等項錯寫不合式及無礙文
理無關弊竇者酌從寬免竊維甘肅從前因頻年賊氛肆擾赴陝
闈合試者人數無多西路北路士人尤以距陝太遠旅費維艱無
事之年即多裹足竟有皓首窮經未能一赴鄉試者其年例合准
告給衣頂者卽紛紛具呈告給衣頂并歲試亦不赴矣邊方文教
未興士氣頹廢深堪憫惜此次幸蒙
天恩准其分闈鄉試又帶補壬戌
恩科鄉試遠近寒畯歌誦
皇仁羣知奮勵惟詩文經策雖勉事精研而條例法程尚難驟期
嫺熟竊體
朝廷鼓敎在寬之意飭受卷各員於議貼各卷稍與通融尤冀試
卷解部磨勘時得從寬議勿過拘成例相繩斯不獨隴士之幸也
除將原奉
欽命甘肅駐防繙譯題目另摺恭繳外所有甘肅科場鄉試通融
辦理事宜謹專摺具陳伏乞
皇太后

左宗棠奏请陕甘“分闱”乡试

张仿湖广、云贵等省分闱取中的办法，将陕甘乡试也予以分闱，“俾边徼寒微得照各省一律就近应试，则投戈讲艺，士气奋兴，文治之隆，可计日而待也”。他的奏折得到朝廷批准，分闱后，左宗棠奏请甘肃举人取 40 名，朝廷只批准 30 名。左宗棠再次上奏增加 10 名，终于批准。自此，每科乡试，甘肃可取 40 名举人，其中每科乡试都设回族举人 1 名。这对于当时甘肃士子的确是一个巨大的鼓舞，极大地调动了他们发奋求学的积极性。

光绪元年（1875），适值新皇帝登基，清廷令各省举行纪元恩科乡试，决定甘肃乡试分闱，独自筹办。恰在这一年，左宗棠受命督办新疆军务，又得到清廷同意甘肃乡试分闱的喜讯，他身兼陕甘总督，自然有照例入闱监临之责。他说：“现奉谕旨督办新疆军务，应预筹出关驻节……甘肃分闱已定，数千百年旷举，足慰士心，兰山书院肄业者多至四五百人，各郡县亦多闻风兴起，或者自此人文日盛亦未可知。”于是，左宗棠亲自督率官员择定在兰州袖川门外修建贡院。甘肃贡院建成之后，规模宏大，可以同时容纳4000多人参加考试。统共花费了50万两白银。他为兰州贡院还题写了楹联：

共赏万余卷奇文，远撷紫芝，近搴朱草；
重寻五十年旧事，一攀丹桂，三趁黄槐。

光绪元年（1875），甘肃考生在此举行了分闱后的第一次乡试。参加考试者达3000余人，较以往赴陕人数多出数倍。这次乡试的第一名解元，恰是左宗棠所赏识的兰山书院的高才生安维峻。左宗棠曾记述说：“榜首安生，文行均美，闻其先世贫苦嗜学，为乡邦所重，意其报在此……若此生得元，亦不负此举。”结果正是安维峻考中解元，使左宗棠“觉度陇以来，无此兴致也”。安维峻也不负左宗棠厚望，中举后又考中进士，为官期间以敢于上奏言事而名噪一时，后来担任过京师大学堂总教习，成为一名有用的人才。这次考试场面十分隆重庄严，但左宗棠也凄然看到，不少

陕甘“分闱”前陕西贡院

甘肃举院至公堂今貌

参考士子衣衫褴褛，形同乞丐，而调查他们的川资，则多是由地方官赞助的。第三次乡试时，他在肃州对安西州去的 19 名考生，肃州去的 43 名考生，从个人的薪俸中资助他们每人 8 两白银，至于乡试后中举的举人去北京参加会试，左宗棠也酌赠津贴，或每次每人 20 两，或每次每人 30 两。左宗棠捐廉助学的义举，在西北传为佳话。在每科（届）的乡试中，左宗棠也注意优待回族考生。光绪元年（1875），陕甘乡试分开，但在一、二试时，回民士子竟无一人考中，左宗棠认为这很不利于回民教育的开展，因而奏准清廷，把回民士子分两科，一科仍与汉民合试，一科另用“良”字编号，必取中一名，这样每进一科，必有一名回民士子考中。回民士子能够看到前途与希望。这些新措

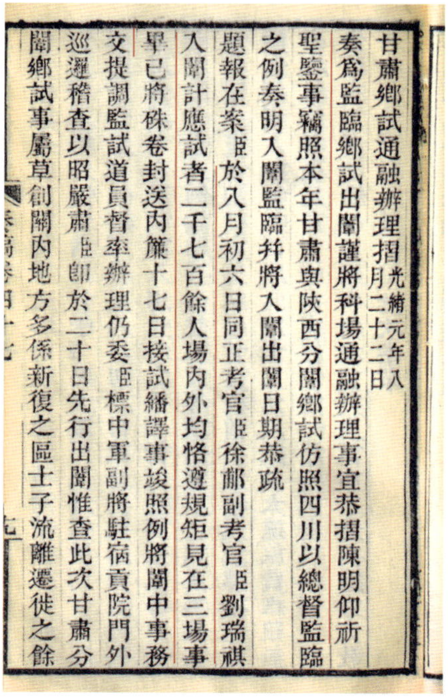

甘肅鄉試通融辦理摺光緒元年八月二十二日
奏為監臨鄉試出闈謹將科場通融辦理事宜恭摺陳明仰祈
聖鑒事竊照本年甘肅與陝西分闈鄉試仿照四川以總督監臨
之例奏明入闈監臨並將入闈出闈日期恭疏
題報在案臣於八月初六日同正考官臣徐郙副考官臣劉瑞祺
入闈計應試者二千七百餘人場內外均恪遵規矩見在三場事
畢已將硃卷封送內簾十七日接試繙譯事竣照例將闈中事務
交提調監試道員督率辦理仍委臣標中軍副將駐宿貢院門外
巡邏稽查以昭嚴肅臣即於二十日先行出闈惟查此次甘肅分
闈鄉試事屬草創闈內地方多係新復之區士子流離遷徙之餘

光绪元年（1875）八月左宗棠奏请依例入闱监临甘肃乡试

施，给西北各省学子以极大的鼓励，使大西北出现人文渐盛的可喜局面。

广兴儒学，教化人文

左宗棠来到西北以后，考察了社会局势，认为西北落后、动荡的最大根源在于民众没有受到"义理之教"的熏陶。他主张"读书者，为能明白事理"，"人不悦学，不及时兴教劝学，祸患何可胜言！"他还指出：

> "兴教劝学其效将有可睹，于世道人心非小补也。""陇西人民质直近古。三代以还，自西徂东，王者迹熄，孔孟辙迹并不到秦，老子入胡且化为佛，秦汉后更无论也。自有天地以来，此方不沾圣人教泽。"

就是说当时相对先进的中原传统文化没有传播到西北。为了改变这种落后的状况，左宗棠决定以"兴教劝学为急"，重点传播文化、开发西北人民的智力，以达到"经正民兴，人才从此出，风俗亦从此厚矣"的目的。所以，他上任后采取的一系列振兴西北教育的措施，都是为力求改变西北人们思想观念的落后状况。

左宗棠把发展少数民族地区教育与巩固和维护边疆稳定紧密地联系在一起。中国的儒家文化，在国家政治上追求的是大一统和中央集权，文化的统一是国家统一的重要保障，传统儒家文化在几千年来维护封建国家统一中起到了不可替代的作用。因此他主张加强民族文化教育，应"先教以汉文，俾其略识字义"之后，即"颁发《诗经》《论语》《孟子》资其讲习"，他还引导蒙童试诵政府的告示，学习法律文书。他认为，通过学习儒家典籍和政府的法律文书，耳濡目染，逐步确立起道德规范和法纪观念，从而改善社会风气，实现长治久安。其后，刘锦棠根据左宗棠的思想，对维吾尔族、回族、蒙古族等少数民族子弟读经实施奖励，监生每年经考试合格，报送政府给予顶戴，“待其年已长大，即允当头目”。

左宗棠在西北地区推行的振兴教育的各项活动和措施对传播儒家文化，推进民族地区的经济社会发展，振兴西北地区的文化教育事业起了积极的促进作用。据载：“曾不数年，边徼汉民敦崇儒术，诵习《六经》，回、藏、蒙人亦争延师课读儒书。沟通民族文化，提高民间文化，至今考之，其效益盖可睹矣。”他所推行的这些教育措施对加强民族团结、融合取得了很大成效。由于广兴义塾、兴办书院，在西北各地尤其是少数民族聚居区“增训导，添学额”，使回、汉子弟“同棚合试”，融洽相处，从而形成了“汉、回相安”、民族团结、共同发展的新气象，增强了边疆少数民族对中原文化的认同和中华民族的凝聚力。正如史料记载：“一从儒教，思想攸同，畛域自泯。”史评：“百数十年长治久安，实基于此。”西北实现了一百多年来的长治久安，左宗棠办校劝学，教化民众功不可没。

“中学为体、西学为用”

中国的传统教育，历来“重义轻艺”，而西方发达国家的教育重视“艺事”（即科学技术）。左宗棠不泥古守旧，乐于接受新知识。他多次强调“中不如西，学西可也”。应向外国学习，培养“聪明才力兼收其长”的有用人才，使“彼之所长皆我之所长”，不再受外国欺辱。他不光嘴上说，更是带头做。先在马尾造船厂旁办船政学堂，学外国的技术、工艺。后在西北把办厂与办学相结合，“廷致洋师”，教授办厂所需的科学技术，以提高民营企业的科技含量，提供青年学子不必走科举之途的发展新路，客观上培养了技术人才，推动民族企业快速发展。这就是我们今天职业技术教育的前身，这是中国几千年教育史上的一大创举。

第四章

家风端肃　家教严明

世居左家塅的湘阴左氏，是中国南方左姓家族的一支，人丁椒衍，诚孝传家，慈善义举，播誉乡里。据《湘阴县图志》记载：左宗棠曾祖父左逢圣（字孔时），邑庠生（秀才的别称），性恭悫。其父染疾数年，虽异居，与其父朝夕侍奉；尝亲持秽服，临江浣濯，涕泗交流，见者叹其诚孝。他怜贫好施，尝于高华岭设义茶亭数年，为来往行人免费供茶。乾隆十七年（1752）岁歉，典衣服，与富人之乐善者，施粥于袁家铺。《左宗棠传论》记载：左家原来家境丰裕，后因“饥荒施赈才渐形中落”。祖父左人锦“严以责己，好济乡邻”。父亲左观澜，秉承祖上遗风，在梅花岭、高华岭等处交通要道设“义茶亭”。虽家境大不如前，但仍然施粥济民，史载其家“居贫而好施”。

左家在湘阴高华岭创设的义茶亭楹联“满途扬正气，一亭贯古风”

出身布衣的左宗棠，身上体现与众不同的天地正气与家国情怀，最终建立赫赫功业，追根溯源，得益于左氏家族“世德相济，积累深厚”的家风。在这种诚孝仁爱、乐善好施的家庭氛围中成长，耳濡目染，自然形成他忠诚担当、无私无畏、清正廉洁、与人为善的人格。左宗棠身体力行，言传身教，将蕴含着中华民族传统美德的家教家风发扬光大。他常年在千里之外，军务、政务缠身，但总是千方百计挤时间写家信教育子女，至今留存家书 163 封。现湖南省博物馆藏有左宗棠家书手迹 3 册、157 通。20 世纪 30 年代，原中央书局曾编印过《左文襄公家书》，被列为《清代十大名人家书》之一。《左宗棠全集》第三卷是左宗棠的家书卷。他对子孙严加管教，一再要求后代谨守耕读家风，品行端正“学做好人”，自强自立，凭真才实学立身处世。左氏“学做好人”的家风代代相传，左公历代后人均能够遵循祖训。

“读书作人，先要立志；志患不立，尤患不坚”

为了使读书达到明理的目的，左宗棠在家书中教育子孙怎样才能读好书，并传授了自己的学习方法和治学经验。读书要明理，先要立志。古代圣贤把立志和励志放在人生之首。左宗棠在咸丰十年（1860）的《与孝威、孝宽》一信中就告诉儿子：

> 读书作人，先要立志。想古来圣贤豪杰是我者般年纪时是何气象？是何学问？是何才干？我现在那一件可以比他？想父母送我读书、延师训课是何志愿？是何意思？我那一件可以对父母？看同时一辈人，父母常背后夸赞者是何好样？斥詈者是何坏样？好样要学，坏样断不可学。心中要想个明白，立定主意，念念要学好，事事要学好。自己坏样一概猛省猛改，断不许少有回护，断不可因循苟且，务期与古时圣贤豪杰少小时志

气一般，方可慰父母之心，免被他人耻笑。

在左宗棠看来，不仅读书要立志，自立自强也要立志。因为立志虽然是人在现实基础上对未来的憧憬，但是所立之志，又会反过来指引和激励人进行变革现实的活动。人先要立志而后才能为所立之志而奋斗。如果一个人没有志向、理想，就如同酒囊饭袋、行尸走肉。孟子也曾说过："士贵立志，志不立，则无成。"

左宗棠说："读书、作人、自立，皆要立志。"而且还进一步明确"志患不立，尤患不坚"，并举例说：

"偶尔听一段好话，听一件好事，亦知歆动羡慕，当时亦说我要与他一样。不过几日几时，此念就不知如何销歇去了。"

"如果一心向上，有何事业不能做成？"

并表示："尔等读书作人，能立志向上，思乃父之苦，体乃父之心，日慎一日，不至流于不肖，则我无复牵挂矣。"不仅要立志，还要立有远大之志向。在同治二年（1863）的家书中，左宗棠告诫儿子："小时志趣要远大，高谈阔论固自不妨，但须时时返躬自问：我口边是如此说话，我胸中究有者般道理否？我说人家作得不是，我自己作事时又何如？即如看人家好文章，亦要仔细去寻他思路，摩他笔路，仿他腔调。看时就要着想：要是我做者篇文字必会是如何，他却不然，所以比我强。先看通篇，次则分起，节节看下去，一字一句都要细心体会，方晓得他的好处，方学得他的好处，亦是不容易的。心思能如此用惯，则以后遇大小事到手便不至粗浮苟且。"

"读书非为科名计"

在中国传统家教中，读书占了重要地位。左宗棠同样也重视读书，但他的读书观却有别于人。父母对子女最大的希望也不外是读书取仕，立身扬名。同样作为父母，左宗棠却对这种世俗之见持否定态度。因为他知道，能科举入仕者毕竟是少数，大多数人仍处于社会基层，左家几代就是这种情况。他强调以耕读为本，不赞成子弟为科名而读书，并强调读书在于“明理”，不在获取功名。咸丰十一年（1861）正月初二日，他在给长子孝威的信中说：

读书最为要事。所贵读书者，为能明白事理，学作圣贤，不在科名一路；如果是品端学优之君子，即不得科第亦自尊贵，若徒然写一笔时派字，作几句工致诗，摹几篇时下八股，骗一个秀才、举人、进士、翰林，究竟是甚么人物？

并在同年三月三日写给孝威的另一封信中说：

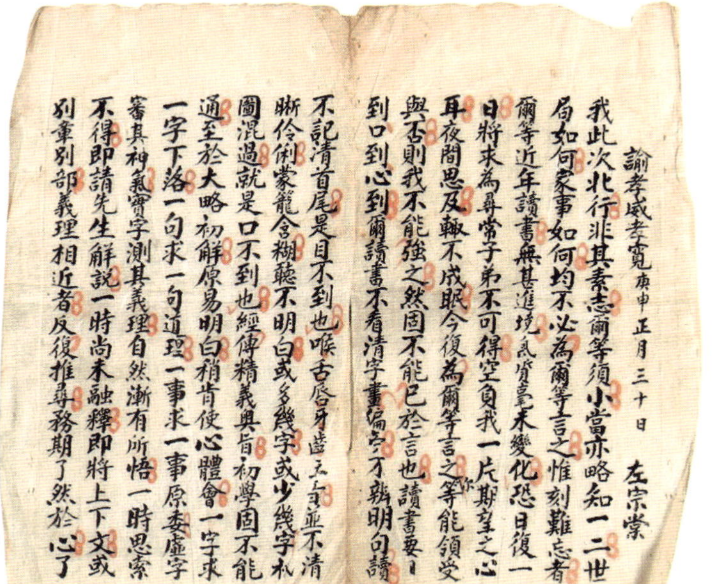
諭孝威孝寬 庚申正月三十日 左宗棠
我此次北行非其素志爾等須小心當亦略知一二世
局如何家事如何均不必為爾等言之惟刻難忘者
爾等近年讀書無甚進境氣質亦未變化恐日復一
日將來為尋常子弟不可得空負我一片期望之心
耳夜間思及輒不成眠今復為爾等言之爾等能領受
與否則我不能強之然固不能已於言也讀書要目
到口到心到爾讀書不看清字畫偏旁不辨明句讀
不記清首尾是目不到也喉舌唇牙齒五音並不清
晰伶俐蒙朧含糊聽不明白或多幾字或少幾字私
圖混過就是口不到也經傳精義奧旨初學固不能
通至於大略初解原易明白稍肯使心體會一字求
一字下落一句求一句道理一事求一事原委虛字
審其神氣實字測其義理自然漸有所悟一時思索
不得即請先生解說一時尚未融釋即將上下文或
別章別部義理相近者反復推尋務期了然於心了

左宗棠在家书中给儿子传授读书方法

只要读书明理，讲求作人，及经世有用之学，便是好儿子，不在科名也。

他不仅教育儿子不要为科名而读书，而且叮嘱儿子不要让孙儿为科名而读书。他在光绪二年（1876）给次子孝宽的一封信中便有所提及：

诸孙读书，只要有恒无间，不必加以迫促；读书只要明理，不必望以科名。子孙贤达，不在科名有无迟早，况科名有无迟早亦有分定，不在文字也。

虽然左宗棠在咸丰六年（1856）致癸叟侄的信中说过“读书非为科名计，然非科名不能自养，则其为科名而读书，亦人情也”。光绪二年（1876）给孝宽的一封信也提到“望子孙读书，不得不讲科名”。但是他在咸丰十一年（1861）给长子孝威的一封家书中就已明确表示：“生尔等最迟，盼尔等最切。前因尔等不知好学，故尝以科名歆动尔；其实尔等能向学作好人，我岂望尔等科名哉？”并在同治元年（1862）给孝威的另一封家书中也说：“我欲尔等应考，不过欲尔知此道之辛苦，发愤读书。至科名一道，我生平不以为重，亦不以此望尔等。”

“读书乃修心养性之道”

为了不让儿子受到名士气、纨绔气的侵蚀，左宗棠注重培养儿子的自身修养，要其养成勤勉节俭的好习惯，主要是要他们慎言慎行。他说：“尔年轻学浅无阅历，凡事以少开口、莫高兴为主。记之！记之！”

在日常生活方面，仍要以读书为主。“读书乃修心养性之道”“少年新进，诸事留心考究，虚心询问，借可稍资历练，长进学识；切勿饮食征逐，虚度光阴！每日读书习字，仍立功课，不可旷废间断！”他知道他们家近世以来，交往颇多官族。数年以后，所往来的人恐怕多是有贵族习气的士大夫子弟。自己子弟的脚跟没有站稳，往往会喜怒无常，外面的诱惑就会乘机侵入。所以他要求子弟努力读书，因为“惟能真读书，则趋向正，识力定”，在行为方面应多加收敛。“当得意时最宜细意检点，断断不准稍涉放纵。人家当面奉承你，背后即笑话你。无论稠人广众中宜收敛静默。即家庭骨肉间，一开口，一举足，均当敬慎出之，莫露轻肆故态，此最要紧。”

“勤苦力学”

左宗棠主张用“勤苦力学”的清寒生活习惯培育后代，以使他们能够保持“耕读家风”。他说：“读书时候，能苦心力学，作一明白秀才，无堕门风，即是幸事。”又说：“世之所贵读书寒士者，以其用心苦，读书境遇苦，寒士可成才也。”如果读书不刻苦，那么就一定会变成没有成就的人。他对儿子们说：“尔辈衣无求华、食无求美，则当用之钱可不致缺矣。此时尚无外事分心，可勤苦学问，勿悠忽度日，最要最要。”所以，尽管左宗棠身居督抚要职，官职不可谓小，俸禄也不能说少，但他却谆谆诱导子女从寒苦艰难中做起，这不能不认为是他的一种美德。有一次儿子孝威用较多的时间应酬奔走，而读书静坐的日子相对就少了很多，他表示担忧：“不知学业‘则如何荒废矣’，学问不日进则日退。”他要求儿子谢绝应酬，静心读书：“尔在家读书，须潜心玩索，勿务外为要”；“尔等更能蕴蓄培养，较之寒素子弟，加倍勤苦力学，则诗书世泽，或犹可引之弗替，不至一旦澌灭殆尽也”。

他告诫子女，要少结交、少游玩，切不可在人前流露出得意之形，更不可在人前放肆。要做到这些，根本仍在“勤苦力学”四个字，“勤苦则奢淫之念不禁自无，力学则游惰之念不禁自无，而学业人品乃可与寒素相等矣”。

左宗棠还认为，想要子弟能够成才，就一定要让他们从艰难困苦的环境中做起，多让一代人受到磨练，就可多使一代人兴旺发达。所以他只给

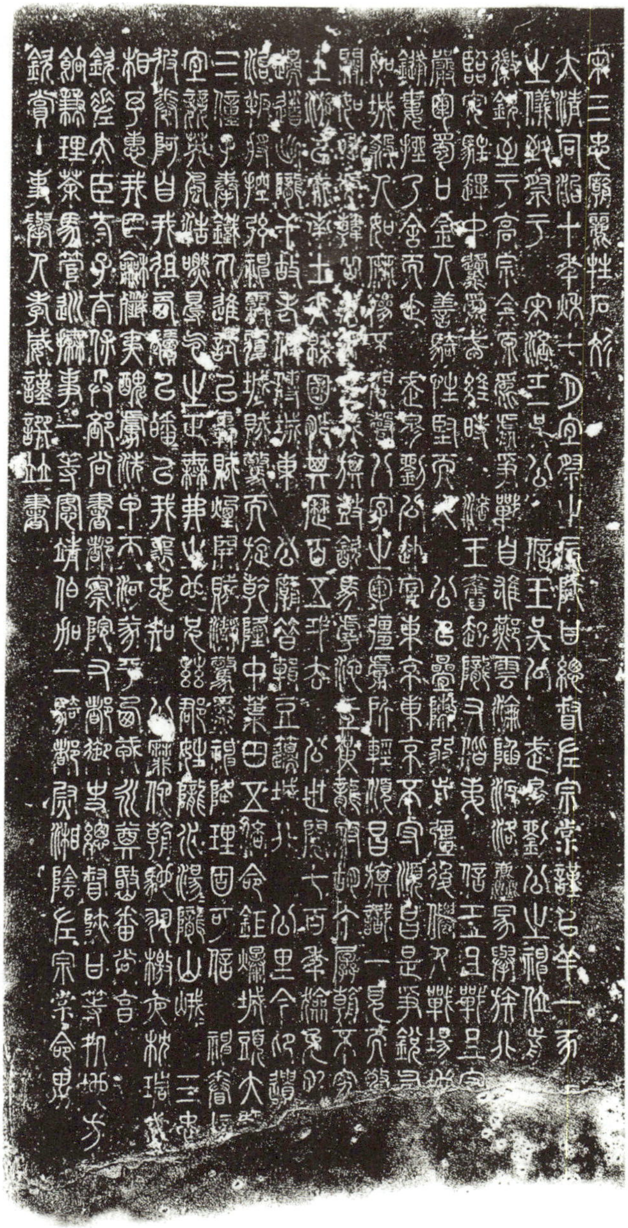

左宗棠叫儿子孝威撰、自己亲笔书写的
《宋三忠庙丽牲石文》（保存至今的原碑拓片）

家里寄足以日常开支的银子，并不多给，而且要儿子不可恃父。他在同治八年（1869）致孝威的信中叮嘱他：

尔为家督，须率诸弟及弟妇加意刻省，菲衣薄食，早作夜思，各勤职业……时时存一倾覆之想，或可保全；时时存一败裂之想，或免颠越。断不可恃乃父，乃父亦无可恃也。

“多看经世有用之书”

左宗棠多年带兵打仗，有很多地方都是得力于以前学的知识，自从到了浙江以后，又做一些料理政务和农事的事情，这些他过去都曾用心留意过，所以在急迫时得到许多益处，于是他便有了“读书是为将来之用”的思想。他告诉子弟“读书养身，及时为自立之计，学问日进，不患无用着处”。

左宗棠在40岁之前，还是一个农夫、一个乡村教师，但他始终致力于经世致用之学，对舆地、兵学、农学、荒政及盐、河、漕之学用力甚勤。正因为如此，所以他40岁以后从军从政表现出娴熟的经世才干大异于人，在整顿吏治，改革钱漕、盐政，兴修农田水利等方面都做出了实绩。因此他要子孙效法自己，要他们不要局限于为考取科名而读书，而一定要多读一些正道的书，讲求做人及经世有用之学。“其实则帖括之学亦无害于学问，且可借此磨砻心性；只（至）如八股一种，若作得精切妥惬亦极不易。非多读经书，博其义理之趣，多看经世有用之书，求诸事物之理，亦不能言之当于人心也。”

“识得一字即行一字”

读书要究其理，更要践其行。林则徐就曾说过：“读书贵在用世，而全无阅历，亦岂所宜！”林则徐对左宗棠的影响很大，所以左宗棠反对子弟成为只知读死书、不知世事的书呆子，强调读书与生活实际联系。他在咸丰六年（1856）给癸叟侄的信中说：“但既读圣贤书，必先求识字，所谓识字者，非仅如近世‘汉学’云云也。识得一字即行一字，方是善学，终日读书，而所行不逮一农村野夫，乃能言之鹦鹉耳？纵能掇巍科、跻通显，于世何益？于家何益？非惟无益，且有害也！”理论指导实践，左宗棠举如何读《小学》为例来讲述怎样读书才有所收获：

> 《小学》一书是圣贤教人作人的样子。尔读一句，须要晓得一句的解；晓得解，就要照样做。古人说，事父母，事君上，事兄长，待昆弟、朋友、夫妇之道，以及洒扫、应对、进退、吃饭、穿衣，均有见成的好榜样。口里读着者一句，心里就想着者一句，又看自己能照者样做否？能如古人就是好人；不能就不好，就要改，方是会读书，将来可成就一个好子弟。

“功课不可太多，只要有恒无间”

“读书明理”是左宗棠家教的主要内容，是对古代家训的一个创新。左宗棠在家教方面还有一个闪光点，就是他能尊重教育规律，强调对孩子的培养教育应量力而行，而不要一味地督促、灌输。左宗棠一再叮嘱儿子，对孙子的学习，不要规定过多的课程，过分地约束，要根据他们的年龄量力而行，给他们以自由。他说：“丰孙破题甚明白，字亦端秀。功课只在有恒，断不宜贪多。”“丰孙读书写字，随便而已。只要有恒，无须峻督也。”“丰孙字好，近时已否开笔学作文章？恂、恕、慈读性何如？功课不可太多，只要有恒无间。能读一百字，只读五六十字便好。”

在读书方面，左宗棠给子弟的教育内容是十分丰富的，除以上谈到的内容之外，他还极力劝勉儿子们读书要刻苦、惜时。他引用了陶恒公与韩文公的话："大禹惜寸阴，吾辈当惜分阴"；"业精于勤荒于嬉，行成于思毁于随"。他还进一步说明："人生读书之日，最是难得。尔等有成与否，就在此数年上见分晓。"并说："人生读书，得力只有数年。十六以前，知识未开，二十五六以后，人事渐杂，此数年中放过，则无成矣。"

"守此耕读家风"

左宗棠有关家庭教育的一些主张，既秉承优良的传统，又有独特的见解。他十分注重"耕读家风"的保持，写下楹联悬刊祠中，以示本族子弟：

纵读数千卷奇书，无实行不为识字；
要守六百年家法，有善策还是耕田。

他还为湘阴左氏宗祠书写有家训子弟的对联：

要大门闾，积德累善；
是好子弟，耕田读书。

左宗棠在述及人生追求时说："只想读书课子以绵世泽，守此耕读家风，作一个好人，留些榜样与后辈看而已。"他进一步阐述道："吾平生志在务本，耕读而外别无所尚……子孙能学吾之耕读为业，务本为怀，吾心慰矣。若必谓功名事业高官显爵无忝乃祖，此岂可期必之事，亦岂数见之事哉？或且以科名为门户计，为利禄计，则并耕读务本之素志而忘之，是谓不肖矣！"他在光绪三年（1877）的《与勋、同》一信中表明自己的心愿：

吾所望于儿孙者，耕田识字，无忝门风；不欲其俊达多能，亦不望其能文章取科第。小时听惯好话，看惯好榜样，长大或尚留得几分寒素书生气象。

左宗棠看透科名求仕的本质，对其弊端深有体验："贵仕不及三世，良农可及百年。"因此，他努力给子孙营造一个靠艰苦奋斗、自食其力的环境，一再要求后代继承祖辈的耕读家风，自力更生，凭真才实学，靠技艺吃饭，以实学、实行造福于大众。左公后人遵循祖训，远离仕途，走经世致用之路。他们多数是文化教育科技卫生方面的学者、专家。左宗棠的儿子左孝同是清末民初的书法大家、金石篆刻艺术家；曾孙左景伊是中国化学工业专家、作家、全国政协委员；曾孙左景鉴、左景祐是著名医学家；玄孙女左焕琛和她的丈夫吴肇汉是医学专家；玄孙左焕琨是著名的舞台设计专家，主持过世博会中国馆的设计；玄孙左焕琮是神经外科专家，清华大学附属医院院长；来孙左坚是眼科医学专家，美国圣犹大儿童医院的博士；等等。

"断不可浪用"

在理财方面，左宗棠要求儿子一切从简、节俭，不可铺张浪费。"家中除尔母药饵、先生饮馔外，一切均从简省，断不可浪用，致失寒素之风，启汰侈之渐，惜福之道，保家之道也！""一切往来应酬，可省则省，万勿效时俗子弟，专在外面作工夫也。""长一岁，须长一岁志气，刻刻念念以学好为事……但不可乱用一文，有余则散诸宗亲之贫者，惟崇俭乃可广惠也。"

光绪五年（1879），他的第四个儿子孝同到兰州看他，他就给他的儿子立了规矩，你住在我的衙门里一切要简约，不要铺张浪费，不要摆官场习气，甚至给他规定吃饭的分量。

同治十年（1871）左宗棠虚岁六十，子女们想为他异地祝寿尽孝。但是左宗棠却责备儿子忘记祖训，指出大摆筵席乃是铺张浪费。他说："养口体不如养心志，况教千里外张筵受祝，亦忆及黄沙远塞、长征未归之苦况否？贫寒家儿忽染上脑满肠肥的习气。"

次子孝宽扩建了长沙司马桥旧宅后栋，加建了轿厅，花费600余两银子，左宗棠得知，他在同治十一年（1872）给孝威的信中说："无论旧屋改作非宜，且当此西事未宁，廉项将竭之时，兴此可已不已之工，但求观美，不顾事理，殊非我意料所及！"在家书中严词厉色加以训斥。

"须日日检点"

孔子认为，人们如果要不断提高自己的道德品质，就必须"躬自厚""求诸己""内自省""内自讼"。孔子的门生曾子遵守其教导，做到"吾日三省吾身"，为人们所推崇。

左宗棠在家教上较传统，家训有所创新，注意人的全面发展，从德、智、体诸方面培养人才，与孔子的教导相对应。他以自己为例子，告诉儿子"我在军中做一日是一日，做一事是一事，日日检点"，然后总会检查出自己有许多做得不对或者处理不周到的地方，因而总结出每日内自省便会得到很大的提高。所以他要儿子"日间潜心读书写字作试帖，须自立功课，有恒无闲，自有益处；意念宜沉静收敛，所有妄言妄动，须日日检点，能自知有过，则过亦少，知有过而渐知愧改，则业自进"。

"慎交游，勤耕读；笃根本，去浮华"

左宗棠生怕家人子弟依靠自己的权势凌人傲物，特别强调后代子孙务必"慎交游，勤耕读；笃根本，去浮华"。在这些方面，他家书中的教诲很多。

左宗棠虽然贵为封疆大吏，但是他严于律己，而且对孩子和家眷的要求也很严格。他知道随自己身份地位的提高，尽管给家中少寄钱，但家里人仍衣食无忧，说不定还是会引来许多问题，他尤其担心子弟不能成才。他在同治四年（1865）《致孝威》一信中指出："吾家积代寒素，至吾身而上膺国家重寄，忝窃至此，尝用为惧。一则先世艰苦太甚，吾虽勤瘁半生，而身所享受常有先世所不逮者，惧累叶余庆将自吾而止也。二则尔曹学业未成，遽忝科目，人以世家子弟相待，规益之言少入于耳，易长矜夸之气，惧流俗纨绔之习，将自此而开也。”这就是说左宗棠因身居高官，其子孙也随之变得显贵，但他并不想让他们从此蜕化为纨绔子弟，而是要让他们不忘积代寒素本色，咬得菜根，咽下糠屑，勤于学业，检点举止，以力葆寒素耕读之风。

当时，民风士习至为浅薄，社会上盛行着一种公子气、名士气。一些士大夫子弟“举止轻脱，疏放自喜，更事日浅，偏好继言旷论；德业不加进，偏好闻人过失，好以言语侮人，文字讥人，与轻薄之徒互相标榜，自命为名士”。左宗棠深知，由于自己地位的巨大变迁，拢围在其子弟周边的不仅仅是那么一些不良的士大夫子弟，更有社会下层的一些逢迎之徒，以谀辞侵蚀。所以他反复告诉家人子弟，自己出身贫寒之家，虽然现在做了高官，但子孙绝不能滋长骄矜习气。他在同治八年（1869）写给孝威的信中说“勋、同须发愤读书，勿沾染世风习气”，那么他就满足了。

长子孝威早年读书颇有成就，但为了不滋长他的纨绔之气，左宗棠多次泼儿子的冷水：“尔幸附学籍，人多以此贺我，我亦颇以为乐……今尔年甫十七，亦复得此，自忖文字能如仲父及而翁十七时否？左太冲诗云：‘以彼径寸根，荫此千尺条。’盖慨世胄之致身，易于寒畯也！尔勿以此妄自矜宠，使人轻尔！”“尔两试幸取前列，然未免占寒士进取之路，须自忖：诗、文、字三者，真比同试之人何如，不可因郡县刮目，遂自谓本领胜于寒士也。”他肯定儿子取得好成绩是可喜的同时，教育儿子不要骄傲自大，自以为是。他提醒儿子，谁能保证你两次考试名列于前，就没有看在你父亲的面子上关照你，就没有挤占同试寒士学子名次？你能保证你真比同试人成绩都好？他在同治元年（1862）信中告诫长子孝威：

尔少年侥幸太早，断不可轻狂恣肆；一切言动均宜慎之又慎。凡近于名士气、公子气一派，断不可效之，毋贻我忧。

“吾多积金，尔曹但多积过”

自清朝中叶以后，官场的黑暗，吏治的腐败，已经成为封建衰世的不治之症，连嘉庆皇帝也不得不承认：“各省地方官积习因循，稍能守法奉职者，已不可多得。”当时的官场流行这样的一首讽刺词：“仕途钻刺要精工，京信常通，炭敬常丰；莫谈时事逞英雄，一味圆融，一味谦恭。大臣经济在从容，莫显奇功，莫说精忠；万般人事在朦胧，议也无庸，驳也无庸。”嘉庆初年，大官僚和珅被抄家，其家产折合成银两，达四亿余两之巨，相当于清政府当时七八年的国库收入。在这样的一种风气之下，为子孙敛财似乎成为一种理所当然的事。但是“遗子黄金满籝，不如教子一经”，左宗棠深知钱财器具都是身外之物，终有花光用尽之时，唯有自立自强方是立身之本。父母遗留给子女的不是财物，而是给他们创造财富的本领。况且身为洋务派代表的他，从自身的经历中，认识到世界的发展趋势，看到了“适者生存”的客观规律，因此他非常注重培养子孙自立自强的能力。他早在光绪二年（1876）就对次子孝宽说：

> 吾积世寒素，近乃称巨室，虽屡申儆，不可沾染世宦积习，而家用日增，已有不能撙节之势。我廉金不以肥家，有余辄随手散去，尔辈宜早自为谋。

他在《自题小像》中写道：“乾坤忧痛何时毕，忍属儿孙咬菜根。”左宗棠还说：“古人训子弟以‘咬得菜根，百事可作’。若吾家，则更宜有进于此者；菜根视糠屑，则已为可口矣，尔曹念之，忍效纨绔所为乎？”“儿辈在家，知乃公行间艰苦，必不敢安逸享受；当益刻厉自修，以慰我意也。”

为了培养子孙自立自强的能力，左宗棠的第一个重要措施就是不为子孙积钱财。在我国古代家教史上，历来有遗子以德的优良传统。而左宗棠则使这一传统在近代发扬光大。他在光绪五年（1879）《致宽、勋、同》这封信中便明确表示为子孙积财乃不爱子孙之举：“仕宦而但知积金遗子孙，不过供不肖之浪荡。”有一次，长子孝威来信说欲买狮子屋场庄田，他在回信中说：“墓田十余亩足矣，不可多，异日子孙难保无争竞之事。尔等所说狮子屋场庄田，价亦非昂，吾意不欲买田宅为子孙计，可辞之！吾自少至壮，见亲友作官回乡，便有富贵气，致子孙无甚长进，心不谓然，此非所以爱子孙也！”

他深知“逆境出人才”，恐子女不理解自己的苦心，便在同治八年（1869）给长子孝威的信中告诉儿子，他并不是没能力为子孙积财产，而是不想这样做，他希望儿子自立成才，他告诫孝威：

> “我一介寒儒，忝窃方镇，功名事业兼而有之，岂不能增置田产以为子孙之计？然子弟欲其成人，总要从寒苦艰难中做起，多蕴酿一代多延久一代也。”
>
> “尔曹年少无能，正宜多历艰辛，练成材器。境遇以清苦澹泊为妙，不在多钱也。”
>
> “古人教子，必有义方，以鄙吝为务者仅足供子孙浪费而已。吾之不以廉俸多寄尔曹者，未为无见。尔曹能谨慎持家，不至困饿。若任意花销，以豪华为体面；恣情流荡，以沉溺为欢娱，则吾多积金，尔曹但多积过，所损不已大哉！”
>
> “子孙贤而多财，则损其志；子孙愚而多财，则益其过。”

左宗棠认为，给子孙留下过多的财产并不是什么好事，只要让他们生活一般即可，否则反倒害了子孙。因此，他多次告诫儿子们：“断不可恃乃父，乃父亦无所恃。”他不仅不为儿子积累钱财，而且还嘱咐儿子也不要为孙子们积累钱财，要让孙子们学会自立。他在同治十年（1871）致孝威的信中要孝威“惟须谆告宽、勋、同，俾知愚而多财之义；晓然于不以多财贻子孙为父母爱子之心其可也。”

左宗棠的俸银大部分都用在公益事业上，只给家里寄够开支的银子，因为他更希望儿子自立自强。贫寒的家境，使得左宗棠能较容易地体察到下层人民的苦难和艰辛，强调爱民利民。

他在同治九年（1870）给孝威的信中说到，他的俸银是怎么散掉的：“今岁廉项，兰州书院费膏火千数百两，乡试每名八两，会试每名四十两，将及万两，而一切交际，尚不在内，明春拟筹备万两，为吾湘阴赈荒之用，故不能私置田产耳。”特别是他任封疆大吏时，把自己的积蓄都用在了地方公益和贫民、士卒的救济上，他在光绪二年（1876）致孝宽的信中说：“自任疆圻，所有养廉，均随手散去，计陕西所存不过二万余两（合今岁言之）。若眷属西来，盘费用度，所耗不赀，正恐归休以后，两袖清风，无以为养，安能留余粟分赡子孙？且一家全染官署习气，望其异日茹粗食淡，断有难能，而衰朽龙钟，更何堪以家累萦心也。”左宗棠早年受灾荒之苦，以糠屑为食，所以非常重视赈务，并带头捐钱赈灾。“授人以鱼不如授人以渔”，左宗棠随手散财，不想为子孙积财，他注重培养子孙的自立自强，靠自己的本事立世安身。

左宗棠教子严格，深受赞许，当时就有人称赞说：“公（指左宗棠）立身不苟，家教甚严。入门虽三尺之童，见客均彬彬有礼。虽盛暑，男女无袒裼者。烟赌诸具不使入门。虽两世官致通显，又值风俗竞尚繁华，谨守荆布之素，从未沾染不良习气。”

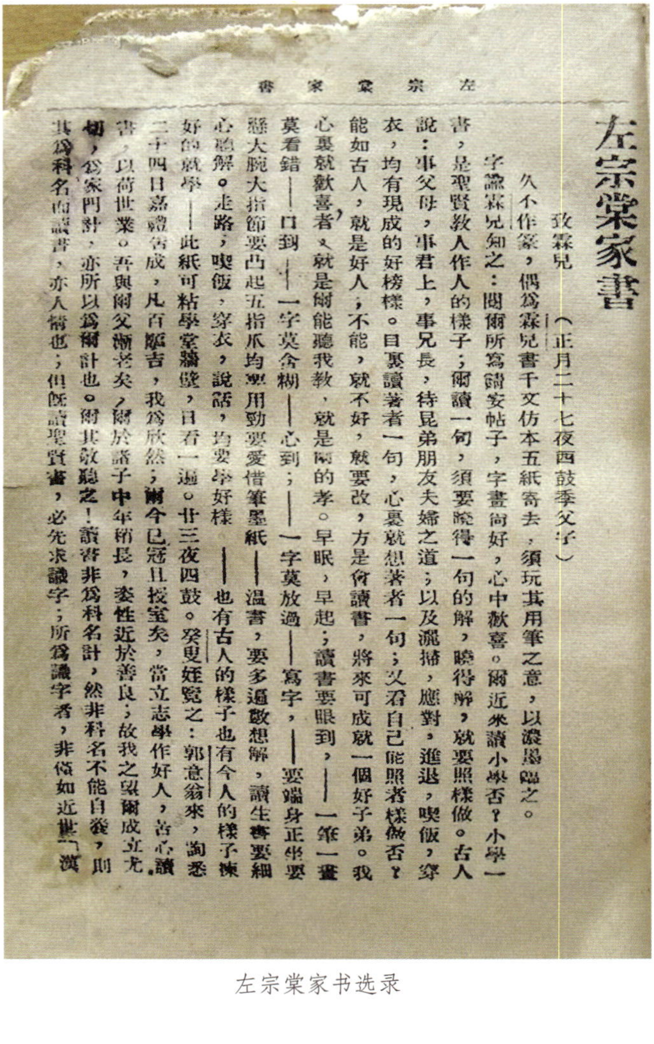

左宗棠家書

致霖兒　（正月二十七夜四鼓季父字）

久不作篆，偶爲霖兒書千文仿本五紙寄去，須玩其用筆之意，以漸摹臨之。

字諭霖兒知之：閱爾所寫請安帖子，字畫尚好，心中歡喜。爾近來讀小學否？小學一書，是聖賢教人作人的樣子；爾讀一句，須要曉得一句的解，曉得解，就要照樣做。古人說：事父母，事君上，事兄長，待昆弟朋友夫婦之道；以及灑掃，應對，進退，喫飯，穿衣，均有現成的好榜樣。目裏讀著者一句，心裏就想著者一句；又看自己能照著樣做否？能如古人，就是好人；不能，就不好，就要改，方是會讀書，將來可成就一個好子弟。我心裏就歡喜，就是爾能聽我教，就是爾的孝。早眠，早起；讀書要眼到，——一筆一畫莫看錯——口到，——一字莫含糊——心到；——一字莫放過——寫字，——要端身正坐要懸大腕大指節要凸起五指爪均要用勁要愛惜筆墨紙——溫書，要多遍數想解，讀生書要細心聽解。走路，喫飯，穿衣，說話，均要學好樣——也有古人的樣子也有今人的樣子揀好的就學——此紙可粘學堂牆壁，日看一遍。廿三夜四鼓。癸叟姪覽之：郭意翁來，詢悉二十四日嘉禮告成，凡百順吉，我爲欣慰；爾今已冠且授室矣，當立志學作好人，苦心讀書，以荷世業。吾與爾父漸老矣，爾於諸子中年稍長，姿性近於善良；故我之望爾成立尤切，爲家門計，亦所以爲爾計也。爾其敬聽之！讀書非爲科名計，然非科名不能自養，則其爲科名而讀書，亦人情也；但既讀聖賢書，必先求識字；所爲識字者，非僅如近世「漢

左宗棠家书选录

第五章
崇俭广惠 廉洁奉公

“发上等愿，结中等缘，享下等福；择高处立，寻平处住，向宽处行”

这是左宗棠题写于江苏无锡梅园的一副对联。这24个字浓缩了深刻的人生哲理。“发上等愿，结中等缘，享下等福”，就是胸怀远大的抱负，只求中等缘分，过普通人生活；“择高处立，寻平处住，向宽处行”，则是看问题要高瞻远瞩，做人应低调处世，做事该留有余地。

纵观上、中、下，横览高、平、宽，居上之时想到下，立高之处寻找宽。左宗棠波澜壮阔的一生，无论在多么错综复杂的矛盾面前，都能够处变而不惊，遇险而不乱。

“发上等愿”和“择高处立”，就是立世有远大的理想抱负，处事要高瞻远瞩。“精卫衔微木，将以填沧海；刑天舞干戚，猛志固常在”。志不立，则天下无可成之事。而且，往往一个人追求的目标越高，他的才能和智慧就发展得越快，对社会的贡献也就越大。

“结中等缘”和“寻平处住”，就是要脚踏实地积极稳妥。不为有功之功，固功莫大；不为有名之名，固名莫厚。高潮过后就是低谷。常常事以急败，思因缓得。凡事预则立，不预则废。充分的准备，就是成功的一半。

“享下等福”和“向宽处行”，就是要在生活上严格要求自己，做事时留有余地。有而不知足，失其所以有；欲而不知止，失其所以欲。这也正

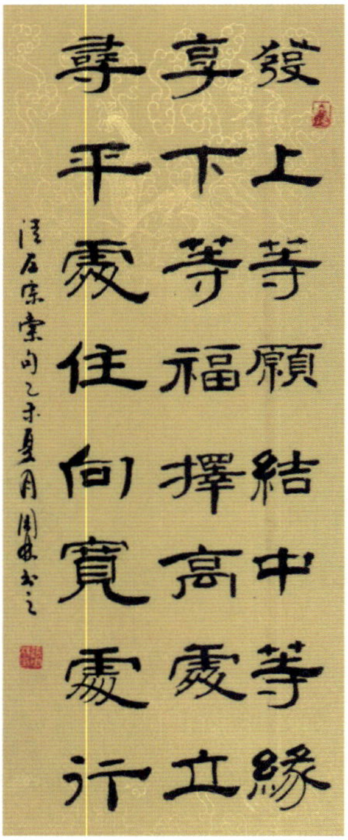

左宗棠联语

如诸葛亮所言“静以修身，俭以养德。非淡泊无以明志，非宁静无以致远”。这是自诩为“今亮”的左宗棠发自内心的感受。

无论是“发上等愿，结中等缘，享下等福”，还是“择高处立，寻平处住，向宽处行”，其中最关键的思想内涵，都是平衡。在矛盾中求得平衡，在前进中把握平衡。不仅包含着个人心理的平衡，而且还包含着局面内外的平衡、上下的平衡、左右的平衡、前后的平衡。平衡才能协调、平衡才能和谐、平衡才能发展、平衡才能进步。

紫微斗数命理言：吉神太露起争夺之风，有势用尽，有福享尽，乃未懂收藏之道。

《易经》言：事不做尽，势不用尽，话不说尽，福不享尽，凡事在不尽处，意味最长。此乃发上等愿，结中等缘，享下等福，择高处立，寻平处住，向宽处行之理。

佛理：发上等愿，心存济世，乃大贵之内命相；结中等缘，太过热心不妥，太过则热病丛生，太冷则枯木寒岩；享下等福，惜福之义。

“自奉宁过于俭，待人宁过于厚”

左宗棠在家书中告诫儿子：“享受不可丰，恐先世所贻余福至吾身而折尽耳。”“先世所贻余福”，是指左家世代积德行善的家风。

左宗棠出生后，家境因祖辈和父辈乐善好施而渐趋贫困。但左家书香继世，受儒家人道主义的教诲，遇到比他们更为贫困、亟待相助的人，总是一如既往想方设法，竭尽所能去帮助别人。

道光十八年（1838）左宗棠在京城参加会试之后，身无分文，靠朋友资助300两银子才得以回家。途中见一老妇因被人逼债准备自尽，便拿出身上所有余钱代替还债了结，救人一命。到家后身无分文，妻子周诒端没有埋怨他，还说“应该做好事，救人急难”。

后来左宗棠位高权重，更是不遗余力地帮助需要帮助的人。他曾经在一封家书中说：“自入关陇以来，首以赈抚为急，总不欲令吾目中见一饿殍之人，吾耳中闻一饿殍之事也。”

同治二年（1863）闽、浙两省受灾，他“所得廉银除寄家用二百两外，悉以赈民”。

同治五年（1866）“以六千两捐入湘阴作义举，以一千五六百两建试馆”。同治八年（1869）湖南水灾，他捐廉银一万两赈灾。

光绪三年（1877）陕西、甘肃大灾，他捐一万两。

左宗棠在家书中提到的“助赈之事”，就有66处之多。据民国史家秦翰才所著《左文襄公在西北》一书中记载：

> 他得意后，依然乐于帮助亲族，帮助师友，帮助僚属，帮助地方义举。这样，就常挥霍去了他廉俸所入的百分之九十五。

左宗棠乐善好施，出手大方，但寄给家里的用度并不宽裕。夫人晚年患肝病，有时连买药的钱都短缺，乃至湖北巡抚胡林翼都看不下去，写信给湖南巡抚：

> 左公不顾家，请岁筹三百六十金（银子）以赡其私。

左宗棠所以对自己和家人克勤克俭，紧缩用度开支，因为他有一句名言“惟崇俭乃能广惠”。

左宗棠常年伏案书写，袖子磨破了，他就在衣袖外再加个套袖。部属仿而为之，称为“宫保袖”。门客还为此作诗一首，当歌曰：“夫子袂，何短右？宫保袖，何有偶？勤邦俭家可大受，衣锦尚䌹，通则久……宫保袖，宜文武，我仿为之非小补……中兴幸遇圣人出，定知有手袖不得。”“宫保袖”出了名，大家都知道左宗棠生活俭朴。

在作战的间隙，左宗棠还常常带领亲兵开荒种菜，以节省军费开支。

“天下之乱，吏治不修；为官不廉，属吏挟持”

左宗棠对为官清廉勤奋干事者拔擢重用，还慷慨地以自己的薪俸廉银贴补其家庭困难。部属刘典平时“自奉俭约”，居处“环堵萧然，一如寒素”。这位清贫廉洁的官员勤于处理陕甘公事，日夜为西征军筹饷运粮，组织后援，因积劳成疾，病死军中，家中老幼无以为养。左宗棠拿出6000两俸银交给其家属，办理刘典后事及赡其87岁的老母和抚养其子女。绥德州成定康办事公道，坚持原则，工作勤恳。染疾后，左宗棠写信劝慰他：“该守积劳成疾，实深挂念。血性男子，遇事不肯放过，不肯随人，固是本色。然当百忙之中，亦须稍存暇豫之意。”关怀爱护、激励上进之情，跃然纸上。成定康病愈后，拔擢任用，委以重任。

而对那些贪赃枉法者，他则深恶痛绝，严惩不贷。他任闽浙总督时，曾命福建巡抚徐宗干（字树人，江苏通州人）将贪吏周式濂、周大健等严加劾办，他斥责贪官：“国家好好地方，好好百姓，尽为若辈搅坏，殊深发指！”当徐犹豫不决时，他严责其对贪吏心慈手软，认为“一家哭何如一路哭！”指出不要怜惜一人而使很多人学他的样也贪腐，今后会要惩处一批使国家蒙受损失的人。左宗棠任陕甘总督之前西北政风尤为败坏，“甘肃官场恶习，惟以徇庇弥缝见好属吏为事，不复以国事民事为念，驯致上下相蒙，吏事废弛”。曾任甘肃布政使的张集馨也说：“甘肃非重新缔造，无从下手”，“一堂鬼蜮，暗无天日”。陕西的吏治，可从左宗棠给陕西布政使谭钟麟的信中窥见一斑：“北山以内，荒苦较甚。承平时，专以此位置不能迎合之人。南山以内，亦间如此。西、同、凤三郡，则非其人不与调补。关中吏治颓废，此其大端。朝廷设官，所以为民，当为地择人，不当为人择地。”

为了纪纲法正，取信于民，左宗棠果断地处罚了一批营私舞弊、贪赃枉法的官员。他曾将冒销赈粮的甘肃总兵周东兴于军前正法；甘州乔良庭、李太和因造谣惑众，制造混乱，阻纳官粮而被杖毙。甘肃徽县知县杨国光在任期间，目无法纪，贪污受贿，敲诈勒索，鱼肉乡里。案情被揭发后，左宗棠批复：“杨令国光前在署徽县任内，一意营私，声名狼藉。业经本爵大臣阁部堂札饬撤任查办”，并对为杨“设词开脱”的上司董文焕、陈炳基等人“记大过”“永停差遣”。敦促他们：“勒令实查杨署令劣迹具复，如有一字含糊，定惟该道是问！”严惩贪吏，深得民心，众人拍手称快。左宗棠挥师西征、进军新疆时，写信给部将张曜：“阿奇木伯克等鱼肉缠民，假权作势，亟应收回魁柄，惠此一方。”新疆收复后，又指示部将刘锦棠对南疆旧设的伯克、台吉，凡“不职者随时革换”，“严禁其假公事需索平民财物”。库车上层分子阿卜都拉勒索当地老百姓白银千余两，经查证属实，被就地正法，同时把其同党罪犯纳思尔等七人立毙杖下。同治十一年（1872）十二月十九日和二十六日，他连上两次奏折，拼却乌纱，将在朝廷有靠山的满族镶蓝旗人、乌鲁木齐提督、署钦差大臣、总统西路军务、草菅人命的贪官成禄参倒。左宗棠身为封疆大吏严惩贪吏，决心大，手

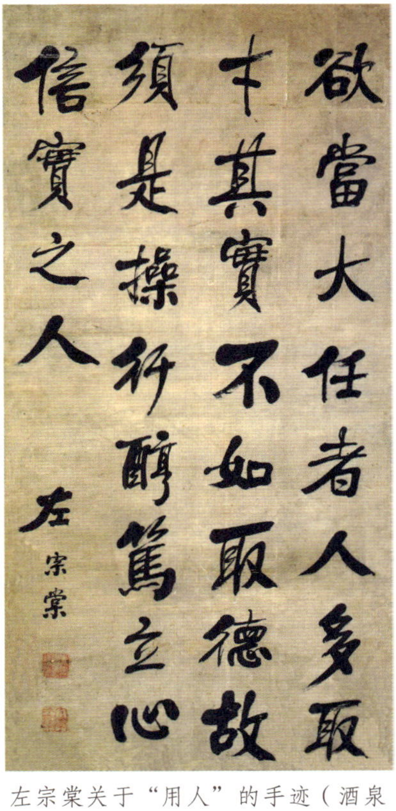

左宗棠关于“用人”的手迹（酒泉肃州区博物馆）

不软，刀子快，敢碰硬。

“一芥不取，一尘不染”

俗话说，正人先正己。要下级官吏“去贪尚廉”为政廉洁，自己首先要做出样子。基于这个认识，左宗棠强调，“振作政风，先要上官能正躬率属”，“吏治之振兴，全在上司精神贯注”。

晚清官吏，除去正常的薪俸外，还有许多灰色收入，诸如“别敬”“炭敬”“冰敬”和“陋规”等。在浑浊的官场环境中，左宗棠做到了“一芥不取，一尘不染”。在出任陕甘总督期间，对名目如此繁多的加重剥削百姓的弊端，一律裁汰。他每任职一地，还明确规定下属不准为上司请客送礼。他的族人同乡、世谊亲友及部下，凡有请托带来礼物者，一概不收。

浙江宁波海关每年送给巡抚“平余银”8000两已成惯例。同治三年（1864）左宗棠任浙江巡抚时海关循例送给他这8000两银时，他却转手交给了赈抚局用于社会救济。

当他离开哈密赴京任军机大臣时，陕西布政使王思沂知道他身无余钱，在京城花费大，打算把一笔“甘捐尾款”送给他，左宗棠回信婉言谢绝，说自己不收“别敬”，“匪惟介节自持，人己本无二致；亦俸外不收果实，义有攸宜。至甘捐尾款，储为关陇不时之需，以公济公，于事为合”。

胡雪岩和他是私交甚好，一次到甘肃来看他，送给左宗棠一架金座珊瑚顶、两支人参，被他原封退还，并说：“不欲以一丝一粟自污素节。”

《清史稿》记载，他经手西征军饷几千万两之多，能做到“一芥不取，一尘不染”。左宗棠任闽浙总督时，他的夫人周诒端带子女家人到福州看望他，路过福建崇安县，知县按照惯例给予了接待，左宗棠认为这笔钱应由自己出。后来，他移督陕甘路过崇安县，如数付清了这笔接待费。

左宗棠在西北地区主政14年之久，从没用过私亲。他的两个女婿外出做官，左宗棠是很不赞成的。他说，与其外出做官，还不如在老家“耕读传家”，当个好秀才，便是家门之幸。当他得悉两个女婿都想到岳丈手下来做官，也断然拒绝了。左宗棠有两哥三姐、四子四女，他的子侄辈、妻舅晚辈等亲戚人丁很多，但没有一个被左宗棠提拔任用的。他任封疆大吏 20 多年，从不以权谋私，不许亲戚六眷借他的名望牟取利益。他卸任陕甘总督后，还写信给老部下署理陕甘总督杨昌濬说：我的亲戚、同族如有逗留兰州一带请求收录的，“决不宜用，亦可省弟一累也”。贺升运是左宗棠恩师、亲家贺熙龄的儿子，由于工作失职，牵连在禁种鸦片失察案内，有人认为贺与左有“世谊、年谊、姻谊”的不寻常关系，会通融了事，但左宗棠却不徇私情，从严律亲，指出贺“咎有应得，岂可以私废公”，贺升运还是被撤了职。

《清史稿》记载，湖北巡抚胡林翼说左宗棠：

公一钱不私于己，不独某信之，天下皆信之。

清《国史本传》记载：

左宗棠“廉不言贫，勤不言劳”。

《清史稿》记载：

左宗棠去世时，“内无余帛，外无赢财，淡泊如武乡”。

甘肃百姓有感于左宗棠的清正廉洁、勤政恤民，兰州士绅出面凑钱将五泉山清虚府修建成左宗棠生祠。左宗棠得知后，立即命令改祀泉、雹两神，以期保佑当地风调雨顺。

左宗棠不仅严于律己、清正廉洁，而且身教言传，带出了一大批廉洁能干的部属，他们为收复新疆立下了赫赫战功。除前面讲到的陕西巡抚刘

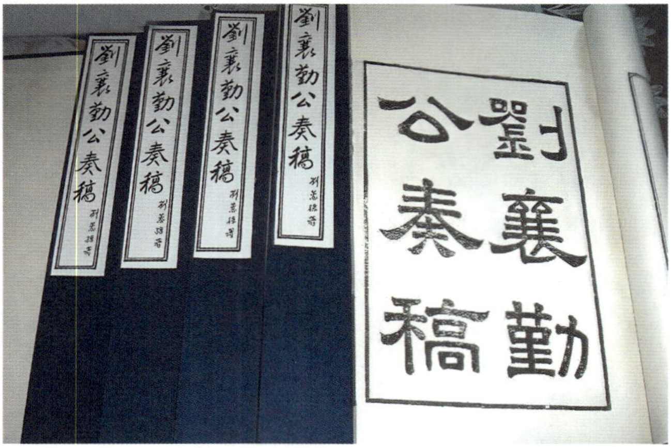

刘锦棠的部分奏稿

典死后一文不名之外，金顺、刘锦棠、张曜等西征名将也是两袖清风，这些廉官在《新疆图志·名宦志》中有记载。

金顺，出身贵族，原是多隆阿的旧部，同治十二年（1873）开始随左宗棠参与西北军事，一改清军绿营在战场上的萎靡之风，在攻克肃州时立有大功。左宗棠奏请由他代替景廉为乌鲁木齐都统，配合刘锦棠部一举攻克乌鲁木齐。在南疆战役中，率部扼守北路，滴水不漏，有效防敌北窜，为收复全疆立下大功，历任宁夏将军、伊犁将军。光绪七年（1881）奉命接收伊犁。贵为武职一品大将，死后竟连殓葬费也拿不出来。

刘锦棠是出征新疆时的总理行营营务，实际上是西征军前敌总指挥，那时他30岁出头，血气方刚，作战勇敢，常常一马当先出入于枪林弹雨，被人称为“大闯”，为左宗棠率部西征最为倚重的一员大将。由于刘锦棠功勋卓著，新疆建行省擢为首任巡抚。他死时51岁，加恩予谥“襄勤”。生前叱咤风云，死时却“身后萧条，行箧中只剩奏稿，别无长物”。

张曜于同治八年（1869）率“嵩武军”随左宗棠入陕甘，不久协同攻克肃州，后奉命领军率先出关，驻屯哈密，兴修水利，垦地两万余亩，西征经年，战功卓著。咸、同年间任河南布政使；光绪十年（1884）授巡抚衔；次年，任山东巡抚。任内仿效左宗棠兴教劝学，在青州、曲阜修建书院，当地百姓称颂。光绪十四年（1888）奉命襄办海军，积极抗日保台。光绪十七年（1891）病逝，谥“勤果”。他为人廉洁慷慨，礼贤下士。所

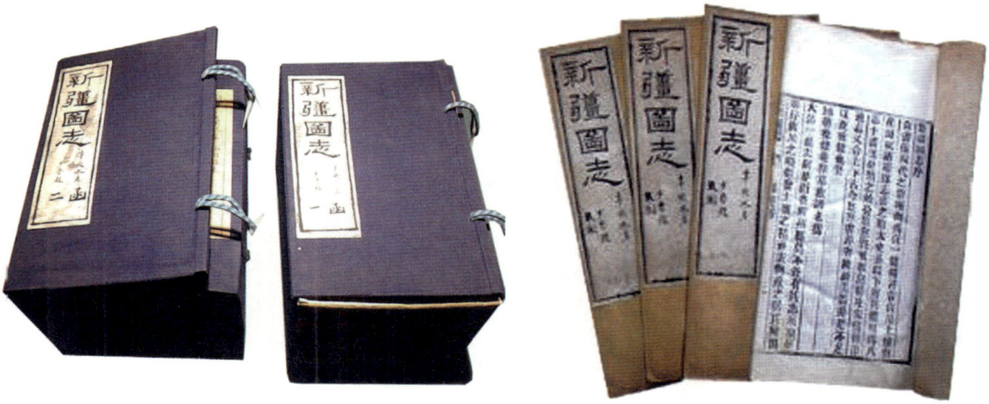

《新疆图志·名宦志》

得薪俸只留少数家用，其余都随手散去，用于公益。

此外，左宗棠的其他部属，如“蜀军”徐占彪，“卓胜军”金运昌，“嵩武军”孙金彪，乌鲁木齐地方民团首领徐学功，“湘军”谭上连、谭拔萃、黄万鹏、易开俊、罗长祜、侯名贵，“董字营”董福祥、张俊、李双良，包括归顺的回军首领崔岳、禹得彦、毕大才、蓝得喜、马标等，既作战英勇，又为官清廉，他们不爱财不惜死，带出的队伍战斗力极强，在安定边陲、收复新疆的伟业中立下了不可磨灭的功勋。

“当官三字，曰清，曰慎，曰勤”

对于贪官污吏给以必要的制裁是完全正确的，但惩处不是最终目的。要使官场风气好转，政治清明，还必须对官员进行教育、训导，以使其保持为政节操。为此，左宗棠亲手选辑了前人关于专论吏治的文章 18 篇，于 1872 年在兰州精心编成《学治要言》一书，发给地方官员阅读，作为廉洁尽职的标准。这本书的主要内容是：

“官必爱民，乃为尽职”，“地方官职在牧民，民之事即己之事也。”

1875 年兰州的官宦人家

为官必须清廉。当官“必自守严正安重，无偏好，无轻言妄动，使人得而玩之。日用物件，悉照民间平买，无贪小利，短折累民，或旧有官价陋规，须潜访察明，张告示，无非买办蒙蔽。食用须酌定章程，丰俭适中，他物宁自节省，无好侈靡，奢而不足，必致妄取于人，所得甚小，而所失甚大”。

官吏必须熟悉国家法律。“《大清律例》一书乃国家之大经大法”，“合行通饬所属各厅州县，嗣后于办公之暇，将《大清律例》及《洗冤录》二书，每日反复披阅，深思熟读”。

为官要慎于用人。“用人弊不一端，撮要言之，则曰上下壅隔而已……宽以待百姓，严以取吏役，治体之大凡也。”

左宗棠将对官吏的要求简略归纳为清正廉洁、纪律严明、勤于治事三个方面：

当官三字，曰清，曰慎，曰勤。尝与同官论三事次第，皆曰以清为本，余则谓非勤不能。

左宗棠认为，各级官吏只要按照这些准则去做，就可使政治“清明”，就能深得民心。他在咨札中说：“造福于民，己必与焉，即不佞亦可借寡愆尤矣！”诚然，这些准则的公布实施，对于严格吏治，缓和社会矛盾，起到了积极作用。

左宗棠除选印前人关于吏治的言论勖勉地方官员外，他自己还提出了对官吏进行甄别的标准和要求：

“官无论大小，总要有爱民之心，总要以民事为急，随时随处切实体贴，所欲与聚，所恶勿施，久久官民浃洽，如家人父子一般，斯循良之选矣。勤理案牍，操守端谨者次之。专讲应酬，不干正事，沾染官场习气者为下。其因循粉饰，痿痹不仁，甚或倚任丁役专营私利者，则断不可姑容也。”“为政先求利民，民既利矣，国必与焉。”“做官不要钱乃本分事，但能不要钱，不能为地方兴利除弊、讲求长治久安之道，于国计民生终鲜裨补，则亦不足贵。”

左宗棠清醒地认识到，封建统治者的一举一动都与老百姓的生活状况密切攸关，掌握公共资源的官员必须以父母对待子女的真心对待老百姓。他在陕西临潼知县伊允桢的到任禀帖上这样批示：

做官要认真，遇事耐烦体察。久之，无不晓之事，无不通之情，一片心肠都在百姓身上，如慈母抚幼子，寒暖饥饱，不待幼子啼笑，般般都在慈母心中，有时自己寒暖饥饱翻不觉得。如此用心，可谓真心矣！

这段含意深刻的话语，反映了左宗棠十分重视吏治和关心民间疾苦的思想和心情。

西征所以能获得胜利，与左宗棠注重训导官员、严明政纪军纪是分不开的。为不扰民，不损害新疆各族民众的利益，左宗棠对入疆部队三令五申，严明军纪，要求官兵牢记《学治要言》和《大清律例》的规定，他指示各军：

> 回部为安酋（指阿古柏）驱迫，厌乱久矣！大军所至，勿淫掠，勿残杀，王者之师如时雨，此其时也。

又告诫“嵩武军”统领张曜：“此次大军所至，非申明纪律，严戒杀掠不可。如能以王土、王民为念，则南八城易复而亦可守矣！”左宗棠不但要求张曜“约束各军，俾无扰累”，而且讲清严肃军纪的意义：“安集延虐使其众，官军抚之以仁；安集延贪取于民，官军矫之以宽大。回部方去虎口而投慈母之怀，风声一树，则取南疆八城易于反掌。”

对每一支开赴前线的部队，左宗棠都反复地向他们说明，军纪的好坏直接关系着民心的得失和战争的胜负，甚至关系到新疆以后能否“长治久安”。“安远军”易开俊部准备开赴吐鲁番时，曾有弁勇到敦煌需索车马、粮食，左宗棠立即命易开俊查明禀复，并严厉告诫：“亟应整饬所部，严申禁令，加意保卫地方，以安人心而副委任。倘任所部弁勇骚扰民间，本大臣爵阁部堂定惟该提督是问。”当“安远军”由吐鲁番开赴库车一带换防时，左宗棠又指示易开俊：“麾下所部虽皆劲旅，然于纪律一切能否恪遵无误，究未可知。此次进军库车，尤宜时加申儆，勿稍宽纵，致失民心。”对于主力“老湘军”刘锦棠部，尽管其中一部分为左宗棠嫡系“楚军”，左宗棠虽较放心，但仍然谆谆嘱咐：“此次如能遵‘行军五禁’，严禁杀掠奸淫，则八城回民如去虎口而投慈母之怀，不但此时易以成功，即后此长治久安，亦基于此。”

左宗棠始终把严整军纪、安定民心摆在国家长治久安的战略高度。

严明军纪之下，入疆西征官兵对老百姓秋毫无犯。据有关记载：西征大军所到之处，当地民众“望风投命”，“各城阿奇木、阿浑、玉孜巴什携酒、酪，献牛、羊，络绎道左”。对个别不守军纪者，左宗棠一经发现，立即采取断然措施予以处置。吐鲁番之役，发生过“蜀军”统领徐占彪不听号令，纵兵扰掠的事，左宗棠当下“加札严饬”，并派道员雷声远前往抚绥，“实则兼察蜀军”，不久，又将该部从前线撤回，并将徐占彪撤职。

“天地民物，莫非己任；宇宙古今，融彻于心”

晚清吏治极为腐败，当官掌权者以权谋私、假公济私、化公为私成为普遍现象。左宗棠却反其道而行之：化私为公，花私钱为公众办事，为国家办事。

同治五年（1866），夫人周诒端福州探亲，临别想让左宗棠给家里的用度费用稍增加一点，交谈中，知悉左宗棠每年的俸禄廉银2万余两之巨，每年仅给家中寄二三百两养家银，委实吃了一惊，问他其余银钱的去向，左宗棠回答：“我公私不分，俸禄廉银全用在贫困百姓、地方义举上，算是化私为公吧。”夫人说：“你公私不分，心中无数，万一账算不清，说你占公家便宜，要弹劾你咋办？”左宗棠说：“凭天地良心，随他去吧！”

同治五年（1866），由于筹建马尾造船厂，经费吃紧，左宗棠将6万两廉银倾囊捐出公用。左宗棠任陕甘总督时，兼任“茶马使”一职长达10

黄河大铁桥今貌

年，按规定多得一份兼俸。这份可观的俸禄他每年照例收取，累积白银达 384518 两，分文未动。他从兰州移师肃州指挥收复新疆时，行前把这笔钱分文不少地交给了管理后方事务的刘典。并嘱咐他：“老夫督师出关，此去恐难以生入玉门，银留陕甘百姓……以备不时之需。”后人用左宗棠留下的这 384518 两白银建了黄河大铁桥。

左宗棠任陕甘总督期间，奏准陕甘分省乡试后，于光绪三年（1877）在兰州城的外城西北角修建甘肃贡院之后，须在贡院之外再建一段外城墙，用工 170 多万个，全部由军队义务承担，省下工钱约 10 万两白银，整个工程只用去材料费 3397 两白银。工程决算报到工部，因未开列工钱款项被退回重报。如果按规定补列用工项目，领回工钱，就要造假，他宁可不要这 10 万两白银，也决不造假。最后自掏腰包付清材料款，不要工部报销一分钱，仅上折请求表彰出力的部属。

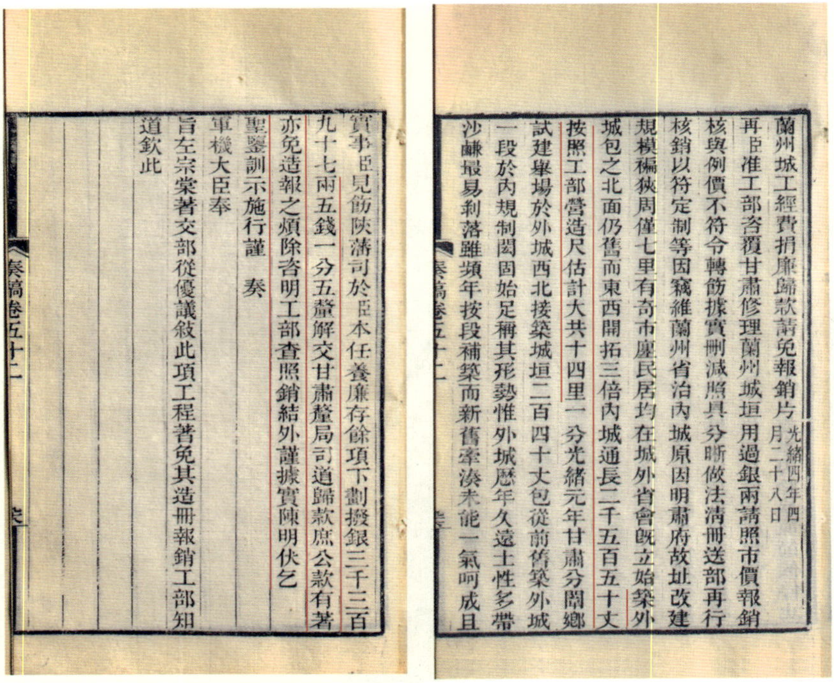
蘭州城工經費捐廉歸款請免報銷片 光緒四年四月二十八日
再臣准工部咨覆甘肅修理蘭州城垣用過銀兩請照市價報銷核與例價不符令轉飭據實刪減照具分晰做法清冊送部再行核銷以符定制等因竊維蘭州省治內城原因明肅府故址改建規模褊狹周僅七里有奇市廛民居均在城外省會既立始築外城包之北面仍舊而東西開拓三倍內城通長二千五百五十丈按照工部營造尺估計大共十四里一分光緒元年甘肅分闈鄉試建舉場於外城西北接築城垣二百四十丈包從前舊築外城一段於內規制閎固始足稱其形勢惟外城歷年久遠土性多帶沙鹻最易剝落雖頻年按段補築而新舊牽湊未能一氣呵成且

奏稿卷五十二

實事臣見飭陝藩司於臣本任養廉存餘項下劃撥銀三千三百九十七兩五錢一分五釐解交甘肅釐局司道歸款庶公款有著亦免造報之煩除咨明工部查照銷結外謹據實陳明伏乞
聖鑒訓示施行謹奏
軍機大臣奉
旨左宗棠著交部從優議敘此項工程著免其造冊報銷工部知道欽此

奏稿卷五十二

左宗棠自掏腰包修建兰州外城墙不要工部报销的奏折、上谕光绪六年（1880）夏，左宗棠在哈密接见德国技师福克，交谈中，得知水雷、鱼雷是防范列强兵舰入侵的“奇器”，他便拿出自己的养廉银5000两，立托购买水雷200个、鱼雷20具，交胡光墉分送闽、浙两省，备海防之需。

左宗棠还用养廉银资助军饷，这从他给儿子们的书信中可知：

> “兵已缺饷七月，吾岂可多寄银归耶？”“带兵五年，不私一钱，任疆圻三年，所余养廉不过一万数千金，吾尚拟缴一万两作京饷，则存者不过数千两已耳。”

西征收复新疆时，浴血战斗的士兵经常几个月领不到军饷，他就把自己的俸禄廉银无偿发给家遇天灾人祸急需钱用的士兵。

光绪七年（1881）九月初六日，近70岁的左宗棠被任命为两江总督兼南洋通商大臣，请假于赴任途中回湘阴故里省亲谒墓。虽然他在长沙湘阴停留的时间很短，但仍很关注长沙城的建设和百姓生活疾苦。他乘船经过湘江时，发现湘江风浪大，行船危险，就亲自沿江察看，建议开挖北郊碧浪湖，从铁炉塘新河疏浚进去，形成一个面积约1平方里的大湾。遇到大风大浪时，船只可以避进此湾。因为碧浪湖已成平地，需要开挖，才能引江水进入，工程较大，约需数万两白银。当时只是拟议，后来左宗棠从自己俸禄中捐出了2万两银，这个大湾才开挖建成，即位于现在的长沙开福寺背后位置。到1960年后才逐渐壅塞。

左宗棠到江宁不久，外出拜客经过城北一带，见一山光秃，问随从人员这座山的名字，随从告诉他是狮子山。他慨叹道：“狮子无毛，何以壮观瞻？”立即从自己俸禄中拿出1000两银子，命随从官员采办松柏、桑、茶等树苗，栽种在山上。又命调查附近各山的土性，广种各种树苗，在城内空地也遍植桑、柏、松、杉数百万株，以供百姓养蚕和樵采。

终南山子午峪是古秦地通往巴蜀的驿道，峪口驿道之间的那座桥就是左宗棠任陕甘总督时，捐出养廉银修建而成，人称“左桥”。

至于左宗棠在陕甘私费购买种牛、种羊、农具、蚕桑发给贫困的百姓，在福州、西安、汉口、乌鲁木齐设局印书费用由他养廉银项下支付等，更是不胜枚举。

化私为公，拿私钱为国家和民众办事，别人做不到，独有左宗棠能做到。他在家书中说：

吾蒙国恩，禄入甚厚，岂能只顾其私。

当年一介布衣的左宗棠尚能“身无半亩，心忧天下”，而今身居庙堂之高，更是“天地民物，莫非己任；宇宙古今，融彻于心”。左宗棠的理念是民重于己，国重于家。

第六章

历史伟人 名垂青史

一、文献记载

光绪帝发出哀悼左宗棠的上谕（影印件）

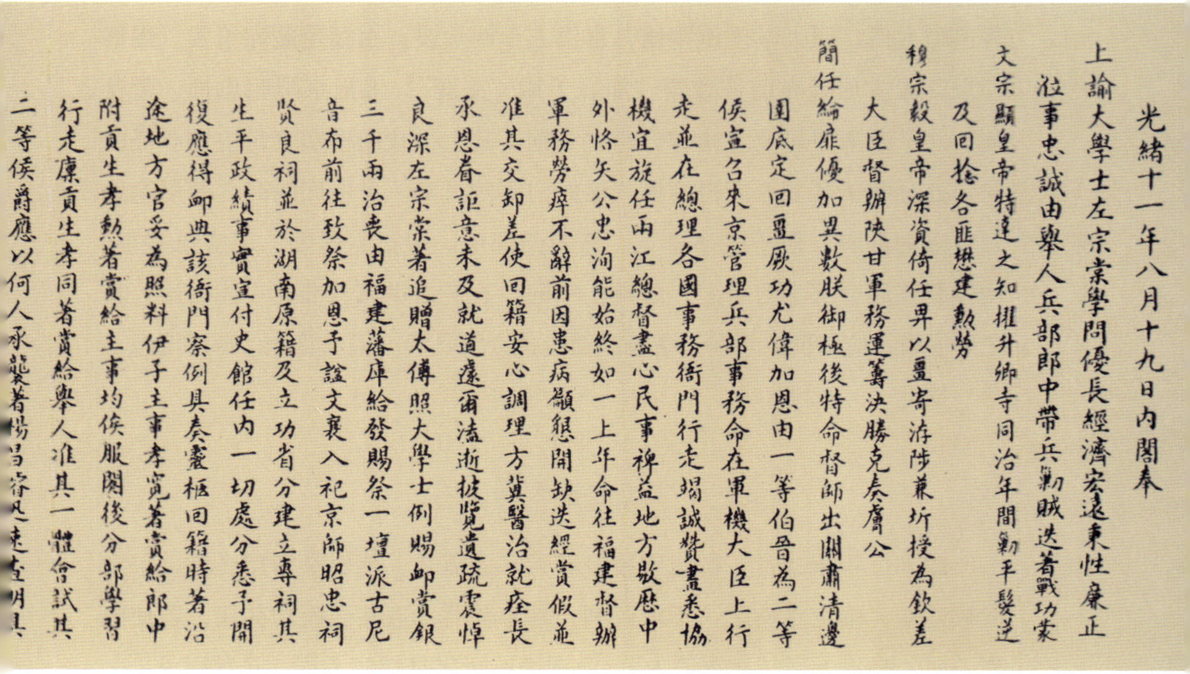

光緒十一年八月十九日內閣奉
上諭大學士左宗棠學問優長經濟宏遠秉性廉正
蒞事忠誠由舉人兵部郎中帶兵剿賊迭著戰功蒙
文宗顯皇帝特達之知擢升卿寺同治年間剿平髮逆
及回捻各匪懋建勳勞
穆宗毅皇帝深資倚任畀以疆寄洊陟兼圻授為欽差
大臣督辦陝甘軍務運籌決勝克奏膚公
簡任綸扉優加異數朕御極後特命督師出關肅清邊
圉底定回疆厥功尤偉加恩由一等伯晉為二等
侯爵宣召來京管理兵部事務命在軍機大臣上行
走並在總理各國事務衙門行走竭誠贊畫悉協
機宜旋任兩江總督盡心民事裨益地方歷中
外恪矢公忠洵能始終如一上年命往福建督辦
軍務勞瘁不辭前因患病籲懇開缺迭經賞假並
准其交卸差使回籍安心調理方冀醫治就痊長
承恩眷詎意未及就道遽爾溘逝披覽遺疏震悼
良深左宗棠著追贈太傅照大學士例賜卹賞銀
三千兩治喪由福建藩庫給發賜祭一壇派古尼
音布前往致祭加恩予諡文襄入祀京師昭忠祠
賢良祠並於湖南原籍及立功省分建立專祠其
生平政績事實宣付史館任內一切處分悉予開
復應得卹典該衙門察例具奏靈柩回籍時著沿
途地方官妥為照料伊子主事孝寬著賞給郎中
附貢生孝勳著賞給主事均俟服闋後分部學習
行走廩貢生孝同著賞給舉人准其一體會試其
二等侯爵應以何人承襲著楊昌濬速查明具

上谕影印件来源：《清德宗实录》卷二一四，一〇〇八至一〇〇九页

光绪帝发出哀悼左宗棠的上谕原文

光绪十一年八月十九日内阁奉上谕，大学士左宗棠，学问优长，经济宏远，秉性廉正，莅事忠诚。由举人兵部郎中带兵剿贼，迭著战功。蒙文宗显皇帝特达之知，擢升卿寺。同治年间，剿平发逆及回捻各匪，懋建勋劳。穆宗毅皇帝深资倚任，畀以疆寄，洊陟兼圻，授为钦差大臣，督办陕甘军务。运筹决胜，克奏肤功，简任纶扉，优加异数。朕御极后，特命督师出关，肃清边圉，底定回疆，厥功尤伟。加恩由一等伯晋为二等侯。宣召来京，管理兵部事务，命在军机大臣上行走，并在总理各国事务衙门行走。竭诚赞画，悉协机宜。旋任两江总督，尽心民事，裨益地方，扬历中外，恪矢公忠，洵能始终如一。上年命往福建督办军务，劳瘁不辞。前因患病，颛恳开缺，迭经赏假，并准其交卸差使，回籍安心调理，方冀医治就痊长承恩眷，讵意未及就道，遽尔溘逝。披览遗疏，震悼良深。左宗棠著追赠太傅，照大学士例赐恤，赏银三千两治丧，由福建藩库给发。赐祭一坛，派古尼音布前往致祭。加恩予谥“文襄”，入祀京师昭忠祠、贤良祠，并于湖南原籍及立功省分建立专祠。其生平政绩事实宣付史馆。任内一切处分悉予开复。应得恤典，该衙门察例具奏。灵柩回籍时，著沿途地方官妥为照料。伊子主事孝宽，著赏给郎中。附贡生孝勋，著赏给主事。均俟服阕后分部学习行走。廪贡生孝同，著赏给举人。准其一体会试。其二等侯爵，应以何人承袭，著杨昌濬迅速查明具奏。用示笃念，荩臣至意。

钦此

《国史本传》

咸丰二年十二月，御史宗稷辰春天平寇需才，请保举备用，称“宗棠通权达变，疆吏重倚之，不求荣利，真心辅翼，迹甚微而功甚伟，若使独当一面，必不下于胡林翼诸人”。命湖南巡抚出具切实考语，送部引见。

闽浙总督杨昌濬、新疆巡抚刘锦棠奏陈宗棠历年勋绩。

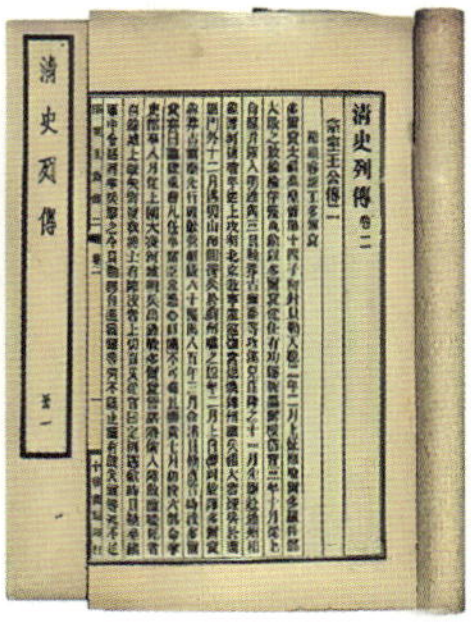

清史列传

昌濬略云："克一城，复一郡，即简守令，以善其后。用人因材器使，不循资格。为政因时制宜，不拘成例。外严厉而内慈祥，所至威惠并行。甘肃安插回众十余万，不闻复有叛者，固措置之得宜，实亦恩信之久孚也。廉不言贫，勤不言劳。绾钦符十余稔，从未开支公费。官中所入，以给出力将士及亲故之贫者。督两江时，年七十余矣，检校簿书，审视军械，事事亲裁。其言办洋务，要诀不外《论语》'言忠信，行笃敬'六字，以为物必相反，而后能相克。西人贪利而尚廉，多诈而尚信，彼亦人耳，未必不可以诚动、以理喻也。居尝以汉臣诸葛亮自命，观其宅心淡泊，临事谨慎，鞠躬尽瘁以终王事，可谓如出一辙。"

锦棠略曰："宗棠莅事无巨细精粗，必从根本做起，而要以力行。如师行万里沙碛之地，虽酷暑严寒，必居营帐，与士卒同甘苦。垒旁隙地，悉令军士开垦，荒芜既辟，招户承种，民至如归。城堡桥梁，沟渠馆舍，乘战事余暇，修治完善。蚕织牧畜诸政，罔不因势利导，有开必先。军兴日久，教泽浸衰，宗棠身在行间，讲学不辍。每克复一城，招徕抚绥，兴教劝学。俄官索斯诺福斯齐游历过甘，阐说西教。宗棠接见，讲孟子'三必自反'之义，俄官为之敛容。其能以诚感人如此！"

（以上所选《国史本传》内容，来源于光绪十六年开雕的《左文襄公全集》卷首）

《清史稿》

慈禧太后谓左宗棠："尔向来办事认真，外国惧尔声威。"

（《清史稿》）

胡林翼："左氏横览九州，才智超群，必成大器。"

"一钱不私于己，不独某信之，天下人皆信之。"

（《清史稿》）

慈 禧

胡林翼

左宗棠骨气与勇气独步当时："国藩以学问自敛抑，议外交常持和节；宗棠锋颖凛凛向敌矣，士论以此益附之。"左宗棠"善于治民，每克一地，招徕抚绥，众至如归。论者谓宗棠有霸才，而治民则以王道行之，信哉"。"内无余帛，外无赢财，淡泊如武乡""志行忠介，亦有过人"。

左宗棠晚年出任两江总督、南洋通商大臣时，几次出巡吴淞，过上海，"西人为建龙旗，声炮，迎导之维谨""以其君主出巡之礼相待，盖威服殊域，自国初以来，未之有也”。时论谓“西洋所震者惟左宗棠”“拓地开基，竟使外夷就羁勒”。

（《清史稿》）

《清史稿》封面

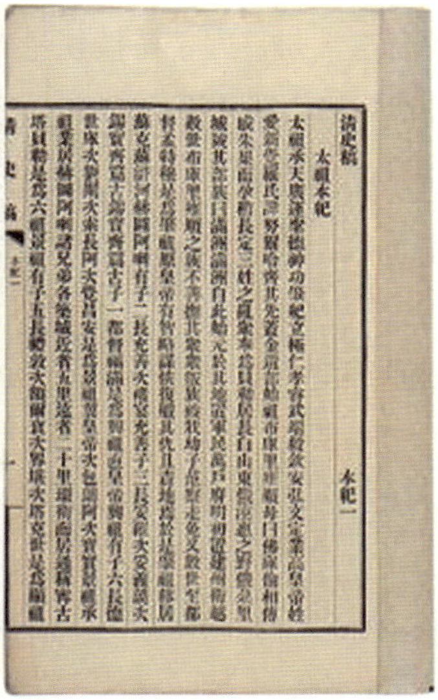

《清史稿》内容

《左宗棠年谱》

晚清人罗正钧写的《左宗棠年谱》第 70 页载，晚清名臣潘祖荫在 1860 年初的奏疏中有云：“楚南一军立功本省，援应江西、湖北、广西、贵州，所向克捷，由骆秉章调度有方，实由左宗棠运筹决胜，此天下所共见。而久在我圣明洞鉴中也。上年逆酋石达开回窜湖南，号称数十万，以本省之饷用本省之兵，不数月肃清四境。其时贼纵横数千里，皆在宗棠规画之中。设使易地而观，有溃裂不可收拾者。是国家不可一日无湖南，而湖南不可一日无宗棠也。”

晚清人罗正钧撰的《左宗棠年谱》

二、中外评价

曾国藩

曾国藩："论兵战，吾不如左宗棠；为国尽忠，亦以季高为冠。国幸有左宗棠也。"（《曾国藩全集》）

曾国藩与常州吕庭芷侍读谈论时曾问："你对左宗棠怎么看？平心论之。"吕答："他处事之精详，律身之艰苦，体国之公忠，窃谓左公之所为，今日朝廷无两矣。"曾击案对曰："诚然！此时西陲之任，倘左君一旦舍去，无论我不能为之继。即起胡文忠于九原，恐亦不能为之继之。君谓为朝端无两，我以为天下第一耳。"

（美国《世界日报》茂怡《曾左君子之争》）

梁启超

梁启超："左公乃五百年来第一伟人。"

（梁启超著《癸卯饮冰室文集》）

原南京中央大学文史教授缪凤林先生说："唐太宗以后，对于国家领土贡献最大的人物，当首推左宗棠，实非过誉。"

（华中师范大学图书馆海外资料《左宗棠专辑》）

1983年8月，时任政治局委员王震发表了关于左宗棠的谈话："左宗棠在帝国主义瓜分中国的历史情况下，力排投降派的非议，毅然率部西征收复新疆，符合中华民族的长远利益，是爱国主义的表现。左公的爱国主义精神，是值得我们后人发扬的。"

他还说："左宗棠西征是有功的，否则，祖国西北大好河山很难设想。"

“林则徐和左宗棠都是爱国者，对中华民族都有贡献。”

（摘自《光明日报》1983 年 10 月 16 日登载的
《左宗棠的爱国主义精神在历史上闪光》）

王震在给中国人民大学杨东梁教授的信中评价左宗棠：

杨东梁同志：

您送我的《左宗棠评传》一书，已收到，谢谢。我先读的序言、后记，而后把正文粗略读了一遍，感到您治学态度严谨，搜集史料丰富，很好。您文中摘引的马克思、恩格斯、列宁、毛泽东著作中的一些论点，尤可引发人们读这些原著的兴趣。我特推荐中央党校图书馆、各教研室，新疆维吾尔自治区、新疆生产建设兵团各学校、企业单位购买一些供学习。

左宗棠的晚年是其一生最光亮的部分。他六十余岁力求中国要富国强兵，抵御外来侵略的思想强烈，引进西方机器发展生产，并毅然率军西征，收复新疆失地。他七十余岁，又转战海防，病死福建。所以，我建议您，或为《评传》作序的胡绳武同志，就左氏晚年的爱国主义思想写专文发表，以激励人们，特别是青年人为振兴中华、统一祖国，实现四化而努力奋斗。

致以

革命敬礼！

王震

一九八六年三月十日

杨东梁教授著《左宗棠评传》封面

杨东梁

中国人民大学清史研究所原所长，曾任国家清史编纂委员会主任的清史研究泰斗戴逸教授，在1984年11月13日至16日于苏州大学召开的“全国首届左宗棠历史评价学术讨论会”上，作总结发言中评价左宗棠：“他有爱国心、事业心，希望祖国强盛，他又有办事的魄力和才干。”

戴 逸

美国前副总统华莱士1944年访问中国时的照片。他路过兰州时发表演讲，称“我对左宗棠抱有崇高的敬意”

美国前副总统华莱士1944年在兰州发表演讲说：“左宗棠是近百年来的世界伟大人物之一，他将中国人的视野扩展到了俄罗斯，到中亚细亚，到整个世界。我对左宗棠抱有崇高的敬意。”

（华中师范大学图书馆海外资料《左宗棠专辑》）

《人民日报》评价

1984年12月10日的《人民日报》报道了1984年11月13日至16日于苏州大学召开的“全国首届左宗棠历史评价学术讨论会”盛况，撰文说：“在中国人民反对侵略，保卫祖国的丰碑上理应镌刻上左宗棠的名字。”

《光明日报》载文评价

2016年4月9日《光明日报》刊登中国人民大学图书馆原馆长、现任国家清史编纂委员会专家杨东梁教授《“千秋独有左文襄”：历史上的左宗棠及其功绩》一文，选录如下：

左宗棠是我国近代杰出的政治家、军事家、思想家，也是一位在半封建半殖民地时代的中国，不奴颜媚骨，敢于抵御外侮的杰出爱国者。综观左宗棠的一生，审视他的历史贡献，可以归纳为三点，即：近代中国国家统一、主权完整的捍卫者；中国近代化的先驱之一；中国优秀传统文化的继承者、发展者和践行者。

在祖国饱受欺凌、中华民族灾难深重的时代，左宗棠以其铮铮铁骨，报国豪情，“锋颖凛凛向敌”，这样一种宝贵的品格和精神永远为后人所景仰。

光明日报 理论·史学 11

“千秋独有左文襄”:历史上的左宗棠及其功绩

《光明日报》登载杨东梁《“千秋独有左文襄”：历史上的左宗棠及其功绩》

中国传记文学学会颁奖词评价

《晚清名将左宗棠》获评第四届中国“传记文学优秀作品”。作者陈明福于2013年6月在京西宾馆上台领奖、演讲

原海军大连舰艇学院技术四级、文职三级军官、全国著名作家陈明福教授著作《晚清名将左宗棠全传》，继2010年10月，荣获“中国作家金秋笔会一等奖”之后，又于2013年2月荣获“第四届中国传记文学优秀作品”奖。其颁奖词为：“……成功塑造了左宗棠鲜明的人物性格，展现了这位民族英雄传奇的人生历程，填补了百余年来左宗棠传记写作中的缺憾和不足，并对左宗棠的有关种种争议，亦力求给予客观公允的评价。”

《西国近事汇编》评价

清同治十二年（1873）创刊的《西国近事》至光绪二十六年（1900）停刊，共记载了28年间涉及外国的近代历史事迹。该刊的编辑在停刊后若干年，汇集成《西国近事汇编》共108卷、1330期，成为晚清时期富有文献价值的珍贵史料。

民国时《西国近事汇编》影印原始文献中，有“侵华法军趾高气扬，不可一世，当他们用望远镜张望，见厦门沿海诸山皆红旗恪靖军，知有备而遁。曰：‘中国左宗棠厉害，不可犯也。’……左宗棠谋定而往，老成持重之略，决非西人所能料……其赫赫功业足令吾欧人一清醒也”等有关中法战争后期左宗棠备战却敌的史料记载。

光緒丙子年備譯

西國近事彙編

上海機器製造局刊印

《西国近事汇编》

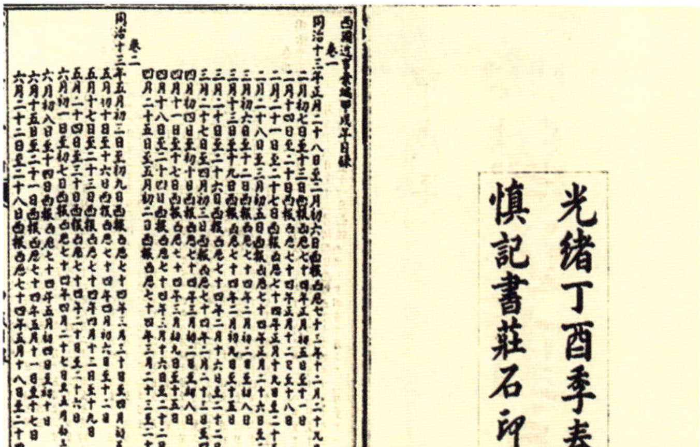

西國近事彙編甲戌年目錄

卷一

卷二

光緒丁酉季春

慎記書莊石印

《西国近事汇编》开篇页面

《中国人的气质》评价

美国人阿瑟·亨德森·史密斯在1894年出版的《中国人的气质》一书中这样表述：

左宗棠的丰功伟绩“放在任何现代国家的史册上都是最卓著的”。

（转引自华中师范大学图书馆海外资料《左宗棠专辑》）

《中国人的气质》一书

《左宗棠传》评价

美国作家 W . L . 贝尔斯，1937 年写成《左宗棠传》出版。书中写道：“在任何一个国家，同一个人兼有非凡的军事才干和政治才干，的确非常罕见。正因为二者兼具，左宗棠才成为一个真正卓越的人物……左宗棠是一个具有真正伟大灵魂的男人。他是一位伟大的将军，一位伟大的政治家，也是一个伟大的人。他在他自己的国土上未得到应有的声望。他的同胞只要认真研究他的生平和功绩，就会获得极大的价值。他热爱自己的祖国，为他的国人在悠久的历史中取得的成就而自豪，他尊敬圣贤，不懈地听从他们的教诲。他把自己的力量和才智毫无保留地用于服务祖国，深信国人能够通过自己的努力，按照自己的方式解决国家的所有问题。左宗棠不愧为其祖国和人民的光荣。”

三、挽联挽诗选录

公是诸葛一流，膺专阃廿有八年，旋乾转坤，最难得不矜不伐；
我道汾阳再世，历中书二十四考，忠君爱国，直做到全始全终。

（彭玉麟撰挽联）

平生自许武乡侯，比绩量功，拓地为多，扫荡廓清一万里；
交谊宁忘孤愤子，乘车戴笠，相逢如旧，契阔死生五十年。

（郭嵩焘撰挽联）

周旋三十年，和而不同，矜而不争，惟先生知我；
焜耀九重诏，文以治内，武以治外，为天下惜公。

（李鸿章撰挽联）

幕府封疆，书生侯伯，孝廉宰辅，疏逖枢机，系天下安危者二十年，魂魄常依帝左右；

湖湘巾扇，闽浙楼船，沙漠轮蹄，中原羽檄，壮圣主威灵于九万里，声光远烁海东西。

（曾国荃撰挽联）

公学备经济文章，而莫遂于舆地；公勋在闽杭关陇，而莫壮于戎疆；公品齐李郭范韩，而莫肖于诸葛。上下二百余载，几见伟人。论中兴功，除却曾湘乡、胡益阳，更谁抗乎？

其出山非有荐牍，以投劾结主知；其入阁不由甲科，以奇猷协枚卜；其乞身仍许封奏，以退食预机宜。寿考七十四年，迭膺殊遇。数未了事，惟此鄂罗斯、法兰西，莫副初衷。

（余肇康撰挽联）

朝廷破格拜平章，主圣臣贤国运昌。
人问起居真宰相，天生哲彦佐君王。
奇才自比惟诸葛，重望咸推再李纲。
绝口不言和议事，千秋独有左文襄。

（林世焘撰挽诗）

四、历史遗迹

湘阴东乡左家塅、左太傅祠、左家新祠

湖南湘阴县东乡界头铺的左家塅（今湘阴县金龙镇新光村）系左宗棠出生地。这里的左太傅祠，是一座三进的青砖青瓦古建筑，是左宗棠逝世后，家族修建纪念左公专祠，左公四子左孝同遵父助学的遗愿，斥资在太傅祠后加建了左氏家族学堂名“留青学堂”。故后来的左太傅祠为两进两厢，前进为太傅祠，后进为孔子堂，两厢为两层楼房，分设教室、礼堂，东边建有教员宿舍、杂屋。总建筑占地约 4000 平方米。祠坐北朝南，为泥木结构与三合土筑墙，小青瓦屋面。

湖南省湘阴县左宗棠出生地左家塅今貌

左宗棠出生地湖南湘阴左家塅左太傅祠内的孔子堂及墙界碑今貌

前栋一字形排开，大门顶上有一块长四尺、宽二尺的“左太傅祠”横匾。走进大门，东西各有两间住房，中间是一个大厅，大厅由八根五尺围的大木柱支撑，栋梁上雕龙画凤。前栋与中栋左右有两个麻石砌的丹墀，前后的檐水从丹墀流入地下水管，再排出院外。跨入中门，东西两边是两层砖木结构的八间教室，中间是长方形的天井，四周台阶整齐划一用条形麻石砌成。造型别致的“孔子堂”，上方紧靠中栋后墙，其余三方均用麻石砌成，台基高于天井五尺，整个亭阁由四根木柱支撑，孔子画像安放在亭内上方，两侧木壁雕有人物画像。太傅祠在“文革”期间遭受了严重破坏，前栋被拆除，围墙和整个屋宇布局受损。1999 年，湘阴县人民政府拨款进行了维修。孔子堂至今保存完好。现为湖南省重点文物保护单位。

左家塅的家族祠堂，则在清末修建左太傅祠时迁建在附近不远处，名左家新祠（今金龙镇金华村）。

长沙城南书院、岳麓书院

长沙城南书院原是南宋大儒张栻之父张浚在潭州的居所，建于绍兴三十一年（1161），书院建在长沙妙高峰，张栻和朱熹曾在此讲学论道，因而声名远扬。道光十一年（1831），左宗棠就读于长沙城南书院（系毛泽东主席就读过的今湖南第一师范学院的前身）。也就在这一年，崇尚朴学的原湖南布政使吴荣光升任湖南巡抚。吴荣光主政后，乃仿其师阮元学海堂之制创办湘水校经堂于岳麓书院斋西的隙地。

城南书院（长沙妙高峰）今貌

湘水校经堂专课经史，以经义、治事、词章分科试士，然后择其优者，赐食，赠金，并召至抚署以供使用。左宗棠经贺熙龄推荐，由城南书院转入湘水校经堂读经书，一年内考试七次均获得第一名。

岳麓书院今貌

湖南贡院

长沙巡道街湖南贡院遗迹今貌

清雍正二年（1724）经朝廷批准，由时任湖南巡抚李发甲主持修建湖南贡院。湖南贡院规模宏大，有8500多间考棚，排列起来占据若干街巷，蔚为壮观。包括如今长沙市中山东路、又一村、营盘路与蔡锷北路之间的一整片范围。那时科举为三级考试。县试考秀才，乡试考举人，会试考进士。省里高考是乡试，每三年一次，每次考三场，八股文是其中一场。每场3天，共考9天。考场的辕门在今中山路的三角花园，这是考场南门，门前有一对石狮，20世纪初旧城改造时，石狮被移往湘江西岸的岳麓山东门。巡道街仍保留贡院的一段高高青砖墙。那围墙上有荆棘，所以人们也称贡院为“棘闱”。厚大的青砖边嵌有一块石碑，上有“贡院巡道街宽壹丈壹尺”。巡道街如护城河，绕贡院一圈，便于监察人员巡视，越墙者应该不会有的。据说每逢乡试，邻长沙的湘阴等县运来大捆桂花，寓意“蟾宫折桂”，满城金桂飘香。农历八月初八开考前，考生们绕行进城，从湘春门进，经北正街高升门、紫东巷，过文星石桥、又一村，到达贡院。一路地名吉祥如意，正合考生心意。清晨街巷叫卖桂花糕，有“高升”之谐音。

道光十二年（1832），20岁的左宗棠和他的二哥左宗植在这里参加乡试，双双中举。左宗植高中头名“解元”，左宗棠中第十八名，是考中了举人的年纪最轻者。

湘潭隐山桂在堂

桂在堂位于湖南湘潭县排头乡紫山居村（今辰山村），距隐山东麓三公里，位于隐山文化区域内，是左宗棠岳父周衡在（字系舆）与岳母王慈云（1789—1862）的故居。早年，这座大型古建筑曲折逶迤，横竖交错，难辨方向，生人入内，必须有人引导。现仅存后栋与4幅壁画，2根伞柱，保存完整。一块钦赐的青石碑刻，碑文曰："皇清荣禄大夫、内阁学士兼礼部侍郎周公千岩（为周系舆之祖父名）府君之神道。"清代时，凡来桂在堂的文官武将，见此石碑，都要落轿或下马叩拜。道光十二年（1832），左宗棠娶周系舆长女周诒端为妻，寄住他家。从1832年到1844年，他蛰居桂在堂12年，居家治学，由研究地理学进而研究兵学，和夫人在此生育了4个女儿。桂在堂，历代满门文采，男女同辉，仅女诗人就有13位之多，形成湘潭历史上的第二个女诗人群。左宗棠在此刊印了岳母王慈云的《慈云阁诗钞》一书并作序题签。左宗棠的卓尔不群，业绩辉煌，与隐山文化的影响分不开。2000年8月，湘潭市人民政府以"左宗棠故居"为名，将桂在堂公布为市级文物保护单位。

现存的桂在堂后院今貌

醴陵渌江书院

醴陵渌江书院建于乾隆十八年（1753），位于城东学宫故址（今醴陵一中）。道光九年（1829）迁建于风景秀丽的西山山腰，三面环山，面向渌水，占地近7000平方米。设讲堂、内厅、斋堂和考棚。院前有千年古樟。右下方有洗心泉，清澈见底，水味甘甜，可消暑气。左前有宋代名臣祠、靖兴寺，可通渌江书院。书院左侧有考棚一字排开。道光十六年

（1836），左宗棠由湖南巡抚吴荣光推荐，在渌江书院任山长。其间，巧遇两江总督陶澍，并成为知音，后结成儿女亲家。光绪三十年（1904），改渌江书院为渌江高等小学堂，次年再改办为渌江中学。民国十六年（1927）秋冬停办。次年在中学原址办县立乡村师范，1950年又改为县立中学。县立中学与湘东、遵道两所私立中学合并为醴陵一中后，原址曾办过医院或闲置。1981年，创办醴陵教师进修学校。

渌江书院今貌

安化陶澍祖居、官厅、墓地

陶澍祖居：过资江，沿陶家溪，经弯弯曲曲的山路，就到了今湖南安化县小淹镇石螃溪（现名发榜村）。进入村口，豁然开阔，别有洞天，木板屋，青瓦房，依山而建，临水而居，溪水潺潺，菜地青青，炊烟袅袅，一派祥和的田园风光。这里就是陶澍的祖居。陶澍祖居现为一农村随处可见的木板房，住着一户陶姓村民。拾级而上，村民说“现在陶公的祖屋只剩一根横梁了”。

陶澍祖屋

陶澍官厅：位于资江南

岸，原有总督府、官太保第、乡贤祠、赐书楼、石雕龙凤石门、引水石渠等建筑，左宗棠曾在此守信家教8年。现改为安化三中，校内保存大量陶澍官厅原有建筑及遗物。道光十六年（1836），陶澍回乡省亲时，将道光皇帝赐给他的两棵玉兰树带回家乡，并亲手栽种在官厅里，历经100多年的雨打风吹，玉兰树愈发苍劲挺拔。

陶澍墓地：位于安化县小淹镇沙湾村。是当年在陶家教书的左宗棠亲自选址监修的。“文革”中，当地群众为保护墓地，用泥巴将门楼上的御书汉白玉匾等糊得严严实实，把石像埋在地里。陶澍墓地的最右侧有两栋建筑，前为御碑亭，上下两层四角檐，共八角，故又名八角亭，已被毁，亭内巍然矗立道光皇帝御赐的四块碑刻；后栋是享堂，当年停放陶公遗体供瞻仰遗容之所，后有陶公的木质雕像一座，也在“文革”时被毁。墓地已修整，现名“陶澍陵园”。石人、石虎、石马、石牛分列神道两旁，苍松翠柏，庄严肃穆。1996年，陶澍陵园被批准为省级文物保护单位。

陶澍墓地今貌

左宗棠湖南湘阴故居柳庄

左宗棠湖南湘阴故居柳庄距其出生地左家塅祖屋约11公里，在湘阴县今樟树镇柳庄村。左宗棠用教书积蓄下来的900两白银，在此置田地70亩、山地80亩。道光二十三年（1843），左宗棠亲自设计并督工建造了这座占地4亩多、有48间房屋的砖木住宅。因挚爱柳树生命力旺盛、百折不挠，起名“柳庄”。

柳庄背靠绵延丘陵，住宅正前方及两侧都有大片稻田。当年左宗棠在此一边教书，一边和帮工辛勤耕种双季水稻。春夏禾苗翠绿，夏秋稻谷金黄；门前一口池塘，自称“天砚”，池边绿柳成荫，池塘南、北岸分别有一株枫树和柞树，到20世纪60年代已长成三人伸臂才能合抱的大树，人称“神树”，冠盖招摇，远近可见。

门楣“柳庄”二字，为当年左宗棠亲笔所书；院内12株梅花，为左宗棠当年亲手所栽。院内有晒谷场，经晒谷场向南过一道隔墙圆门即到住宅南庭院。南庭院南端有读书藏书的两层阁楼，名曰“朴存阁”；紧挨阁楼的是私塾教室；南庭院正屋为前后两进，均由堂屋及其两边正房组成；北庭院后进由两个半四合院组成，北庭院前进由谷仓、厨房、杂屋和帮工的居室组成。围墙青白相间，燕瓦盖屋，具有典型的晚清民居建筑风格。

从道光二十四年（1844）柳庄建成，左宗棠举家迁回居住，从而结束了在湘潭岳家12年的寄住生活。住到咸丰七年（1857）又迁居长沙司马桥，左宗棠全家在柳庄居住了14年。

鸟瞰柳庄今貌

长沙文庙学宫

长沙文庙学宫旧貌（已毁）

长沙府文庙学宫原为长沙府辖12个县州的最高学府。北宋治平元年（1064），吴仲复任潭州知州，当时长沙民穷地困，吴认为兴潭必须办学，便建造学宫。王安石作《潭州新学》相贺。长沙府学宫成为长沙府最早的高等学校。南宋绍定元年（1228），学宫扩修，真德秀作记，云“彻其陪厦，敞为新宫，凡二十有六楹”。后来元军屠城，学宫受损严重，道光二十九年（1849）开始，左宗棠在此开设学馆，收徒教书两年。清咸丰二年（1852），太平军攻城，将学宫的魁星楼作为炮轰目标，学宫受到不同程度的损坏。太平军退走后，长沙、善化、湘阴3县士民捐银10万两，恢复学宫。长沙府学宫最辉煌时是在同治五年（1866），巡抚李瀚章主持大修。

从清光绪《善化县志》“长沙府学富图”可窥当时的恢宏：正殿五进，为核星门、大成殿、御碑亭、崇圣祠和尊经阁；西面为训导署、名宦祠、乡贤祠、射圃等；东面为教授署、明伦堂、文昌阁、屈子祠等；东南有魁星楼。清朝覆灭后学宫被民国政府征用，20世纪30年代湖南省政府主席何键在此举行大规模祭孔典礼。1938年，学宫毁于抗日期间国民党“焦土抗战”政策下的“文夕大火”，现仅存“道冠古今”石坊。2005年，其遗址被长沙市人民政府列入重点文物保护单位。

汨罗玉池山梓木洞

梓木洞（今达摩岭村）属湖南省湘阴县（今汨罗市）川山坪镇，坐落在风景秀丽的玉池大山和湖鼻大山之间。东靠今汨罗市神鼎山弼时镇，西

左宗棠、郭嵩焘两家躲避太平军避居玉池山今貌

抵湘阴县长康镇，南与长沙市望城区桥驿镇接壤，北与今汨罗市白水镇相连。川山坪中的梓木洞，在太平天国运动爆发后，因左宗棠和郭嵩焘兄弟曾携全家在这里居住避兵祸而闻名于世。

湖南巡抚衙门

康熙三年（1664），湖南偏沅巡抚衙门移驻长沙，在此修建官署，称巡抚衙门。乾隆年间巡抚蒋溥扩建园林，取陆游“柳暗花明又一村”之意，命名官署为“又一村”。当时有东辕门、西辕门，十几进，100多间房。衙内建三个亭，分别名双清亭、

湖南巡抚衙门遗址今貌

丰乐亭、澄湘亭，三亭呈品字形排列。左宗棠当幕僚期间曾在这里办公。

1898 年 1 月，熊希龄、谭嗣同等创办的南学会，即设于衙门内的孝廉堂。民国建立后曾为省都督府，1931 年改建为民众俱乐部，后又改建为中山公园。2006 年 7 月，长沙市政府立“湖南巡抚衙门故址”石碑，碑上写道：“清代湖南巡抚衙门故址”，即今天的长沙市青少年宫。

长沙司马桥寓所

左宗棠在长沙司马桥寓所，是左宗棠第二次任湖南巡抚幕僚时，于 1857 年由湖南巡抚骆秉章和左宗棠至交湖北巡抚胡林翼合出私费 500 两白银买的一处宅院，在今蔡锷北路中段。左宗棠在给朋友的信中写道：“敝居旧为辛稼轩（南宋辛弃疾）帅潭时练兵故地，寨曰飞虎，桥曰司马，因其遗迹名之。咸丰年间，弟由柳庄移家长沙，骆、胡两文忠醵金五百购得之。虽近城市，却似乡村，种蔬数十畦、养鱼数百尾，差足自给。”宋淳熙间，辛弃疾任潭州（长沙）团练使，创建抗金队伍飞虎营，在长沙修建了营寨称“飞虎寨”。所以这里是宋、清两代历史名人的纪念地。

长沙司马桥左宗棠寓所遗迹。站立者为左宗棠曾孙女婿梁赐龙

司马桥寓所购买时，是两进房子。后面为菜园、池塘。后来左宗棠在调任陕甘总督后，随着家中人口增加，又扩建了第三进。扩建之后，南起

司马里，北至三公里，一带高墙，占据了司马桥半边街，成了一座大宅院。

左宗棠有四个儿子，孝威、孝宽、孝勋、孝同。左宗棠去世后，四房子孙分居在这座宅院里。

整幢宅院由南而北有三座大门。靠南一端是临街朝西的正大门。进了正大门，便是一条宽两丈的长甬道，甬道底是四房的大门，进去自成院落。甬道左侧正中是二房的大门，门前有二石鼓，街上的行人是看不到的。进了这张大门，才是正厅和东西花厅。正厅当中挂着同治十年（1871）“御笔‘旂常懋绩’匾”。这是同治帝在左宗棠60岁寿辰时赏赐的八项礼物之一。正厅当中高悬一龙袍盒，是咸丰的遗物，也是赏赐功臣的。正厅左右是居屋，当年左宗棠就住在这里。以后，每年左宗棠生日、忌辰，或是春节、上元，正厅当中便挂起左宗棠的画像，朝服翎顶，家人称之曰“喜客”，各房后人都来行礼跪拜。

临街的第二座门是三房的大门，名叫“齐园”。从左边的轿厅进去，前面是一个平整的院子和两进朝南的五开间房子。临街靠南端是大房的大门，门上有“湘山旧望”四字。在抗日战争全面爆发后，从1939年开始，湖南抗日经历了四次“长沙会战”。“会战”前，国民党制定了“焦土抗战”政策，以致长沙城毁于1938年的“文夕大火”中，这座寓所也随之毁灭。

福州正谊堂书局、正谊书院

正谊堂书局地址设在福州新美里（今福州黄巷），由闽浙总督左宗棠在同治五年（1866）所创立。书局创立期间共计刻印书籍68种524卷，总名为《正谊堂全书》。后来继续刊刻出版的《正谊堂全书》，史料上没有统计。创办该书局是为了传承理学家的思想，继往圣之绝学，以教化人文。左宗棠移督陕甘后，对正谊堂书局的运营仍予以多次关注和支持。

正谊书院创立于同治九年（1870），取汉代大儒董仲舒之语“正其谊

福州正谊书院原貌

不谋其利”的意思。是后来镇闽将军英桂接受沈葆桢、杨庆琛的建议，将正谊堂书局改制而来的，选址在福州骆舍铺（今东街口原省图书馆旧址）。再后来，正谊书院与凤池书院合并，改名为全闽大学堂，即福州一中前身。

福州常丰仓

福州常丰仓

清郭柏苍《乌石山志·卷二·古迹》载：“常丰仓，在山北麓。同治年间，闽浙总督左宗棠建大廒（粮仓）一十一座，又增建小廒六座。光绪七年（1881）由善后局司道修建仓廒六座，并前闽浙总督左宗棠所建六座小廒重修，统共大小仓廒三十八座。”常丰仓为古代福州粮仓，其地至今仍名仓角头，故址在福州市鼓楼区灵响社区福州工艺制花厂附近，现为民居，粮仓踪迹全无。

福州马尾罗星塔公园

今福州马尾罗星塔公园内，左宗棠与洋人洽谈造船事宜的雕像

同治五年（1866）五月，时任闽浙总督的左宗棠奏请在福州设船政局，在马尾创办造船厂。船政初创不久，左宗棠调任陕甘总督，他力荐由沈葆桢总理船政事务，得到清政府批准。左、沈共襄船政，聘请法国人日意格和德克碑为船政局正副监督，设厂造船，筹建海军，开办学堂，培育人才。罗星塔公园是船政文化主题公园的一个重要组成部分，位于福州马尾罗星山，面积 2.33 公顷。2008 年，罗星塔公园被评为第二批“国家重点公园”。

福州船政文化遗址群

福州船政文化遗址群，包括中坡炮台、马江海战烈士墓、昭忠祠、英国领事分馆、轮机车间、绘事院等多处船政历史建筑和遗址，展现了近代中国科学技术、新式教育、工业制造、国防建设、西方经典文化翻译传播、东西方文化交流等方面的丰硕成果，折射出立志进取、积极作为、虚心好学的中华优秀传统文化神韵。

福州船政文化遗址群形成了独特的船政文化，是中国近代工业的重要发源地之一，被誉为“中国近代海军的摇篮”。先后被命名为“全国爱国主义教育示范基地”及“国家国防教育示范基地”等称号。

船政文化遗址群从2019年开始，已纳入了梳理船政文化体系、整合船政文化资源、占地1平方公里的福州中国船政文化城。船政文化大量的珍贵文物、图片、模型等陈列在该文化城内中国船政文化博物馆里。

马尾造船厂轮机车间

福州船政旧建筑

福州中国船政文化城今貌

中国船政文化博物馆今貌

福州左、沈二公祠

左宗棠首创福州船政局，沈葆桢继而大展宏图，清光绪年间福州郑祖庚《闽县乡土志·商务杂述》较早记载此事："同治初，左文襄督师入闽，剧寇既平，重念闽滨海要区，不亟讲洋务，无以善后。乃相地于马江之中岐，创设船厂，立学堂，延洋人为师，奏在籍江西巡抚沈文肃公葆桢任其事，专折奏报。职曰总理船政大臣，督抚不得节制焉。然百为草创，头绪纷繁，经始之难与守成之不易皆有可纪。"光绪五年（1879）沈葆桢病故两江总督任上。光绪十一年（1885）左宗棠病逝福州。后人为纪念开创福州船政局的功臣左宗棠和沈葆桢，在马尾旺岐建"左沈二公祠"，其大厅正中悬挂马尾船政提调杨廷传题书"遗爱在人"的匾额，还有许多楹联，其中有长乐林建章的一副楹联脍炙人口：

开山两伟人，文襄、文肃垂千古；
择地多深意，铸舰、铸才充四方。

福州左沈二公祠

福建罗源圣水寺

圣水寺在罗源县城关，始建于北宋绍圣三年（1096），历代屡有重修，现寺宇为清代建筑，是罗源县著名寺庙，寺内有不少元代以来摩崖题刻。寺内珍藏宋代十八罗汉石雕像，为福建省第三批省级文物保护单位。寺内楹联颇多，天王殿悬挂一副左宗棠楹联：

圣水得源头，方知我佛本经不存贝叶；
登山见真面，益信众生自性各有莲花。

此联收入《圣水寺志》(1996 年《罗源文史资料》第五辑)。

福建罗源县圣水寺一角今貌

福建湖南会馆

福建湖南会馆在福州西门善化坊（今福州十八中），同治五年（1866）九、十月间，闽浙总督左宗棠奉命赴任陕甘总督，因闽事未定，暂缓西行。特为福建湖南会馆写了一副楹联：

瓯浙越循梅，海国仍持使者节；

陇秦指疏勒，榕垣还作故乡看。

1999年，湖南会馆按原样移建至西侧二公里处杨桥中学旁，为鼓楼区文物保护单位。

西安碑林的“天地正气”碑

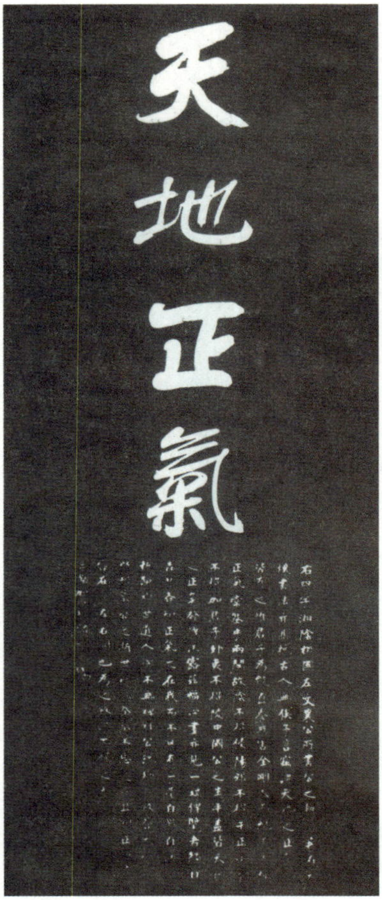

西安碑林保存的左宗棠撰书的“天地正气”碑刻

左宗棠为激励自己和部属，曾题写“天地正气”四字，现存于西安碑林中。左宗棠去世后，著名理学家贺瑞麟为纪念他专门刻石题跋如下：

右四字湘阴相国左文襄公所书，公之勋业著在天壤，书法亦高抗古人，无俟予言。窃谓天地之正气人皆有之，惟君子为能直养无害，全刚大而配道义，使正气常塞乎两间，故阴不得侵阳，邪不得干正，小人不得加君子，外夷不得凌中国。公之生平盖皆天地之正气发泄流露。兹幅心画亦见一端，俾览者触目森然，各知正气之在我，而不可有一毫自卑自污之私，即于世道人心不无裨补。公既殉，敬苍太守取以刊摹公之斯世，以致拳拳不忘之意，且如正襟肃容在公左右，间也为之敬跋而归之。光绪乙酉小阳三原贺瑞麟。

西安陕西贡（举）院

据《典故纪闻》、乾隆《西安府志》载，陕西贡院为明景泰年间左布政使许资奏请朝廷修建。比照今天地名，大致在今东、西举院巷与早慈巷之间，包括儿童公园及其周边地区。从西安城功能区的整体分布看，明清时期，西安城文教区逐渐在东南城区形成，以文庙、关中书院、西安府学、咸宁、长安二县学为中心，而陕西贡院选址于西门内北侧，与东南文教区遥遥相望。考试区与文教区远离，适应了考试场所防止舞弊的要求。陕西贡院在西北城区的建设，也为这一官署集中区和穆斯林聚居区带来了更为浓厚的文化色彩。左宗棠在陕甘总督任上，多次到陕西贡院监临乡试考场。

西安陕西贡院原貌

咸阳三原宏道书院

陕西三原教育历史源远流长，是华夏人文初祖黄帝亲自创造人文、教化百姓的地区。早在汉、唐、元、明时期，三原即设置经师、经学博士、助教、教谕，讲经解学。元大德七年（1303）建县学，元延祐七年（1320）李子敬、李子懋兄弟二人出资，在县城西北角创办“学古书院”。明弘治六年（1493），北城人王承裕考中进士后，陪伴父亲王恕回到家乡，借僧舍讲学，题名“弘道书屋”；两年之后创办“弘道书院”，后改为“宏道书

咸阳三原宏道书院今貌

院”。父子同办书院，亲自讲学，成为“三原学派”的创始人。

明清以来，三原经济日见繁荣，文化教育风气鼎盛，士子云集，清代康熙年间就有“学风之盛莫过于三原”的美誉。康熙六十一年（1722），陕甘总督年羹尧奏准将陕甘提督学政衙署由西安移驻三原，此后长驻154年，乡试长期在这里进行。光绪二年（1876），朝廷准许左宗棠奏请，增置甘肃学政，在陕西的提督学院不再管理甘肃学务，但三原仍是陕西省的教育中心，左宗棠仍从各方面扶持宏道书院。三原成为关中理学的重要发祥地和传播地。

宁夏归儒书院

归儒书院位于宁夏泾源。同治年间甘肃在回民集中居住地新设化平厅（今泾源），同治十三年（1874）提督喻胜荣捐资创建一所书院，以教育回民子弟。总督左宗棠题名“归儒”，意为：虽回民信仰与中原不同，但善恶之性亦同，若以儒者之说进之，因其性而达其情，又推其情至君臣夫妇朋友之间，则“伦谊明而习俗化矣”。并撰《归儒书院碑记》记其事。

左宗棠撰的《为喻胜荣捐资创建书院请饬立案片》：“化平新设之区，仪设书院，以资启迪。因经费无出，（喻胜荣）将积存薪水银两于化平城内创建书院一所，正屋一连三栋，两旁厢房、斋室，共计二十四间。又，另修坐南向北铺屋七间，南门外河岸修水磨二架，磨旁垦熟川地六亩，并哨队自修房屋共计四十间，一并捐入书院，按月收租，作为师生课赏膏火费用。”光绪三十一年（1905）通判曾麟绶将书院改建为两所小学堂。

宁夏归儒书院

兰州节园陕甘总督府

兰州是陕甘总督府所在地，左宗棠在此住的时间较长，留下的遗迹甚多。兰州节园是遗迹之一。兰州节园是古代“官园”之一，也是陕甘总督府的后花园。该园是明建文元年（1399）肃庄王朱英创建，为肃王府后花园，历代修葺。

清乾隆二十八年（1763）陕甘总督驻节肃王府，自南至北有辕门、大门、仪门、大堂、二堂、三堂、内宅、后楼，组成大小10来个院落，院

兰州原陕甘总督府（今甘肃省人民政府所在地）

内颇多花木；后楼北部为后花园，最北为北城墙，因总督驻节，故称节园。现为甘肃省人民政府所在地。

嘉庆、道光年间，那彦成三任陕甘总督，多次修葺。俗称东花园。民国时节园为甘肃督军署、甘肃省政府后花园。民国十五年（1926），国民军一度改节园为中山东园，定期供市民游览。兰州解放后为中共甘肃省委驻地。

节园北靠北城墙，上建拂云楼，亦称源远楼，俯临黄河，立肃王诗碑两通。明末李自成部贺锦攻克兰州，肃王二妃碰碑而亡，称碧血碑。为表彰二妃的气节，左宗棠书写文天祥《正气歌》诗碑，现存兰州市工人文化宫南边，并在园中建肃王烈妃祠。园中有台地，上建长方形船亭，左宗棠题额“槎亭”，撰楹联曰：

八月槎横天上水；
连畦菜长故园春。

左宗棠利用此水，模拟黄河形胜为微缩景观，以概括陕西、甘肃的疆域大势；在园子的西北挖了两个池塘，起名为“澄清”，以象征扎陵湖、鄂陵湖；渠水由北折向东而流，其北筑矮城墙数段，上题“三受降城”，渠水向南流经小土山，在山石上题“太华夜月”；渠水绕过山后东流出园，树石题“砥柱”。澄清池的北面建有澄清阁，左宗棠题联曰：

万山不隔中秋月；
千年复见黄河清。

这副楹联，其意境积极，反映了百姓心声。甘肃虽然地处西陲，关山阻隔，但是皎洁的中秋月，毫无偏见，依然将其清辉洒满陇原大地。滚滚黄河，引灌到这里后清澈如镜。在兰州碑林主体建筑草圣阁北门，可看到左宗棠写的这副楹联，悬挂在两边门柱上。

园内亭台楼阁间，槐、椿、桑等乔木高耸，翠竹婆娑，牡丹、玉簪应

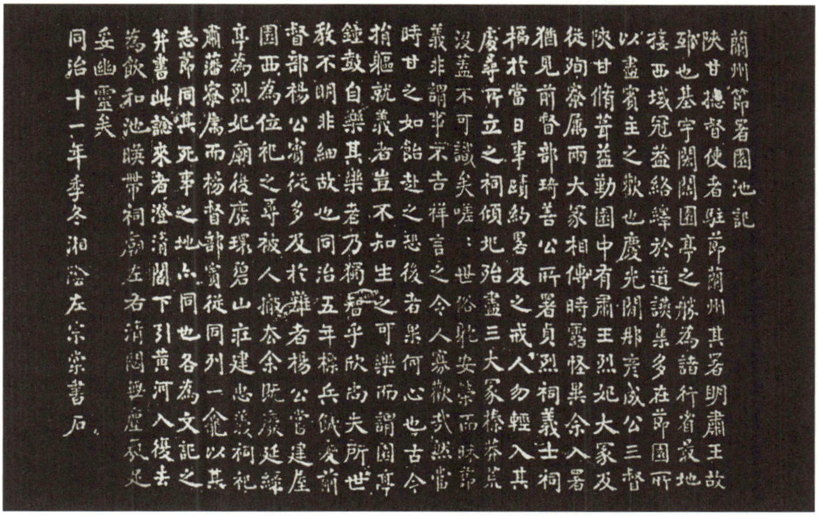
蘭州節署園池記
陝甘總督使者駐節蘭州其署明肅王故
邸也基宇閎闊園亭之勝為諸行省最地
接西域冠蓋絡繹於道讌集多在節園所
以盡賓主之歡也慶光閒那彥成公三督
陝甘修葺益勤園中有肅王烈妃大冢及
從殉侍屬兩大冢相傳時露怪異余入署
猶見前督部琦善公所署貞烈祠義士祠
榻於當日事蹟約略及之戒人勿輕入其
處尋所立之祠傾圮殆盡三大冢榛莽荒
沒蓋不可識矣嗟 ：世俗耽安榮而昧節
義非謂死不吉祥言之令人寡歡 然當
時甘之如飴赴之恐後者果何心也古今
捐軀就義者豈不知生之可樂而謂園亭
鐘鼓自樂其樂者乃獨[illegible]乎欣尚夫所世
敎不明非細故也同治五年標兵餉變前
督部楊公甯從多及於難者楊公嘗建崖
園西為位祀之尋被人撤[illegible]余既康延繹
亭為烈妃廟後廣環碧山莊建忠義祠祀
肅藩眷屬而楊督部實從同列一龕以其
志節同其死事之地亦同也各為文記之
并書此諗來者澄清閣下引黃河入樓去
為飲和池暎帶祠廟左右清閟無塵氛足
妥幽靈矣
同治十一年季冬湘陰左宗棠書石

左宗棠撰书的《兰州节署园池记》碑刻

时吐艳，荷花映日。其中慈云阁筑于高台，登砖阶至阁，最宜眺望园东景致。左宗棠撰书的《兰州节署园池记》称：“节园基宇闳开，园亭之胜为诸行省最。”光绪四年（1878）四五月间，左宗棠开放节园，听任市民游览，并备有茶水，免费供游人饮用。

甘肃制造局

甘肃制造局的前身是西安机器制造局，都为左宗棠创办，它是我国在西北地区最早开办的洋务军工企业。左宗棠调任陕甘总督后，由于西北交通运输不便，军需供给困难，朝廷同意创建西安机器局这个军用企业。为使西安机器局迅速投入生产，左宗棠从江南制造和金陵制造调募了一批受过训练的熟练工人，花费 30 余万两白银购买德国制机器，用以制造洋枪、铜帽和开花子弹等军火。同治十一年（1872）七月，因战事重心转移到甘肃，左宗棠遂移师兰州，同时，将西安机器局也搬迁至兰州，更名为甘肃制造局。为增强甘肃制造局的技术力量，左宗棠一方面从浙江、广东、福

甘肃制造局遗址原貌

建等地抽调来了一批批技术工人，一方面委派颇懂机器的记名提督、总兵赖长主持工厂事务，监造枪炮。

甘肃制造局最初建于兰州城南畅家巷，虽然生产能力有限，但生产武器所用原料都是好铁，故能依靠本厂的力量制造出铜帽和大小开花弹，还能仿造普鲁士螺丝及后膛七响枪，并且改造了原有的劈山炮和炮架，基本上满足了西征军的武器装备需求。在击败俄、英支持的侵占新疆13年的阿古柏及其侵略军的战斗中，起到了重大作用，也是第一次在对外战争中使用自己制造的枪炮。光绪八年（1882），甘肃制造局停业。光绪三十三年（1907），由于清政府扩建训练新军的需要，甘肃制造局重又开业。同年八月，兰州道台彭英甲将该局迁至城内小仓子（今官升巷，通渭路北段），并更名为兰州机器局，有工匠、艺徒110余人，修造枪炮弹药。1917年盘踞在甘肃的军阀张广建，又将该局迁至城西旧举院萃英门内（今兰大二院院内东部）。1926年时任冯玉祥西北军师长的刘郁芬统治甘肃，又改名为甘肃制造局，制造枪炮弹药等，以供军需。1939年因没有造币厂这里还造了一个时期的钱币，故也称造币局。抗日战争爆发以后，甘肃制造局由国民党中央资源委员会和甘肃省政府接管，在1941年9月改名为甘肃机器局，除了修配军械，还仿制一些比较简单的皮带车床。1942年为免遭日寇飞机的轰炸，该厂又迁至西郊土门墩。1949年前夕，该厂的全部机械设备被军阀马步芳洗劫一空，大部分机器运往青海。

兰州五泉山清虚府

兰州五泉山清虚府今貌

兰州市五泉山上有座灵佑祠，原供奉泉神和雹神，后被毁。重修时，当地官绅有感于左宗棠在陕甘的功绩和他为当地民众办了无数好事，把灵佑祠改为清虚府，作为左宗棠的生祠。左宗棠知道后，立即制止，吩咐重修的祠内仍供奉泉神和雹神。供奉泉神，以求五泉之盈旺，以解干旱之忧苦；供奉雹神，以求免除冰雹之灾害。左宗棠逝世后，改为供奉宋代岳飞、明代杨忠愍和清代左宗棠像。

甘肃举（贡）院

陕甘总督左宗棠于同治十二年（1873）奏请甘肃乡试与陕西分闱，在省城兰州举行。经朝廷批准，于光绪元年（1875）在兰州城西北郊外海家滩建成甘肃举院，又称贡院。举院中心建筑为至公堂；至公堂西为明远楼；南北为考试的号舍，可容纳4000人；楼西为龙门，系三连大门。至公堂东，依次为观成堂、衡鉴堂、雍门、录榜所；其南北两侧为考官的办公场所。甘肃举院建筑群气势恢宏，主次分明，功能齐全，能够高效推动考试机器的运转，为甘肃选拔人才。至公堂是监临（用大员监临，以纠察关防总摄闱场事务）、外帘官（在考场提

甘肃贡院主体建筑至公堂今貌

调监试的官员）办公处所。门楣上悬左宗棠书“至公堂”匾。门两侧挂左宗棠撰书楹联曰：

共赏万余卷奇文，远撷紫芝，近搴朱草；
重寻五十年旧事，一攀丹桂，三趁黄槐。

左宗棠奏准陕甘分闱乡试后建的甘肃举院

甘肃举院至公堂，现保存完好。

兰州碑林

兰州碑林是历代名人、诗人和书法家精品荟萃之地。进门处即是左宗棠撰书的“万山不隔中秋月；千年复见黄河清”的楹联，三楼现存有左宗棠的两副字贴。

一副是正楷：

一抔荒土苍梧泪；
百尺高楼碧血碑。

另一副是左宗棠最拿手的字体篆书：

万派原头来活水；
四时华里识生香。

兰州兰山书院

兰山书院位于甘肃省会兰州。始建于清雍正十三年（1735），由甘肃巡抚许容奉旨而建。因兰州有座山为皋兰山，故以为名。书院之地在兰州

兰山书院今貌

新关路北明代红花园内，即今秦安路兰州市第三中学校址。兰山书院建院后，又经多次修葺扩建。光绪元年（1875）总督左宗棠是第五次修建人，几经修建，兰山书院的规模日臻完善扩大。书院中央是文仁堂，有五间房屋面积，其左右耳房，为东、西官厅。东官厅后面是东斋四院，西官厅后面是西斋三院，东、西斋七院为学生所居。东西官厅前有仪门，门外西面为监院官舍，东面为书斗房，相当于阅览室。仪门前就是大门，有三间房屋面积。大门外左右有东、西坊表二，一曰兴贤，一曰育才，悬挂于坊门上。兰山书院每年膏火费需要2000多两银子，左宗棠经常捐出自己的俸银解决学生的一些伙食费。

兰山书院是甘肃最大的一所省立书院。明代是肃王的园林红花园。清雍正二年（1724），甘肃巡抚卢询捐养廉银辟红花园为正业书院，置射圃，立坊表。雍正十三年（1735），甘肃巡抚许容奉旨改建为省立兰山书院。此后140年中，经过乾隆三十年（1765）陕甘总督杨应琚、乾隆五十年（1785）陕甘总督福康安，嘉庆二十五年（1820）陕甘总督长龄、道光二十二年（1842）陕甘总督恩特亨额、光绪元年（1875）陕甘总督左宗棠等五次修建，每次间隔约二三十年，使之成为规模宏大的官方书院。

甘州（今张掖市）南华书院

南华书院初建于同治十三年（1874）。之前，甘州绅民集资，欲为左宗棠立生祠，左宗棠不许，命改建成南华书院。1949年后，南华书院改为新生机械厂，后辟为南环路。2014年，甘州区委、区政府修整西来寺巷

南华书院大门门楣今貌

古民居，恢复南华书院，并向社会开放。书院以国学的研究、交流、传播与书画的创作、交流、展出为主要职责，向社会提供公益讲座。

西汉酒泉胜迹

甘肃省酒泉市肃州区城东北自古有古泉群，形成大片湿地，聚水成湖。汉武帝元狩二年（前 121）骠骑将军霍去病西征匈奴，大获全胜于此，汉武帝赏赐御酒以表彰其功。霍去病以功在全军，人多酒少，遂倾酒于古泉中，与将士共饮，故有“酒泉”之名。

左宗棠任钦差大臣督办新疆军务时，为便于就近指挥收复新疆，于光绪二年（1876）二月第二次从兰州移师驻肃州（今酒泉市），建立指挥部大本营。利用指挥收复新疆作战的空隙，筹划拓挖泉湖。他带头捐银，调

西汉酒泉胜迹内，左宗棠带头捐资组织拓挖的泉湖（后人也称“左湖”）今貌

酒泉市西汉酒泉胜迹大门今貌

动军中将士施工，拓挖出了一个人工湖，又环湖筑堤三里。堤上种植杨枊花树，堤外拓肥田数百亩，引得“水禽沙鸟不呼而至”。在湖中修建亭榭，造放游船，投鱼苗万余尾。先后又整修文昌阁、佛祖庙，添建戏台，架天桥连通东西二楼，修建月洞、清励楼。题写“大地醍醐”和“饮之令人寿”的匾额，内立“汉酒泉古郡”的石碑。修建二重门牌楼，亲自撰书其楹联：

甘或如醴淡或如水；
无即学佛有即学仙。

每逢春节、清明、四月八、端午、重阳、中秋等节日，四邻八乡的汉、蒙、回、藏等各族民众呼朋唤友，携家带小，自备干粮，或步行、或骑马、或乘马车来免费游览，成为当时最繁华热闹的游乐场所。

拓挖的湖，当年称“泉湖”。民间因感恩左宗棠，也有口称“左湖”的。后定名为“泉湖公园”，新中国成立后到20世纪依地域名改名为“酒泉公园”。再后来，以西汉骠骑将军霍去病“倾酒入泉，犒赏将士”的典故，又改名为“西汉酒泉胜迹”。系今酒泉市最大的市民休闲公园。

嘉峪关

甘肃嘉峪关悬壁长城，距离甘肃省嘉峪关市区西北约14公里，距离明长城嘉峪关关城约8公里，因筑于约45度的陡峭山脊之上，形似凌空倒挂，因而得名悬壁长城。悬壁长城是嘉峪关关城的北向延伸段，是嘉峪关古代军事防御体系的重要组成部分，始建于明嘉靖十八年（1539），是就地取材依地势而建，用砾石夹杂黄土夯筑而成的。现在只存750米，经1987年修缮，由漫道、垛墙、墩台、马面组成，在首尾各增修了一座敌台，共有三座墩台。嘉峪关悬壁长城下，广场中央有一尊左宗棠牵马蹿行的雕像，形态逼真，栩栩如生。

嘉峪关市石关峡，汉设“玉石障”，唐设“石牌关”，五代设“天门

嘉峪关今貌

关”；宋初，玉门关从唐玉门关（今安西县双塔堡）东移至此。从汉代至清代，从石关峡出入西域诸地的军政官吏、商贩胡客不计其数，张骞、霍去病、班超、玄奘、马可·波罗、林则徐、左宗棠等历史名人都在此留下过历史遗迹。

在嘉峪关西门关城城楼上，一块“天下第一雄关”六个大字的牌匾，字大如斗，苍劲有力，神意飞动，气贯长虹，如大笔一挥而就，颇为醒目霸气。题书落款为左宗棠（由于历史原因，左宗棠书写的牌匾已遗失。现有的牌匾上“天下第一雄关”六个大字，是20世纪80年代佛学大师赵朴初补书）。据秦翰才著《左文襄公在西北》一书记载：清同治五年（1866）左宗棠任陕甘总督，在同治十二年（1873）驻节肃州时，发现嘉峪关年久失修，城墙坍塌残破，如此重要的战略隘口形同虚设，

嘉峪关悬壁长城下广场左宗棠雕塑像

随即下令整修嘉峪关，并题写了“天下第一雄关”横额安置于关头。此书中还记载：这是同治十二年（1873）九月，左宗棠攻克肃州，打通了收复新疆的出兵通道，处理完军、政大事后，起程回兰州时巡视嘉峪关发生的事情。

乌鲁木齐“一炮成功”广场

光绪二年（1876）六月廿九日，收复新疆的先锋将军刘锦棠攻克古牧地之后，率部直指乌鲁木齐周边的迪化州城与王城，架大炮于六道湾山梁上，准备攻取乌鲁木齐。帮侵占新疆的阿古柏守乌鲁木齐城的是投靠阿古柏的回军白彦虎和马人得，他们万没料到西征军如此神速。西征军仅开一炮，守军就闻声溃退，弃城逃窜，西征军兵不血刃就收回了乌鲁木齐。为纪念“一炮成功”收复乌鲁木齐，后人建有“一炮成功”建筑物。纪念建筑物为一座圆形“碉堡”，两层土木结构，底部直径12米，炮台高八九米。正面是半圆形拱门，门首镶嵌一块石雕，上书楷体“一炮成功”四字。经过百余年的风雨侵蚀，原建筑已倒塌，旧址现已改作他用。2001年，在距原址不远处的水磨沟水塔山广场上重建了“一炮成功”纪念物。现在的“一炮成功”纪念物基本按照当年的面貌还原，碉堡炮台也使用青砖，圆形拱门上的“一炮成功”也是楷书，红色的拱门上布满仿古的圆形铜钉，门外还立有两个矮个子的清兵石像。广场中心左宗棠汉白玉雕像的棕色大理石台座有3米高，汉白玉雕像有近5米高，左宗棠双手背在身后，拿着卷起来的图纸，脸微微朝左，双眼平

位于水磨沟的“一炮成功”纪念广场左宗棠雕像

视前方，表情自信，仪态儒雅。

哈密大营门

西征军购粮运输队经过哈密，前往收复伊犁前线

左宗棠于光绪六年（1880）四月十八日，冒着千里戈壁的风沙酷暑，从肃州携棺入疆，五月初八日（阳历6月15日）到达哈密，把指挥部大营迁到哈密城西北，表示了和沙俄侵略者决一死战的决心和勇气。左宗棠的大营驻扎于今哈密伊州区西河坝、旧名孔雀园的地方，那里有一个高土台，左宗棠的大军来后，称其为凤凰台。哈密后人称这地方为“大营门”。史料记载：“大营状如城郭，与新城相对峙。由是街道大兴，商随营集，平碛构庐，店舍鳞比，市镇喧阗，百货衔尾辐辏，实为从来未有之盛。”现在此处为“顺驰苑公寓”所在地。

哈密市西河坝凤凰台左宗棠携棺入疆率部驻扎的大营门遗址（摄于2023年11月19日）

民国时期，这里有高高的营盘土墙和一座高土台。20世纪五六十年代，这里还能看到那些残垣断壁，经过多年的变迁，如今这里已成了一片农地。左宗棠率部在哈密驻扎不久，由于清政府害怕和沙俄对

抗，于是诏令左宗棠进京任军机大臣。左宗棠把新疆善后工作交给刘锦棠、杨昌濬后，于同年农历十月十二日（阳历 11 月 14 日）离开哈密大营返京上任。次年《中俄伊犁条约》签字。左宗棠在哈密虽然只住了 153 天，他和他所率西征军，包括张曜统率的“嵩武军”却给哈密百姓留下了刻骨铭心的印象。左宗棠逝世后，哈密市老城东西方向的大街被命名为“宗棠路”。新中国成立后，改称“自由路”。

伊犁将军府

伊犁将军府旧址位于霍城县惠远乡，清光绪七年（1881），收复伊犁后，清朝政府在距惠远城西北 7 公里处重建了新城。新城的布局、规模仍仿照旧城兴建，新城仍冠以“惠远”之名。伊犁将军府也于清光绪十五年（1889）修建新城时重建。新建的伊犁将军府坐落在钟鼓楼以东，东大街正中，坐北朝南。进入大门里面是宽阔、铺着石板的庭院，庭院两厢，是厅堂台榭，曲折回廊。院内耸立着 3 棵百余年古槐，枝干苍老遒劲，浓荫遮天蔽日，是当时重建将军府时所栽，人们缅怀左宗棠之不朽功勋，将其称之为“左公槐”。进入二门是议事厅，厅的两侧是将军府的院仓、文房、客厅等。穿过中堂，后院是小巧、精致的花园，花园中建有一凉亭，飞檐翘角，雕梁画栋，由 6 根红漆圆柱支撑，亭厅琉璃瓦熠熠生辉。

伊犁将军府今貌

在左侧的厢房中，陈列着左宗棠、刘锦棠收复新疆的挂图、历史照片和文献资料。还有众多对新疆作出过重大贡献的伟人、名人的蜡像，其中就包括林则徐、左宗棠、刘锦棠和曾纪泽等人，形象栩栩如生。一百多年来，伊犁将军府历经沧桑，已远非昔日辉煌可比，但原来的府门、石狮、厅堂、金库、厢房及花园中的凉亭至今犹存，依稀可见当年胜景。

北京西堂子胡同 左宗棠旧居

北京西堂子胡同左宗棠旧居四合院大门今貌

光绪七年（1881）正月左宗棠从哈密回京后，住进了离紫禁城东华门很近的一座王府花园式的四合院内，该院本来是雍正朝怡贤亲王的故居，屋宇精洁，花木扶疏，上朝方便，当时成了封疆大臣下榻处，左宗棠所住之处，是其中最大一个院落。1990 年 12 月 9 日《北京日报》二版的《北京文物》栏有篇报道：“东城区西堂子胡同二十五号至三十七号四合院，是现在保存较好的由多组院落构成的中型四合院建筑群。住宅院内穿插着长廊、假山、花园，其中二十九号院是清末名臣左宗

左宗棠在西堂子胡同住房（作者摄于 2012 年）

棠的住宅。现在这所院共有三进院落，宅门与正房由抄手游廊贯通，正房内的清式楠木雕花隔断精巧别致。”这对左宗棠入值军机，在总理各国事务衙门行走，十分方便，自然不是其他当朝官吏容易获得的。如今此处邻近王府井大街，现代高楼林立，王府饭店、台湾饭店即建其旁。

北京永定河岸金门闸

永定河岸金门闸原貌

兴办水利、修治河道是左宗棠的一贯主张。当年他从新疆赴京，途经山西、直隶，目睹永定河失修给老百姓带来灾害的状况，心急如焚：“皇居附近，乃粒食维艰，民间流徙靡常，生计萧索，至此已十余年，尚无妥策以善其后。坐视神州陆沉，心何以忍？”因此，他入京后就三次上奏折由他主持治理永定河和桑乾河。得到朝廷批准后，他急调派他的部属王德榜、刘璈、王诗正率各军抵涿州一带修治永定河，他还“躬亲其役”，莅涿州，勘察永定河金门闸坝，巡视南岸河堤。经四个多月的加紧施工，永定河疏通和加固堤坝等工程基本完工。醇亲王奕谖“遣人往阅，始叹为创见”。至今，金门闸旧址仍在。

南京两江总督府

两江总督，是清朝九位最高级的封疆大臣之一，总管江苏（含今上海市）、安徽和江西三省的军民政务，官居从一品。同治三年（1864）前的总督署所，具体在南京何处有待考证；同治三年（1864）后总督署位于南京城正中、原总统府内。原总统府在民国时期辟为国民政府所在地，新中

两江总督府（民国时期南京原总统府）

国成立后，先后作为江苏统战部、民革江苏中央、江苏省政协所在地，现为中国近代史博物馆，全国重点文物保护单位。门前左宗棠建的陶澍、林则徐“二公祠”现已移入其内。

由于清初江苏（含今上海市）和安徽两省辖地同属江南省，因此初时该总督管辖的是江南和江西的政务，因此号两江总督。太平天国运动之前总督职位多由满人担任。之后担任该职的汉人渐多。从康熙四年（1665）到宣统三年（1911），计80余人，98任，历247年。其中于成龙、张鹏翮、史贻直、尹继善、陶澍、林则徐、裕谦、曾国藩、左宗棠、曾国荃、李鸿章、刘坤一等皆为汉人。左宗棠任两江总督时，政绩斐然，史上流芳。

南京江南贡院

南京的江南贡院是中国历史上规模最大的科举考场。在这里考中举人的读书人，就有了做官的资格。该贡院从宋代建成到清末废除科举，为国家贡献出无数人才。清代，林则徐、曾国藩、左宗棠等名臣都在江南贡院主持、组织过考试。

江南贡院今貌

江南贡院，寄托了

历代读书人的无数热望和国家对选拔人才的渴求。在贡院乡试中考中的举人，可以到京城继续进行会试和殿试，对于家贫、缺少盘缠的读书人，贡院还设立了专项基金，予以扶持。资金有限时，左宗棠与曾国藩都曾自掏腰包，各拿出白银5000两，设立基金，还向商户贷款，收取利息，专门用于资助家境贫寒的学子。这一事迹，被刻在江南贡院的石碑上。

江苏江阴南菁中学

江苏省江阴南菁高级中学创办于光绪八年（1882），是一所历史悠久、底蕴深厚的百年名校。南菁中学的前身是一座书院，取名“南菁”，取自朱熹《子游祠堂记》“南方之学得其菁华”之意。光绪六年（1880），黄体芳接任江苏学政，一年后他的上级，则是赫赫有名的左宗棠。黄体芳筹备创建南菁书院时，左宗棠欣然相助，专为此事上奏光绪皇帝，奏拨长江水师京口营游击、协镇两署故址（现江阴市人民路）约90亩土地，作为南菁书院建筑用地。并奏请朝廷下拨了2万两官银作为书院的启动资金。在得到朝廷拨款后，左宗棠、黄体芳还带头募捐，其中左宗棠个人捐银1500两，共募集白银27600两，大洋8600元。南菁书院第一期院舍落成以后，相继镌刻了6块石碑，记载了南菁书院初创时的史实。石碑原嵌在讲堂墙上，后几经劫难，几易存放场所，直到1991年学校在校史馆后院内建成碑廊。1992年9月，江阴市人民政府将碑廊列为市级文物保护单位。当年左宗棠为南菁书院题过两副对联，今天学校的文德楼和书

南菁中学今貌

味亭就是由这两副对联的文字提炼命名的。

提炼文德楼名的对联：

辅世长民莫如德；
经天纬地之谓文。

提炼书味亭名的对联：

绎志多忘嗟老大；
读书有味且从容。

校园内左宗棠背挎宝刀的雕像，赋予了这座校园更多的文化根基。

福建长门炮台、闽安炮台

闽安炮台位于福州亭江镇闽安村，道光三十年（1850）三月，林则徐巡察闽江两岸时奏准建立，称闽安炮台。三合土椿糯米糊筑成，较为坚固。台高4米，厚3米，正面宽30米，中间架设点火式佛郎机大炮。左宗棠任钦差大臣督办福建军务期间，修缮后重新启用。

长门炮台是目前保留下来的最古老、最大的炮台，始建于明崇祯年间，位于连江县琯头镇长门村电光山上，历经了数次战火洗礼。之后，中国军民又在这里浴血奋战，顽强抗击日军的侵略。长门炮台是圆形城堡建筑，直径95米，由围墙、营房、操场、弹药库、炮位组成。外墙底部和上层内

闽安炮台今貌

部均采用花岗岩大条石垒砌，内有约300平方米的操场。整个炮台坚如磐石，气势宏伟，与附近礼台炮台、射马炮台、划鳅炮台，以及隔江的琅岐岛金牌炮台、烟墩炮台等形成犄角之势，扼守闽江口第一要隘。现长门炮台遗址已成为爱国主义教育基地、青少年德育基地。

光绪十年（1884），左宗棠以钦差大臣，督办福建军务。十月二十六日至二十七日，左宗棠“会同福州将军穆图善和闽浙总督杨昌濬出省城巡视南台，林浦、马江、闽安南北岸防务，到长门、闽安、金牌详察炮台并在沿港遍布水雷，加强防御”。长门、闽安炮台均为省、市文物保护单位。

福州皇华馆

光绪十年（1884）十月，左宗棠以钦差大臣督办福建军务到达福州，指挥抗法保台驻福州城内皇华馆。光绪十一年（1885），林则徐后人刊刻《林文忠公政书》，左宗棠在该馆为书写了《叙》。

《叙》文中回忆了道光二十九年（1849）林则徐从云贵总督卸任回福州养病，路经长沙，与左宗棠在舟中作彻夜长谈时的情景：

忆道光己酉，公由滇解组归闽，扁舟过道访宗棠于星沙旅次，略分倾接，期许良厚……军书旁午，心绪茫然，刁斗严更，

左宗棠去世之地福州皇华馆，今福州第三中学

由左宗棠曾孙左景伊题写的“皇华馆遗址”

枕戈不寐，展卷数行，犹仿佛湘江夜话时也。

文章最后署“光绪己酉仲春，湘阴左宗棠叙于榕城皇华馆”。

郭白阳《竹间续话》：“文襄（左宗棠）殁于福州皇华馆。”光绪十一年（1885）左宗棠逝于福州皇华馆（今福州三中），终年74岁。1991年，福州文史界李厚威先生曾在《福建日报》撰文呼吁福州三中应设立左宗棠纪念馆。

长沙左宗棠墓

光绪十二年（1886）左宗棠灵柩由福州起运回湘，到湖南后，停在长沙洪山桥以北、湘阴县左宗棠故居以南的史家坡左宗棠祖坟墓园享堂。依左宗棠生前所说“百年之后入祖墓与周夫人合葬”的愿望，原来打算归葬祖坟墓园，但因祖坟墓园不大，进园道路狭窄，考虑左宗棠是拜相封侯的人物，下葬仪式规格高，参加仪式的人太多，容纳不下，场面排不开，决定另选归葬地。当时家人请的风水先生四处看选风水好地，灵柩从史家坡墓园经兴汉门进长沙城，停在司马桥住宅，大祭在住宅举行。传说最后选定风景秀丽的善化八都杨梅河柏竹塘（今长沙市雨花区跳马镇白竹村）是“一龙戏珠”之地，十一月下葬。墓茔在一座小山头上，墓碑上刻“皇清太傅大学士恪靖侯左文襄公墓”。墓前花岗石阶数十步直铺山下，山下有墓庐，墓庐居中的牌位两侧，立有石人、石马、石虎、石羊、石象、龟趺华表各一对；还有石碑数块，其中有湖南书法家黄自元书写的碑文；有江南西道御史徐树钧撰书的碑文。从墓地向西至杨梅河岸有一条五尺宽的石道，河岸牌坊上刻皇帝书赐“旂常懋绩”四字；御碑亭上碑文系清代书法家何绍基之孙何维朴（1842—1922，字诗孙，湖南道县人）所书。墓园由墓田佃户黄姓一家子孙相继看守至今。

墓园的石阶、石碑等石料于20世纪50年代末至60年代初，被陆续拆除用于修水库和铺设路桥。墓穴、三合土墓拱与未腐似睡的左宗棠遗体和完好无损的棺椁，于1974年竟被胆大妄为之人用炸药公开炸毁挖掘……

1983年，中共中央政治局委员、王震将军倡议修复左宗棠墓。长沙市人民政府以左宗棠功在国家，根据《中华人民共和国文物保护法》，决定修复。修复竣工后并发布公告：

左宗棠墓重修竣工，左公后裔从国内外前来祭拜。图为其后裔与长沙市前来参加左宗棠墓修复落成仪式活动的党政领导在墓前的留影

修复工程已于1985年9月5日开工，经长沙市领导同志视察后，订于10月19日遗骨入殓安葬。11月举行左宗棠墓修复落成及逝世一百周年纪念仪式，并请在长沙的后裔、亲谊于10月19日上午8时至蔡锷路司马桥左公故居遗址乘车前往墓地，参加遗骨入殓安葬仪式。特此敬告左公后裔、亲谊。

1985年11月24日，由湖南省社会科学院等单位发起，在长沙召开了纪念左宗棠逝世一百周年的学术讨论会。左公后裔参加了左宗棠墓修复落成仪式。

重修后的左宗棠墓，墓穴原址未变，但朝向略偏，改为朝向西北，墓碑上书以“清太傅大学士恪靖侯左文襄公之墓”，为清末御史赵启霖之子赵家寰先生所书。因系重修，将原文之“皇”字省去，末尾添了一个“之”字，与原碑同为15个字。墓前雕有石狮一对和香案，左右两侧各有一石柱，上用隶书字体刻有对联：

汉业唐规，西陲永固；
秦川陇道，塞柳长青。

墓道有几十级石阶，坡度很大，转曲接其旁边公路。墓山种植松柏等。全部石料都由丁字湾麻石（当地一种著名的花岗岩）砌成。入墓口处新增有石碑，刻有《左文襄公传略》和《重修左文襄公墓记》。重修墓记全文如下：

上两图为重修后的左宗棠墓的墓拱和墓碑。墓穴原址未变，墓旁坐者为左墓第四代守墓传人黄志清

左文襄公墓在长沙东乡杨梅河柏竹塘山之阳。十年动乱，墓道被毁，碑石散失。中央政治局委员王震将军知公绩之深也，闻而惜之，首议修复。长沙市人民政府以公经略天山南北，巩固西陲，暮年复力排非议，督师抗法，捍卫海疆，竟劳瘁殁于军中，丰功在国，其茔墓岂可淹没！乃于一九八五年拨款重新修复。值此振兴中华、开发西北之际，公之爱国精神与深谋远略，当更能激励后起，后世者永垂也！

落款为：长沙市人民政府，一九八五年九月五日建。并载记：潘基礩撰文；赵家寰敬书；文清泉刻石。

北京昭忠祠、贤良祠

北京昭忠祠始建于辽，因院内有两棵怪异的松树，曾称双松寺。顺治年间，在东交民巷台基厂修建有昭忠祠，是祭祀以和硕敬谨亲王尼堪为首的大清开国功臣的。庚子事变中被毁。庚子事变后东交民巷沦为洋人租界，是使馆区，昭忠祠不可能在原址重修，于是湖广总督张之洞建议，注资修缮被炮火焚毁的广安门内的报国寺，改名昭忠祠，赋予祭奠清祖忠魂，慰藉英烈之功用。

北京贤良祠原貌

贤良祠，清朝雍正八年（1730）兴建，清朝祀王公大臣以及有功国

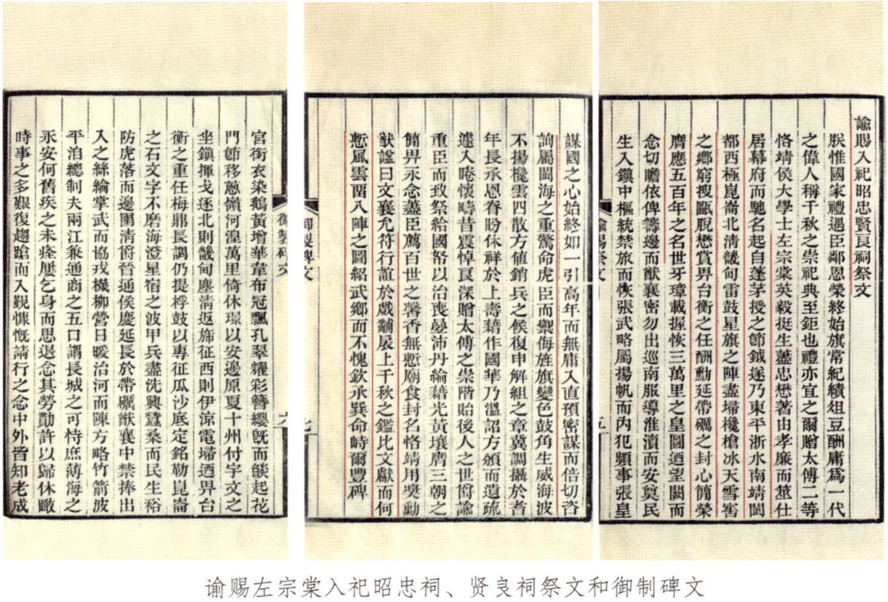

諭賜入祀昭忠賢良祠祭文
朕惟國家禮遇臣鄰恩榮終始旗常紀績俎豆酬庸爲一代
之偉人稱千秋之祟祀典至鉅也禮亦宜之爾贈太傅二等
恪靖侯大學士左宗棠英毅挺生藎忠懋著由孝廉而楚仕
居幕府而馳名起自蓬茅授之節鉞遂乃東平浙水南靖閩
都西極崑崙北清畿甸雷鼓星旗之陣盡埽欃槍冰天雪窖
之鄉窮搜甌脫懋賞畀台衡之任酬勳延帶礪之封心簡榮
膺應五百年之名世牙璋載握恢三萬里之皇圖迺望闕而
念切瞻依俾籌邊而猷襄密勿出巡南服導淮瀆而安奠民
生入鎮中樞統禁旅而恢張武略厲揚帆而內犯頻事張皇
諭賜祭文 五

謀國之心始終如一引高年而無庸入直預密謀而倍切咨
詢屬閩海之重驚命虎臣而禦侮旌旗變色鼓角生威海波
不揚欃雲四散方值銷兵之候復申解組之章冀調攝於耆
年長承恩眷盼休祥於上壽藉作國華乃溘詔方頒而遺疏
遽入晚懷疇昔震悼良深贈太傅之崇階貽後人之世爵諭
重臣而致祭給國帑以治喪覃沛丹綸藉光黃壤膺三朝之
簡畀永念藎臣薦百世之馨香無愆廟食封名恪靖用獎勳
猷謚曰文襄允符行誼於戲黼扆上千秋之鑑比文獻而何
慙風雲留入陣之圖紹武鄉而不愧欽承巽命峙爾豐碑
御製碑文 七

宮銜衣染鵝黃增華韋布冠飄孔翠耀彩簪纓既而[illegible]起花
門節移蔥嶺河湟萬里倚休璟以安邊原夏十州付宇文之
坐鎮揮戈逐北則畿甸塵清返旆征西則伊涼電埽迺畀台
衡之重任梅鼎長調仍提桴鼓以專征瓜沙底定銘勒崑崙
之石文字不磨海澄星宿之波甲兵盡洗興蠶桑而民生裕
防虎落而邊圉清爵晉通侯慶延長於帶礪猷襄中禁捧出
入之絲綸掌武而協戎機柳營日暖治河而陳方略竹箭波
平洎總制夫兩江兼通商之五口謂長城之可恃庶蒭海之
永安何舊疾之未痊屢乞身而思退念其勞勣許以歸休睠
時事之多艱復趨蹌而入覲慷慨請行之念中外皆知老成
御製碑文 六

谕赐左宗棠入祀昭忠祠、贤良祠祭文和御制碑文

家者的专祠，位于现地安门西大街 103 号旁门。贤良祠坐北朝南，面积约 740 平方米。祠内立有雍正皇帝御制贤良祠碑，御书额曰“崇忠念旧”。最初祀王公、大学士、尚书、左都御史、都统、将军、总督、提督、巡抚、副都统共 78 人，又增 21 人，共祀 99 人。左宗棠去世之后，清政府发布了光绪皇帝的上谕：“左宗棠着追赠太傅，照大学士例赐恤。赏银三千两治丧，由福建藩库给发。赐祭一坛，派古尼音布前往致祭。加恩予谥文襄，入祀京师昭忠祠、贤良祠，并于湖南原籍及立功省份建立专祠。其生平政绩事实宣付史馆。”

湘阴左文襄公祠

湘阴左文襄公祠，又名左公祠，俗称相国祠，位于左宗棠家乡湖南省湘阴县城八甲老街。清光绪十一年（1885），左宗棠在福州逝世。湖南巡抚吴大澂奉旨于 1886 年在湘阴动工兴建，1892 年建成，专祀左宗棠。春秋两季，地方官员祭拜。该祠系砖、木、石结构，由三组硬山式屋宇组成，屋宇间用边廊连结，形成整体，还有边厢、水塘等。主体建筑占地 4.5 亩。主体建筑坐北朝南，由前门、中栋和后殿及廊厢组成。东西墙中栋处伸出边厢，建筑风格为晚清小型殿宇式。主体为木构，四周为灌斗砖墙，东西为马头墙，屋面盖小绿瓦。中栋与后栋之间设天

湘阴左文襄公祠正面照

井，天井中有6株桂花树。主殿内设左宗棠神龛及湘籍随左宗棠出征的主要将领牌位。正殿悬挂光绪皇帝和慈禧太后的题匾。前门为照壁，两边开门，门上分别嵌挂慈禧太后题写的“经文”“纬武”牌匾。2001年，左文襄公祠公布为省级文物保护单位，2005年湘阴县人民政府重新修缮。2013年被列入国家重点文物保护单位。

长沙左文襄公祠

长沙左文襄公祠建在北正街西侧至西园一带，占地60亩，祠内有池塘、假山、石舫，正殿背靠城墙，坐北朝南。殿内有左文襄公塑像一尊，系檀木雕刻而成，手脚能动，双目炯炯有神。祠内有一联：

长沙左文襄公祠内假石山遗址今貌

领取十年宰相；
胸有百万甲兵。

抗战时“文夕大火”，长沙城被烧，祠堂全部被焚，后在遗址建了长沙市第二工人文化宫，如今只留下一座假石山，现为长沙市不可移动文物。

福州左文襄公祠

福州左文襄公祠占地42000平方米，有台榭林泉之胜，长湖蜿蜒曲折，有假山、亭台、回廊、曲榭等，风景迷人，湖水澄碧，不亚于苏州园林。

该祠所在地，清初为耿家别墅花园。后耿继茂之子耿精忠反清失败被杀，王府被废，花园被没收后转卖，为烟商陈恒猷所拥有。清同治五

福州南公园左文襄公祠遗址今貌

年（1866），由官府收购，闽浙总督左宗棠在园内设桑棉局。左宗棠卒后，建左公祠于园门（今龙津街），成为入园的必经之地。园内的荔枝亭楹联云：“亭馆问谁家，数里莺环排绿树；蚕桑兴美利，沿村衣被胜黄棉。”对左宗棠提倡发展蚕桑纺织业之举深表怀念。光绪年间，王凯泰督闽令修复花园，并广植梅花，改名为“绘春园”。清郑祖庚著《闽县乡土志·商务杂述二》有详细记载：“农桑局，官设在水部绘春园（俗呼为耿王庄）。同治初，左文襄督闽，创办桑棉局，近改今名。先从蚕桑入手，意在提倡民办，所以购制蚕种及蚕丝，应用各器具皆贬价，以便民间购用。并分设蚕务学堂及育蚕、缫丝各传习所，分门以教。而农务则一切开垦、水利、山林、畜牧之事均属之，以期逐渐兴办。随时延伸到局会议，以藏富于民为主义。”浙江巡抚杨昌濬为该祠作一联：

出将征战，入赞枢机，五十年艰巨弗辞，共鉴臣心贯金石；
外秉刚严，内怀慈惠，六七省始终从事，还营庙貌镇山河。

光绪三十二年（1906），侯官林孝颖在为“杭州林社”写的七言律诗中注解：“湘阴左文襄公开府闽浙，时于闽省创设桑棉局，嗣以继任失人，旋废。公（指林启，杭州知府）为文襄门下士。”桑棉局由侯官举人杨浚主持。光绪十二年（1886）在福州桑棉局西侧（今福州市闽剧班附近）建了左文襄公祠，共三进，二进为戏台。

杭州左文襄公祠

据胡祥翰辑的《西湖新志》称：杭州为左宗棠修建的专祠在今岳王庙南右前方约200米处，杭州人称为左公祠。

左公祠面对西湖而建，东面湖山春社，是雍正时浙江巡抚李卫为自己建的私祠花神庙；西面是竹素园；后面十余年后又造了一个杨公祠（祀后任浙江巡抚杨昌濬）。中华民国时期，杨公祠改为警察所；湖山春社改成小学；左公祠初改为徐公祠，改祀革命党人徐锡麟，不久又改为浙江先烈祠，祭祀一大批辛亥革命的先烈，左宗棠的栗主及碑联被移入孤山的蒋公祠。

这个蒋公祠原祀蒋益澧，此人是湖南湘乡人，左宗棠的老部下，曾任浙江布政使，护理浙江巡抚、广东巡抚，但因左宗棠的地位与勋业均高于蒋，该祠额遂被改为“左蒋二公祠”。

杭州左文襄公祠遗址（已毁）

民国三年（1914）五月，因对左宗棠维护清朝封建统治，与辛亥革命推翻清朝的宗旨相悖，所以“左蒋二公祠”的名称也不能保留了，左宗棠、蒋益澧被并入金沙港的李公祠。李公祠本来是祀李鸿章的，后来一下子竟然挤进了八位已故的清朝大员。“八公”济济一堂，于是只好改祠额曰“清朝勋臣祠”。

兰州左文襄公祠

光绪十二年（1886），在左宗棠去世后的第二年，甘肃地方政府奉旨建成专祀左宗棠的左文襄公祠，老百姓俗称左公祠。左公祠建在兰州内

民国年间摄的兰州左文襄公祠照片（已毁）

现兰州五泉山上清虚府内新设置的左公祠

城南大城门里面，具体位置在兰州府文庙即今天的兰州二中东面的曹家厅路西，坐北向南。左公祠的东侧为四楹三间牌坊，为斗拱歇山顶。进牌坊右拐是大门，有青砖券门三座，均有题额，为砖雕仿斗拱硬山顶。进大门是正堂，正堂之后是戏楼和祠堂的主体建筑卧龙阁。整个祠堂建筑独特而气势非凡。除每年的春秋祭祀之外，左公祠更多时候是当时甘肃官绅宴请交际及招待外宾之所。1912年11月，国民党甘肃支部成立大会在左公祠举行；1916年，兰州民众在左公祠为黄兴和蔡锷举行了追悼大会，以此纪念黄、蔡这两位推翻清朝帝制的民主斗士。原兰州左文襄公祠被毁后，近年在兰州五泉山上清虚府内新设置了左公祠。

乌鲁木齐左文襄公祠

光绪十三年（1887），新疆首任巡抚刘锦棠在迪化遵旨修建左文襄公祠，又称左公祠。左公祠坐落在迪化三角地，今乌鲁木齐市中山路天山百货大楼仓库处，与当时两湘会馆为邻，占地面积约21000多平方米，分前院和后院。大门上方有黑漆金字“左文襄公祠”牌匾，前院有休息厅和戏楼，后院为左公祠堂。左公祠建筑考究，飞檐走壁，雕梁画栋，庄重质朴。殿顶是黄绿琉璃瓦，殿前有祭廊，祭廊的两侧设置钟鼓，祭廊上立有记功碑石，记载着左公西征战功，碑文为楷书。每年春节和清明前后以及左公的忌日，新疆官吏大员和百姓纷纷前往祭祀。

乌鲁木齐左公祠（已毁）

哈密左文襄公祠

1928年西北科考团摄的“哈密左公祠”

哈密左文襄公祠原有三处。

位于今哈密市区老城宗棠路北侧的左文襄公祠，建于光绪二十一年（1895），现荡然无存。

位于巴里坤县的左文襄公祠，在巴里坤县汉城东门外半公里处，建于光绪二十四年（1898），民国年间被毁。

光绪十一年（1885），新疆哈密厅奉命在老城札萨克亲王祠西侧建左公祠，又称哈密汉城的左文襄公祠，地方官员于春秋两季入祠祭奠。原祠中有一幅左宗棠的画像，面部已带倦容与老态，画于左宗棠的晚年。与画像同时陈列的还有一首左宗棠的诗作《壬戌九日军次龙丘作》：

万山秋气赴重阳，破屋颓垣辟战场。
尘劫难消三户憾，高歌聊发少年狂。

五更画角声催晓，一夜西风鬓欲霜。
笑语黄花吾负汝，荒畦数朵为谁忙？

湘阴左宗棠文化园

左宗棠文化园位于左宗棠家乡湖南省湘阴县城，是2012年为纪念左宗棠诞辰200周年而兴建的一座以左宗棠文化为主题的仿晚清园林式文化园区。园区以国家重点文物保护单位左文襄公祠为基础扩建而成，占

地 170 亩。目前主要有左宗棠纪念馆、天地正气广场、文星塔广场、左宗棠雕像、功德石柱、烽火台、年谱大道等构成。其中左宗棠纪念馆总面积 2600 平方米；天地正气广场总面积 1 万多平方米；左宗棠石雕像总高 11.1 米，采用花岗岩材质，重达 260 吨。

2012 年，湖南省纪念左宗棠诞辰 200 周年活动，就是在湘阴县左宗棠文化园内天地正气广场举行的。

2012 年，湖南省在左宗棠家乡湘阴县举办隆重纪念左宗棠诞辰 200 周年活动现场

附录一

乌鲁木齐新疆古生态园左宗棠纪念馆

新疆古生态园内左宗棠纪念馆今貌

该纪念馆是由左宗棠最大事功建立地新疆的民营企业家、野马集团有限公司董事长陈志峰斥巨资，从浙江金华购回并复原在乌鲁木齐市内有1400多亩的新疆古生态园景区内的清代官宦人家的两层住宅装修而成的，占地约2000平方米。陈志峰董事长将这栋古老住宅复原，作为左宗棠纪念馆，是为了纪念这位收复了沦陷13年之久的166万平方公里的新疆，并为国家和民族在多方面做出过杰出贡献的民族脊梁左宗棠。该纪念馆总投资5000万元。

新疆古生态园，是乌鲁木齐市极具国内外人气的景区。坐落在景区内的左宗棠纪念馆，吸引着慕名而来瞻仰的海内外游人，游客络绎不绝。

附录二

左宗棠是中华民族的脊梁

晚清重臣湖南湘阴人左宗棠，是中国近代史上举足轻重、功勋盖世的人物，为中华民族留下了巨额精神财富。

一

就是这样一位重磅历史人物，在20世纪80年代初以前，除救亡图存的抗战时期，国人在“但使龙城飞将在，不教胡马度阴山”，闻鼙鼓而思良将的家国情怀激荡下，自然怀念尊崇他为“民族功臣”外，社会基本上或对他不真正了解；或因为要推翻封建主义这座大山，而他是封建王朝的晚清重臣，很长一段时间被视为反派人物，使研究者不敢问津。

直到20世纪70年代后期，史学界才陆续开始对他的研究。1982年，王震将军在《红旗》杂志第二期发表了《学习历史，发扬爱国主义精神》的文章，对左宗棠捍卫主权、领土，维护国家统一，抵抗英帝、沙俄对我

本文由本书作者王品端撰写。中国社科院近代史研究所2022年为纪念左宗棠诞辰210周年，面向全国征集关于左宗棠论文，本文入选。并于2023年4月7日分别发表在《人民日报》客户端和《人民网》等主流媒体上。

国扩张的巨大功绩，给予了高度评价。1983 年 8 月，时任政治局委员的王震将军又发表了关于左宗棠的谈话：“左宗棠在帝国主义瓜分中国的历史情况下，力排投降派的非议，毅然率部西征收复新疆”，“左宗棠西征是有功的，否则，祖国西北大好河山很难设想”，“林则徐和左宗棠都是爱国者，对中华民族都有贡献”。《光明日报》1983 年 10 月 16 日，以《左宗棠的爱国主义精神在历史上闪光》为题，全文登载了王震的谈话。

1984 年 11 月在苏州大学召开了“全国首届左宗棠历史评价学术讨论会”，会议对左宗棠给予了很高的评价。《人民日报》于 1984 年 12 月 10 日在报道这次会议盛况时说：“在中国人民反对侵略，保卫祖国的丰碑上理应镌刻上左宗棠的名字。”1985 年 11 月在长沙召开了“全国左宗棠研究学术讨论会”。这次研讨会，比在苏州大学召开的首届研讨会，探讨的内容更宽，研究的问题更深，认识更统一，对左宗棠的评价更高了。

两次全国规模的学术研讨会，掀起了全国史学界研究左宗棠的高潮。发表的论文，出版的学术专著，如雨后春笋，收获了很多新的研究成果。特别是 1983 年国务院古籍整理出版规划小组确定《左宗棠全集》为第一批规划出版项目，指定由湖南社科院组织出版，历时 13 年完成了 15 巨册、770 万字的《左宗棠全集》的编辑工作。于 1996 年出版后，又于 2009 年和 2016 年先后两次推出再版和新版。现任国家清史编纂委员会专家、中国人民大学图书馆原馆长杨东梁教授，1985 年写出了《左宗棠评传》，时任中央政治局委员王震将军阅后，亲笔写信给他，给予高度评价和鼓励。

二

随着研究的深入细化，人们才看到左宗棠对于我们国家和民族，在诸多方面厥功甚伟。

他不是国家工业部部长，在福建、陕甘、新疆、两江组织办起了福州船政局及马尾造船厂、西安机器局、甘肃制造局、兰州机器制呢局、乌鲁木齐火药局、徐州利国驿煤铁矿等，并在肃州、新疆库尔勒尝试采矿挖金；他本着“师夷长技以制夷”的目的，积极倡导和开展富国强兵的自主洋务运动。用洋人而不为洋人所用，引进西方发达国家的科技人才，先进的机器设备，学习西方先进的科学技术。不仅奠定了中国近代海军的根基而被称为“中国近代海军之父”，而且开拓和发展了中国近代民族工业。他不是国家水利部部长，在西北、北京、浙江、两江组织军民修整了大小河流 8 条，大小水渠 230 多条，流经近万里。在哈密、吐鲁番组织开凿“坎儿井”185 道。他不是国家农业部部长，在西北组织实施军屯、民屯，大面积开垦荒地，种植棉花、推广种植南方水稻，教授栽桑、养蚕、缫丝、织布，使新疆形成的种植水稻、棉花的习惯，延续至今。他组织将湖南的鲫鱼、鳝鱼苗活运到新疆哈密，放养到河沟、池塘，现如今已遍及哈密的各个水域，成了哈密百姓的一道餐桌美食，人称“左公鱼”。他不是国家交通部部长，在西北组织西征军和民众修筑的道路不下 5000 里。他不是国家林业部部长，在西北道路两旁、河渠两岸等处栽植的树木延绵六七千里。“上相筹边未肯还，湖湘子弟满天山。新栽杨柳三千里，引得春风度玉关。”这首赞美开发大西北的先驱左宗棠的诗，至今仍脍炙人口。他不是国家教育部部长，自掏腰包先后办起了福州正谊堂书局、汉口崇文书局、西安关中书局、新疆迪化书局、西宁尊经书局，还有随军“流动刻书局”。印发各类图书，不计其数，仅在西北刻印发行的各类书籍就有万部以上。左宗棠在西北 14 年，累计广建义校 320 余所，义塾学堂 37 所，修缮、新建书院 32 所，以抢救战乱中的中华文化典籍，继承弘扬中华优秀传统文化。

特别是他以“我之疆索，尺寸不可让人”(《左宗棠全集》，第十一卷《书信二・上总理各国事务衙门》）的报国精神，坚决捍卫了国家、民族领土主权的完整，维护了国家的统一。在晚清国家处于被西方列强侵占瓜分的危局之时，他以无畏不屈的骨气和勇气，“锋颖凛凛向敌”(《左宗棠全集》，第十一卷《书信二·上总理各国事务衙门》），力排众议，反击外敌入侵，克服了今人无法想象的艰难困苦，率军西征收复了沦陷 13 年之久，占国土陆地面积六分之一的新疆，成为自汉、唐以后对祖国疆土贡献最大的英雄。

风烛残年，他又抱病请缨，临危赴闽，督师抗法保台，粉碎了法军占领台湾的企图。海战连捷，他又和张之洞共同主导取得了广西中越边境，抗击入侵法军的胜利。

晚清抗击外敌入侵几次大的战役中唯独取得全胜的是收复新疆和抗击法军入侵两场战役，前场的主帅是左宗棠，后场的主帅分别是张之洞和左宗棠。以至史家将他与韩信、李靖、岳飞并称为中国历史上四位常胜军事统帅（李少陵《左宗棠故事新编》，转引台北影印本《左宗棠传记资料》）。在这两场战役进行中，他先五上奏折促成了新疆建省后，又奏请台湾建省，才从根本上确保了这两片国土不再沦陷、分裂，永固中华版图。

左宗棠对中华民族的不世之功，使他不仅成为中国的著名英雄，而且在世界上也有相当大的影响。20 世纪三四十年代，美国人 W.L. 贝尔斯、日本人西田保都先后为他著书立传。1944 年抗战期间，反法西斯同盟国美国时任副总统华莱士访华路过兰州时说："左宗棠是近百年来世界伟大人物之一，他将中国人的视野扩展到俄罗斯，到整个世界……""我对他抱有崇高敬意。"（转引自华中师大图书馆编：海外资料《左宗棠专辑》）

美国《新闻周刊》，1999 年 12 月 31 日（周五），刊登了标题为《胡桃壳里看千年》的文章，介绍了"千年来最让人记得的 40 位世界人物"。其中，中国有 3 位：毛泽东、成吉思汗、左宗棠。

左宗棠的功绩、思想、精神、品格、表现，近些年来越来越被国家、社会认知。主流媒体对他的宣传推介越来越频繁。

2016 年 4 月 9 日，《光明日报》刊登了现国家清史编纂委员会专家、中国人民大学教授杨东梁的长文《"千秋独有左文襄"：历史上的左宗棠及其功绩》。

2017 年 6 月 20 日开始，中央纪委国家监委网站连续三年挂播了由其指导摄制的左宗棠专题纪录片《天地正气，家国情怀》。

2017 年 6 月 21 日，湖南卫视国际频道同步向全世界 77 个有华语频道的国家播出了专题片《湖南人底精神》，其中主要内容介绍的是左宗棠精神，因为左宗棠的精神是湖南人的精神，也是中华民族的精神。

2020 年，天津卫视、央视九频道分别播出了由中共天津市委宣传部组织拍摄的 5 集大型人文电视纪录片《赶大营》，前 3 集对左宗棠作了重点介绍。

2021 年 1 月，央视一频道播出了 8 集大型纪录片《中国新疆之历史印记》，对左宗棠收复新疆的功绩作了宣传介绍。

2021 年 8 月 5 日至 9 月 5 日，《人民日报》客户端、《人民网》、“东岳客”同时连续 32 天，连载了著名军旅作家陈明福教授所著的《左宗棠在西北的那些事儿》，系统地介绍了左宗棠的功业、精神。被多家媒体转载。

2022 年 1 月，央视四频道播出了系列视频《史话新疆》第 57 集《左宗棠收复新疆》。

2022 年 3 月 11 日，《人民日报》客户端、《人民网》、“东岳客”同时发表了第十三届全国人大代表、人民日报社山东分社社长徐锦庚向全国人大的建议《大力弘扬左宗棠爱国主义情操》。

2023 年 3 月 9 日，《人民日报》客户端等媒体发表了人民日报社山东分社社长徐锦庚“再次向全国人大的建议《要理直气壮宣传左宗棠》”。

当然，左宗棠如同其他任何历史人物一样，由于受当时历史时代和本人思想认识的种种局限，不是“完人”，也有过错，但瑕不掩瑜，用历史唯物主义的观点透视左宗棠的一生，审视他的历史贡献，他是一位在总体上顺应和促推近代化历史潮流发展的英雄人物。

三

郁达夫曾在纪念鲁迅大会上说过一句名言："一个没有英雄的民族是不幸的；一个有英雄却不知敬重、爱惜的民族是不可救药的"。习近平总书记在2015年9月2日颁发"中国人民抗日战争胜利70周年纪念章"仪式上，发表重要讲话时，明确要求："我们要铭记一切为中华民族和中国人民作出贡献的英雄们，崇尚英雄，捍卫英雄，学习英雄，关爱英雄……"左宗棠，无疑是中国历史上，对中华民族和我们国家贡献极大的英雄人物。中华民族，是一个崇尚英雄的民族。为了落实习总书记的明确要求，发扬中华民族敬重英雄、学习英雄、争当英雄的光荣传统，以造就无数勇赴国难、振兴中华的英雄，很有必要从国家和民族的层面上，对左宗棠给予准确的历史定位。

作为左宗棠及其文化的研究者之一，我建议给左宗棠的历史定位为："中华民族的脊梁。"这个定位，最早是由现任国家清史编纂委员会专家、中国人民大学历史学教授杨东梁1981年7月在他的硕士学位论文《左宗棠研究》中提出的："在面临亡国灭种的巨大危难时，左宗棠正是'拼命硬干'中的一个，他在中华民族发展史上，是起了'脊梁'作用的。"王震将军看了这篇学位论文后，在同年9月10日的回信中说："我深觉杨东梁同志写得好，读了深获教益。"我再提议给左宗棠这个定位的理由是：

如果将左宗棠定位为"民族英雄"，但同属民族英雄的人物，其功绩贡献，精神价值，比较而言，差距甚大。譬如：与左宗棠同时代的关天培、冯子材等都是上了历史教科书的"民族英雄"。然而，其功绩、价值等，与左宗棠都无法相比。由此可见，即使定左宗棠为"民族英雄"，也不能概括左宗棠的功绩贡献和精神价值。

如果定左宗棠为"人民英雄"，根据天安门广场"人民英雄纪念碑"上的碑文，不无充分理由。碑文是毛泽东主席写就，周恩来总理书写的："三年以来，在人民解放战争和人民革命中牺牲的人民英雄们永垂不朽！

三十年以来，在人民解放战争和人民革命中牺牲的人民英雄们永垂不朽！由此上溯到一千八百四十年，从那时起，为了反对内外敌人，争取民族独立和人民自由幸福，在历次斗争中牺牲的人民英雄们永垂不朽！”

此碑文中的“三年以来”，是指解放战争；“三十年以来”，是指从1919年五四运动开始的新民主主义革命斗争到1949年新中国成立；而1840年，则是中国受外敌侵略的开始。即1840年中英鸦片战争，中国失败。从此，中国大地弥漫着滚滚硝烟，中国人民生活在灾难深重的血雨腥风中，中国成为了半封建半殖民地国家。这三个时段中，我们祖国都有无数爱国仁人志士流血牺牲、前仆后继与内外敌人作垂死战斗。左宗棠在1840年时是28岁，正是在如碑文所说的这个时段里，左宗棠为捍卫我们国家的领土主权完整，为了收复166万平方公里的新疆和抗法保台舍生忘死，一直战斗到生命的最后一刻，这当然属于碑文规定的人民英雄的范畴。即使定位为“人民英雄”，他也只是众多人民英雄中的一员，同样不足以概括他的杰出功绩和英雄价值。

在众多的民族英雄和人民英雄中，能够称得上“中华民族的脊梁”的，只是凤毛麟角。

所谓“中华民族的脊梁”，是中华民族历史长河里，经历激荡洪流和汹涌波涛而坚韧不拔的中流砥柱，是为民族为国家起中坚作用的人。

左宗棠够不够得上这个“定位”呢？回答是肯定的。因为除上述他的盖世功绩、非凡才能、超人胆识和巨大作用之外，还具备以下杰出的表现：

一是政治上高瞻远瞩。这主要表现在他对待一切重大事件敏锐的政治眼光上；表现在他每次战后，迅速转入善后建设的卓著成效上，包括安抚难民、赈灾救济、恢复生产、发展经济、整饬吏治、敦教劝学等；表现在他“师夷长技以治夷”，积极开展用洋人而不被洋人所用的独立自主的洋务运动，引进科技和人才，开拓和发展了中国近代民族工业上；表现在他五上奏折促成新疆建省，并为新疆建省提前从各方面做准备、打基础上；

表现在他赴闽抗法保台中，奏请将福建巡抚移驻台湾改为台湾巡抚，最终促成台湾建省上；表现在他“清勤奉职”，“重民”“保民”“利民”的“善政恤民”上；表现在他用中华优秀传统文化培养人才，教化人文，纯化民风，增强中华各民族的凝聚团结，实现长治久安上；表现在他调整清政府对少数民族歧视、抑制的民族政策，实行“‘不论汉、回，只辨良、匪’，以期解纷释怨，共乐升平”（《左宗棠全集·奏稿三》，第371页）和“无论汉、回、番民，均是朝廷赤子，一本天地父母之心待之，俾各得其所，各遂其生”（《左宗棠全集·札件》，第299页）的民族政策上。

二是军事上足智多谋。这是众所公认的。他从任湖南巡抚幕僚起，襄助曾国藩创建湘军，继而独建楚军，戎马半生，转战大半个中国，善于用兵，多谋善断，战功卓著。在建军方面，他提出“兵之用在精，兵之精在将”，“治兵莫要于选将”（《左宗棠全集·奏稿九》）。在治军方面，他强调严格训练，严明纪律，提出“训练”二字不可“偏废”，坚持“用兵之道，纪律为先”（《左宗棠全集·奏稿九》）。在作战指挥上，他“于军情、贼势、地形刻意讲求”（《左宗棠全集·奏稿一》），他认为正确的作战方针，稳慎进取，常常能克敌制胜。他提出的“避长围，防后路”（《左宗棠全集·奏稿一》），“缓进急战，慎以图之”，“欲靖西陲，必先清腹地”（《左宗棠全集·奏稿三》），“欲杜俄人狡谋，必先定回部；欲收伊犁，必先克乌鲁木齐”（《左宗棠全集·书信二》）等战略战术思想和主张，在中国近代战争史上谱出了出彩的篇章。

他率部西征收复新疆时，国库空虚，粮饷奇缺；没有精兵良将，只有临时调自九省的十多支派别林立、参差不齐的“乌合之众”，且装备落后；西征路途遥远艰险。面对这些无法想象的困难，清政府束手无策。主要靠左宗棠的智谋逐一化解，使收复新疆之役得以顺利，势如破竹。从光绪二年六月至光绪三年十一月，历时一年半，166万平方公里的新疆，除伊犁之外全部收回。所有这些都仗赖于左宗棠“运筹帷幄，决胜千里”。当时舆论认为这样大的战绩，“乃周秦汉唐所未有”。1879 年，他又开始筹划收复伊犁事宜。1880 年四月十八日他携棺出征，五月初八日到达哈密，部兵三路，誓与沙俄决死一战收回伊犁。最终以这三路部兵为坚强后盾，迫使沙俄在谈判桌上签字，交还了伊犁。所以曾国藩与常州吕庭芷侍读谈论时曾问：“你对左宗棠怎么看？平心论之。”吕答：“他处事之精详，律身之艰苦，体国之公忠，窃谓左公之所为，今日朝廷无两矣。”曾击案对曰：“诚然！此时西陲之任，倘左君一旦舍去，无论我不能为之继，即起胡文忠于九泉，恐亦不能为之继之。君谓为朝端无两，我以为天下第一耳。”（茂怡《曾左君子之争》，载美国《世界日报》）

三是国家战略上总揽全局。左宗棠认为，治国“不独在猛战，而在方略处置为远大之谋”(《左宗棠全集・书信二》)。在内忧外患的晚清，左宗棠总是站在国家和民族的全局上谋事干事。凡在事关国家和民族前途、命运的重大关头，他总是出“远大之谋”，干利国利民的大事，仅举几例。

办船政奠定海军根基。第一次鸦片战争后，他就敏锐地意识到：面对列强的入侵，除有传统强大的陆军外，必须尽快发展强大的海军，坚持“海防、塞防并重”。1866 年平息太平军后，他立即连上奏折说服清政府同意后，马上组建福州船政局，建设马尾造船厂，设立船政学堂，招聘西方发达国家技术人员，学造坚船利炮，培养海洋和海军人才。使之成为近代海军的根基和摇篮。

力主收复新疆。在事关沦陷 13 年之久的新疆是否从入侵者手中收回的历史上有名的“海防”与“塞防”之争中，以李鸿章为首的极大部分朝臣、督、抚大员，极力主张放弃新疆“不毛之地”。左宗棠力排众议，于 1875 年 4 月 12 日上了一道约五千言的奏折，详细论述了收复新疆的必要性，主张“东则海防，西则塞防，二者并重”(《左宗棠全集》，第六卷《奏稿六・遵旨统筹全局折》)。他在这份奏折中说：“重新疆者所以保蒙古，保蒙古者所以卫京师。西北臂指相连，形势完整，自无隙可乘。若新疆不固，则蒙部不安，匪特陕、甘、山西各边时虞侵轶，防不胜防，即直北关山，亦将无晏眠之日。”（《左宗棠全集》，第六卷《奏稿六·遵旨统筹全局折》）针对李鸿章的主张，他反驳说：“若此时即拟停兵节饷，自撤藩篱，则我退寸而寇进尺，不独陇右堪虞，即北路科布多、乌里雅苏台等处恐亦未能晏然。是停兵节饷，于海防未必有益，于边塞则大有所妨，利害攸分，亟宜熟思审处者也……宜以全力注重西征，俄人不能逞志于西北，各国必不致构衅于东南。”（《左宗棠全集》，第六卷《奏稿六·复陈海防塞防及关外剿抚粮运情形折》）左宗棠深刻阐明了“海防”“塞防”利害相关，一方失利都会牵动战略全局。如果一味妥让，示人以弱，将更会激起列强的侵吞欲望。只有坚决收回了新疆，扬我国威，英、俄未能得逞，才会达到“各国必不致构衅于东南”的战略目的。所幸清政府采纳了左宗棠的建议，使左宗棠得以将其战略目标付诸实施，收回了新疆。如果没有左宗棠，166万平方公里的新疆，用王震将军的话来说，“很难设想”，即可能丢失了。即使今天来看，左宗棠关于稳西北卫东南的“两防”观点，仍具有重要的战略价值。

超前谋划抗法保台。左宗棠以战略家的眼光，很早就十分关注、重视台湾和广西中越边境的局势。同治二年（1863）他任闽浙总督时，就指出台湾地理位置的重要：台湾是东南的一把钥匙，身系沿海数省安全。他任两江总督时，法国侵略者加快了侵占越南的步伐。左宗棠早就看出其觊觎我国西南的意图，判断法军很快就会从陆、海两线攻击中国，于光绪九年（1883）三月三十日上了《筹办海防会商布置机宜折》：“窃谓和局可暂不可常，其不得已而出于战，乃意中必有之事。”为防法军进攻，他一边部署长江口防务，一边关注西南边境局势。当战火逼近中国边境时，四月，左宗棠不顾左眼疼痛近乎失明，奏请赴广西前线督师抗法未批准时，他即组织一支由爱将王德榜统率的“恪靖定边军”开赴广西中越边境以防御法军进攻，其武器装备、军费开支均由左宗棠筹措解决。1884年七月初三日法军突袭福建水师致全军覆没，清政府被迫对法宣战。左宗棠抱病请缨赴闽抗法保台，统筹福建、广西两线作战。由于他的先见之明，一年前他组建并派往广西边境的“恪靖定边军”，在他的运筹指挥下，抄了入侵法军后路，和冯子材合击法军，才取得了震惊中外的镇南关—谅山大捷，至此，中法战争以中国胜利结束。

借洋款收复新疆。左宗棠统兵西征收复新疆时，国库空虚不能如额拨款，各省“协饷”，款难到位。被逼无奈的左宗棠只好说服清政府批准他筹借洋款。受到不少朝臣和督、抚大员的极力反对、攻击、讥讽，甚至谩骂。说借钱打仗不合算，是“饮鸩止渴”。为了收复新疆，左宗棠义无反顾，顶着压力和骂名，先后四次共从外国银行借白银1375万两。付出这个代价，但收复了166万多平方公里的新疆。收回新疆的影响、意义、作用、价值，是1375万两白银根本无法比拟的。当时，只有左宗棠这样的大战略家，才有这样长远的战略眼光和胆略决心。

四是品德上无私奉献。左宗棠为了国家和民族的利益，不惜牺牲个人利益，一辈子清正廉洁。清朝档案文件《国史本传》记载：他“廉不言贫，勤不言劳”。他廉洁到使家里到了贫困的程度；勤政为民，使自己到了疲惫不堪的境地。逝世时“内无余帛，外无赢财”。家里没有多余的衣服，外面没有剩余的钱财。据民国初期著名史学家秦翰才的《左文襄公在西北》一书记载：他为赈灾救助、地方义举等，捐出了他的俸禄廉银收入的百分之九十五。特别是在西北形势岌岌可危时，左宗棠以垂暮之年挺身而出，毅然承担了收复新疆的重任。当时在军队、装备、粮饷、运输等方面，面临今人无法想象的重重困难。而敌人阿古柏的军队装备优良，背后有英、俄强国全力支持，敌强我弱，除军事风险极大外，还有险恶的政治风险。如果西征失败，以李鸿章为首的政敌必然会落井下石，群起攻之，清政府会把他当替罪羊，等待他的将是罪及身家，死无葬身之地。对此左宗棠心知肚明，但是他要报效国家，早就有了以身许国的思想准备。他在家书中写道："西事无可恃之人，我断无推卸之理，不得不一力承当"（《左文襄公家书》卷下）。为了收回伊犁，他以68岁高龄的带病身躯，冒着盛夏酷热"携棺入疆"，誓与沙俄决一死战。他主政西北14年中，西北艰苦的生活和恶劣的自然环境，使他患上了眼疾、全身瘙痒症、腹泻等疾病。夫人、长子、长媳、两个女儿、二哥、侄子、女婿8位亲人，先后病逝，他从未告假回家。他在写给友人的信中说明不告假探家的原因是"恐误国事"（《左文襄公全集·书牍》卷二十四）。在抗法保台中，为了保证先后派出的两支"恪靖援台军"在没有水师护航的情况下能顺利登上台湾岛，他要亲率部队渡海援台，清政府知道后急令不准才作罢。以上所述，足见左宗棠作为民族脊梁为了国家、民族勇于牺牲，甘于奉献的品格。

左宗棠，是中国历史上众多中央重臣、封疆大吏、军事统帅中，少有的一位富有政治远见、军事智谋、治国才干的人。

左宗棠顺应并促进近代历史潮流的发展。他不仅收回了祖国六分之一的陆地国土，而且誓死捍卫了祖国领土主权的完整；他在所辖区域内，实行恤民善政，改善民生，维护社会稳定；他调整了清政府歧视、压抑少数民族的政策，实行了比较平等公正地对待少数民族的政策，促使了西北各民族的重新团结，实现了西北一百多年的长治久安；他每到一地任职，都对旧的政治、经济、军事体制进行改革，引进、学习发达国家的科学技术和管理经验，从而有效地推进了中国近代经济社会的发展。

他凭借其极强的民族正义感和国家责任感，而造就出来的对中华民族、对祖国的盖世功业、忠贞不渝和伟大的精神价值、意志节操以及他多次为国家民族力挽狂澜的表现，应该符合"中华民族脊梁"的称谓。

左宗棠雕像（2012年塑立于湖南省湘阴县左宗棠文化园）

附录三

左宗棠与故居柳庄的情结

湖南省湘阴县樟树镇柳庄村，昔名柳家冲。此地山势逶迤，田园葱翠，东纳青山之秀美，西引湘江之灵气。晚清重臣、民族脊梁左宗棠的故居——柳庄，就坐落在这里。

穿过历史隧道，拂去历史尘埃的柳庄，偎山面田。宅院东边山上，左公栽的茶树，至今青翠欲滴，宅院西面后山上左公植的竹林，如今仍葱郁苍劲。柳庄院门前有一口被他称为“天砚”的大水塘，水塘周围绿柳成荫，水塘南、北岸分别有一株三人张臂合围粗的枫树和柞树，冠盖苍翠，人称“神树”。可惜树在20世纪60年代被砍伐做了村小学的门窗，至今留下遗憾。

柳庄院门两侧左公写有“参差杨柳，丰阜农庄”的门联，以此告人：杨柳虽长短高低不齐，但家境丰盈有余。心情怡然自得。门额匾上左公题写的“柳庄”二字，笔力遒劲。进院门是晒谷场，从晒谷场向南穿过隔墙圆门是住宅庭院。院内，他亲手栽的12株梅树傲雪开花，暗香浮动。庭院南侧是他读书、写作的两层魁顶阁楼，名曰“朴存阁”。阁楼大门两侧贴着他穷困潦倒寄住岳家时写的楹联：“身无半亩，心忧天下；读破万卷，

本文由本书作者王品端撰写，于2023年4月7日发表在《人民日报》客户端等媒体上。

神交古人。”

宅屋分前后两进：前进的北边由谷仓、杂屋组成，前进的南边由前堂屋及其两边的正房、孔子堂（即私塾）组成；后进的南边由接待客人的后堂屋及其两边的正房组成，后进的北边由两个半四合院组成。后堂屋大门两侧贴着他写的门联：“文章西汉两司马，经济南阳一卧龙。”由此可见左宗棠年轻时自视甚高。在他眼里，文章写得好的，是西汉司马迁和司马相如，而运筹帷幄、经邦济世的人才，则要首推诸葛亮了。从这副对联透视出左宗棠年轻时的追求和志向。柳庄的整个宅屋是砖木燕瓦，具有典型的晚清民居风格。

左宗棠出生于湘阴县今金龙镇新光村左家塅。他在此居住至 1832 年，20 岁的他乡试中举后，因生计窘迫，与湘潭县书香门第、官宦富室才女周诒端成婚后，一直寄居在岳家。1843 年，31 岁的左宗棠用教书薪水的积蓄约 900 两白银在柳家冲（今柳庄村）置薄田 70 亩、山地 80 亩，亲自设计监工，历时一年建成了这座占地 4.29 亩、有 48 间房屋的砖木燕瓦住宅，因他挚爱柳树柔韧难折特性而起名“柳庄”。1844 年举家从岳家迁回柳庄居住到 1857 年，湖南巡抚骆秉章和湖北巡抚胡林翼，为解决已在湖南巡府当幕僚的左宗棠生活不方便问题，共同掏腰包，在长沙司马桥为他买了一套住宅。左宗棠全家便迁居长沙市司马桥，至此，左宗棠与他家人已在柳庄居住了 14 年。

不少前来观瞻的游人常常发问：柳庄宅院为何不按坐北朝南的传统民居习俗而坐西朝东？这恐怕与左宗棠一生和“牛”有缘不无关系。据说 1812 年 11 月左宗棠出生那天晚上，就在今金龙镇左家塅，年过八旬的祖母梦见“牵牛星”降落家院。左公后来那股倔强霸蛮的“牛劲”也巧合地应验了“牵牛星降世”的神话。左公向来肚大，人称“将军肚”，“有福”，他偏说是牛肚。相传，在酒泉军营一次饭后，他手捧大腹问部下他肚里装的什么？有答“十万兵甲”的，有说“满腹经纶”的，有道“包罗万象”的，而他却说“满肚马绊筋”（湘阴方言：牛吃的草）。传说，柳家冲曾被勘定为风水宝地，说是牛头朝东的“仙牛地”。东面的山脊低洼处便是“牛轭”，左公说自己是牛，故将宅院东向，朝指“牛轭”。 当时有人猜度：一定是左公得到过风水先生的指点。

说来也怪，他早年在老家，县试第一、府试第二、20 岁中举；寄居岳家 12 年生下了 4 个女儿，没有生下男丁，1833 年、1835 年、1838 年接连三次赴京会试，除第二次已考上但因湖南录取名额已满被刷下来后，其余两次均不第。搬回家乡湘阴新居柳庄后，不仅连续生下了孝威、孝宽、孝勋、孝同 4 个儿子，事业上也慢慢发迹，大器晚成，拜相封侯。在垂暮之年还挂帅西征，携棺上阵，收复了 166 万多平方公里的新疆国土。

入住柳庄之前，左宗棠曾三次赴京科考，他不在四平八稳的考题上高谈，偏在朝廷讳议的大事上阔论，纵有识大才者，又岂敢录用？会试三次不第，他绝意科场进取。蛰居柳庄后，自称“湘上农人”，过起田园生活。他一边受托继续在已故两江总督陶澍家教育其幼子陶桄，一边在柳庄督耕，研习农事。他在种稻、种茶、种柳、种桑、种竹实践研究中写出了一本《朴存阁农书》。一些农业经济史学家认为：当时柳庄的生产、经营具有农业资本主义萌芽的性质。在柳庄，他享受着夫妻举案齐眉诗联和对、儿女绕膝书声琅琅的天伦之乐；在柳庄，四双儿女，人丁兴旺，家教严明，家风端肃，一时传为美谈；在柳庄，他还免费收教贫家子弟和顽劣学生；在柳庄，遇三年水旱天灾，他夫妇倾尽积蓄甚至变卖嫁妆首饰，募集谷米，煮粥施舍灾民，购药救治病民，灾民来得多了，钱米不够时，就减家人晚餐，以多救灾民，灾民无不感激。灾年，他尽力救济灾民；丰年，他带头捐献，说服乡绅富户组建了“仁风团”救灾仁仓。

左宗棠虽身居柳庄，但他的报国大志决定了他不可能真当隐士。“知夫莫过妻”，从他夫人周诒端写给他的“书生报国心长在，未应渔樵了此生”的诗句和他自己写下的诗文“欲效边筹裨庙略，一尊山馆共谁论”足可佐证。他利用蛰居柳庄的时间，崇尚、研读“经世致用”之学。在柳庄，他除钻研农桑、舆地之外，还广研天文、军事、历史、时事。他“体察人情，逌晓治道”，通观国事，关注边陲，形成了“置省开屯”“万里输官稻”的筹边韬略。

左宗棠还是一介布衣，“潇闲沉寂之时”，就自诩为诸葛亮，常以“今亮”“小亮”自称。因此，很多人说他狂妄自负。中国研究左宗棠的开拓者，民国著名史学家秦翰才先生指出左宗棠与诸葛亮有五个方面的相同之处：一是淡泊。耕读在家，礼聘出山。二是勤劳。夙兴夜寐，事必躬亲。三是忠贞。鞠躬尽瘁，死而后已。四是谨慎。文韬武略，用兵谨慎。五是廉洁。廉洁自持，遗产寥寥。梁启超曾说：“说到左宗棠与诸葛亮才华的高下，人们可能还有争议，但说到左宗棠对国家的贡献，诸葛亮就甘拜下风了。”因为左宗棠收复了沦陷13年之久，面积达166万多平方公里的新疆，时人誉之为“乃周秦汉唐所未有”。由此可见，左宗棠自诩诸葛亮，并非狂妄自负，而是胸有成竹。左宗棠虽隐居柳庄，但其声名却远播于外。当时诸多封疆大吏、京都重臣争相举荐。在柳庄，传颂着他与两江总督陶澍结成儿女亲家的美谈；传颂着他被林则徐一见“诧为绝世奇才”，并预言“西定新疆，舍君莫属”的佳话；传颂着他被湖南两任巡抚分别“三顾茅庐”，礼聘“今亮”左宗棠出山运筹军幕的历史故事……

左宗棠在柳庄的厚积薄发，成就了他在历史上的丰功伟绩。他在位高权重时，那“乐善好施”“惠民施政”的德性与文韬武略，无不来源于他在柳庄的耕读修身；那“造船铸炮”“设局办厂”的战略举措，无不出自他在柳庄的立意筹划；那每到一地都要兴办教育、刻印图书、植柳栽桑、兴修水利的作为，无不得益于他在柳庄的身体力行。没有柳庄，也就难有名垂青史的左宗棠。

左宗棠入仕离开柳庄后，纵横驰骋，忙于军务、政务，直到晚年才回过一次柳庄。那是1881年10月清政府将他调出京城，任命担任两江总督，赴任途中，请假便道回乡省亲、扫墓。

1881年12月2日，左宗棠终于回到了阔别21年的湘阴故里祭祖扫墓。他在这块故土生活了45年，对家乡的一草一木都有深厚的感情。他先去祖父母和父母墓前祭扫，然后来到童年时祖父教他读书识字的梧塘书屋。他常年在外地，还时常回忆起这40多年的美好生活，也常梦中回梧塘书屋。可是眼前看到的，却只是几间敝旧、狭小的房子，已非记忆中童年流连忘返的乐地了。但后山坡上仍然是一片茂密的竹林和树木，虽然时至冬令，仍有青松翠柏掩映其间，使他想起童年时跟着祖父爬上山坡摘毛栗子的情形，祖父夸他将摘的毛栗子全部分给哥哥姐姐们，自己一粒不留，分得公平而不自私，将来能成大器。母亲也说他可以封侯。没想到如今真的拜相封侯了，而祖父母、父母早已长眠地下。

扫完墓回到柳庄，看到的是景色依然，12株梅树正在群花怒放，院门楣上还悬着他题写的"柳庄"二字。他在田头漫步，回忆那三年大灾荒，他和周夫人、张夫人在大门外施粥施药，眼前挤满扶老携幼、面黄肌瘦的灾民，那时的心情委实不好受。30余年过去了，而今已是皤然老翁，虽然为国立了功业，官居高位，但他在所辖各地仍没有忘记为百姓做好事。

因为重任在身，在湘阴不能久留，他要回长沙司马桥住地，整理行装，准备尽快前往江宁履职。当他乘坐轮船逆流而上，离故乡越来越远时，他想起了旧作中的两句诗："行尽秋山路几重，故园回首白云封。"他和湘阴故里的左家塅、柳庄永远告别了。

1885年9月5日，他病逝在抗法保台的福州行辕，终未实现他"仍回老家湘阴终老"的愿望，但他的家乡情结一直萦绕在心中。

经历了160多年风风雨雨的"柳庄"，由于历史尘埃的覆盖，过去鲜为人知。近些年来，随着今人对左宗棠的逐步认知，吸引了国内外与日俱增的参观者、考察者、研究者纷至沓来。其神秘面纱被一层层撩开，显露着她那庄严凝重的面容，展示出左宗棠对其永远的情结。

附录四

左宗棠生平轶事

“牵牛星降世”

嘉庆十七年（1812）十月初六日，深夜。湖南省长沙府湘阴县东乡一个名叫左家塅的村庄，一位待产的孕妇，因困倦入睡。天将微明时，孕妇年近八旬的婆婆杨老夫人，梦见一神人从天空降落到她家院子里，自称是“牵牛星降世”。惊醒后，但见堂屋中一片白光，此时，儿媳临盆，产下男婴，不久天就亮了。婴儿的出生给全家带来了欢乐，但也增加了这个寒素家庭的负担。母亲奶水不足，又雇不起奶妈，只好自己将米饭嚼成汤汁喂养。婴儿喝米汁日夜啼哭，时间久了，肚脐就突显出来。

这个在“牵牛星降世”的神话当中诞生的婴儿，就是后来的左宗棠。母亲余氏生他时，已经 38 岁了。

一生知己胡林翼

胡林翼，道光十六年（1836）进士。陶澍素有知人之明，看中青年才俊胡林翼，招为女婿。胡林翼和左宗棠关系很深。他们是世交、同学、好友，又兼亲戚。而最重要的还是二人志同道合，意气相投。胡林翼的父亲胡云阁与左宗棠父亲左观澜同在长沙岳麓书院求学，感情挚笃。嘉庆十七年（1812）六月胡林翼出生，四个月后，左宗棠也出生。二位父亲异常高兴，买酒对饮，互相庆贺。胡林翼和左宗棠都是贺熙龄的学生。

左宗棠和陶澍结成亲家后，和胡林翼也成了亲戚，胡林翼反倒比左宗棠小了一辈。咸丰六年（1856）胡林翼妹胡同芝又嫁给左宗棠侄儿左澂，即左宗植的长子。左宗棠告诫子侄们，决不可与胡林翼以平辈相待，应尊之曰先生。胡林翼信中称左宗棠为“季丈”，左宗棠称他为“兄”，彼此十分敬重。

道光十三年（1833）正月，左宗棠抵达京师参加会试。胡林翼住在父亲家中，其父在当詹事。左宗棠来胡家拜访，见到了在城南书院的同学胡林翼，二人相谈甚欢。道光十八年（1838）左宗棠第三次来京会试，左宗棠和已在两年前中了进士的胡林翼再度会晤。

左宗棠在陶家坐馆，一坐就是 8 年。道光廿八年（1848）胡林翼因丁父忧，回到益阳老家。他经常来小淹陶家，帮助岳母处理家事。学友重逢，常以历史为鉴，借古论今，通宵达旦。道光廿四年（1844）左宗棠去长沙，拜见老师贺熙龄。当他回到小淹时，才知道陶澍夫人已病逝。胡林翼来小淹吊岳母之丧，住了 10 多日，与左宗棠又是昼夜畅谈。

左宗棠性格刚直而偏激，不管对象，无论何时何地有话就说。胡林翼性格通达圆融，常告诫左宗棠：“虑事周密固然好，但太过则反有害。”道光廿六年（1846），胡林翼捐贵州安顺知府，而左宗棠仍处困境之中，幸好胡林翼从贵州派人送来救济银，得以维持其生计。

左宗棠中年蛰居乡村，常自嗟迟暮。胡林翼常对外推荐左宗棠，一荐于云贵总督林则徐，二荐于湖广总督程矞采，三荐于湖南巡抚张亮基，称其为“才品超冠等伦”。

咸丰七年（1857），胡林翼和骆秉章自掏腰包共凑 500 两银子，在长沙北城司马桥为左宗棠买下了一所住宅，左宗棠全家从此移居长沙。左宗棠遭樊燮陷害，招致杀身之祸时，胡林翼不遗余力奔走相救。

胡林翼在武昌病重期间，左宗棠专程派人为他送药。咸丰十一年（1861）八月廿六日，胡林翼在武昌病逝。左宗棠写了一篇情真意切、哀思无限的长篇祭文：

我生于湘，公产于资，岁在壬申，夏日冬时。
詹事文学，读书麓山，两家生子，举酒相欢。
我甫逾冠，获举于乡，见公京师，犹踬文场。
纵言阔步，气豪万夫，我歌公号，公步我趋。
群儿睨视，诧为迂怪，我刚而褊，公通且介。
谐谑杂沓，不忘箴言，庭诰相勉，道义是敦。
公官翰林，我蛰乡里，中间契阔，盖数祺耳。
公守黔中，我居婿乡，岁比不登，盎无余粮。
使来自黔，缄金贶我，欣欣度腊，返券举火。
道咸之交，盗起苍黄，红巾白梃，逾岭下湘。
我治军书，入居湘幕，公帅湘人，建牙于鄂。
六七年间，湘固鄂完，我司其隐，公任其难。
江汉滔滔，用武之国，公总上游，以规皖北。
前罗后李，楚之良也，公帅以听，位高心下。
曾侯觥觥，当世所宗，公与上下，如云如龙。
养士致民，恤农通商，敛此大惠，施于一方。
我方忧谗，图隐京门，晤公英山，尊酒相温。
公悯我遭，俯焉若蠹，忧蕴于中，义形于色。
我反慰公，何遽至此？天信吾道，犹来无止。
流连经时，辞公返湘，有命自天，襄事戎行。
载旆东徂，数挫贼氛，公闻则喜，谓我能军。
我尝戏公：吾岂妄耶？忧虞方殷，谬语相夸。
安庆既下，黄州随之，桐舒迭克，复徽与池。
贼萃吴越，犹痈敛口，协力并规，庶歼群丑。
何图我公，积劳成瘵，中兴可期，长城遽坏。
书来诀我：劳者思憩，君等勉旃，吾从此逝。

启函涕零，亟致良药，苍头驰赍，七日至鄂。
使还告我，详讯寝食，公卧射堂，屏退妇稚。
血尽嗽急，肤削骨峙，频闻吉语，笑仅见齿。
鼎湖龙去，攀号不遂，以首触床，有泣无泪。
呜呼公乎，而竟已矣！彭殇渊跖，均之一死。
况公名业，震今铄古，绛灌无文，随陆无武。
劳臣斯瘅，殁乃暂逸，委形观化，祛烦已疾。
君子曰终，得正斯可，以此哀公，公应笑我。
悠悠我思，不宁惟是。交公弱年，哭公暮齿。
自公云亡，无与为善，孰拯我穷，孰救我褊？
我忧何诉，我喜何告？我苦何怜，我死何吊？
追维畴昔，历三十年，一言一笑，愈思愈妍。
公之嗣子，我外孙夫，今我于外，罔恤其孤。
公之先茔，屡思改卜，执绋未能，莫相负筑。
遗文无多，可以饷蠹；章疏琅琅，关系国故。
当以暇时，为之校删，上之史馆，藏之名山。
我当力战，罔敢定居，以终公志，以实公誉。
倘遂生还，梓洞柳庄，当展公墓，兼省福郎。
灵輀西返，不获走送，陈词酹酒，聊以志恸。
有酒如池，有泪如丝，尽此一哀，公其鉴兹。

曾国藩读了这篇祭文后评论："祭润帅文，愈读愈妙，哀婉之情，雄深之气，而达以恢弘之气。"

姻亲生隙，大公无私

左宗棠在处理与郭嵩焘、曾国藩等姻亲的关系时，屡次出现了姻亲生隙的事儿。

郭嵩焘和左宗棠都是湖南湘阴县人，两人故居相距不远。太平军攻入湖南时，两人一道结庐玉池山，情同手足。郭嵩焘、郭崑焘、郭崙焘兄弟曾敦劝左宗棠出山。左宗棠先后入湖南巡抚张亮基、骆秉章幕府，郭崑焘一直是左宗棠协力共事的幕友。后来，郭嵩焘之女嫁给了左宗棠二哥左宗植之子，左、郭结为儿女亲家，私交更甚。郭嵩焘曾设计救左宗棠于“樊燮京控案”，后又多次举荐他。同样，左宗棠也荐举过郭嵩焘，同治二年（1863）初，他曾上奏请举郭嵩焘督办苏松盐务，称郭“勤恳笃实，公平廉平”，是少有的人才。

郭嵩焘任广东巡抚时，左宗棠以闽浙总督奉旨节制粤省军务。赴广东追剿太平军余部，左宗棠多次在奏折和书信中直指郭嵩焘“执而不达”“自视太高”“明于小计，暗于大谋，输饷不力，助剿无能”，对粤省军务多有指责。事情起因是，广东巡抚郭嵩焘与满洲权贵、两广总督瑞麟不和，上折告病引退，但并非真意，未获批准。同治四年（1865）九月十八日，朝廷谕令左宗棠查办广东督抚不和一事。左宗棠一一证实瑞麟劣迹，添加两条广东军贻误粤事的证据。左宗棠在奏折中说：“郭嵩焘勤恳笃实，廉谨有余，而应变之略非其所长。臣曾以圣明在上，遇事宜慷慨直陈相勖，而郭嵩焘复函以时艰同值，宜委曲以期共济，颇以臣悻直为非。兹因粤事贻误已深，忧惧交集，始侃侃直陈，而已无及矣。谕旨责其负气，责其不据实陈奏而称疾乞退，是郭嵩焘咎由自取，早在圣明洞鉴之中，臣亦不敢因亲好私情稍涉回护也。”

左宗棠闻郭嵩焘有上疏求去之事，一再疏荐将浙江饷务办理得有成效的布政使蒋益澧任广东巡抚，竟获朝廷批准，郭嵩焘因此去官，弄假成真，对左更为不满。事后，左宗棠致书郭嵩焘，毫不自愧，说道：“因忠而愤，以直而亢，知我罪我，听之而已。”

此后，郭嵩焘不理左宗棠，逢人便说，左宗棠恃才傲物，目中无人，阴贼险狠，不可为友。直到16年后，两人才再通音信，但郭嵩焘一直耿耿于怀。

左宗棠逝世后，郭嵩焘写的第一副挽联是：

世需才，才亦需世；
公负我，我不负公。

这样的挽联自然是送不出去的，在亲友的劝说下，他只好写了第二副挽联：

平生自许武乡侯，比绩量功，拓地为多，扫荡廓清一万里；
交谊宁忘孤愤子，乘车戴笠，相逢如旧，契阔死生五十年。

曾国藩是左宗棠的另一位姻亲。曾国藩入仕比左宗棠早，对左宗棠既有相救之恩（“樊燮案”上书帮左宗棠讲好话），又有多次举荐之情。曾国藩之女嫁给郭嵩焘长子郭刚基，而郭嵩焘与左宗棠的二哥左宗植是儿女亲家，因此，曾国藩与左宗棠是“转折”的儿女“亲家”。

曾国藩攻克天京（今南京）后，谎报洪秀全的儿子幼天王洪天贵福已死，而左宗棠得报洪天贵福已逃往江西，如实禀报了朝廷，使曾国藩下不了台。后来曾国藩在处理天津教案时，一味屈从退让，以杀害20名无辜津民迎合洋人，又遭到左宗棠的强烈谴责。

在公事上不徇私情，并不是左宗棠忘恩负义不讲情谊。同治十一年（1872）曾国藩去世时，左宗棠写的挽联是：

知人之明，谋国之忠，自愧不如元辅；
同心若金，攻错若石，相期无负平生。

曾国荃见联，感动得热泪双流。众人更钦佩、理解左宗棠的开阔胸怀、耿直为人、为公绝私的忠介人生。事后，左宗棠在给儿子孝威的信中坦露心迹：“君臣朋友之间，居心宜直，用情宜厚。从前彼此争论，每拜疏后即录稿咨送，可谓锄去陵谷，绝无城府……吾与侯所争者国事兵略，非争权竞势也。”

茶余饭后，乐观风趣

左宗棠平素威严，但休息时亦常谈笑诙谐，趣味横生。晚餐之后常与幕僚亲兵一起讲故事、说笑话，有时引吭高唱湘剧《定军山》，有时踱出营帐，见着勇丁在吃饭，就和他们一块儿吃，随便谈笑。

左宗棠晚年身体肥胖，肚子大。在肃州军营，常在饭后茶余捧着肚子自言自语："大帅不辜负肚子，肚子也不辜负大帅。"侍卫称他生就一个"将军肚"，有福。某一天，他问左右随员："你们知道我肚子里存着什么东西?"众人听罢，你一言我一语地说开了。有的说"大帅肚里有十万兵甲"，有人说"腹中包罗万象"，左宗棠都摇头说："不对，不对！"当有人说"大帅满腹经纶"时，左捏髯微笑不答。此刻有一个亲兵忽然说："大帅肚子里满是马绊筋（一种牛吃的草的名字，系湘阴方言）。"他这时才面露喜色地说："说对哒！说对哒！"这个亲兵的话虽然直鲁，但适与他的夙志相符，做"老黄牛"负重致远，勤恳耕作，嚼草献乳。所以，才有此"谀辞不赏，贬语得欢"的趣谈。

左宗棠业余喜欢下棋，督署僚友中，鲜有匹敌者。在肃州时，一日，他微服出游，见一老者自挂"天下第一棋手"招牌，左宗棠即与他对弈，老者败北。左宗棠徐徐议之曰："你这个招牌应当取下来了。"老者不言，立即取下。左宗棠收复新疆归来，又见"天下第一棋手"招牌仍悬原处，他很不以为然，即与之再次对弈，三战三败；次日又试之，亦然。询其故，老者曰："前次知公有大任在身，故让之以成其功；今既成功，故不敢多让了。"一贯好胜要强的左宗棠乃服。

让英国人碰上一回"钉子"

在福州，左宗棠还遇到一件涉外事件。英国驻福州领事原是有雅芝，他回国后，由贾禄接任。那年春天左宗棠准备购买轮船，便下了一道札（公文）给贾禄询问，本来是件好事，不想贾禄却摆起架子，向通商局道府说：

"给领事文不应该用札，上海、广东都是用照会。"又说："领事来见将军督抚时，上海、广东都开辕门，还鸣炮示敬，何以福建独不开门鸣炮呢?"摆出了一副帝国主义分子的架子。道员禀告了左宗棠，左宗棠叫他回答贾禄说："福建、浙江向来都是用札的，是按照条约办事。领事来见，向来不鸣炮开辕门。外国领事地位大致与道员相等。上年接见前领事有雅芝就是如此，并不是对贾禄有所薄待。"贾禄无言可对，但却又去信给北京英国公使，说左宗棠接待失礼。

英公使向总理衙门提意见，总理衙门是惧怕洋人的，赶紧来信询问，左宗棠已和贾禄讲清楚，并已了解贾禄不受札的后台，回复总理衙门说："贾禄已表示，不愿受札并不是他的本意，是奉英公使之命。贾禄要求清理中外交涉案件，因所请合乎情理，已妥为应付。"接着他告诫说："夷性贪而无餍，罔知中国礼法，所用多中国莠民，教猱升木，靡事不为。从前和约，迫于时势，不得不然……然若于定约之外，更议通融，恐我愈谦，则彼愈亢；我愈俯，则彼愈仰，无所底极。"

左宗棠严正地表明了他对待西方列强办理外交不亢不卑的态度，也批评了上海、广东等地官员卑屈媚外畏外的做法。

"老统领英魂下凡"

光绪二年（1876）左宗棠于农历二月廿一日从兰州启程，三月十三日到达肃州，建立大本营指挥收复新疆。驻在肃州的西征主力部队、刘锦棠的"老湘军"，作为先锋，正待命出发。可是在部分官兵中产生了畏战、厌战、不愿出关的情绪。"老湘军"是由湖南人组成，南方人来到西北，不服水土，听说又要去新疆，一路上沙漠戈壁，飞沙走石；夏天热气蒸腾，冬天朔风大雪，湖南人都闻之生畏。张曜和金顺两军是看湘军行事，不敢打先锋。只有在陕北归顺的汉族反清武装董福祥部队的董字三营和回军精善五旗，敢作先驱，但他们也在窥察主力部队湘军的动静。湘军士气低落，可又不能将士兵们一个一个军法从事，只能想办法激励、鼓励他们，变消极为积极。左宗棠到肃州那天，刘锦棠率部队出城十里迎候。他向左宗棠汇报了军中情况，特别是士气低落的情形。左宗棠认为这是一个大问题，就和刘锦棠密商，仿照三国演义中诸葛孔明的办法，面授了一通机宜。

他们定下计策，刘锦棠做好了布置。于是大队人马这才缓缓前进，返回肃州城。当他们经过董字营前时，忽然有一名湘军老兵从行列中跑出来，直奔到左宗棠乘坐的大轿前，高声大喊，随从亲兵拉他不走。左宗棠只当他是“疯子”，故意不理睬他。不料随从队伍听到这个老兵的话，都大吃一惊，一个个屏声敛息，只听那老兵大声喊道：“我是老统领派来的，老统领要出关打先锋、无衣无食，如何打仗？请宫保发给一个月满饷，大家吃饱了，好随老统领去打新疆。”

刘锦棠统率的湘军原是他叔父刘松山的部下，刘松山为老统领，生前深受部下爱戴，刘锦棠接任后，称为少统领。刘松山战死时，湘军将士奋勇当先，誓为老统领报仇。他们忽听老统领英魂下凡，还口口声声要带队伍去新疆，士兵们又敬畏又感动，满腔热血沸腾起来。左宗棠赶忙命大家向天空顶礼膜拜，向老统领致敬。

那老兵闹了一阵后，“清醒”过来。看他号衣是董字营勇丁，刘锦棠劝他归队。第二天，刘锦棠故意找董福祥来问：“何以留下这个疯子？”董福祥说：“这个人平时好好的，在营已有五年，未犯过错误。不知道这次是怎么回事。”刘锦棠又把那个老兵找来，亲自问他是怎么回事。老兵答道：“那阵子感觉从西北吹来一阵冷风，不觉间，老统领已到，令我讲这番话，我也不知道自己干了什么。”

刘锦棠向左宗棠报告，左宗棠立即命全军设祭，致奠刘松山，还焚化纸钱、车马、衣服，行军道路上火光蔽天。这件事一传十，十传百，兵营中又有人加油添醋，说是到肃州后，早就听说老统领已到嘉峪关，催少统领制备寒衣万件，准备出关。这话也不知从何而来，可是说的人眉飞色舞，听的人肃然起敬。

自从“老统领英魂下凡”传开后，部队中人人摩拳擦掌，个个奋勇当先，那种畏葸不前的情绪基本消除了。左宗棠将这宗奇事，写信告知留守兰州的刘典，还若有其事地说：“忠壮（刘松山谥号）殁后，遇有大战，必先示梦其部曲。忠义之灵，固常在也。”

天机不可泄漏，除了左宗棠、刘锦棠和那个老兵外，对他人还以保密为妥。当时的社会，上自宫廷、官僚，下至士卒、百姓，无不充满了封建迷信思想。利用将士们对老统领的崇敬、怀念的心理，以激励他们爱国杀敌的勇气和决心，也是一种有效的方法。当然，这只能是临时、权宜之策，偶尔行之有效而已。

“尽心民事，裨益地方”

光绪皇帝在悼左宗棠的祭文中，说左宗棠“尽心民事，裨益地方”，这是很中肯的评价。

1. 建房租给贫苦百姓住。江宁城经过战乱，留下大片荒地。左宗棠上任两江总督后即命设立清丈局，亲自成图督工，在城北拆除混乱搭建的临时棚户，修造房屋“千数百所”，以极其低廉的价格出租给无房的百姓居住。这样，既安置了大批流离失所的老百姓，江宁城内原来杂乱无章的建筑秩序又得以改观。

2. 让老百姓重汲“暖泉”。在陇东高原的平凉，地处高寒，水泉冷冽。可是在柳泉书院旁边，古称柳泉湖处，有一股暖泉，隆冬还冒热气。泉水东流过万竹园，可灌溉田亩数十顷。左宗棠驻节平凉时，命地方官员将其修治，供给老百姓饮用，还立碑题记。10年后他奉诏入京，路过平凉时，特地再去探望，不想已被原守令魏光焘筑墙圈入书院中了。他很不以为然，认为泉水本是用于灌地的，干旱时节更为急需，与其私藏在院中，供少数人饮用，不如引入田地里，岂不是更有益！立即命令打开墙门，让老百姓重新汲用，并写信告知护理总督杨昌濬，还嘱他转告魏光焘。

3. 修桥筑路。在陕甘、新疆地区，左宗棠颇注重筑路造桥，以改善交通。西北多高原、山地，一些重要的通道都是有名的险隘之处，像会宁县的翟家所、张陈堡；安定县的王公桥，隆德县的六盘山，固原县的三关口等，无不如此。经战乱之后，道路设施多遭破坏，河道阻塞，道路、桥梁大多倾塌，夏潦冬冰，时有壅滞、倾覆之患，农商行旅，均以为苦。为改善这一状况，左宗棠命“楚军”在会宁县境修建石桥、木桥大小 19 座；在安定县修木、石桥八座；金县（今榆中县）修建木、石桥 3 座；泾州（今泾川）修建大、小木石桥 9 座，平凉修建大、小木石桥 29 座，固原修建大、小木石桥 10 座，隆德修建大、小木石桥 6 座。在甘南狄道州城外，还修建了一座长 20 丈、高 1 丈、宽 8 尺的“永宁桥”。

楚军既修桥，又筑路，他们在固原的三关口、蒿店、瓦亭一带，筑石路 40 余里；会宁县城至翟家所修车路 43 里；狄道州岚关坪至白林口修路 160 里；碾伯县老鸦堡至响镗修路 240 余里；大通县境修路 300 余里；等等。左宗棠调遣“楚军”修路造桥，除出于军事需要外，也有便利农、商、行旅和保持军队刻苦耐劳作风的目的。这些土木工程对加强西北各地的联系，促进商品经济的发展，起到了明显的积极作用。

福克眼中的左爵相

有一个德国人叫福克，在上海开设洋行，曾为左宗棠经办购买德国的织呢、开河等机器，运去甘肃应用。光绪五年（1879）十二月初，他和德国人满德与姓席的翻译从上海出发，次年六月二十九日抵哈密，比左宗棠到哈密只晚了一个多月。他们特去拜望左宗棠，因为他们曾帮助采买机器，又是德国人，德国还没有对中国动过武，左宗棠对他们较有好感，待他们很客气，请他们住在大营，每日三餐一同进食饮酒，常谈及洋务和海外情况。福克后来写了一篇《西行琐录》，记载了左宗棠在哈密的生活起居情况。福克笔下的左宗棠每天的生活很有规律，天刚黎明就起床，先到菜园里去眺望一会儿，早上空气新鲜，他在菜地里走走，活动活动筋骨。然后回营房，立即接见属员，洽谈工作。谈完后差不多已经辰时了，即开早饭，他和随员们一同吃，福克等三人也同吃。早饭毕，即批阅各方公文，草拟奏折，回复来往信件等，一直工作到中午。吃过午饭，继续工作，直到下午，又到菜园去，督看士兵们浇水施肥。菜园内瓜菜品种齐全，他看到菜长得好，地里一片青翠，满怀喜悦，一日的疲劳也恢复了。然后回营房晚餐，饭后与营务处人员聊天，福克和满德也参加，谈到深夜子时才就寝。

福克深情地回忆："左爵相年已七旬，身在沙漠之地，起居饮食简省异常，内无姬妾，外鲜应酬之人，任上其眷属家人都未带至任上，唯一人在塞。老臣蹇蹇，砥柱中流，不特清廉寡欲，硕辅朝廷，凡一切爱民敬事之诚，尤旷代所罕见也。"

他又赞叹左宗棠爱国、爱民的精神，说："一月以来，觉爵相年已古稀，心犹少壮，经纶盖世，无非为国为民；忠正丹心，中西恐无其匹。爱民犹如赤子，属员禁绝奢华，居恒不衣华服，饮食不尚珍馐。如此丰功伟业，犹不改儒生气象。"福克对左宗棠高尚的品德、严谨的作风、俭朴的生活，佩服得五体投地。一次他问左宗棠："爵相如此高年，家未积攒房屋田地，何必自苦如是？"左宗棠回答他说："君子做官，是为国家做事，而不是为私利。我不愿留财产给子孙，是怕给他们添麻烦，反害了他们。"

几十年的戎马生涯，左宗棠一直过着艰苦朴素的生活，家眷不在身边。除同治五年（1866）夏，周夫人曾到福州督署短居数月外，他一直单身住在军营中，与士卒同甘共苦。周夫人于同治九年（1870）去世后，几个儿子曾轮流到兰州来陪伴他。直到光绪五年（1879），张夫人由幼子孝同陪同，并携带孝威的两个孤子，前来甘肃。那年张夫人已65岁，左宗棠认为她来后不能伺候他，反而要他照料，对两个幼孙跋涉远来，更以为不可。张夫人于年底到兰州，左宗棠正在肃州行营，次年正月，张夫人与孝同来到肃州，总算夫妻儿孙团聚了几个月。而左宗棠于四月又离肃州去哈密，张夫人和孝同遂回兰州，不久又回长沙了。

左宗棠自己说：“吾以望七之年驰驱王事，自浙闽移督陕甘，无数月安坐衙斋者。时事纷纭，岂能顾及家里！”他青年时为衣食奔波，中年以至老年，则为国事奔波，没有能享受到家庭生活的幸福。

福克久居上海，他对当时清朝官吏的生活是很了解的，从朝廷大员到地方府县，无不奢侈淫靡，姬妾满堂，侍婢林立。唯独左宗棠和他在营中同吃同住月余，看到身居高位的左宗棠居然生活如此俭朴，不由衷心钦佩，以至赞誉为“古今罕见，中外均无人能及”。

斩驴护柳

左宗棠奉旨从哈密赴京任军机大臣，沿途一路观赏他率领西征军所栽的柳树，但见“千里陇原，柳絮娜娜”。当他行至肃州时，见有一棵柳树上拴了一头驴，驴子正在啃着树皮，他当即火冒三丈，命令侍卫将驴子牵到肃州城内鼓楼下，然后击鼓集合军民、官吏前来听取训话。左宗棠站在鼓楼上，下令将那头啃树的驴当众斩杀。并宣布：“如果再有人破坏柳树，一律与驴同罪，格杀勿论。”从那以后，谁也不敢再伤树木了。

戴上咸丰皇帝的墨镜

从新疆奉旨回京觐见太后时，恰巧这天慈禧太后生病由慈安太后接见。不知是由于从哈密到京一路奔波过于劳顿，还是由于慈安太后和蔼接见这一难得的礼遇，左宗棠有些不能自持，眼泪流出，用手绢不住地擦泪，仁慈的慈安太后也掉下了眼泪。她对左宗棠所经历的千辛万苦，表现出慈祥的关怀，这对左宗棠这样一个饱受艰难困苦、风霜雨雪的人来说，当时那种情形实在令人太感动了。慈安问左宗棠：“你怎么老擦眼泪?”他说，眼睛本来不好，在长途跋涉中又受到风沙的吹打得了眼疾。慈安又问："有什么防治的办法？"他说，通常戴墨镜。慈安要他戴上眼镜。在觐见皇太后时戴墨镜，这是不恭敬的。左宗棠犹豫了一下，慈安太后一定要他戴上。他伸手到袋里摸索他的眼镜时，由于一时激动，把眼镜掉落在地，打碎了。慈安太后命太监取来咸丰皇帝用过的一副墨镜，给了左宗棠戴上。这是一件让朝臣们互相传颂、羡慕不已的事情。

知恩图报

左宗棠从北京赴两江上任两江总督之前，绕道回湘。到长沙的第二天，去拜访了对他帮助很大后被他参劾罢官的郭嵩焘，并邀请郭嵩焘兄弟吃饭。左宗棠认为公事归公事，私交是私交，他与郭的情谊是珍贵的。

左宗棠还特意去拜访了老友李仲云。22 年前，当他受官文、樊燮陷害，处于最悲惨、危险的境地时，准备离长沙赴京城会试，手头拮据，李仲云慷慨解囊，赠他 300 两银子，才得以成行。虽然后来在襄阳被胡林翼派人拦住，未到京城，但他始终不能忘怀李仲云在他困难时期对他的帮助。他戎马倥偬，没有能及时将这笔钱还给他，这次决心要了却这桩心愿。不想李仲云已于数月前去世。他怅然前往祭奠，并将银送还李仲云的儿子，写了一副挽联：

古谊契苔芩，伦交我在纪群列；
骚心壮寥寂，并世天生屈贾多。

跺脚骂殿

光绪七年（1881）正月二十六日，左宗棠应召从哈密军营中来京就任军机大臣，行抵京城。朝廷本应礼待西征归来之帅，但他却吃了宦官的闭门羹。当他到达京城崇文门就遇到敲诈勒索之事。宦官控制下的门卫要收进门钱，已形成一种惯例，凡是地方任职期满后回京的高级官员，都要在城门口缴纳一笔“捐款”。缴多少，因人而异，优差肥岗的外官有时须纳银 10 多万两，实在是一种陋规。左宗棠是封疆大吏，太监定要他缴纳 4 万两银子，相当于当时他两年的养廉银。但他坚决拒绝支付。他对小太监说：我们是应诏从西北来的，要付进门费一文钱也不给，不让进门，我们便回西北去。相持之下，左宗棠一行也不着急，在城外滞留了一日。朝廷知道后，大太监李莲英让步准他进门。第二天去觐见太后时，太监以不去通报又来敲诈他缴纳银两，惹得左宗棠殿前跺脚痛骂阉臣：“尔等乃绝后之卑劣阉者，竟屡次敲诈本帅，国事败坏于尔辈身上，毋说吾无银，若有，亦不予分文！”

天伦之乐

光绪七年（1881）左宗棠从京城外放两江总督，赴任途中告假回乡，先抵达长沙旧居司马桥，后回湘阴县老家。短期和家人亲友团聚。年初虽然张夫人和几个儿孙到京师陪侍，但女儿孝瑜、孝琳已出嫁，孝宽留长沙照管家务，都未赴京陪侍。这次回来，看到分别多年的女儿、女婿、外孙、外孙女、侄儿辈等。回长沙后不久的一天晚上，女婿陶桄和女儿孝瑜备家宴请老父和全家共聚。左宗棠兴致很好，别看他平日在儿孙面前比较严肃，其实他是个生性幽默、喜欢说说笑话的人。他环顾一周，对陶桄说：“两江总督，湖南人独占其三，令尊陶文毅公（陶澍），湘乡曾文正公（曾国藩），再就是我了。我命最好。”

陶桄和孝瑜、孝宽、孝勋等都要听听老父的命究竟好在哪些地方，只听他又说道：“文毅没有拜相，文正虽然封侯拜相，但是生前没能回乡，我倒兼而有之了。”陶桄等听了觉得也很有道理。他又说：“我也有一点不及他们。”大家都要听听是哪一点不及陶文毅和曾文正二公，左宗棠摸摸短须，笑着说：“我的胡须没有他们那么长呀！”家人们平日不敢在他面前高声言笑，这时禁不住笑得前仰后合。

两江总督衙门是苏、皖、赣三省最高权力机构所在，也是总督的官邸。衙门外观森严，大门常开，有亲兵守卫。里面庭院深深，从甬道进去，第一进是大堂，第二进是接见官员谈论公事的客厅和签押房，第三进是内眷住房，这里陶澍、林则徐和曾国藩的眷属都住过多年，如今左宗棠、张夫人和儿、孙、媳妇等也住在这里。几个儿子中，孝宽常年在长沙管家，孝勋、孝同遇到乡试期间要回乡参加考试，他们经常在两地来往，孙儿孙女们多住在南京，左宗棠过了一段热闹的家庭生活。

他每天清晨寅、卯时辰尚未天明即起床，洗漱后立即到签押房批阅公文；到了天明，一家齐集大厅用餐，左宗棠坐在当中，家人侍坐两侧。早点通常是蒸红薯和煮蚕豆，他的九孙左念惠后来回忆说："小孩们只能分到半个红薯，总觉得没有吃饱。"

与士卒同甘共苦

在西北军营，因军饷缺乏，将士忍饥挨饿还要行军打仗是常有的事。左宗棠在家书中说："饷欠四月有余，无法弥补。兼之军中疾疫繁兴，需用甚急，日以为忧。幸将士知我无它，不忍迫促，大家忍耐，不肯支领，然我因此更觉过意不去。"军饷不济，少则三四月，多则七八月，尚能取得将士谅解，则因为左宗棠爱兵矢志，甚至从自己养廉银项下，拨付充作军饷。可见他与部下同甘共苦。刘锦棠在奏陈左宗棠历年勋绩中说："师行万里沙碛之地，虽酷暑严寒，必居营帐，与士卒同甘苦。"秦翰才所著《左文襄公在西北》一书中也记载："文襄公行军，从不住公馆，他在营帐中，和士兵过一般生活。遇士卒方食，即取箸同餐，尽饱而至。"

扬州是盐商会集之地，自古繁华属东南之冠，又是南北通衢要道。左宗棠年轻时赴京会试南归之时经过扬州，在邗江小面馆里吃了一碗鸡汤面。当时他还是穷书生，正饥肠辘辘，觉得味道美妙无比。以后，常常想起扬州的鸡汤面，在和家人朋友谈起此事的时候，还津津有味。

40年后他在两江总督任上视察苏淮水利和防务，数度经过扬州，他倒不曾为瘦西湖和二十四桥的美景所打动，却回忆起年轻时吃过的那碗扬州鸡汤面。这年，他到瓜洲阅兵，特命犒赏所有将士每人鸡汤面两碗，由自己掏腰包，不要公家花钱。他对将士们说："古来名将都与士卒同甘共苦，你们都多年跟随我南征北战，备尝艰苦。我享受了美味，怎敢不和你们共同分享呢？"将士们吃了美味的鸡汤面，虽然是件小事，心里却很悦服。从此邗江鸡汤面出了名，经过该地的人都要尝一尝，因此利市三倍。

老帮工成了总督府贵客

左宗棠官至两江总督，虽然日理万机，心中却不忘在家乡湘阴柳庄老帮工姜志美。几十年戎马倥偬，左宗棠仍不免时而怀旧，他忙里偷闲，捎书寄信，要姜志美来江宁走走。姜志美家境萧条，正在老家苦度余生，接到左宗棠让他上江宁走一走的来信，兴奋异常。可他自己两手空空，拿什么作见面礼呢？他特地熏了左三爹（家乡人对左宗棠的尊称）最喜欢吃的腊猪肉，提了一篮子干芋头荷和腌酸菜。他懂得"左三爹"的胃口。提着这些，直奔江宁而去。

到了江宁，好容易一路问到总督府门口，只见里三层、外三层，全是穿着号衣的大个子兵站着，没等他走近就呵斥："走开！"吓得他心惊肉跳，连问都不敢问了。姜志美远远一打听，这里头确实有个左大人。他再次斗胆上前，把揣在怀里的信皮露出一截："军爷，这是住在这里头衙门里的左三爹给我的信，就是他请我来的。"领头的兵似信非信地瞟了一眼，只觉得信封上字迹非凡，态度缓和下来。姜志美底气足了，"这确是三爹写的"，非要见左三爹左大人不可。这个时候，军士们也摸不清楚这外地来的老人家的深浅，只好照实前去通报左大人。

左宗棠问来人什么年纪，说的是哪里话？回禀是个操湖南口音的乡下老头。左总督猜着是姜志美来了，立刻起身往外走，忙叫打开中门迎接。一见姜志美，上前一把接过雨伞行李，拉着姜志美的手步入正厅，兴高采烈地聊起了家常。

饭时到了，左宗棠拉着姜志美同桌进餐，就像在柳庄时一样。总督府的人一个个面面相觑，不知这个俗里俗气的乡巴佬何许人也，竟受到总督如此款待。

过了几天，左宗棠的手下人看到威严的总督大人居然对这个老头那么亲热随便，一有空就拉着他散步聊天，都迷惑不解，私下里议论姜志美的来历。左宗棠看到他们指指点点，就大声说："你们别看他土里土气的，他可是帮我种田的！你们可不能怠慢他哟。"好家伙，此言一出，姜志美走到哪里，哪里就把他供为贵人，谁碰到都向他点头哈腰、笑容可掬。姜志美一辈子哪受过这等恭维？好像自己也当了大官一般。老实人就是老实人，反倒不自在不敢出门了，又看到左三爹那么大的官，那么忙还经常陪他，过意不去，怕耽误他的正事，就提出回家，被左宗棠留住了。左宗棠还派人带他在江宁城转悠了好几天。

又过了几天，姜志美一再提出要回家，左宗棠实在留不住他，就说："也好，这回你也算见了世面，还是乡里住着舒服，我替你买一块田，好好过日子吧。"

就这样，姜志美回到湘阴县巡山村（今名柳庄村），用左宗棠给他的钱置下一块田，终于有了自己赖以安度晚年的产业。每次当人们问起江宁左三爹的情况时，他又从那衙门口里外三层大个子兵说起。

名震中外，威风八面

从光绪八年（1882）到光绪十年（1884）这3年当中，左宗棠出巡沿江沿海防务和视察水利工程，包括光绪八年（1882）的正月、四月，光绪九年（1883）的正月、二月、九月，光绪十年（1884）的正月、二月、十二月，一共8次。其中光绪八年（1882）四月这次，左宗棠出阅江南，行至上海。

据当年上海《申报》的报道称：左宗棠此次乘船出巡视察沿海沿江防务、新建渔团和水利工程在上海登岸，经过外国租界时遭外国路警阻拦："须得照会，方能通行！"左宗棠大怒："上海本中国地，外人只租借耳，以我中国军人行中国地，何须照会？"说完令亲兵："枪实弹，刀出鞘，若再遇阻，即动武开道！"路警上司仰左宗棠威严，不敢多言和干涉，令巡捕、路警沿途"照料"，且说："左公中华名将，令以驰驱王事过此，慎毋犯其怒也。"从此以后，左宗棠出巡无论经过哪个租界，租界当局都升大清国龙旗。外国兵警执鞭清道，毕恭毕敬，以"声炮，升旗"礼节迎送。

左宗棠在给儿子的信中曾叙述光绪九年（1883）正月到上海的情况："到上海时，中外官绅商民陈设香案，亲兵及在防各营列队徐行，老稚男妇观者如堵，而夷情恭顺，升用中国龙旗，声炮致敬，较上次尤为有礼。"在上海多年的胡光墉及其他随行人员都说："外国人素来瞧不起中国人，更瞧不起中国官吏，这次以这样隆重的礼仪来接待左宗棠，是从来没有过的事。"

上海《申报》还报道了光绪九年（1883）九月和光绪十年（1884）正月，左宗棠两次巡阅沿江和吴淞口炮台，以及水利工程情况：当他的坐船通过黄浦江时，各国军舰上的员兵都持枪站立桅杆旁，并升中国龙旗，鸣炮。当左宗棠的座船开始靠岸时，洋人欢迎的枪声连绵不绝。座船停泊时，中外士女瞻望左宗棠丰采者，聚集两岸和路旁，几无立足之地。英、美、德、俄、奥等国领事都往他的座船晋谒。座船离沪时，各国兵船又升龙旗鸣炮送行，水手们也都持枪靠桅直立表示敬意。"一时烟雾弥漫，枪炮络绎，晓行风景，大将旌旗，足称壮观。"真是名震中外，威风八面。以至于慈禧太后夸他："尔向来办事认真，外国惧尔声威。"

"宫保鸡丁"的由来

左宗棠在饮食上并无讲究，常与士卒同桌共餐。军营艰苦、膳食简单，行营的厨师心疼他年老体病，变着法子做一些他喜欢吃的家乡菜，以增进他的食欲。他们按照湖南菜的配料与烹调方法，用鸡脯肉切丁，加上辣椒、黄瓜丁、油炸花生米、生粉调料等合炒。这样做出来的鸡既嫩又脆，口感独特，色香味俱全，富有湖南湘阴的家乡口味，当时已被加封太子太保的左宗棠（时称“左宫保”）非常爱吃。

尝过此道美味菜的其他人也赞不绝口，问及厨师叫啥菜名，厨师脱口而出：“宫保鸡丁。”没想到，菜名从那时起一直沿用至今。清末民初，这道菜就进入全国各地的湘菜谱，深受大众喜爱。后来这道菜伴随着当年的留学幼童远赴美国，很快就在大洋彼岸扎下了根。身在异国他乡的游子心怀故土，竞相以吃“宫保鸡丁”为感念。

直到今天，美国、加拿大、澳大利亚的一些中国餐馆，此道菜成了招牌菜，仍然缘“宫保鸡丁”名，演变成了“左宗棠鸡”（Zuozongtang's Chicken）或“左将军鸡”（General Tso's Chicken），是圣诞节最受欢迎的菜肴之一，成为风靡北美和大洋洲的一道名菜。

附录五

玉门出塞

罗家伦　词

C调 4/4　　　　赵元任　曲

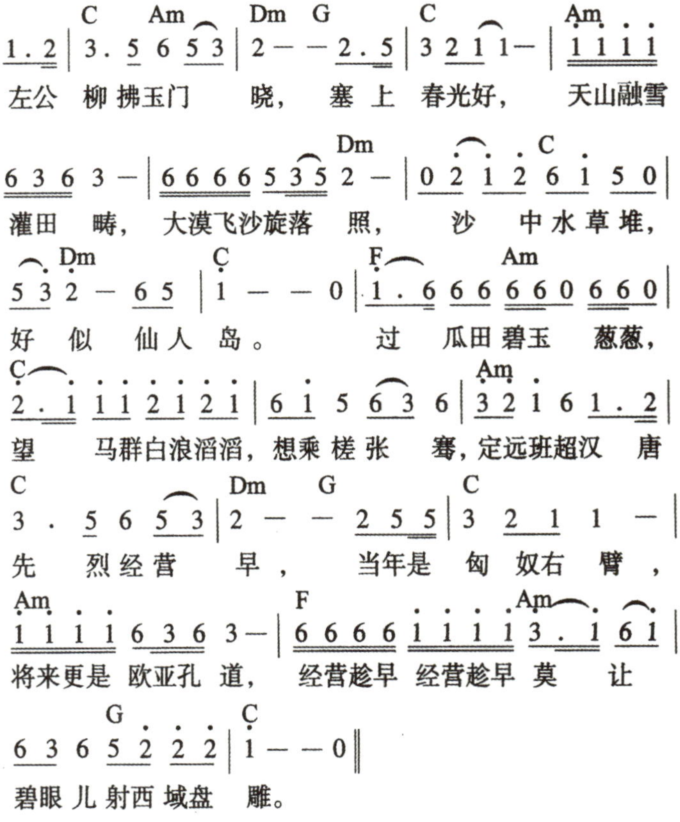

罗家伦（1897—1969），浙江绍兴人，著名教育家、思想家、社会活动家，国民政府中央大学校长、国立清华大学校长、国史馆馆长。

赵元任（1892—1982），江苏武进（今常州）人，著名语言学家、音乐家，中国现代音乐学先驱，“中国现代语言学之父”，美国语言学会主席。

这首歌曲系抗日战争时期创作。

附录六

左公柳

1=F $\frac{4}{4}$

许连宝 词
杨直明 曲

中速稍慢 幽怨激奋地

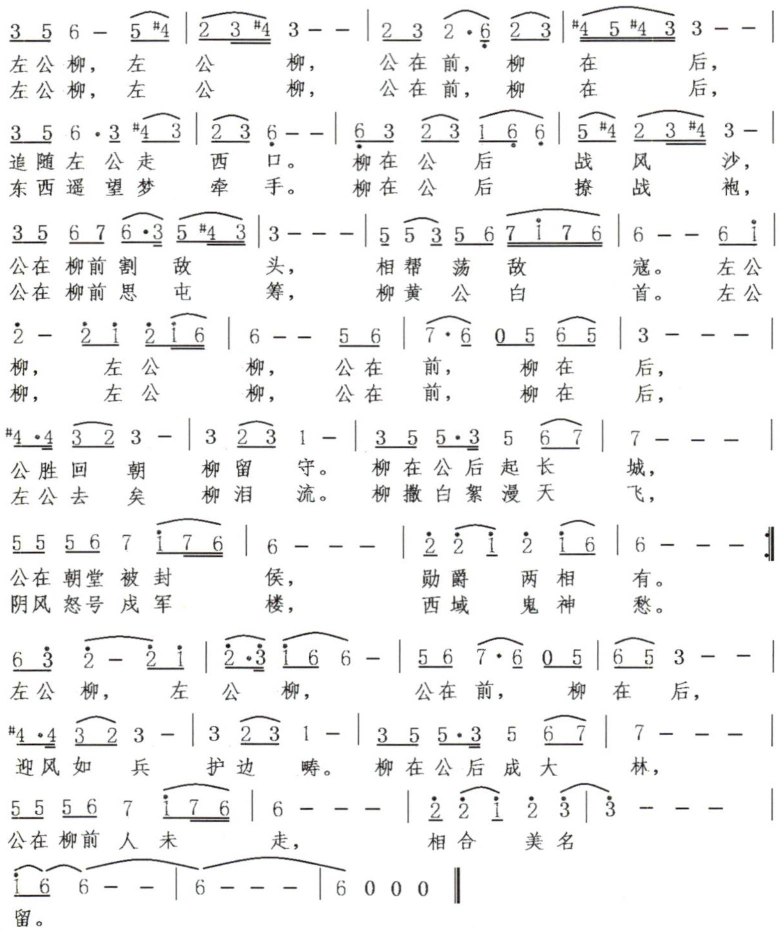

许连宝：作这首《左公柳》词时，任职新疆维吾尔自治区昌吉回族自治州文联秘书长。

杨直明：中国音乐家协会会员、新疆维吾尔自治区音乐家协会理事。

词创作于2009年11月；曲创作于2017年3月。

附录七

《左文襄公全集》来历及捐赠情况简介

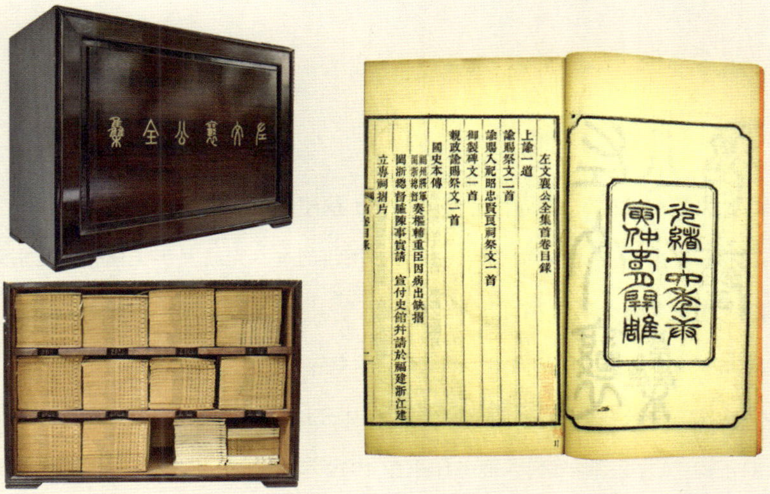

左文襄公全集

这套清光绪十六年（1890）开雕的128册、450万字的《左文襄公全集》，系左宗棠二哥左宗植曾外孙女陈正芳女士（1907—2000年。留学前住长沙市），1936年赴美国留学随带阅读的。陈女士学成后因国内正处于抗日战争期间，未能回国，遂就业于美国花旗银行，后升任高管。1998年，90高龄的她回上海时，带回了这套原书。陈女士逝世前，将这套书交其姨侄孙五姊妹端木晋、端木昭、端木晗、端木明、端木昀保管。上海图书馆获悉后，求购未得；长沙等地得知后，也争相求捐。时任湘阴县政协副主席、现任左宗棠文化研究会会长王品端闻信后，积极与其取得联系，交流、沟通达三年之久，并邀请他们两次来湘阴。其诚意打动了端木五姊妹，他们一致同意，根据姨外婆意愿，于2012年6月18日将这套弥足珍贵的古籍善本捐给了湘阴。现存湘阴县档案馆，成为该馆镇馆之宝。

参考书目

左宗棠:《恪靖伯奏稿》,清同治七年(1868)福建刻本。

左宗棠:《盾鼻余沛》,清光绪七年(1881)陕西刻本、光绪九年(1883)北京刻本。

左宗棠:《左文襄公全集》(共128册、450万字),清光绪十六年(1890)开雕。

[美]W.L.贝尔斯 著(1937年),王纪卿译:《左宗棠传》。

秦翰才:《左文襄公在西北》,商务印书馆民国三十六年(1947)版。

[清]罗正钧:《左宗棠年谱》,商务印书馆1979年版。

秦翰才:《左文襄公逸事汇编》,岳麓书社1986年版。

马啸:《左宗棠在甘肃》,甘肃人民出版社2005年版。

左宗棠:《左宗棠全集》15册,岳麓书社2014年版。

陈明福:《晚清名将左宗棠全传》,军事科学出版社2009年版。

左景伊:《我的曾祖左宗棠》,湖北人民出版社2010年版。

杨东梁主编:《中国近代思想家文库·左宗棠卷》,中国人民大学出版社2012年版。

刘泱泱主编:《左宗棠研究文选》,湖南人民出版社2012年版。

王品端主编:《历史伟人左宗棠》,珠江文艺出版社2012年版。

杨东梁:《左宗棠》,人民文学出版社2015年版。

秦翰才:《左宗棠全传》(上、下册),中华书局2016年版。

后 记

自同治七年（1868）八月首册左宗棠文集《盾鼻余渖》问世至今150多年来，关于左宗棠的各类专著、人物传记、历史小说等多达370余种，其中，不乏鸿篇巨著，史料浩如烟海。为方便读者更加准确、全面、概要地认知左宗棠，我历经10年不懈努力，浓缩编著了这本相对直观、简洁的左宗棠史话书。

为收集第一手史料，本人先后赴长沙、益阳安化、湘潭、株洲醴陵、杭州、福州、广州、兰州、武威、张掖、酒泉、哈密、伊犁、乌鲁木齐、上海、南京、北京等地的文史、档案、图书、博物等部门、馆、所，并且沿左宗棠生前足迹实地考察，挖掘、收集资料。仅拍摄有关左宗棠遗物、遗迹和各种史料等照片就有近5000幅，精选入书近400幅，其中不少系首次刊出。

收集资料的过程中，曾得到国家第一历史档案馆、国家图书馆、国家博物馆、国家军事博物馆、中国社科院近代史研究所、上海图书馆、南京中国近代史遗址博物馆、福建博物院、中国船政博物馆、甘肃省图书馆、甘肃省档案馆、甘肃省博物馆、兰州市文物局、酒泉市肃州区博物馆与图书馆、哈密市博物馆、伊犁将军府陈列馆、湖南博物院、湖南省图书馆、岳麓书院等单位的大力支持，特表示诚挚的感谢！

甘肃省陇东学院历史文化研究中心主任马啸，国家清史编纂委员会常务副主任马大正，第十届全国政协常委、中国农工民主党十三届中央原副主席、上海市政府原副市长、上海市政协原副主席左焕琛，中共山东省委党校一级巡视员、原副校长孙占元，湖南省社会科学院研究员刘泱泱，第十二届全国政协常委、解放军军事科学院原副院长、博士生导师刘继贤中将（审阅、指导并作序），国家清史编纂委员会专家、中国人民大学图书馆原馆长、教授杨东梁，中国作协与中国传记文学学会会员、海军大连舰艇学院技术四级文职三级军官、教授陈明福，新疆大学中亚研究院教授周轩，中国近、现代史史料学学会副会长、中共中央党校教授高中华，岳麓书社首席编辑、湖南省作协原主席唐浩明，湖南省文史研究馆馆员、左宗棠玄外孙梁小进，中国东西部经济研究院副院长崔保新，中共湖南省委组织部原副部长、衡阳市原市长、中华诗词学会原副会长、湖南省教育科研院博士后导师彭崇谷，军旅作家、诗人（《我爱你，中国》作词）、解放军艺术学院原院长瞿琮将军（以上人名均按姓氏笔画为序）等，或担纲本书编著顾问，或主动帮助修改，或为本书的编著给予多方面的帮助。同时，解放军国防科技大学政治部原副主任马望星少将，第十三、十四届全国人大代表、时任《人民日报》社山东分社社长徐锦庚，湖南省人大常委会联络工委原主任张云英拨冗给予关心与支持；尤其得到解放军原副总参谋长、原南京军区司令员、军事科学院原院长蔡英挺上将审阅样书后的多次鼓励指导，他特别为本书赋诗、题赠墨宝。在此向各位一并表示由衷的感谢！

借此，特别感谢中共湘阴县委、湘阴县人民政府给予的大力支持！特别感谢左宗棠文化研究会秘书处戚旭明、易章、毛秋平等同仁的倾情相助。

在本书的编著过程中，参考了各个时期关于左宗棠的书籍16部（已在本书的“主要参考书目”中列出）和其他相关资料，特向各位作者表示真诚的谢意！

由于本人学识水平有限，难免错误、疏漏和不尽如人意之处，恳请专家学者和广大读者批评赐教。

王品端

2023年11月